NOUVEAUX LUNDIS

CALMANN LÉVY, ÉDITEUR

OUVRAGES

DE

G.-A. SAINTE-BEUVE

DE L'ACADÉMIE FRANÇAISE

Format grand in-18

Premiers Lundis.............................	3 vol.
Nouveaux Lundis.............................	13 —
Portraits contemporains, nouvelle édition, revue et très augmentée........................	5 —
Lettres a la Princesse, troisième édition......	1 —
Chroniques parisiennes......................	1 —
P.-J. Proudhon, sa Vie et sa Correspondance, cinquième édition............................	1 —
Chateaubriand et son Groupe littéraire sous l'Empire, nouvelle édition, augmentée de notes de l'auteur.......................................	2 —
Étude sur Virgile, suivie d'une étude sur Quintus de Smyrne, nouvelle édition................	1 —
Souvenirs et Indiscrétions. — Le dîner du vendredi saint, deuxième édition.....................	1 —
Le général Jomini, deuxième édition..........	1 —
Monsieur de Talleyrand, deuxième édition.....	1 —
Madame Desbordes-Valmore...................	1 —
A propos des Bibliothèques populaires........	Broch.
De la Liberté de l'Enseignement supérieur....	—
De la Loi sur la Presse.....................	—

POÉSIES COMPLÈTES

NOUVELLE ÉDITION REVUE ET TRÈS AUGMENTÉE

Deux beaux volumes in-8°

BOURLOTON. — Imprimeries réunies, B.

NOUVEAUX LUNDIS

PAR

C.-A. SAINTE-BEUVE

DE L'ACADÉMIE FRANÇAISE

TROISIÈME ÉDITION REVUE

TOME DIXIÈME

PARIS
CALMANN LÉVY, ÉDITEUR
ANCIENNE MAISON MICHEL LÉVY FRÈRES
3, RUE AUBER, 3

1886

Droits de reproduction et de traduction réservés

NOUVEAUX LUNDIS

Lundi 20 mars 1865.

HISTOIRE

DES

CABINETS DE L'EUROPE

PENDANT

LE CONSULAT ET L'EMPIRE

PAR M. ARMAND LEFEBVRE (1).

M. Armand Lefebvre, qui vient d'avoir pour successeur à l'Académie des Sciences morales et politiques M. Mortimer-Ternaux, était, en fait d'histoire politique et diplomatique contemporaine, un des écrivains les plus remarquables et les plus autorisés de ce temps-ci ; il a fait un livre que les diplomates des divers pays de l'Europe ont lu le crayon à la main, et qui restera.

(1) Quatre volumes, chez Amyot.

Son fils, M. Édouard Lefebvre de Behaine, premier secrétaire d'ambassade à Berlin, en a disposé une seconde édition qui doit prochainement paraître, et il y a joint divers morceaux ou chapitres très-développés qui avaient été publiés par l'auteur dans la *Revue des Deux Mondes;* le tout formera une Histoire diplomatique du Consulat et de l'Empire presque sans interruption et sans lacune, depuis 1800 jusqu'en 1814. Mais, pour mettre les lecteurs à même de bien juger de la valeur de tels travaux, de la confiance qu'ils méritent et des solides fondements sur lesquels ils reposent, j'ai à dire quelques mots de la position qu'occupait l'auteur, de l'accès qui lui fut ouvert de tout temps aux sources secrètes et aux documents indispensables à son entreprise.

Autrefois les Affaires étrangères étaient un domaine réservé, un labyrinthe interdit, tout un monde d'où celui qui y entrait une fois ne sortait plus. Quelques grands noms de négociateurs et de plénipotentiaires apparaissaient de loin, dominaient l'attention et acquéraient la gloire; mais au dedans, et sous eux, toute une armée ou plutôt un état-major de rédacteurs ou secrétaires inconnus travaillait dans l'ombre. La Bruyère, en son temps, a fait un admirable portrait du Plénipotentiaire ou parfait diplomate, portrait qui, à bien des égards, n'a pas vieilli, et dont quelques traits s'appliquent à vue d'œil à un Talleyrand ou mieux encore à un Metternich. Je voudrais être assez initié à ces choses d'État pour pouvoir faire en regard une esquisse de l'humble rédacteur ou publiciste des Relations extérieures, de celui dont le nom ne se prononçait jamais et dont toute la vie se passait devant des cartons verts, dans les bureaux ou les corridors : *Nourri dans le sérail, j'en connais les détours.* Ils étaient là, de père en fils, laborieux, instruits, secrets, sachant l'échiquier, alors si compliqué, des États de l'Europe, le personnel des Cours, le droit public et les traités, le mécanisme et l'organisme du Corps germanique et de l'Empire, les prétentions et les *casus belli* de tout genre, tous les mystères et les arcanes des chancelleries ; on leur demandait des mémoires sur les questions les plus ardues ; ils les rédigeaient aussitôt, du jour au lendemain, avec exactitude, clarté, sans qu'on eût même l'idée d'y rattacher leur nom. Les notes écrites par ces plumes modestes et ignorées se revêtaient souvent ensuite des plus illustres signatures et faisaient loi. La stabilité et la tradition permettaient à ces utiles existences, dénuées d'avancement, de se continuer et de se transmettre, en quelque sorte, dans la même famille : on tenait le fil, on avait le secret des affaires et le chiffre; on se le passait de la main à la main. L'idée du bruit, de la publicité, de la gloriole, ne venait jamais tenter ces serviteurs méritants et obscurs du roi ou de l'État (c'était tout un) ; ils touchaient du doigt le nœud des questions pendantes, le ressort des plus grands événements et des fortunes souveraines; ils avaient à leur disposition des trésors de documents, les sources de l'histoire ; ils les gardaient avec religion. Cela ne s'appelait pas même de la probité. La discrétion, la circonspection était passée dans leurs habitudes et dans toute leur allure. Si, par un hasard qui n'en était pas un et qui devait assez souvent se produire, quelque pièce dont ils étaient les premiers auteurs et rédacteurs sortait au jour, si quelque combinaison dont ils avaient suggéré le plan prenait corps et vie et devenait manifeste, ils se gardaient bien de dire : *Elle est de moi*, ou même de le penser seulement. Ils l'avaient oublié, tant ils étaient impersonnels et habitués à s'effacer par devoir comme par nature. Je trace un idéal dont je suis bien sûr qu'approchaient plus ou moins et que réalisaient en partie bon nombre des estimables et essentiels rédacteurs des Relations extérieures d'autrefois : il en est peut-être même encore aujourd'hui qui leur ressemblent.

Une autre catégorie moins obscure, moins confinée, et qui mériterait aussi son esquisse, à côté et tout près du ministre plénipotentiaire, c'est le secrétaire d'ambassade : à celui-ci l'ambition est permise, la porte des hauts emplois est entr'ouverte, il est sur le seuil : mais que de précautions encore ! que d'attente ! Il ne faut pas que le secrétaire se presse et empiète sur son chef, qu'il devance d'une minute son moment, qu'il commence par en faire à sa tête et par se poser en personnage, sur un pied à lui, comme Chateaubriand prétendit faire à Rome avec le cardinal Fesch ; il ne faut pas qu'il laisse soupçonner ni percer, comme on l'a vu récemment chez un secrétaire revêtu d'un nom illustre (Bellune), une inclination politique différente de celle de son ministre : cela est élémentaire ; il faut qu'il vive en parfaite harmonie et ne fasse qu'un avec lui, qu'il s'efface soigneusement et qu'il s'éclipse, et en même temps toutefois qu'il se tienne tout prêt, le cas échéant, à le remplacer, à le suppléer, à faire même, s'il y a urgence, un pas décisif sans lui ; il peut, sous ce titre secondaire, être chargé par intérim de missions délicates et d'une haute importance. Ceci me mène à parler du père de M. Armand Lefebvre, qui fut, sous le premier Empire, un excellent secrétaire d'ambassade, et qui légua à son fils, avec son exemple et ses enseignements, une partie de son expérience.

Le chevalier Édouard Lefebvre, que nous trouvons mentionné plus d'une fois dans les écrits de son fils, occupa successivement divers postes où il eut occasion de faire ses preuves de capacité et de mérite. Premier secrétaire d'ambassade, en Italie d'abord, à Naples, à Florence, à Rome, puis en Allemagne, à Cassel près du roi Jérôme, et en dernier lieu à Berlin, il s'était trouvé mêlé à bien des épisodes dramatiques du Consulat et de l'Empire, et avait été un témoin clairvoyant, un agent fort apprécié dans son rôle modeste.

A Naples, où M. Alquier était ambassadeur, il avait eu à le remplacer pendant des absences et avait été admis à lire dans l'âme de cette fameuse reine Caroline, fille de Marie-Thérèse, l'amie d'Acton et des Anglais, notre ennemie jurée, une femme violente, capricieuse, passionnée, et qui a laissé dans l'histoire des souvenirs romanesques et sanglants. M. Alquier, homme d'esprit et d'une finesse piquante, put se flatter à un moment de prendre quelque ascendant sur elle et de l'arracher à la politique qui la perdit. Ell avait une liberté de langage qui n'était pas toujours tournée contre la France et contre son glorieux chef; elle disait un jour à notre ambassadeur, à la date d'avril 1803 :

« Assurément, il me serait pardonnable de ne pas aimer Bonaparte; eh bien! je ferais volontiers 400 lieues pour le voir. Si j'osais me comparer à ce grand homme, je dirais que j'ai un sentiment commun avec lui, c'est l'amour de la gloire; mais il a poursuivi son objet en grand et il l'a obtenu, au lieu que moi, j'ai cherché la gloire dans les buissons, et je ne suis parvenue qu'à me piquer le bout des doigts. Quand vous lui écrirez, dites-lui que je ne me lasse pas d'admirer l'adresse avec laquelle il a su profiter d'un temps où, Frédéric et Catherine ayant disparu du théâtre des affaires du monde, il n'y a plus sur tous les trônes de l'Europe que des imbéciles. »

Mais la veille ou le lendemain le vent tourne, le langage change, le naturel reparaît; et vers ce même temps, apprenant le meurtre du duc d'Enghien, elle disait avec la même liberté de propos :

« Ce pauvre diable était le seul des princes français qui eût de l'élévation et du courage. Je me console toutefois de ce qui est arrivé, parce que j'espère que l'acte sanglant de Vincennes nuira au premier Consul. »

Ainsi parlait d'un Bourbon français cette sœur de Marie-Antoinette. Un jour avant les derniers éclats, au printemps de 1805, l'idée était venue de marier une de ses filles, la princesse Amélie (celle même qui a été reine des Français et l'épouse de Louis-Philippe) avec le fils de l'impératrice Joséphine, Eugène de Beauharnais. L'initiative était partie, en apparence, du marquis de Gallo, ambassadeur de Naples à Paris ; mais évidemment il ne s'était point avancé de la sorte sans avoir reçu quelque insinuation de la Cour impériale. La reine, à cette proposition inopinée et qui, à la rigueur, pouvait ne passer que pour une idée en l'air de son ambassadeur, n'avait à faire aucune réponse officielle :

« Cependant elle crut devoir s'en ouvrir elle-même, non à M. Alquier, qui avait été appelé à Milan, mais au premier secrétaire, M. Édouard Lefebvre, chargé momentanément de la direction de l'ambassade. Celui-ci, interpellé soudainement sur un sujet aussi délicat, répondit avec un peu d'embarras qu'aucune instruction de sa Cour ne l'autorisait à traiter d'un mariage entre une princesse de Naples et le fils de l'Impératrice : « Il ne pouvait donc soumettre à la reine « que ses opinions personnelles ; il lui semblait que, dans « l'intérêt de sa maison et de ses peuples, elle devrait favo- « riser une semblable union ; Eugène de Beauharnais avait « toute l'affection de l'Empereur, et de grandes destinées « semblaient promises à ce jeune homme. » La reine demeura quelque temps sans répondre : un sourire amer parut un moment sur ses lèvres ; elle semblait agitée intérieurement par des réflexions pénibles ; enfin elle rompit le silence et dit comme avec effort, qu'elle n'avait aucune objection à élever contre la personne du jeune Beauharnais : « Mais il « n'avait pas encore de rang dans le monde ; si, plus tard, « la Providence l'élevait à la dignité de prince, les obstacles « qui s'opposaient aujourd'hui à une pareille alliance pour- « raient être écartés. »

Le moment une fois manqué ne revint pas. Napoléon, dans une audience publique à Milan (juin 1805), fit une scène à l'envoyé extraordinaire de la reine, chargé de le complimenter, et la dénonça avec une colère calculée comme une furieuse ennemie de la France : « Si après tant d'années de règne elle ne sait pas mettre du calme et de la modération dans sa conduite et dans ses discours, le vaisseau anglais qu'elle tient dans la rade de Naples ne la sauvera pas. » Après de telles injures, l'ulcération, des deux parts, devint incurable.

Peut-être, cependant, y avait-il encore quelque voie à tenter avant les moyens extrêmes. La Cour des Deux-Siciles venait de se lier sous main à la Coalition qui se reformait à cette heure menaçante. Le golfe de Naples devait s'ouvrir à l'invasion combinée des Russes et des Anglais ; un général russe était arrivé à Naples dès les premiers jours de juin pour prendre clandestinement les mesures et fixer le point du débarquement. Eût-il été possible de déjouer ce concert, de rompre ces engagements occultes et cette promesse de coopération? restait-il quelques chances, sinon d'avoir la reine pour alliée, du moins de ne pas l'avoir pour ennemie?

« La chose est douteuse ; en tout cas, ce n'était pas M. Alquier qu'il eût fallu laisser la tâche si délicate d'opérer un rapprochement ; cet ambassadeur avait porté dans sa mission trop de violence et de fiel. Sa sagacité même était un danger de plus : il ne pouvait plus être un instrument de conciliation, et l'on eût dit qu'il n'avait été maintenu dans son poste que pour envenimer les passions indomptées de la reine, et la pousser à quelque extrémité qui la perdît sans retour...

« Le premier secrétaire d'ambassade, M. Édouard Lefebvre,

ne se faisait point illusion sur le caractère de la reine : il savait combien était profonde son aversion pour la France, quelle témérité elle portait dans la direction de sa politique; mais elle était mère : il pensait qu'à ce titre elle pourrait se laisser toucher. Chargé de la direction de l'ambassade pendant le voyage de M. Alquier à Milan, il avait tenté de louables efforts pour dissiper les préventions de cette princesse et lui inspirer une conduite plus mesurée. Il s'était attaché à la convaincre que l'Empereur Napoléon n'avait point le dessein de détrôner sa famille; que, si elle lui revenait sincèrement, loyalement, il oublierait tous ses torts et lui assurerait son amitié. Il ne lui dissimula pas que, si elle persévérait dans la funeste voie où elle était engagée, elle se perdrait infailliblement; qu'en vain tenterait-elle de nous échapper ou de nous braver; qu'elle ne pourrait être sauvée ni par la Russie qui était trop loin, ni par l'Autriche qui était trop timide, ni par l'Angleterre qui ne pouvait mettre à son service que ses vaisseaux. Pendant cet entretien, la reine était occupée à parfiler de l'or. Quand M. Lefebvre eut cessé de parler, elle leva la tête et tourna vers lui ce visage sillonné moins encore par le temps que par les soucis du trône : son regard avait, en ce moment, quelque chose de dur et de sinistre qui semblait dire que toutes ces explications arrivaient trop tard. M. Lefebvre voulut se retirer; mais la reine le retint et lui fit comprendre que ses sages conseils l'avaient émue et troublée. Elle parla avec amertume des Anglais; elle dit qu'elle avait peu d'estime pour cette nation de marchands, et finit par laisser pressentir qu'elle n'était pas éloignée de changer de système. Les voies semblaient ouvertes à un rapprochement, quand M. Alquier revint de Milan; c'était le 5 juillet (1805). »

M. Alquier jugea que son premier secrétaire s'était trop avancé, que la reine n'avait pas changé de sentiments, et qu'il n'y avait rien à espérer de cette Cour dans le sens d'une neutralité sincère. Napoléon, à cette date, — on le voit par une lettre de lui à M. de Talleyrand, écrite du camp de Boulogne le 23 août, — eût pourtant préféré une garantie du côté de Naples, et on conclut même à Paris, par l'intermédiaire du marquis de Gallo, un traité de neutralité qui ne fut pas observé. M. Édouard Lefebvre, en croyant devoir tenter une démarche de conciliation, avait donc agi dans le sens des désirs de l'Empereur et avait deviné juste. Il est vrai qu'une fois maître et arbitre de la situation en Allemagne, le vainqueur d'Austerlitz ne dut pas être fâché d'une infraction qui lui permettait de faire vaquer un trône en Italie. Masséna eut ordre de se porter sur Naples et courut à un triomphe facile. La reine, déclarée déchue, et à regret fugitive, rentra, pour n'en plus sortir, dans le vrai de sa passion, de ses haines, de ses exécrations et de ses vengeances. De son volcan de Sicile, elle continua de menacer, d'agiter la torche comme une Euménide, et elle ressemble de loin à une statue de Médée.

Secrétaire d'ambassade à Rome en 1806, lorsque M. Alquier y fut envoyé pour remplacer comme ambassadeur le cardinal Fesch, M. Édouard Lefebvre y eut aussi la direction de l'ambassade, après que son chef eut été rappelé à Paris (février 1808). La crise à laquelle il assistait n'était pas moindre qu'à Naples, mais le contraste était frappant; il y put lire dans une autre âme, dans celle du pontife, une âme inflexible et douce, moins résignée encore qu'encline au martyre et comme altérée de persécution; il fut agent passif, non insensible, dans cette pression pénible et violente que la politique de Napoléon prétendit exercer sur Pie VII. À cette date, on ne comptait plus réussir par la voie diplomatique et de conciliation ; M. de Champagny écrivait à M. É. Lefebvre, pour l'arrêter dès le premier effort qu'il tenta en ce sens (17 mars 1808) :

« Les circonstances doivent vous rendre extrêmement circonspect dans vos démarches, et Sa Majesté ne peut approuver toute la peine que vous vous donnez pour nouer une négociation : *n'en prenez aucune. Répondez à toutes les propositions qu'on vous fera, et ne faites aucun pas.* Les démarches que vous aviez chargé le père Altieri de faire auprès du Saint-Père ne peuvent conduire à aucun résultat. Ce serait bien peu connaître les hommes de son état que de ne pas voir que toutes ces confidences et ces conversations mystérieuses sont dans leur caractère et ne sont que des ruses. »

Le refus formel que fit le Pape d'adhérer au pacte fédératif et à la ligue italienne mit fin à la mission de M. Lefebvre, qui demanda ses passe-ports le 19 avril.

Ce fut un soulagement pour lui d'être soustrait à ce simulacre de rôle et de quitter un théâtre où la diplomatie avait épuisé son jeu et où la force militaire, seule, était à l'œuvre. Il se trouva bientôt placé d'une manière agréable à Cassel, dans le nouveau royaume de Westphalie, auprès de M. Reinhard, ministre plénipotentiaire, homme de savoir et de mérite, que l'Empereur avait investi d'une mission de confiance dans cette ambassade de famille. Il y resta jusqu'en 1811 et passa alors, avec le même titre de secrétaire de légation, à Berlin. C'est par la littérature et par des publications récemment faites en Allemagne (1) que nous avons à ce moment de ses nouvelles. M. Reinhard écrivait à Gœthe, de Cassel, le 5 août 1811 :

« Ce billet, mon très-honoré ami, vous sera remis par M. Lefebvre, mon secrétaire de légation, qui me quitte pour aller avec le même titre à Berlin. Je désire beaucoup qu'il vous voie. C'est une de ces natures françaises, nobles et loyales, qui par leurs qualités mêmes s'entendent et s'accommodent le mieux avec le caractère allemand. Je le perds avec grand déplaisir, et le malheur a voulu que, depuis son retour de Paris, une indisposition persistante ait arrêté notre commerce habituel d'idées et de sentiments. Si, pour sa nouvelle existence à Berlin, il vous est possible de lui donner des renseignements ou de faire quelque chose pour lui, je vous en serai bien reconnaissant ; même en dehors de ces bons offices que vous pouvez lui rendre, il attache le plus grand prix à faire votre connaissance ; jusqu'à présent il vous aime, vous apprécie et vous admire un peu sur parole ; je suis d'autant plus charmé que votre vue le confirme dans ses sentiments. »

Gœthe répondit par un mot de remerciement à M. Reinhard : « Il m'a été très-agréable de causer avec un homme qui a vécu si longtemps avec vous, et qui par vous a tant gagné. » Mais, de son côté, M. Lefebvre n'avait pas manqué de rendre compte à M. Reinhard de sa visite et de l'impression d'enthousiasme qu'il en avait reçue. Il lui avait également rendu compte de la conversation qu'il avait eue avec Wieland, ce patriarche de la littérature allemande. M. Reinhard ne trouva rien de mieux que d'envoyer à Gœthe

---

(1) Voir le volume de *Correspondance de Gœthe et de Reinhard*, publié à Stuttgard, en 1850.

le passage transcrit de la lettre de M. Lefebvre, qui marquait bien la supériorité de nature de Gœthe sur Wieland ; si ce dernier était le patriarche, l'autre était le prince :

« M. Gœthe, écrivait M. Lefebvre, me paraît être un homme jeté dans un moule tout différent. Sa maison seule, qui est fort belle, ses escaliers ornés de statues d'un goût parfait, la beauté de ses tableaux, la profusion des dessins qu'on trouve jusque dans ses antichambres, et les raretés de toute espèce et de tous les siècles qu'on rencontre à chaque pas, auraient suffi pour m'apprendre que j'entrais chez le prince de la littérature allemande. M. Gœthe me reçut avec beaucoup de bonté et de politesse. Je n'ai pas non plus trouvé qu'il ressemblât au portrait que vous avez chez vous : le peintre lui a fait le front trop levé, ce qui met ses yeux et son air dans un état d'exaltation qu'il n'a pas ; enfin, il est mieux que son portrait.

« Ma conversation avec M. Wieland n'avait eu que lui (Wieland) pour objet, elle n'était jamais sortie de ce cercle ; sans cesse elle y avait été ramenée par lui, par moi, par une conséquence des faiblesses de son âge. Avec M. Gœthe elle prit sur-le-champ un vol plus élevé. Il embrassa toute la littérature allemande, passée et présente ; il y marcha à pas de géant, peignant tout à grands traits, d'une manière rapide, mais avec une touche si vigoureuse et des couleurs si vives, que je ne pouvais assez m'étonner ; il parla de ses ouvrages peu et avec modestie, beaucoup des chefs-d'œuvre en tout genre de la France, des grands hommes qui l'avaient honorée, du bonheur de sa langue, des beaux génies qui l'avaient maniée, des littérateurs présents, de leur caractère et de celui de leurs productions ; enfin, j'étais un Français qui était allé pour rendre hommage au plus beau génie de l'Allemagne, et je m'aperçus bientôt que M. Gœthe me faisait en Allemagne les honneurs de la France. Il est impossible d'allier plus d'esprit, plus de modestie et de cette urbanité qui jette sur la science un vernis si aimable. Je lui disais, en parlant de notre littérature, que nous nous étions enfermés dans des bornes étroites dont nous ne voulions pas sortir, que nous restions obstinément dans les mêmes routes, ce que ne faisaient point les autres peuples. Il me répondit, avec une politesse infinie, qu'il ne trouvait pas que les Français eussent de la répugnance à sortir de leurs routes, mais seulement qu'ils étaient plus *judicieux* (il va y avoir un léger correctif à ce mot) que leurs voisins, lorsqu'il était question de s'en ouvrir de nouvelles.

« Son œil est plein de feu, mais d'un feu doux, sa conversation riche et abondante, son expression toujours pittoresque, et sa pensée rarement ordinaire. »

Rien n'égale à mes yeux le prix des témoignages contemporains quand ils sont donnés avec cette précision, cette justesse, et qu'ils nous arrivent contrôlés par les juges les plus compétents.

Gœthe, mis ainsi en regard de lui-même et comme devant un miroir, ne trouva qu'un mot à relever dans les paroles que lui représentait la dépêche du fidèle diplomate ; c'était pour l'éloge qu'il avait fait de l'esprit français :

« Il m'a été très-agréable, disait-il, de voir avec quelle exactitude M. Lefebvre a retenu l'esprit, les idées et les expressions de notre causerie ; il arrive rarement que nos vues soient aussi bien saisies par un étranger avec lequel nous nous entretenons pour la première fois. Je souscris à tout ce que la relation me fait dire ; je réclame cependant pour un mot ; je voudrais *circonspects* au lieu de *judicieux*. »

Les Français, en effet, quelque complaisance qu'on

mette à les juger, sont évidemment très-rétifs à la nouveauté en littérature, et, du temps de Gœthe surtout, il était difficile de trouver *judicieuse* la disposition l'esprit où se tenaient la plupart des écrivains de l'Empire : évidemment *circonspect* était le mot le plus doux, le mot poli.

Dans son nouveau poste à Berlin, M. Édouard Lefebvre put étudier de près le mouvement qui souleva et arma contre nous toute l'Allemagne, et dont le foyer s'alluma surtout en Prusse; il fit plus que l'étudier, il en fut victime : au moment où le roi de Prusse, après bien des tergiversations et des anxiétés, se décida à faire signer à Kalish par son plénipotentiaire le traité qui le liait à la Russie, le même jour (28 février 1813), un piquet de Cosaques entrait à toute bride dans Berlin, cernait l'hôtel de M de Saint-Marsan, ambassadeur de France, et « sous les yeux des autorités, au mépris du droit des gens et de tous les usages pratiqués entre nations policées, enlevait la personne du premier secrétaire de légation, M. Édouard Lefebvre, s'emparait de tous ses papiers et le faisait conduire en Russie, où il fut détenu prisonnier jusqu'à la paix. »

C'est cet homme capable, instruit de tant de choses, les ayant observées dans l'une de ces situations secondaires où, moins engagé de sa personne, on garde une plus parfaite clairvoyance, que la Restauration et le ministre qui en était le plus noble représentant dans la sphère diplomatique avaient su apprécier à sa valeur : le duc de Richelieu l'avait invité à écrire l'Histoire de la diplomatie française pendant les quinze premières années du siècle. Sa santé altérée et sa fin prochaine l'empêchèrent d'exécuter ce beau dessein ; mais il laissa à son fils des notes nombreuses, des souvenirs vivants, l'esprit même de la tradition.

M. Armand Lefebvre, qui devait être cet historien, se trouvait donc, selon une expression heureuse (1), voué et comme promis dès sa première jeunesse à la carrière diplomatique. Ce fut M. Pasquier qui le fit entrer, à peine âgé de vingt ans, aux Affaires étrangères. En classant les notes innombrables que le jeune attaché avait recueillies dès ce temps dans la mine inépuisable des Archives, son digne fils (car on est dans cette famille à la troisième génération diplomatique) me faisait remarquer combien la jeunesse de son père avait été laborieuse, et avec quel soin il s'était appliqué, pour mieux comprendre l'Europe moderne, à étudier jusque dans ses plus minutieux détails et aux sources les plus authentiques l'Europe du xviiie siècle, celle du cardinal de Fleury, de Marie-Thérèse, de Frédéric le Grand, du duc de Choiseul.

Dans les dernières années de la Restauration, les attachés du ministère furent invités à traiter chacun dans un mémoire la question des alliances naturelles de la France : ce fut le travail de M. Armand Lefebvre, qui fut proclamé le meilleur par la Commission que présidait un des doyens de notre diplomatie, M. de La Forêt. Aujourd'hui encore ce document manuscrit est

(1) *Journal des Débats* du 27 septembre 1864, article de MM. de Goncourt.

rangé aux Affaires étrangères parmi ceux qu'il est le plus utile de consulter.

Les premières années du règne de Louis-Philippe amenèrent des réductions et des déplacements. M. Armand Lefebvre dut échanger la position qu'il occupait à la direction politique contre la promesse, qui ne fut pas tenue, d'une place de secrétaire de légation. Il se résigna à cette inactivité et s'en accommoda même, en se consacrant dès lors tout entier dans le silence et la retraite à l'étude approfondie, passionnée et à la fois philosophique, du drame émouvant « qui commence dans les plaines de Marengo et finit sur le rocher de Sainte-Hélène. »

En 1848, à la suite de l'effondrement général qu'occasionna la Révolution de février, le personnel de la diplomatie se trouva désorganisé, les rangs furent soudainement éclaircis. M. Armand Lefebvre, sollicité de rentrer dans les affaires, aurait pu viser à des postes élevés : il préféra un rôle plus modeste et qui avait son utilité; il accepta le poste de ministre de la République à Carlsruhe. Sa personne même et le choix d'un tel représentant étaient bien faits pour rassurer la société européenne réfugiée à Bade pendant l'été de 1848.

De Carlsruhe il fut envoyé en 1849 à Munich, et, dix-huit mois après, à la fin de 1850, à Berlin, où il résida jusqu'en 1852. A cette époque, il fut appelé au Conseil d'État nouvellement réorganisé, et dans le sein duquel ses lumières et sa compétence lui conférèrent aussitôt une autorité incontestée, dès qu'il s'agissai d'apprécier nos affaires extérieures. Il se fût récusé volontiers sur d'autres questions spéciales, tout intérieures et jusqu'alors étrangères à ses études, étant de ceux qui ne croient jamais assez bien savoir ce dont ils ont à juger.

Créé membre de l'Institut par suite du décret qui introduisait au sein de l'Académie des Sciences morales une nouvelle section (politique, administration et finances), il parut plus surpris encore que flatté de cet honneur.

Quelque temps auparavant, un décret du 7 septembre 1854 avait institué la première Commission chargée de publier la Correspondance de Napoléon Ier : M. Armand Lefebvre était naturellement désigné par ses travaux historiques pour en faire partie. Dans les séances préparatoires, et lorsqu'on discutait la pensée qui devait présider à l'édification du monument, il émit l'idée, qui fut écartée au début, de substituer le plan d'une classification raisonnée à celui, qu'on adopta, d'une chronologie pure et simple. M. Armand Lefebvre avait une forme d'esprit essentiellement tournée à la considération des causes et des effets, à la suite et à l'enchaînement des questions.

Frappé au mois de juin 1862, à l'âge de soixante-deux ans, d'un accident soudain qui le saisit et le paralysa dans toute la force de la pensée, il ne se releva pas, assista deux années durant à sa lente destruction, et succomba le 1er septembre 1864, avant d'avoir pu terminer l'*Histoire des Cabinets de l'Europe*, « cette œuvre, tourment et bonheur à la fois de sa vie. »

Je dis tourment, et on va le comprendre. Qu'on se figure en effet quelle dut être la situation morale d'un écrivain modeste, mais consciencieux et savant autant que ferme et convaincu, qui était avec prudence de l'école de Montesquieu, qui méditait longtemps ses matières avant d'en offrir un tableau suivi, concentré, définitif, quel dut être son désappointement cruel et son mécompte, lorsque la grande *Histoire du Consulat et de l'Empire* de M. Thiers fut annoncée et vint, en quelque sorte, déboucher, défiler comme une grande armée, à dater de 1845, et pendant près de vingt ans occuper le devant de la scène, envahir et posséder l'attention publique : lui, l'historien diplomatique, qui avait puisé aux mêmes sources, qui en avait par endroits creusé plus avant quelques-unes, qui y avait réfléchi bien longtemps avant d'oser en tirer les inductions, les conséquences essentielles, mais qui, une fois les résultats obtenus, y tenait comme à un ensemble de vérités, il se trouvait du coup distancé, effacé, jeté de côté avec son noyau de forces. Que faire? Il avait publié, dès avril 1838, dans la *Revue des Deux Mondes* un grand morceau de son travail, qui comprenait l'histoire politique des Cours de l'Europe, depuis la paix de Vienne (1809) jusqu'à la guerre de Russie (1812); il s'était hâté de détacher ce travail pour ne pas se laisser devancer par M. Bignon qui, dans les IXe et X^e volumes de son *Histoire de France sous Napoléon*, devait traiter du même sujet; il avait voulu prendre date. Mais, si l'on prenait date avec M. Bignon, on ne le prenait pas avec M. Thiers qui, dans ses développements étendus et lucides, non-seulement riche des documents des Affaires étrangères, mais muni de la lecture des lettres mêmes de Napoléon, se portait en conquérant dans ce vaste sujet, y traitant tour à tour et indifféremment de l'administration, de la diplomatie, de la guerre, et promenant sur tous les points une intelligence ondoyante et diverse qui ne se laissait point gêner ni retarder par une trop grande exigence d'unité logique. Or, M. Armand Lefebvre avait cette forme d'esprit exigeante; il était un peu comme Tocqueville, et, sans avoir comme lui le style qui grave, il avait la pensée qui pénètre et qui creuse; il pesait longtemps avant de conclure, il concentrait plus qu'il ne déployait; et, dans la conversation même, si mes souvenirs sont bien fidèles, son œil pétillant et vif, son sourire fin, laissaient deviner plus encore que sa parole n'en disait; son geste fréquent, moins décisif que consultatif, et qui semblait s'adresser à sa propre pensée, exprimait cette habitude de réflexion et comme de dialogue intérieur. Son Napoléon, tel qu'il l'avait conçu et qu'il l'avait vérifié par une longue étude, était d'un seul jet, et le Consulat, l'Empire, envisagés par lui dans leur continuité, offraient moins de déviations et d'écarts qu'on n'en suppose d'ordinaire. Pour faire prévaloir cette vue, il n'était pas temps; la masse de documents, d'analyses et d'exposés versés par M. Thiers, et si heureusement distribués par lui, pouvait, d'un moment à l'autre, déjouer les explications ou les rendre inutiles : il fallait attendre et laisser passer le vaste flot triomphant. M. Armand Lefebvre le comprit; il ne visa point à une concurrence impossible avec l'historien national et populaire; seulement, par provision, pour sauvegarder son droit et réserver l'originalité de ses vues, il se hâta de publier les trois volumes qu'il avait tout prêts, et qui parurent de 1845 à 1847; ces volumes comprenaient les événements politiques et diplomatiques accomplis depuis 1800 jusque dans l'été de 1808, c'està-dire depuis les premiers jours du Consulat jusqu'au drame espagnol de Bayonne. Puis, en janvier et février 1857, au moment où M. Thiers approchait de l'année 1813 et y atteignait, il donna dans la *Revue des Deux Mondes* deux morceaux achevés sur le soulèvement de l'Allemagne après la guerre de Russie et sur le Congrès de Prague. Il faisait comme un général habile et prudent qui, se sentant coupé ou débordé par des forces supérieures et hors d'état pour le moment de tenir campagne, occupe les points essentiels, quelques places fortes, et abandonne le reste du pays, sauf à rejoindre plus tard ses garnisons et à rétablir ses communications dès qu'il le pourra. Tous ces morceaux se rejoignant en effet aujourd'hui, composent une Histoire à peu près complète : la tâche de son digne fils, nous le dirons, devra être de la parfaire entièrement et de la corroborer un jour.

Mais, on le conçoit, et même chez un esprit que les succès littéraires ne préoccupaient point, même pour le seul penseur, il y eut, il dut y avoir des tristesses intimes et profondes, de grandes défaillances morales, de voir ainsi l'œuvre de sa vie compromise et découronnée, de se sentir arrivé au public tout haché et morcelé, lui qui précisément avait la conception une et entière; d'assister au développement et au plein succès d'une autre vue que la sienne, et que naturellement il estimait moins exacte et moins vraie, sur cette grande époque et sur l'homme étonnant qui la personnifie. Ce qu'il faut ajouter aussitôt et ce que m'attestent des confidents de ses plus secrètes pensées, c'est que les déceptions, si vives qu'elles aient dû être, n'ont jamais fait entrer l'amertume dans cette nature aussi élevée que modeste, dans cette âme où la distinction s'unissait à la bonté.

Il me reste à donner l'idée la plus nette que je pourrai de sa manière de comprendre le Consulat, l'Empire et Napoléon.

Lundi 27 mars 1865.

HISTOIRE
DES
CABINETS DE L'EUROPE
PENDANT
LE CONSULAT ET L'EMPIRE
PAR M. ARMAND LEFEBVRE.

(SUITE ET FIN.)

Il est plus difficile qu'on ne le croirait de saisir tout d'une venue les grands hommes en tout genre : il faut du temps et passer par plus d'un degré pour arriver à les embrasser dans leur ensemble. En littérature nous avons éprouvé cela pour Dante, Shakspeare, Gœthe : par combien d'explications intermédiaires et partielles n'a-t-on pas dû passer et procéder avant de s'élever à une vue pleine et entière! En histoire, nous avons eu un travail analogue à faire pour en venir à une large et juste idée de Napoléon. De tels jugements ne s'élaborent pas en un jour; il est besoin d'y faire entrer et d'y maintenir en présence bien des termes contraires. Peu d'esprits en sont capables et en viennent à bout : il leur faut des guides. La difficulté est surtout sensible lorsqu'on est soi-même contemporain, ou de ceux qui, nés au lendemain d'une grande époque, ont reçu des générations vivantes et passionnées pour ou contre le souffle embrasé, et qui ont été baignés dès le berceau dans l'un ou l'autre des deux courants contraires. Les contemporains, en effet, s'ils ont les avantages de leur position, en ont aussi les inconvénients : s'ils savent quantité de points, ils en ignorent une infinité d'autres, le détail leur dérobe l'ensemble, les arbres les empêchent de voir la forêt ; de plus, ils sont juges et parties ; ils souffrent, ils combattent, ils succombent ou ils triomphent ; vainqueurs ou vaincus, ils aiment ou ils haïssent : comprendre purement et simplement l'objet de leur enthousiasme ou de leur colère est ce dont ils se soucient le moins. L'amour-propre seul serait une cause suffisante d'erreur. Chacun, dès que le grand homme paraît et se déclare, après l'avoir admis volontiers au premier degré, s'empresse aussitôt de le continuer à sa guise, de l'achever à sa manière et selon ses goûts, de lui dicter son rôle de demain ; et si le personnage ne répond pas à cette idée qu'on s'en fait et ne suit pas le programme, on est bien près de le renier, de s'écrier qu'il fait fausse route et qu'il se perd, ce qui arrive quelquefois, mais par d'autres raisons le plus souvent que celles dont on se payait d'abord assez à la légère. Il y a donc, pour la postérité, une tâche à part et qui est proprement la sienne, à savoir, de dominer les divers points de vue, de les maîtriser, de tenir compte de tout et de tout comprendre. Après avoir été contemporains ou fils des contemporains, après avoir passé nous-mêmes par les passions ou les suites d'impressions successives, par les flux et reflux des jugements contradictoires, complétons-nous jusqu'à la fin. Nous avons commencé par *épeler* certains hommes : mieux informés, plus éclairés sur eux, accoutumons-nous à les lire couramment, à les embrasser d'un coup d'œil dans leur unité. Ce que je fais en ce moment n'est pas de la politique, c'est de l'histoire morale et littéraire. Je suis loin de croire, à l'exemple de quelques éloquents philosophes ou orateurs, que dans une grande âme tout est grand; il y a souvent bien du mélange : mais je dis en même temps qu'il y a dans toute organisation de génie une résultante totale qui se dégage et à laquelle il faut s'attacher. Ce n'est pas la bonne méthode de prendre les grands hommes de biais ou au rebours, ne faisons pas une guerre de chicane à ces hautes natures. Montaigne, bien que si curieux et si amoureux du vrai, l'a dit : « Il ne faut pas guetter les grands hommes aux petites choses. »

Ce qui me frappe, au degré de connaissance où nous sommes arrivés sur Napoléon, c'est combien quelques-uns de ceux qui le voyaient de plus près, et qui avaient même eu le plus d'occasions de causer avec lui, l'ont méconnu dans son unité, l'ont cru décousu, fragmentaire, ayant des éclairs et des tonnerres sans doute, mais sans cette continuité de vues et de calculs, sans cette fixité ardente qu'il apportait dans la suite de ses desseins. Si je lis l'abbé de Pradt, Marmont, Rœderer, je suis étonné du peu de profondeur que ces gens d'esprit ont mis à l'apprécier; ou plutôt je ne devrais pas en être étonné, car c'est la condition de tout ce qui se juge au jour le jour et avant que le drame humain soit accompli.

Et nous-mêmes, reportons-nous au point de départ de nos propres jugements, quand nous commencions à réfléchir et à penser. Le génie n'était une question pour personne; assez de monuments de victoire et de grandeur civile étaient debout : mais les débris de la chute jonchaient le sol autour de la statue renversée, et même après qu'elle eut été relevée sur sa colonne, on ne la considérait que d'en bas et d'un peu loin, chacun y voyant plus ou moins un symbole. La Restauration, un régime contrrare et ennemi, avait d'abord succédé, avec des théories constitutionnelles qu'avaient sucées de nouvelles générations libérales, et, comme telles, encore moins favorables qu'opposées à l'idée impériale; on semblait ne se rallier à ce passé récent que par la religion de la gloire et du malheur. L'avénement de Louis-Philippe n'avait fait qu'infirmer ou amortir cette contradiction de jugements, et, grâce à la tolérance de ce régime mixte, sous ce gouvernement mi-parti, se recrutant à la fois des orateurs constitutionnels et des vieux généraux de l'Empire, il s'était formé une opinion de bon sens, mais où il entrait bien de l'amalgame. Le service inappréciable que rendit alors l'historien du Consulat et de l'Empire fut d'apporter de l'ordre dans cette confusion, de nous développer avec étendue et clarté les motifs de son admiration et de la nôtre, au triple point de vue militaire, administratif, civil. Chacun sut, grâce à lui, à quoi s'en tenir désormais sur tout ce système habile et merveilleux de créations à l'intérieur, sur ce mécanisme savant et simple, essentiellement moderne, dont le public n'avait pas la clef auparavant ou dont on ne se faisait que de vagues idées. On peut trouver d'ailleurs, en ce qui est de l'explication individuelle et de la psychologie du héros, que l'historien lui-même a hésité, a varié en plus d'un endroit; il a introduit des divisions plus commodes sans doute que réelles dans l'analyse du génie et du caractère : il semble tout accorder d'abord au Consul, même à l'Empereur, et ensuite, dans quelques-uns des avant-derniers volumes, il paraît vouloir revenir sur ses premiers jugements; il lui retire beaucoup, pour tout lui rendre encore une fois au dernier moment, aux heures du suprême effort et de l'adversité. Le bon sens de l'historien ne se croit pas lié ni enchaîné, mais il en résulte qu'il flotte un peu. En un mot, si l'Empire est admirablement exposé par lui, son Napoléon, en tant que caractère politique, est relâché et un peu épars. Somme toute, et quoi qu'il en soit de ces critiques de détail, le premier il a permis aux lecteurs curieux et patients de se faire une vaste idée, une idée *continue* (j'y insiste) du génie et de la force complexe de son héros. Il en a facilité l'étude, l'intelligence. La plupart des esprits, qui d'abord se figuraient dans Napoléon un génie pareil à un volcan ou à un tonnerre et procédant par éruptions ou par éclairs, se guérirent insensiblement de leur idée incomplète et s'accoutumèrent à saisir l'ensemble de cette pensée puissante dans toute l'ampleur de son développement : l'excellent historien narrateur leur avait fait faire bien du chemin. Après l'avoir lu, on était tout préparé à aborder la *Correspondance*, cette grande source directe qui continue et continuera longtemps de se dérouler, claire, nette, rigide, incorruptible, vrai fleuve du Styx pour la plume de bronze qui viendra s'y tremper, pour l'historien concentré et philosophe, le Mommsen futur.

Je n'oublie pas que ce que j'ai à expliquer maintenant, c'est la vue de M. Armand Lefebvre sur le même sujet et sa conception très-juste en général, très-ferme, et que les documents publiés depuis sont venus en grande partie vérifier. Son mérite original est d'avoir toujours eu présent dans le cours de son étude et d'avoir toujours montré un Napoléon fidèle à lui-même, constant, et dont le caractère se soutient du commencement jusqu'à la fin. Et pour peu qu'on y réfléchisse, je le demande, pouvait-il en être autrement de Napoléon? Quand la nature crée un homme supérieur et d'une supériorité de premier ordre, quand elle l'a fondu et coulé tout d'un jet dans un de ses plus beaux moules humains, si cet homme, après avoir fourni sa grande carrière, tombe ou sort de la scène dans la plénitude de la vie et de ses facultés, sans que la maladie ou l'âge soit venu l'altérer ou l'affaiblir, il est bien clair qu'il est et qu'il a dû rester le même pendant toute cette durée de son rôle actif, que les événements n'ont fait que le produire, un peu plus tôt, un peu plus tard, sous ses aspects différents, le montrer et le développer plus ou moins dans quelques-unes de ses dispositions naturelles et donner occasion à ses qualités ou à ses défauts primitifs de se manifester dans tout leur relief ou même dans leur exagération ; mais il y avait en lui, dès le principe, le germe et l'emboîtement de tout ce qui est sorti. La nature, en livrant à l'historien ce personnage nouveau de sa plus haute invention et en qui elle s'est visiblement complu, en le remettant, pour ainsi dire, entre ses mains pour le raconter et le peindre, semble lui dire comme Horace au poëte : « Regardez-y bien ! » Là où un œil superficiel serait tenté de voir des contradictions, des incohérences, des déviations et des écarts, il n'y a que suite, connexion, accord ; tout se tient et correspond dans un tel caractère, faites-le sentir dans votre œuvre : qu'on le devine dès le principe tel qu'il sera en avançant ; qu'on le voie jusqu'au bout tel qu'il s'était annoncé d'abord :

. . . . *Servetur ad imum*
Qualis ab incœpto processerit, et sibi constet.

M. Armand Lefebvre, sans songer à se poser le cas d'une manière si générale, a observé le précepte ; à force d'interroger les faits et de les serrer de près, ils lui ont répondu en ce sens. Selon lui, il a toujours été très-difficile ou plutôt impossible à Napoléon, héritier de la Révolution française, son représentant armé en face de la vieille Europe, et le point de mire de toutes les haines du passé, de s'arrêter dans sa progression de lutte croissante et de conquête, et de trouver une station à laquelle il pût se tenir pour y asseoir une paix durable, une paix sincèrement observée et acceptée par les adversaires. Non pas que M. Armand Lefebvre prétende qu'il n'y ait pas eu, de la part de la puissante et orgueilleuse nature, bien des promptitudes, des emportements, des complications inutiles et funestes ; mais il estime que ces torts dont l'oligarchie européenne s'empara et fit son profit, n'ont pas notablement changé les éléments essentiels ni les conditions inhérentes aux situations respectives. Prenons des exemples ; car M. Armand Lefebvre n'est point arrivé à ce résultat, je le répète, en vertu d'une idée favorite et préconçue, mais par la seule étude des faits. Le premier Consul avait été vainqueur de l'Autriche à Marengo, Moreau avait achevé de l'abattre à Hohenlinden : Bonaparte était l'arbitre de la paix sur le continent; le traité qui en sortit fut celui de Lunéville. Or, selon M. Armand Lefebvre, le *nœud* de toutes les difficultés qui travaillèrent la fin du Consulat et tout l'Empire était dans la paix de Lunéville et dépendait du parti que l'arbitre de cette paix aurait su prendre. « On avait le choix entre deux systèmes : l'un tout de force et de représailles, l'autre tout de clémence et de conciliation. » Convenait-il d'user du premier en toute rigueur, comme la victoire en donnait le droit, et de mesurer ses prétentions sur sa fortune ? Était-ce d'une bonne politique, d'une politique sage et prévoyante du lendemain ?

« Nous comptions, dit M. Armand Lefebvre, deux grands ennemis dans le monde : une ennemie continentale, l'Autriche; une ennemie maritime, l'Angleterre. Si redoutables que nous fussions, c'était une tâche bien longue, bien dangereuse, que celle de les réduire toutes les deux. Elles exerçaient partout un tel ascendant, l'une par les inépuisables ressources de son crédit, l'étendue de ses relations commerciales et ses flottes formidables, l'autre par l'autorité de son oligarchie et ses nombreuses armées, qu'on pouvait craindre que, tôt ou tard, elles ne finissent par rallier à leur cause et confédérer contre nous toutes les autres couronnes. La France était aujourd'hui en voie d'intimité avec la Prusse et la Russie; mais ces relations amicales tenaient à des causes peut-être passagères; ici, au désir d'obtenir le gros lot dans le partage des indemnités germaniques; là, à l'attachement passionné dont Paul Ier s'était soudainement épris pour Bonaparte. En Prusse comme en Russie, le parti anglais n'en restait pas moins très-puissant, il comptait dans ses rangs tout ce qui entoure et domine les princes, la Noblesse, la Cour et les chefs de l'armée. La prudence conseillait de ne point subordonner l'avenir de la France à des combinaisons cupides qui, une fois satisfaites, laisseraient la Prusse indifférente, peut-être même hostile à nos intérêts, moins encore à la mobilité d'un prince aussi fantasque que Paul Ier. Il était sage d'admettre comme possible une nouvelle coalition des quatre grandes monarchies de l'Europe contre nous. Or, si jamais d'aussi cruelles épreuves nous étaient réservées, il n'y avait pas de honte à nous l'avouer, nos périls seraient immenses : ce ne serait plus seulement notre grandeur, nos récentes conquêtes qui seraient remises en question, mais la Révolution tout entière et notre nationalité même.

« Le moment semblait donc venu pour le premier Consul de se recueillir dans sa pensée, de s'entourer de toutes les lumières de son vaste esprit, et d'éviter à son pays des chances si redoutables. Pour arriver à ce résultat, il n'existait qu'un moyen : c'était de briser les nœuds qui, depuis dix ans, réunissaient sous les mêmes drapeaux l'Angleterre et l'Autriche, de procéder, soit envers l'une, soit envers l'autre, par voie de concession, et de contracter une paix sérieuse et permanente. Il restait à déterminer vers laquelle des deux puissances devaient se porter nos préférences. »

Pour peu que l'on examine et que l'on compare, on verra qu'il n'y avait point à hésiter dans la réponse. L'Angleterre n'était point possible à désarmer ; le commerce, qui partout ailleurs aime la paix, avait intérêt chez elle à la guerre. Cet état de guerre, « qui contient et arrête les autres peuples, ouvrait au contraire au peuple anglais une sphère d'ambition sans limite et ne l'exposait presque à aucun péril. » Aussi il s'y était engagé avec tout le feu de la cupidité et de la passion. L'avare Carthage, en son temps, n'était pas plus l'ennemie nécessaire de Rome. Mais l'Autriche (toujours selon M. Lefebvre) s'offrait à nous par des rapports tout différents ; avec elle la paix, une paix solide, permanente, était possible ; « mais elle ne l'était qu'à une condition : c'était que, désavouant les principes du Directoire, propagateur et créateur de républiques succursales, nous sortirions des voies où nous avait imprudemment engagés le traité de Campo-Formio. »

Pour sortir de cette voie, pour pacifier véritablement l'Autriche, pour la désintéresser et nous l'attacher, que fallait-il ? Renoncer à notre influence rivale de la sienne en Italie, lui restituer la Lombardie, et lui rendre aussi, lui concéder sur la rive droite du Rhin les principautés ecclésiastiques qui avaient été sacrifiées à Campo-Formio. A ce prix, on brisait plus sûrement que par les armes le faisceau de la coalition récente, et l'on conjurait les chances des coalitions futures; on n'avait plus affaire qu'à une seule ennemie, l'Angleterre; enfin on divisait les difficultés, les périls. Cette vue, qui est essentielle chez M. Lefebvre, a été reproduite et accentuée par lui à diverses reprises avec beaucoup d'énergie en des pages très-heureuses :

« Plus que jamais, dit-il dans son récit, au moment des complications qui surgirent en Italie par suite des résistances du Pape dès les premiers mois de 1806, — plus que jamais nous croyons qu'après les trophées de Marengo et de Hohenlinden il eût été d'une bonne politique pour le premier Consul de ne point s'engager à fond dans les affaires d'Italie, et que la tâche de réduire l'Angleterre, d'affermir nos conquêtes sur le Rhin et l'Escaut, suffisait pour remplir, pour glorifier la vie d'un grand homme et absorber les forces d'une génération. En organisant à Campo-Formio et à Lunéville la république cisalpine, la France fit plus que propager ses principes, ses institutions et ses codes; elle fit une chose qui eut des conséquences incalculables : elle jeta les fondements d'une Italie nouvelle et régénérée. Le traité de Lunéville ne tarda pas à porter ses fruits. En vain le chef de la France eût-il voulu comprimer le développement du principe qu'il avait proclamé, tous ses calculs de prudence et de modération eussent été renversés par le cours irrésistible des choses. Il ne lui était pas plus possible de s'arrêter après le traité de Presbourg qu'il ne l'avait été après le traité de Lunéville. Les événements avaient marché plus vite que sa pensée, et son ambition ne faisait, pour ainsi dire, qu'exécuter les arrêts de sa fortune. »

Et dans le récit où il a résumé les préliminaires et les causes de la guerre de Russie en 1812, il ne voit dans cette entreprise, de la part de la France, que « le dernier terme de ce vaste système de conquête et de prééminence qui a son point de départ dans le traité de Campo-Formio et qui fut reproduit plus tard dans celui de Lunéville. » Napoléon n'avait point fondé ce système, il l'avait pris à son compte et avait mis son génie et sa gloire à le faire triompher ; la Révolution, devenue toute guerrière, voulait sa revanche sur l'Europe : la partie une fois engagée sur ce pied, de revanche en revanche l'enjeu avait grossi toujours :

« Il y a un fait capital, répétait M. Armand Lefebvre, et qui n'a pas été assez remarqué dans l'histoire de cette fameuse lutte, c'est que la paix qui a suivi les victoires de Marengo et de Hohenlinden a été pour la France et pour ses ennemis un moment décisif. Alors, *et seulement alors*, il était possible de fonder un état de choses solide et permanent. Ce que la Convention et le Directoire n'avaient pu faire, le Consulat pouvait l'accomplir. La mission des pouvoirs révolutionnaires était une mission de guerre : le traité de Campo-Formio fut, comme tout ce qu'ils créèrent, une œuvre de guerre. La mission du premier Consul était une mission de paix : clore la Révolution à l'intérieur, et, à l'extérieur, réconcilier la République avec l'Europe, tel fut son programme politique après le 18 brumaire. Il remplit avec un merveilleux génie d'organisation la première partie de sa tâche et ne prit aucun soin de remplir la seconde. Il débuta, dans ses rapports avec l'Europe, par lui imposer le traité de Lunéville, qui était un droit créé par la victoire, mais non un acte de conciliation et de durée : cette première transaction décida de toute la vie du premier Consul. Les traités de Campo-Formio et de Lunéville, en donnant Anvers à la France, en plaçant sous sa main les républiques batave, suisse et cisalpine, organisèrent en quelque sorte une guerre interminable entre la France d'une part, et l'Autriche et l'Angleterre de l'autre. Dans la condition où l'Europe se trouvait alors, l'Angleterre et l'Autriche devaient finir par entraîner la Prusse et la Russie, ce qui mettait la France dans l'impérieuse nécessité d'être, à elle seule, plus forte que les quatre grandes monarchies ensemble, ou de subir leur loi. La raison politique nous conseillait de désarmer la Cour de Vienne ou celle de Londres. Le sacrifice à faire à Lunéville était indiqué par la nature des choses; c'était celui de nos conquêtes italiennes : mieux valait pour nous posséder Anvers que Milan. »

Mais, comme M. Armand Lefebvre nous le fait en même temps remarquer, la France eût-elle bien pris en 1801 cet abandon de l'Italie, deux fois délivrée? Le premier Consul pouvait-il défaire de ses propres mains victorieuses son ouvrage, l'ouvrage du général en chef de 1796? Pouvait-il ainsi livrer cette seconde patrie, ce théâtre brillant et cher de ses premiers triomphes? La France le lui eût-elle pardonné alors, et ne fut-elle pas sa complice dans cette paix, grosse de périls futurs, qu'il dicta moins encore en son propre nom qu'au nom de la nation personnifiée tout entière en lui?

Oui sans doute, les plus grands hommes, s'ils veulent dominer et régler les situations, doivent circonscrire à temps leur sphère, borner leur tâche et limiter le champ où leur génie aura à s'exercer : sans quoi ils s'engagent dans des entreprises et des combinaisons qu'ils ne gouvernent plus, et ils risquent d'être entraînés sur des pentes fatales, irrésistibles, où leur force, si grande qu'elle soit, ne sert qu'à leur faire décrire des bonds plus gigantesques et plus impétueux, mais sans arrêt possible. C'est alors qu'ils deviennent, à proprement parler, des puissances aveugles et comme des instruments de destin.

Mais aussi, dans l'autre supposition, vous avez un grand homme raisonnable, un de ceux qui n'en prennent pas plus qu'ils n'en peuvent garder : dans l'ordre de la guerre, vous avez un Turenne, un Wellington ; dans l'ordre politique, un Washington ou même, entre les plus audacieux, un Cromwell, ou parmi les rois conquérants un Frédéric, et non un de ceux qui, s'élançant hors des orbites connues, agissent puissamment à distance sur l'imagination des hommes et qui hâtent, qui précipitent en quelques années les destins de l'univers. Et pour ne parler que de la paix de Lunéville et de ce qui a suivi, n'est-ce donc rien que d'avoir si efficacement préludé à la délivrance de l'Italie, d'avoir préparé, à l'abri d'une royauté hasardée, mais provisoirement tutélaire, cette unité, cette résurrection politique d'une nation? De telles imprudences sont de celles qu'aime la France, qu'elle favorise dans ses chefs, qu'elle leur impute presque à crime de ne pas commettre. Napoléon n'était pas homme à se contenter de faire de la France un *pré carré,* et je puis dire que la France de 1800, la France consulaire n'était pas femme à s'en contenter non plus. La nation française est *fibreuse,* disait Napoléon. Il ne s'agit point, quand on la gouverne, de blesser sa fibre ; il ne le fallait point surtout alors. *Chacun chez soi, chacun son droit,* n'était pas sa devise. L'expansion de 89 changeait de forme, mais elle n'était pas épuisée.

Ce n'est pas à dire que M. Armand Lefebvre ne

reconnaisse les exagérations et les fautes, là où elles viennent du caractère plutôt que de la situation; mais il croit que la position prise à Lunéville suffisait à décider bien des choses qui ont suivi et qu'elle recélait la plupart des conséquences qu'on a vues éclater. Il ne se laisse point éblouir par l'alliance de Tilsitt et par ce concert entre les deux colosses « qui n'était nullement une œuvre pacifique, mais bien au contraire la plus formidable combinaison de guerre qui ait jamais été conçue. » Il indique et dénonce dans le duché de Varsovie, formé dès lors (1807) et comme déposé au sein de l'alliance, un germe de dissensions futures. Ce duché, grossi en 1809 par la paix de Vienne, devint en effet comme un corps étranger, remuant, qui ne demandait qu'à s'étendre encore et qui, interposé entre les liens des deux empires, finit par les distendre jusqu'à les briser.

La nature du génie de Napoléon qui, essentiellement organisateur et unitaire, représentait la Révolution dans son principe d'égalité et de réformes civiles, mais nullement dans son essor de liberté, le porta à se dessaisir d'une arme terrible, celle de la propagande libérale et républicaine : et dès lors, les peuples, non appelés par lui à secouer le joug, ne sentirent plus que la honte de la défaite et l'aiguillon de la vengeance. Le ressort militaire et administratif, tendu dans ses mains et appliqué par des agents impérieux, foula les populations vaincues et finalement les souleva. M. Arman Lefebvre a écrit là-dessus des pages très-vraies, très-fermes et qui, exemptes de passion comme de complaisance, expriment très-bien le caractère du régime dominant à l'extérieur depuis 1806 jusqu'en 1813. Dès 1806 Napoléon put reconnaître que nous n'avions point d'alliés en Europe sur le continent. Partout, il est vrai, — partout, excepté sur mer, — nous étions vainqueurs; mais nous étions faibles au sein de notre gloire, parce que nous étions isolés. Qu'un seul jour nous fussions vaincus ou à demi vaincus, qu'un seul instant la fortune des armes hésitât, et tous nos ennemis cachés ou publics se lèveraient à la fois et fondraient sur nous. L'oligarchie européenne était irréconciliable. Napoléon se dit alors que, ne pouvant rien avec l'Europe actuelle telle qu'elle était, il lui en fallait refaire une à sa guise. Sa politique extérieure prit, dès ce moment, ce caractère extraordinaire qui la sépare de toutes les traditions de l'ancienne monarchie et qui rompt entièrement avec les pratiques du passé. J'expose toujours d'après M. Armand Lefebvre, et je le laisse parler; on est en 1806, au lendemain de la paix de Presbourg :

« Dans la terrible situation que nous ont faite nos fautes (à la paix de Lunéville), les violences de nos ennemis et nos désastres maritimes (Trafalgar), nous sommes jetés en dehors des voies de la politique régulière. Nous n'avons plus le choix des partis à prendre; il faut succomber, ou briser le réseau formidable qui nous enveloppe. Napoléon a compris les terribles devoirs que lui impose sa mission, et il s'est fait le serment de les remplir tous. L'Europe entière lui est ennemie : il réorganisera l'Europe sur de nouveaux fondements. La Coalition a poussé sa trame jusqu'au cœur de son système fédératif : il est décidé à ne plus tolérer dans sa sphère d'action que des souverains dévoués. Les dynasties hostiles, il les renversera et leur substituera des princes de sa propre famille; il en fera une masse compacte et comme indivisible qui doublera ses ressources. Fort d'un tel levier, il pèsera sur le reste du continent et le soumettra à sa suprématie. Tel est le plan gigantesque que l'implacable fortune, et non pas, comme on l'a dit, un misérable orgueil dynastique, l'a contraint d'adopter, et dont nous le verrons poursuivre l'exécution pendant sept années avec une vigueur d'esprit et de caractère incomparable. « Je sentais mon isolement, a-t-il dit à « Sainte-Hélène; je jetais de tous côtés des ancres de salut « au fond de la mer. Quels appuis plus naturels pour moi « que mes proches? »

Il est permis de croire que la forme de son génie s'accommodait fort bien de cette nécessité et qu'au fond il en était bien aise. Toutes ses facultés, y compris son imagination grandiose, y trouvaient leur magnifique emploi; un rêve superbe, une vision charlemanesque le saisit; il entra tout d'un trait dans une phase nouvelle; et lorsqu'en 1807, ayant reconnu qu'il n'y avait que la Russie qui pouvait ne pas être irréconciliable, il put se flatter de l'avoir gagnée dans la personne de son jeune empereur, il dut se croire en mesure de tout oser, de tout exécuter dans l'Occident.

Évidemment, en tout ceci, il ne tenait pas assez compte de l'étoffe dont sont faits les peuples, et c'est ce qui l'abusa en 1812 lorsqu'il engagea cette lutte formidable avec son ancien allié de Tilsitt, redevenu par degré son ennemi. M. Armand Lefebvre a soigneusement analysé les causes de cette rupture et montré comment de conséquence en conséquence on en vint à cette extrémité. Et, après les désastres de la retraite, il expose avec non moins de précision et de vérité les diverses phases de la défection européenne, et comment toute cette apparence de soumission et de concours au profit de Napoléon se retourna inévitablement et fit volte-face, comme à un signal donné, contre lui. Les appréciations de M. Armand Lefebvre, qui datent de vingt-cinq ans déjà, peuvent aujourd'hui encore être réputées sans appel. Que de choses on a sues depuis et qui n'ont fait que confirmer ses vues! Que n'a-t-il eu le temps de profiter de toutes les lumières répandues aujourd'hui sur cette période historique et qui n'auraient fait qu'apporter de nouvelles forces à ses arguments! Il aurait pu raconter bien des épisodes piquants, restés longtemps mystérieux, et s'en autoriser dans ce tableau tracé par lui des inimitiés de la vieille Europe, tremblante et soumise en 1812, mais rongeant son frein et ne désespérant pas de la fortune. C'est ainsi qu'à Dresde, en mai 1812, tous les souverains venus pour saluer humblement Napoléon, à son départ pour la campagne de Russie, eurent des conférences secrètes afin de s'entendre sur le parti à tirer de nos revers possibles en cette aventure lointaine; et même, sans conférence et sans parole, il leur suffisait, pour s'entendre, de se regarder dans le blanc des yeux, tant ils étaient unanimes dans leur intime révolte et dans une haine commune!

Varnhagen d'Ense, le mari de la célèbre Rahel, avait entre les mains une lettre de M. de Metternich où se trouvait le récit détaillé du premier effet causé à Vienne par le retour de l'île d'Elbe en 1815. La nouvelle y était arrivée par une estafette du consul d'Autriche à Livourne. M. de Metternich en fut informé à quatre heures du matin; il alla incontinent faire réveiller l'empereur François et lui annonça ce terrible accident. « C'est une affaire à recommencer, » lui répondit tranquillement l'empereur, sans que la question eût été un instant douteuse dans son esprit; et elle était tranchée en ces termes depuis plusieurs heures lorsque M. de Talleyrand reçut communication de la nouvelle. Cette affaire *à recommencer*, elle était commencée, entamée et nouée depuis 1812 et dès auparavant; elle était écrite au cœur des souverains avant d'être réglée et formulée dans leurs stipulations.

La défection du général York en décembre 1812 et la part lente et louche, mais certaine (on en a maintenant les preuves authentiques) (1), qu'y prit le roi Frédéric-Guillaume; cette ardente explosion de la Prusse, bientôt suivie de la défection méthodique et oblique, mais non moins arrêtée, de l'Autriche, qui veut seulement paraître avoir la main forcée; cet armistice jeté au milieu de la campagne de 1813, et ce Congrès de Prague où personne n'est sincère et où M. de Metternich ne veut qu'amuser le tapis et gagner du temps, tous ces points sont traités par M. Armand Lefebvre avec une autorité, une fermeté et une logique dont l'érudition la plus sagace et la plus politique était la base. Il a su, dans les divers morceaux écrits par lui à des temps différents, éviter l'écueil de la contradiction :

(1) Dans les Lettres du général Gneisenau, récemment publiées par M. Pertz.

entre le morceau du 15 avril 1838 et ses dernières publications de 1857, il y a une harmonie frappante, et ce n'est nullement par fatalisme ou par un excès de logique qu'il est arrivé à ce cachet d'unité, c'est par un esprit d'examen rigoureux et sévère.

Il n'a rien laissé sur les événements de 1814, sur la campagne de France ni sur le Congrès de Vienne. C'est ici que nous faisons appel à son digne fils. Il lui appartient, disons-nous, d'achever, de corroborer l'œuvre de son père, à l'aide des documents nouveaux qui se sont produits depuis et qui se publient chaque jour. Je voudrais voir, par ses soins, la partie historique de 1800 jusqu'en 1808 et au delà, doublée de quelques notes ou appendices où il serait fait usage de la *Correspondance* de Napoléon : l'œuvre en sortirait plus forte et comme cuirassée. Mais surtout il y a à étudier aujourd'hui à neuf et à fond la grande insurrection européenne de 1813 et la coalition des peuples, en se servant des nombreux documents publiés à l'étranger. Nulle part M. Édouard Lefebvre de Béhaine ne saurait être mieux placé qu'à Berlin pour étudier et approfondir cette histoire de la coalition des forces morales sous lesquelles nous avons succombé en 1814 et 1815 : les millions de l'Angleterre, le froid même de la Russie, auraient été impuissants peut-être à nous détruire, s'ils n'avaient eu pour auxiliaires des caractères comme ceux de Stein, de Gneisenau, de Scharnhorst, toute une génération enfin de politiques, de militaires, de diplomates, légistes, poëtes, qui sortirent comme de terre sur tous les points de l'Allemagne après Austerlitz et Iéna, surtout après Moscou. Cette mine embrasée s'étendait et gagnait par le Nord, tout le long de la Baltique, par le Hanovre, et jusqu'en Hollande, où M. de Hogendorp fut le libérateur de sa patrie et le Stein hollandais de 1813. M. Pitt est mort, mais l'âme de M. Pitt lui survit; elle règne et plane sur le continent, elle triomphe sur toute la ligne.

L'aimable reine Caroline, épouse du roi Jérôme, écrivant pour son usage particulier un Journal, y a noté à la date du 30 mai 1811 :

« Nous avons passé notre soirée à Nassau, campagne qui appartenait autrefois à M. de Stein, ministre d'État en Prusse, mais qui a été séquestrée depuis la dernière guerre avec l'Autriche, à cause des libelles qu'il avait écrits contre plusieurs princes de la Confédération du Rhin. Il me paraît inconcevable que l'homme qui a une fortune aisée et un beau nom sacrifie tous ses avantages, toutes ses affections, pour intriguer, et c'est bien là le cas de M. de Stein. Jamais l'on n'a vu une plus jolie campagne que celle de Nassau, et la maison qui porte ce nom paraît être tombée en ruine tout exprès pour rendre le paysage plus pittoresque. M. de Stein a fait faire des routes et planter plusieurs beaux arbres, ce qui donne à la campagne l'air d'un jardin anglais. »

La jeune et douce reine croyait que M. de Stein *intriguait*. Il intriguait à sa manière comme les antiques Décius, comme Palafox à Saragosse, comme Rostopchine à Moscou, comme tous ceux qui, pleins de foi, se jettent à une heure de crise, eux et tout ce qu'ils possèdent, dans le gouffre béant de la patrie. Lui, il joignait de plus à la passion le génie qui crée les moyens et qui organise : il fut contre nous le grand instigateur et directeur de la ligue des nationalités (1).

Il reste à l'historien futur à décrire ce vaste mouvement par lequel nous fûmes cernés, à le peindre en toute connaissance de cause, avec un sentiment élevé d'impartialité envers des adversaires dont quelques-uns furent héroïques et dont les autres ne furent qu'acharnés, à faire bien comprendre surtout comment le libéralisme, le patriotisme ulcéré devint un instrument aux mains d'un état-major d'oligarques, qui, après l'avoir caressé et déchaîné pour le grand combat, ne pensèrent ensuite qu'à le refréner sans pudeur et à le museler.

La conclusion, ou du moins l'impression qui ressort du tableau tracé par M. Armand Lefebvre, c'est que l'Empire, passé un certain moment qui remonte même jusqu'au temps du Consulat, ne put jamais fermer son cercle : ce cercle à peine rejoint se rompait et se rouvrait toujours, condamné à s'élargir de plus en plus, et par conséquent de plus en plus sujet à fragilité. Les fautes gratuites et funestes, les entreprises non provoquées et risquées sans nécessité, les excès et

---

1. L'aveuglement sur ce réveil national de l'Allemagne est complet chez Napoléon et autour de lui, dans son monde. Savary, duc de Rovigo, entre autres paroles malheureuses, disait au fils de Mme de Staël, en 1810, en condamnant au pilon le livre de *l'Allemagne :* « L'État à besoin des talents de madame votre mère; il faut qu'elle se décide pour ou contre, comme au temps de la Ligue ; elle a tort de louer les Prussiens : on ferait plutôt du vin muscat avec du verjus que des hommes avec des Prussiens. » Le mot est authentique.

les fougues de la passion ne sauraient obscurcir ni faire perdre de vue cette vérité capitale, inhérente à la nature même des choses. La ferme intelligence du publiciste et de l'historien qui l'a mise en lumière mérite une place durable dans l'estime de l'avenir : M. Armand Lefebvre l'obtiendra.

Lundi 10 avril 1865.

HISTOIRE DE LA GRÈCE

PAR M. GROTE

TRADUITE DE L'ANGLAIS PAR M. DE SADOUS (1).

Les grands ouvrages écrits en langue étrangère ne sont véritablement lus que quand ils sont traduits. Les érudits se passent de traductions et les dédaignent : ils lisent les originaux, et, s'ils étaient sincères, la plupart avoueraient que bien souvent ils les consultent encore plus qu'ils ne les lisent. Mais une lecture longue, continue, complète, n'est possible à la plupart même des gens instruits que lorsqu'elle est facile, et l'une des causes qui ont le plus retardé chez nous l'introduction des idées essentielles nées à l'étranger, ç'a été la lenteur des traductions ou importations. Une librairie utile et vaste est en train de pourvoir à cette lacune, à

(1) Librairie internationale de Lacroix et Verboeckhoven, boulevard Montmartre, 15. — Les quatre premiers volumes avaient paru. L'ouvrage complet n'a pas moins de dix-neuf volumes.

cette demande intellectuelle. La *Librairie internationale*
a entrepris de nous donner une collection de tous les
grands historiens contemporains étrangers ; on a déjà,
en tout ou en partie, ou l'on possédera très-prochaine-
ment l'*Histoire de la Civilisation en Angleterre* par
Buckle, l'*Histoire du* XIXe *Siècle* par Gervinus, l'*Histoire
de Philippe II* par Prescott, la *Révolution des Pays-Bas
au* XVIe *siècle* de Motley, l'*Histoire romaine* de Mommsen
(une autre traduction que celle qui se publie concurrem-
ment en France); enfin on va pouvoir lire cette *Histoire
de la Grèce* par M. Grote, l'un des associés étrangers de
l'Institut de France et dont l'œuvre est un des monuments originaux de notre époque. Des critiques compétents, M. Mérimée, M. Léo Joubert, en avaient donné
depuis longtemps, dans nos principales Revues, des
analyses qui avaient mis en goût tous les bons esprits.

Le traducteur auquel ce grand travail a été confié,
M. de Sadous, est un docte professeur, un orientaliste,
qui a traduit du sanscrit quelques fragments du *Ma-
hâbhârata*, et à qui l'on doit une traduction de l'*Histoire
de la Littérature indienne* de Weber (1). Il importait que
l'ouvrage de M. Grote, doublé de notes savantes et
comme escorté à tout instant de textes originaux, nous
arrivât par les soins d'un traducteur familier avec la
langue grecque; et pour tout indianiste initié au sanscrit, le grec n'est qu'un développement relativement
aisé et comme une branche collatérale et dérivée de ses
premières et hautes études de linguistique.

(1) Un vol. in-8°, chez Durand, rue des Grès, 7.

Ce qui caractérise l'ouvrage de M. Grote au suprême degré, dans les premiers volumes où je viens de l'étudier, c'est une rectitude de bon sens et de bon esprit, qui, purgée de toute idée préconçue et de toute superstition traditionnelle, examine, pèse, discute et n'avance rien qui ne lui paraisse probable ou possible ; là où il doute, il le dit, et comme l'incertitude est partout à cette origine de l'histoire grecque qui débute par la mythologie, il ne nous donne d'abord aucune histoire, il ne nous propose aucune explication ni interprétation ; il se borne à exposer chaque récit mythique dans toute son étendue et avec ses variantes, tel que les Grecs se le racontaient entre eux.

Son procédé, dans ces premiers volumes de son histoire, est absolument neuf, et, selon moi, le seul satisfaisant. Je me rappelle encore l'impression que j'éprouvais invariablement, depuis ma jeunesse, au début de toutes ces histoires de la Grèce, quand je les rouvrais par hasard : une incertitude, un vague, un dégoût, l'absence de toute donnée positive et de tout point d'appui au milieu de ces brouillards dorés et de ces nuages. Qu'y a-t-il de vrai au fond de toutes ces légendes héroïques d'Inachus et d'Io, de Danaüs et des Danaïdes, de Persée, d'Hercule, de Prométhée, de Pélias, de Jason et de Médée? Qu'y a-t-il de fabuleux ou de non fabuleux dans l'expédition des Argonautes, dans les malheurs et les atrocités de la maison de Pélops, dans la légende crétoise de Minos, du Minotaure, d'Ariane et de Thésée, dans la légende thébaine de Laïus et d'Œdipe? Y a-t-il un fond historique?

N'est-ce dans certains cas, comme on l'a soutenu récemment pour Laïus et pour Œdipe, qu'une légende astronomique, un mythe solaire, venu de la même source que les plus antiques Védas? Questions obscures, sans doute insolubles, où l'érudition et l'ingéniosité peuvent se jouer à l'infini et conjecturer même avec toute sorte d'industrie et d'adresse, mais où les esprits nets et clairs, ceux « qui prennent pour règle l'évidence, » les esprits de la lignée de Locke, de la famille des Gibbon, des Hallam, ne sauraient s'assurer d'un seul endroit guéable ni trouver où poser le pied. M. Grote a pris résolûment son parti : à ses yeux, il n'y avait rien à faire pour l'histoire dans de telles époques et dans les fictions de tout genre qui les remplissent; il s'est contenté de les exposer en détail comme se les figuraient les Grecs et comme les premiers auteurs les ont transmises. Il a eu raison, selon moi, en se récusant de la sorte, et il a donné un exemple tardif par où tous les autres historiens dignes de ce nom auraient dû commencer. On aura beau dire qu'il est difficile que des faits réels et positifs ne soient pas cachés sous ces fables, qu'il n'y a jamais tant de fumée sans feu; qu'il est presque impossible qu'il n'y ait pas eu quelque expédition nautique qui ait donné prétexte à la fable des Argonautes; que certainement quelque grande expédition de la Grèce aux côtes d'Asie a donné naissance à la légende de Troie : quand on aura accordé le fait général et vague, en sera-t-on plus avancé pour l'histoire proprement dite? Je le demande, si nous avions perdu tout témoignage positif concernant Charlemagne, si nous en étions réduits pour le reconstruire, lui et son époque, aux romans de chevalerie, aux chansons de Geste des xɪᵉ et xɪɪᵉ siècles, où seraient l'étoile et la boussole pour s'orienter? Arriverait-on, même avec l'esprit de divination le plus sagace, à dégager rien de raisonnable et de véritablement digne de l'histoire à travers ces récits vingt fois transformés et défigurés? M. Grote le premier, a senti la difficulté dans toute son étendue, et il l'a acceptée pleine et entière. Il se borne donc, lui qui a tout lu des Grecs, à nous représenter et à nous résumer les différentes versions auxquelles se complaisait cette Grèce mensongère, brodant et rebrodant à souhait sur ces premières époques où la fable se présente comme inextricablement mêlée à quelques traces insaisissables de vérité. Il faut l'écouter lui-même justifiant le procédé qu'il a suivi et nous exposant très-ingénieusement sa pensée :

« Les temps, dit-il, que j'écarte par là de la région de l'histoire ne peuvent être distingués qu'à travers une atmosphère différente, celle de la poésie épique et de la légende. Confondre ces objets disparates, c'est, à mon avis, user d'un procédé absolument contraire à l'esprit philosophique. Je décris les temps plus anciens séparément, tels qu'ils ont été conçus par la foi et par le sentiment des premiers Grecs, et tels qu'ils sont connus seulement au moyen de leurs légendes, sans me permettre de mesurer la quantité, grande ou petite, d'éléments historiques que ces légendes peuvent renfermer. Si le lecteur me reproche de ne pas l'aider dans cette appréciation, s'il me demande pourquoi je n'enlève pas le rideau pour découvrir le tableau, je répéterai la réponse du peintre Zeuxis à la même question qui lui fut faite, quand il exposa son chef-d'œuvre d'art imitatif : « Le tableau, *c'est le rideau.* »

Ce que nous lisons maintenant comme poésie et légende était jadis de l'histoire généralement acceptée, et la seule véritable histoire de leur passé que les premiers Grecs pussent concevoir ou goûter. Rien n'est caché derrière le rideau, qu'aucun art ne pourrait tirer. J'entreprends simplement de le montrer tel qu'il est, non de l'effacer, et encore moins de le repeindre. »

Cette belle page d'un bon et excellent esprit, qui trouve à son service une image et un emblème dignes de Bacon, suffit à montrer combien M. Grote n'est pas un pur positiviste en histoire, et comment, pour être si scrupuleux dans l'examen et l'admission des preuves, il n'est nullement fermé pour cela ni insensible à ces flottantes perspectives qui, même ne devant se reconnaître ni se vérifier jamais, n'en sont pas moins l'horizon nécessaire de l'histoire à son aube et à son aurore.

Appliquant son procédé au plus grand événement de ces âges mythiques et héroïques, à la guerre de Troie, M. Grote envisage sous cet aspect les poëmes homériques, l'*Iliade* et l'*Odyssée*, et il arrive à des conclusions qui, par leur modération et leur plausibilité, m'ont beaucoup plu et m'ont paru apporter une certaine paix, une médiation conciliante, dans l'espèce de trouble et de partage où ont dû nous laisser en France les dernières guerres homériques engagées depuis plus de cinquante ans entre les savants d'outre-Rhin.

Là comme ailleurs, pour tout ce qui concerne ces âges lointains et nébuleux où manque tout point de repère historique, M. Grote ne s'est point attaché à rechercher le noyau solide qui pouvait exister sous les fictions brillantes. Il n'y a de certainement vrai, selon lui, dans une légende poétique que la couleur, et encore cette couleur locale, cette vérité sociale et morale n'est point du tout celle des héros et des temps représentés; elle n'appartient qu'à l'âge du poëte qui raconte et qui chante. C'est ainsi que nos anciennes chansons de Geste, où figurent Charlemagne et Alexandre, n'apprennent rien sur les héros mêmes ni sur l'état de la société de leur temps, et elles ne seraient propres qu'à égarer, si on les interrogeait dans une telle pensée de recherche; mais elles nous représentent avec une vérité naïve les mœurs de l'âge féodal où les trouvères mirent en œuvre ces anciens canevas et les reprirent à l'usage de leurs contemporains. De même les mœurs décrites dans les poëmes homériques ne nous disent absolument rien de certain sur les mœurs de la société au temps du siége de Troie, s'il y eut en effet un tel siége; elles n'appartiennent qu'à l'âge homérique lui-même, et elles ont toute vérité en ce sens.

Quel est donc cet âge homérique? Quel était le procédé de ceux qui y chantèrent et y charmèrent le plus héroïque des peuples au sortir de l'enfance? Qu'était-ce en réalité qu'Homère, et qu'étaient primitivement les poëmes qu'on lui attribue et qui, après avoir fait « la dignité et le charme de leur époque légendaire, » sont devenus l'honneur et le patrimoine même de l'esprit humain? Toutes questions que M. Grote a reprises sans aucune prévention pour ou contre, qu'il a traitées à nouveau avec une pleine connaissance du sujet et en véritable arbitre, ne se donnant lui-même modestement que pour un rapporteur fidèle et judicieux. C'est plaisir de voir entre ses mains la hardiesse et l'incomparable originalité de la critique allemande, tempérée et corrigée par l'esprit pratique anglais.

Rappelons ici les termes précis de la question, telle qu'elle s'est posée, il y a soixante-dix ans, par l'écrit de Wolf, intitulé simplement *Prolegomena ad Homerum* (Introduction à Homère).

Un savant français des plus érudits, mais de plus de savoir encore que de discernement, d'Ansse de Villoison, avait découvert en 1781, dans la Bibliothèque de Saint-Marc à Venise, et il avait publié en 1788 un texte de l'*Iliade* avec un immense cortége de scolies grammaticales qui initiaient les doctes lecteurs à tout le travail intérieur et, pour ainsi dire, à la cuisine des critiques d'Alexandrie ; on assistait à leurs dissidences, à leurs doutes touchant l'authenticité de tel ou tel vers ; on était introduit dans le cabinet même et le laboratoire d'Aristarque. Ce savant Villoison, qui avait publié le manuscrit de Venise, croyait n'avoir fait qu'apporter un dernier trésor, et le plus riche de tous, dans le temple consacré au vieil Homère ; en réalité il avait apporté un arsenal, un brûlot, une machine de guerre : de cette édition comme du cheval de bois sortit toute une armée d'assaillants. Lui, il ne voulut jamais en croire ses yeux, et il mourut dans son aveuglement classique, soutenant qu'une telle impiété, une absurdité aussi monstrueuse que celle des sceptiques ou des négateurs d'Homère ne méritait même pas d'être réfutée (1).

Wolf, quelque opinion qu'on se fasse en définitive sur ce grand procès, Wolf est plus qu'un érudit ingénieux et sagace : c'est un de ces hommes doués du génie critique comme l'Allemagne est coutumière d'en porter, et qui, d'une première vue neuve et profonde, créent une science, qui instituent une étude. Il renouvela d'emblée, en y entrant, toute l'étude d'Homère. Cette préface de 280 pages était une révolution (1795).

Sans doute avant Wolf, il s'était élevé plus d'un doute sur l'origine et la forme première de l'*Iliade* ou de

(1) Villoison était un puits de science, mais il avait du fatras, une avidité assez indigeste. Il paraît de plus qu'il était un grand bavard, ce qu'on appelle un moulin à paroles. M. Fox, qui le vit dans le voyage qu'il fit en France, en 1802, écrivait sur son compte à un ami : « Je devrais peut-être aussi faire mention de Villoison, le grand Grec, ne fût-ce que pour sa volubilité qui dépasse toute croyance. Le juge Graham ici, et même tout Français que vous avez pu entendre, est lent en comparaison de lui, et ce qui est remarquable, c'est que, malgré cette précipitation, il parle fort distinctement. Il est heureux pour lui qu'il sache tant de choses ; car, du train dont il y va, un fonds médiocre serait épuisé en une demi-heure. » — Qu'on mette en regard ce profil de Villoison avec la figure de Wolf, le maître éminent, le grand professeur, dont chaque parole porte et pénètre, et qui dispose d'une érudition « toujours vraie, sobre et forte, » ainsi que l'a définie M. Viguier (*Biographie universelle*). — Puisque j'en suis aux indications biographiques et à ces traits de physionomie qu'on dissimule avec soin dans les éloges académiques et officiels, je rappellerai encore que Villoison était gros et gras, qu'il était fort gourmand. « Son intempérance, dans le boire et le manger, fut une des principales causes de la maladie de foie dont il mourut. » (Voir le Choix de Lettres de Wittenbach, publié par Mahne ; Gand, 1830.) Il avait de l'indigestion en tout.

l'*Odyssée,* sur l'unité de composition ou d'auteur applicable à des longs poëmes venus de si loin et transmis dans l'obscurité des âges; mais ce n'avait été que des aperçus, des mots dits en passant, des boutades de gens d'esprit sans autorité, comme l'abbé d'Aubignac, — une phrase sagace et perçante de Bentley, — une conception philosophique de Vico; Wolf, le premier, donna à la question tout son poids, se livra, en la serrant de près, à une démonstration méthodique, et mit le siége en règle devant la place.

Ne se proposant en apparence pour objet que de constituer un bon texte d'Homère, il avait été amené à se demander, historiquement, ce qu'avaient pu être des poëmes d'aussi longue haleine que l'*Iliade* et l'*Odyssée,* et même *si réellement ils avaient pu être et exister dans leur ensemble,* à une époque où l'écriture n'existait pas, où rien ne pouvait se fixer et se consigner sur le papyrus ni sur d'autres matières; où les chants seuls, par conséquent, flottaient sur les lèvres et dans la mémoire des hommes, à la merci des récitateurs et des chantres, et en présence d'auditoires avides, qui n'en pouvaient entendre que des portions. A quoi bon de grands poëmes ordonnés et liés, là où il n'y a pas de public qui les demande, ni qui puisse les apprécier par cet aspect? A quoi bon un plan, une ordonnance générale, une telle longueur de vue, là où il suffit à un auditoire mobile d'épisodes variés et découpés, de rhapsodies touchantes qui ne se commandent pas entre elles? A quoi bon, quand même on le pourrait, aller mettre sur le chantier un vaisseau de haut bord, lorsqu'on est dans l'enfance de la navigation? Pourquoi l'aller construire en pleine terre, quand on n'a pas les moyens de le lancer et que même le bassin de mer où l'on pourrait en faire l'essai est absent? Autant vaudrait encore se donner le soin de faire à l'avance une comédie, une tragédie complète, quand il n'y a ni acteur pour la monter, ni amphithéâtre pour contenir les spectateurs.

Il résultait de là, selon Wolf, que les poëmes d'Homère, tels qu'ils existaient d'abord à l'état homérique primitif, étaient et devaient être tout ce qu'il y a de plus différent des poëmes d'un Apollonius de Rhodes, d'un Virgile, d'un Milton, de tout autre poëte épique destiné à être lu; qu'ils flottaient épars, comme des membres vivants, dans une atmosphère créatrice et imprégnée de germes de poésie; mais que, tels que nous les avons et les lisons aujourd'hui, ils ne datent guère que de l'époque de Solon et surtout de Pisistrate, lorsque, le souffle général venant à cesser et l'écriture étant en usage, on sentit le besoin de recueillir cette richesse publique, cet héritage des temps légendaires, d'en faire en quelque sorte l'inventaire total et d'y mettre un ordre, un lien, avant qu'ils eussent couru les chances de se perdre et de se dissiper. La liaison épique qu'on y a vue et admirée depuis daterait de ce temps-là seulement.

La supposition de Wolf, qui restituait la vérité en tout ce qui était de l'atmosphère générale homérique, du souffle qui animait alors les chantres, et de la crédulité toute poétique des auditeurs, cette supposition allait pourtant à l'excès lorsqu'elle niait, durant toute la durée de la période anté-historique, la composition possible des poëmes et la prédominance probable de deux ou trois génies supérieurs qui avaient dû s'emparer de la matière courante pour en faire de vraies œuvres. D'ingénieux et savants disciples de Wolf poussèrent à bout les conséquences de ce système négatif et prétendirent ne laisser aucun coin de refuge à l'ancienne croyance (1). Pourtant le sentiment individuel, bien que très en peine et comme chassé de poste en poste, résista ; il y eut de vives protestations en sens contraire et en faveur d'une certaine unité préexistante. L'érudition en quête trouva des points d'appui. De dignes adversaires de Wolf, Ottfried Müller en tête, regagnèrent du terrain et tinrent vaillamment campagne. Et c'est ainsi qu'il s'engagea alors et pendant des années en Allemagne une guerre homérique, dont nous restâmes en France les spectateurs trop peu attentifs et comme désintéressés.

Il se passa là ce qui s'est vu souvent : nos hommes instruits, nos professeurs du temps de l'Empire, de la Restauration, nos académiciens même étaient à peine

---

(1) On devrait bien une bonne fois, pour édifier la moyenne des gens instruits qui, chez nous, sont si en retard sur les grosses questions et à qui il convient d'offrir les idées sans trop de fatigue, nous traduire exactement et au complet les *Prolégomènes* de Wolf, qui, dans leur latin original et serré, sont d'une lecture assez rude ; on les environnerait de notes, d'éclaircissements ; on y joindrait l'indication des travaux qui en sont dérivés et qui s'y rattachent. Comment un de nos jeunes professeurs n'a-t-il pas encore eu l'idée de cette traduction, qui serait mieux qu'une vulgarisation? (Voir une page de Wolf élégamment traduite par M. Egger, *Mémoires de Littérature ancienne*, 1852, p. 84.)

informés de ces doctes débats. Pour un Guigniaut, pour un Viguier, pour un Cousin, qui, jeunes et ardents, allaient à la découverte, la plupart se tenaient à l'opinion reçue et continuaient de vivre en bons et loyaux rhétoriciens et humanistes. Ils avaient la religion d'Homère, ils croyaient à la tradition, ils n'examinaient point. Il leur semblait, à première vue, aussi absurde de dire qu'il y a une *Iliade* sans un Homère que si l'on disait qu'il y a un monde sans un Créateur et sans un Dieu. Nous avions en France le déisme d'Homère, tandis qu'en Allemagne on en était à la pluralité des Homères, ou à l'infinité des Homérides, au polythéisme ou au panthéisme en cette matière. Notre forme d'esprit, aidée d'une certaine paresse, résistait.

Sainte-Croix, le premier, sur la seule annonce du système de Wolf et avant même de le bien connaître (1), s'était empressé de crier au paradoxe, et dès 1797 il avait dit :

« Il ne faut que sentir et obéir à sa propre imagination, sans aucun effort d'esprit, pour être intimement convaincu que l'*Iliade* et l'*Odyssée* sont sorties toutes deux aussi entières de la tête d'Homère que Minerve du cerveau de Jupiter. L'opinion contraire est un véritable outrage à la mémoire d'Homère qui se trouve par là plus maltraité que le corps d'Hector ne le fut dans les champs de Troie. »

(1) Sainte-Croix n'écrivit ses deux articles du *Magasin encyclopédique*, intitulés *Réfutation d'un paradoxe sur Homère*, que pour répondre à un article de Caillard, inséré précédemment dans le même *Magasin*, et qui présentait une analyse de l'ouvrage de Wolf. Sa réponse était déjà achevée lorsqu'il vit l'ouvrage même, les *Prolegomena* ; il nous le dit en *post-scriptum*.

Ce fut notre *Credo* français. On en resta chez nous
durant vingt-cinq ans sur cette espèce d'horreur religieuse. On a souvent cité le joli mot de Boissonnade qui,
publiant son édition d'Homère (1823) et ne consentant
point à admettre les raisons de Wolf, mais ne se sentant
point non plus de force à les combattre, se retranchait
derrière Aristophane et disait avec je ne sais quel personnage de la comédie : « Non, tu ne me persuaderas
pas, même quand tu m'aurais persuadé. » Il tirait ainsi
son épingle du jeu. Cette espièglerie toutefois cachait
une secrète raison. Il y avait quelque chose de vrai dans
ce sentiment intime, dans cette résistance de la conscience littéraire. Gœthe lui-même n'y fut pas étranger.
Il avait donné d'abord en plein dans la doctrine de Wolf ;
il l'avait épousée ; puis il s'en détachait, à la réflexion,
et il disait dans une de ses épigrammes, qui sont sur
sa lèvre comme le sourire et la fleur d'une pensée profonde :

HOMÈRE DERECHEF HOMÈRE

« Ingénieux comme vous l'êtes, vous nous avez affranchis
de tout respect, et nous avions hardiment déclaré que l'*Iliade*
n'est qu'un rapiécetage.

« Puisse notre défection n'offenser personne ! mais la jeunesse sait nous enflammer, et nous aimons mieux regarder le
poëme comme un tout, le sentir comme un tout avec délices. »

Il disait encore, mais cette fois en prose et en cherchant à se rendre compte à lui-même de cette réaction
involontaire, de ce *va-et-vient* dans ses impressions :

« Parmi les livres qui m'occupèrent (1820), je citerai les *Prolégomènes* de Wolf. Je les repris. Les travaux de cet homme, avec qui j'étais étroitement lié, avaient dès longtemps éclairé mon sentier. En étudiant cet ouvrage, je réfléchis sur moi-même et j'observai le travail de ma pensée. Je remarquai en moi un mouvement continu de *systole* et de *diastole*. J'étais accoutumé à considérer comme un ensemble chacun des poëmes d'Homère, et je les voyais là séparés et dispersés, et, tandis que mon esprit se prêtait à cette idée, un sentiment traditionnel ramenait tout sur-le-champ à un point unique ; une certaine complaisance que nous inspirent toutes les productions vraiment poétiques me faisait passer avec bienveillance sur les lacunes, les différences et les défauts qui m'étaient révélés. »

Mais n'était-ce qu'une illusion et une complaisance de sentiment, comme Gœthe paraît le croire ? Ayant moi-même autrefois éprouvé pareille impression à plus d'une lecture d'Homère et dans un temps où j'avais loisir de vaquer à ces nobles études, que je n'ai pu, hélas ! qu'effleurer, j'ai été heureusement surpris lorsque j'ai vu chez M. Grote la conciliation des divers points de vue et une solution mixte qui répond raisonnablement à toutes les exigences.

M. Grote convient tout à fait avec Wolf que les poëmes d'Homère n'ont été ni pu être écrits pendant un long laps de temps qui ne peut guère avoir été moindre que de deux ou trois siècles ; mais cette absence d'écriture n'est point une objection suffisante pour ne pas admettre de longs et très-longs poëmes : là est toute la question. La fidélité de la mémoire cultivée est extrême ; il est difficile de lui assigner des limites, et lorsqu'on a besoin de se souvenir, on se souvient. De nos jours même, et en nos âges classiques, nous avons des restes, des *vestiges* de ces mémoires extraordinaires et sans qu'il y ait nécessité. On sait que Piron, par exemple, faisait toutes ses tragédies de tête et qu'il les récitait de mémoire aux comédiens. Casimir Delavigne de même : ce poëte si exact, si lettré, si peu homérique composait de tête, refaisait des scènes entières de mémoire, et on dit qu'il a emporté ainsi en mourant une tragédie à peu près terminée. Un de nos généraux, disciple à la fois de Xénophon et de Virgile, M. de Fezensac, a une mémoire telle qu'il récitait au bivouac en Russie, aux officiers de son régiment, un sermon de Massillon qu'il avait retenu dès l'enfance ; et comme il racontait un jour l'anecdote dans un salon, on lui demanda s'il pourrait le réciter encore ; il assura qu'il le savait toujours par cœur : on alla immédiatement chercher le volume de Massillon dans la bibliothèque, et le guerrier lettré se mit à réciter cette prose harmonieuse, mais un peu flottante, sans faire une faute. Et aujourd'hui encore, si Molière n'était pas imprimé, est-ce qu'il n'existerait pas tout entier et n'aurait pas été transmis depuis deux cents ans dans la mémoire des acteurs de la Comédie-Française ? Il y eut donc un temps, on peut le concevoir, où la récitation, se trouvant être le seul mode de publication, était merveilleuse de durée, d'étendue et de fidélité, et il n'est pas invraisemblable d'admettre qu'il a pu exister, dès ce temps-là de longs poëmes, qui se sont transmis et conservés.

L'*Odyssée*, par exemple (pour commencer avec M. Grote

par le cas le moins compliqué et qui souffre le moins d'objections), l'*Odyssée* est manifestement un poëme qui se tient, qui a dû se tenir toujours et se lier dès le principe par une suite d'aventures concourant à un but commun qui est le retour d'Ulysse, sa reconnaissance par les siens et sa victoire sur les prétendants. Les contradictions, les légères discordances qu'on y dénonce, ne sont pas de celles qui semblent incompatibles avec l'unité d'auteur. Des parties de l'*Odyssée* ont dû sans doute être récitées séparément, mais si l'on donne à un rhapsode plusieurs journées de suite, ou si l'on suppose (ce qui avait lieu dans les assemblées et les fêtes publiques) une suite de rhapsodes qui se succédaient et se relayaient pour la récitation, rien n'empêche de concevoir que, même sans écriture aucune, l'*Odyssée* ait pu se transmettre en entier, dans toute son intégrité, sauf peut-être tel épisode à tiroir et tel passage ou telle scène qui aura pu s'y glisser après coup : mais l'agrégation première, la cristallisation, pour ainsi dire, du poëme doit dater de la période légendaire, de l'époque créatrice et inspirée, de l'âge même des rhapsodes.

Si l'*Odyssée* en est, pourquoi pas aussi l'*Iliade?* Ici pourtant les difficultés sont plus grandes, et les objections ont plus de force. M. Grote le reconnaît ; il se refuse néanmoins à croire que ce n'ait été que du temps de Pisistrate, et grâce à une sorte de Commission déjà littéraire et grammaticale, que l'architecture de l'*Iliade*, telle que nous la possédons, ait été trouvée. L'intervention de Pisistrate présuppose, au contraire, un certain agrégat ancien et connu à l'avance, dont les principau traits étaient familiers au public grec, bien que, dans la pratique, bon nombre de rhapsodes pussent s'en écarter souvent. C'était précisément à ces abus qu'il devenait urgent de remédier, en se reportant à un premier type général ; il ne s'agissait pas, pour cette Commission, de construire pour la première fois une *Iliade*, ce qui eût été une innovation bien audacieuse, mais simplement de réunir « les membres en lambeaux d'un Homère sacré, » les parties conspirantes d'un poëme préexistant.

Déjà, avant Pisistrate, Solon, se préoccupant de cette immense richesse poétique flottante et de sa conservation chère à tous les cœurs grecs, avait imposé un ordre fixe de récitation aux rhapsodes de l'*Iliade*, pour la fête des Panathénées. « Non-seulement il ordonna qu'ils récitassent les rhapsodies dans leur suite naturelle, sans omission ni altération, mais encore il établit un souffleur ou autorité censoriale pour assurer l'obéissance à ses ordres ; » ce qui implique l'existence d'un ensemble ou agrégat régulier, généralement reconnu et consacré, et aussi l'existence de certains manuscrits.

Malgré tout, l'*Iliade*, non pas lue comme la lisait Ronsard, en trois jours, avec ce degré de chaleur et d'intérêt qui s'attache à une lecture plus ou moins courante, mais examinée et relue avec des yeux ennemis, avec des yeux de critique, armés du microscope, l'*Iliade* laisse voir bien des contradictions, en effet, des disparates, des hors-d'œuvre, des superfétations, des sutures plus ou moins habiles. L'ajustement du plan ne paraît pas s'y être produit, comme dans l'*Odyssée*, du premier jet et du premier coup. La colère d'Achille, qui est annoncée au début comme en devant faire le sujet, semble oubliée et mise de côté après le II° livre; elle n'est rappelée qu'à peine et comme par acquit. de conscience dans les livres suivants; elle ne se représente sérieusement à l'esprit que dans le courant du VIII° et ne reparaît sous les yeux qu'au IX°, pour s'éclipser de nouveau dans le chant suivant, et elle ne reprend d'une manière ininterrompue qu'à partir du XI° livre jusqu'à la fin. Les cinq livres qui suivent le Catalogue des vaisseaux appartiennent à la guerre d'Ilion proprement dite; on dirait qu'il y a eu d'abord une *Iliade* distincte et une *Achilléide,* qui se sont plus tard réunies et fondues en un seul poëme plus compréhensif. L'*Achilléide* qui se marque et se suit à la trace dans le chant Ier, dans le VIII°, le IX°, et à partir du XI° jusqu'à la fin, se prêtait difficilement à des épisodes ou rhapsodies séparées; l'action s'y presse. L'*Iliade,* au contraire, composée de scènes, d'exploits particuliers, de combats et de duels entre les principaux héros, offre « un splendide tableau de la guerre de Troie en général, » et répond parfaitement à ce titre plus étendu sous lequel le poëme est devenu immortel. Les fatales conséquences de la colère d'Achille ne paraissent pas avant la fin du VIII° livre et ne se déclarent qu'au moment où les Troyens, favorisés de Jupiter, se saisissent décidément de la victoire. Le IX° livre, qui montre Agamemnon résigné à tout céder à Achille, semble néanmoins prématuré et anticipe trop sur le dénoûment; il vient sans préparation; il a l'air d'une addition postérieure qu'on n'aura pas voulu laisser en dehors, « et qui n'est nullement en harmonie avec ce grand courant de l'*Achilléide* qui coule depuis le XI⁰ livre jusqu'au XXII⁰. » M. Grote fait remarquer qu'il y a dans le XI⁰ livre et les suivants plusieurs passages qui sont en contradiction formelle avec l'événement principal de ce IX⁰ livre, où l'on a assisté à l'humiliation profonde, à la pleine et entière résipiscence d'Agamemnon. L'Achille des derniers chants ne semble pas avoir présentes à l'esprit ces offres de réparation qui lui ont été faites, et il a l'air de les attendre encore (1). Bref, et sans prolonger un détail de discussion dont la place n'est point

(1) Je dois dire que nos déistes homériques ne se rendent pas si aisément, et j'ai reçu de M. Giguet, auteur d'une traduction d'Homère, et l'un des esprits les plus aiguisés et les mieux avisés sur la question, une lettre très-vive dont je citerai la partie essentielle : « Monsieur, veuillez ouvrir votre *Iliade* et lire : chant IV, les vers 512 et 513 ; — chant V, les vers 787 à 791 ; — chant VII, les vers 229 et 230 ; — vous reconnaîtrez qu'entre les II⁰ et VIII⁰ chants, la colère d'Achille ne cesse pas un instant d'être le nœud du poëme. — Quant à l'ambassade conseillée (chant IX) par Nestor, rapprochez-la des vers de 105 à 110, chant XIII, et réfléchissez à ce qui fût arrivé si Agamemnon n'eût point montré de la bonne volonté, après la première défaite des Achéens. Rapprochez-la encore des vers 194, 195, 200, 201, 243 à 250 du chant XIX, et voyez si la suite des idées n'est point parfaitement établie. C'est dans le texte même, dans l'étude des tours, des idiotismes propres à l'improvisateur, de ses artifices, qu'il faut chercher la solution de la question que vous venez d'effleurer. » Ici nous rentrons dans les sentiments et les nuances du goût individuel, dans ce qu'il y a de moins transmissible et de moins démontrable. Mais même lorsqu'on aura profité des indications précises données par M. Giguet, on aura remarqué que les traces qu'il signale de la colère d'Achille, dans les chants IV, V et VII de l'*Iliade* actuelle, sont des fils bien légers pour former ce qu'on appelle un nœud.

ici, il semble à M. Grote que tout s'expliquerait si l'on admettait qu'un Homère ou Homéride, s'emparant des rhapsodies antérieures d'une *Iliade* en fragments, et d'une *Achilléide* embryonnaire ou élémentaire, a refondu, remanié, *agrandi* les deux sujets, les a mis en rapport entre eux et a opéré un travail ardent, poétique, inspiré, d'où est sortie l'œuvre telle à peu près que nous l'avons, sauf toujours trois ou quatre chants qui sont par trop gênants ou sensiblement inutiles, et dont on fait bon marché : tout le reste appartient à une pensée suffisamment une et dominante. Ce serait le poëte de cette pensée, cet Homéride de génie qui serait le véritable auteur de l'*Iliade*.

L'*Odyssée*, bien que M. Grote ne voie pas de raison pour la faire nécessairement postérieure en date et d'une couleur morale plus tardive, serait d'un autre Homéride, également créateur et homme de génie.

Et tout cela (voilà le point essentiel) s'est passé avant Solon, avant Pisistrate, avant l'ère des écrivains, de temps immémorial, à cette époque légendaire, créatrice et spontanée, où la Muse dictait les chants à ses favoris, devant un auditoire ému, crédule, passionné, naïf, sans critique aucune, sans autre criterium à lui que sa curiosité et son plaisir. On a pu dans ces derniers temps, par analogie avec d'autres époques légendaires mieux connues, distinguer divers moments durant cette période ; il y eut probablement d'abord l'âge des chants narratifs de peu d'étendue, de ce qu'on appelait *épos*, l'âge de l'épopée a suivi, dans lequel ces chants plus simples étaient repris, remaniés, et transportés avec souffle dans des compositions plus larges et déjà savantes. Le génie d'Homère n'est donc pas si morcelé et si épars qu'on l'a dit : c'est un esprit poétique, vaste et exubérant sans doute, mais propre aussi à organiser, et conservant encore, à ce second moment, cette fraîcheur d'observation et cette vivacité de détail qui constitue le charme de la *ballade,* de la *saga,* de l'*épos* primitif. « Il n'y a rien dans l'*Odyssée* ni dans l'*Iliade* qui sente le *moderne,* en appliquant ce terme à l'âge de Pisistrate, » et c'est à bon droit que le nom d'Homère reste attaché en propre à ce premier grand travail de composition épique. Une corporation de chantres, une confrérie tout entière, instituée dans l'île ionienne de Chio, fit de bonne heure de ce nom du grand aveugle le nom patronymique et sacré de la famille des Homérides : toute grande création, et même toute production moyenne (1), issue de son sein et propagée par ses membres avec une piété filiale, se renfermait pour elle et venait se placer sous ce nom générique et à demi divin d'Homère : toute autre personnalité avait disparu. Il y avait là l'école, la maison, le temple d'Homère. L'orthodoxie du texte y était religieusement maintenue et garantie.

Vieil Homère, grâce à ces explications et à ces compromis du bon sens, du sentiment et de la science, nous ne t'avons pas tout à fait perdu; tu n'as pas péri, tu

(1) Les *Hymnes* attribués à Homère, par exemple, et dont plusieurs remontent à une haute antiquité. Ils viennent d'être le sujet d'une savante étude et d'un examen vraiment critique de la part d'un des jeunes représentants de l'école française. (*Des Hymnes homériques,* par M. H. Hignard, docteur ès lettres; 1 vol. in-8°, chez Durand, rue des Grès, 7.)

n'as été qu'éclipsé et un peu divisé, ô noble demi-dieu !
nous te retrouvons au moins en partie. L'Homère unique, il est vrai, l'Homère simple, individuel, pareil à
un Milton antérieur, a cessé d'être possible : après
Wolf, après Lachmann, ces docteurs Strauss de l'homérisme, il n'y a plus moyen de tout sauver : du moins il
nous reste à la place un Homère en deux ou trois personnes, en deux ou trois génies. La nature n'est point
avare, il est des âges heureux et féconds, favorisés par
elle, et où il règne dans l'air des courants généraux de
poésie. A nous en tenir même aux époques littéraires
distinctes, que ne pourrions-nous pas remarquer sur les
génies voisins, presque simultanés ou légèrement successifs, sur les génies parents et qu'on peut appeler
congénères? dans la Grèce classique, aux environs de
Périclès, Eschyle, Sophocle, Euripide; dans l'Italie de
la Renaissance, Pulci, Bojardo, Berni, l'Arioste : ils se
succèdent coup sur coup et se continuent; c'est à qui
renchérira sur l'autre. De nos jours le génie de Walter
Scott n'a-t-il pas suscité tout aussitôt le génie fraternel
d'un Fenimore Cooper? Voilà des analogies. A plus forte
raison en pleine zone héroïque et légendaire, en pleine
veine homérique. Ainsi il y aurait eu antérieurement,
je l'imagine d'après M. Grote, un premier Homère de
l'*Achilléide,* un autre Homère d'une *Iliade* première et
restreinte : puis est venu un Homère plus grand et plus
ample, le véritable, les embrassant tous deux et les enserrant de son onde puissante comme le fleuve Océan:
puis il y a eu un autre Homère plus doux, plus apaisé,
plus lent, plus pareil au soleil couchant dont parle

Longin, l'Homère de l'*Odyssée*. Et de loin, à la distance où nous sommes, et où était déjà un Solon ou un Pisistrate, ces deux grands Homères ne faisaient qu'un seul et même astre, qu'une étoile : il a fallu l'instrument des modernes pour les décomposer, pour découvrir que ce qui de loin paraissait simple, et qui le paraît encore à l'œil nu, n'est qu'une réunion, un rapprochement de deux astres, une étoile double.

Il y aurait bien à dire encore sur ces premiers volumes de M. Grote, sur son Lycurgue, sur son Solon. J'y reviendrai peut-être un jour.

Lundi 24 avril 1865.

POÉSIES

PAR CHARLES MONSELET (1)

PRÉRON OU L'ILLUSTRE CRITIQUE. — LES OUBLIÉS
ET LES DÉDAIGNÉS. — RÉTIF DE LA BRETONNE. — LE MUSÉE SECRET
DE PARIS. — LES RUINES DE PARIS.
— FIGURINES PARISIENNES. — LES TRÉTEAUX. —
LE THÉATRE DU FIGARO, ETC. (2).

Edmond Texier a fait un joli portrait, *l'Homme répandu :* Charles Monselet est pour moi la figure vivante du *littérateur qui se disperse*. Je ne lui en fais pas un reproche. Combien de fois ouvrant un petit journal, le lisant d'abord machinalement, je me suis laissé intéresser à la page où glissait mon œil ! J'ai continué, l'intérêt a redoublé, j'ai regardé la signature : le piquant article, vers ou prose, scène de mœurs, esquisse populaire, réalité prise sur le fait, gaieté légère où brille

(1) Chez Ferd. Sartorius, rue de Seine, 27.
(2) Chez Hetzel, Michel Lévy et autres libraires.

une larme, était signé *Ch. Monselet*. Je m'y suis accoutumé et j'ai depuis longtemps écrit le nom de l'auteur sur mes *tablettes* (dût le mot le faire rire), je l'ai noté pour un sujet futur, un jour où je serais las du sérieux, où je relèverais de quelque gros ou grave article, au lendemain de considérations sur les destinées du monde ou d'une dissertation sur l'*Iliade*. Je viens m'exécuter sans trop d'effort et payer ma dette envers celui qui m'a donné souvent du plaisir.

Le recueil de Poésies que j'ai sous les yeux et qui n'est guère qu'une seconde édition revue, corrigée, avec additions et retranchements (le premier recueil de 1854 s'appelait *les Vignes du Seigneur*), s'ouvre par un portrait de l'auteur en lunettes et par une préface biographique en vers. Il appert de l'un et de l'autre que l'auteur, personnage d'une quarantaine d'années, portant lunettes, bonne mine, mâle encolure, tête posée avec aplomb, menton ras et double, lèvre fine, ferme, prompte à la malice, est né à Nantes, que son père y était libraire; j'ajouterai, — car je ne suis pas homme à me contenter à demi en matière de biographie, — qu'il fut élevé à Bordeaux, qu'il y fit des études classiques succinctes et fut mis de bonne heure à la pratique, je veux dire au journal, au *Courrier de la Gironde*. Il y passa par tous les degrés de l'apprentissage; correcteur d'abord, il s'éleva aux faits divers, à l'entrefilet, puis au petit article. Solar l'appela à Paris quand il fonda *l'Époque*, cette feuille immense pour le temps. De *l'Époque*, après le naufrage, il fut recueilli au journal *la Presse*, et, dès lors, on le vit un en partout; romans, nouvelles, feuilletons de théâtre, articles de critique, il ne se refusa rien :

> Le principal étant de vivre,
> Fidèle au : « Tel père, tel fils, »
> Ma ressource devint le livre;
> Mon père en vendait, — moi, j'en fis.
>
> Ma verve fut vite étouffée
> Sous le journal, rude fardeau;
> La servante chassa la fée;
> L'article tua le rondeau.

L'article ne tua rien. Sous sa plume il était léger, et souvent animé de fantaisie; il avait des ailes. L'auteur a recueilli depuis dans un petit volume, *Statues et Statuettes contemporaines* (1852), bon nombre des articles de sa première jeunesse. J'en distingue un sur M. de Jouy, qu'il avait écrit dans *l'Époque,* au moment de la mort du digne académicien; il en parle bien, sans l'écraser. Il a même un faible pour cet ancien homme d'esprit dont c'était trop la mode alors de se moquer. Il le définit comme ayant été « le premier feuilletoniste de *genre* de son temps; » ce qui est très-juste. « Il a eu de l'élégance, disait-il, de la finesse, de l'observation, du tact, alors que c'était chose presque nouvelle. Brossez et faites retoucher un peu ses toiles, et il vous restera d'agréables cadres d'antichambre dont il ne faut pas trop faire fi. » Un morceau sur Chateaubriand, une Étude qui avait eu l'honneur de servir d'introduction aux *Mémoires d'outre-tombe,* lorsqu'ils parurent dans *la Presse,* et qui a gardé de sa destination un certain air officiel, coudoie dans le volume un article sur Paul de Kock, — que dis-je, *une Visite à Paul de Kock,* une folie, une vérité, une perle de la vie de bohème (1). Ici l'auteur est en pleine veine, il s'abandonne, il fait sa pleine eau. Le caractère de Monselet, dès ses débuts, c'est le goût du naturel, un vif sentiment du ridicule. Il avait débuté à Bordeaux, de dix-sept à vingt ans, par des pièces représentées avec assez de succès, des parodies de circonstance, notamment *Lucrèce ou la Femme sauvage,* parodie de la *Lucrèce* de Ponsard, « ornée de chant et de danse, » et une autre parodie des *Mousquetaires*. La gaieté et le naturel furent de tout temps sa note dominante.

Je ne saurais me flatter de le suivre partout, de l'étudier avec méthode et de l'embrasser, comme on dit, tout entier. Ce ne serait pas chose aisée :

> Et puis, je suis devenu grand.
> J'ai, sans paraître téméraire,
> Juste la taille militaire;
> Mais en largeur, c'est différent.

Je ne ferai donc pas le tour de l'auteur; j'irai à travers ses trente ou quarante petits et moyens volumes (il n'en a guère moins) comme à travers champs.

Ses vers, — il n'a pas osé tout réimprimer dans ce dernier recueil; je le conçois et je le regrette. Passe pour *Mme Clorinde,* dont une pièce sur trois a dû som-

---

(1) La *Visite à Paul de Kock* est reproduite dans le volume intitulé : *Le Théâtre du Figaro,* pas tout à fait aussi complète que dans le volume des *Statuettes*. Une chansonnette à la Murger a disparu. Avis aux bibliographes futurs.

brer; mais les Stances *à Théophile Gautier,* qui donc l'empêchait de les reproduire? Est-ce parce qu'il a attaqué les disciples, l'école de la couleur? est-ce parce qu'il leur a dit : Ce que vous faites sans le savoir, *c'est du Delille flamboyant.* Bagatelle! il en a dit bien d'autres, et, en général il ne s'arrête pas à si peu. Les Stances, telles quelles, ont une vivacité de ton et d'allure, une familiarité chaude et franche qui sent la saison des amitiés premières. N'effaçons jamais cela. Je regrette aussi *Une Date,* des Stances de 1848, où perçaient des accents fiers, mêlés de dégoût et d'amertume. Il semble qu'en avançant dans la vie, le poëte ait renoncé à souffrir ou qu'il en ait honte; lui-même il nous le dit :

> J'aurais pu souffrir davantage;
> Mais, de bonne heure, plein d'orgueil,
> J'eus toujours le rare courage
> De cacher les pleurs de mon œil.

A force de renfoncer ses pleurs, on les désaccoutume de naître. Chez lui, la gaieté, l'observation fine, une sensualité spirituelle, la malice et la bonne humeur, — ce qui faisait le fonds de cette nature française, — ont triomphé.

On remarquera pourtant dans son poëme *En Médoc* une veine poétique amoureuse assez délicate, un talent de description harmonieux et nuancé; voulez-vous, par exemple, une charmante aurore?

> On était en automne et par une embellie
> L'aurore se levait, frissonnante et pâlie;
> Ses voiles teints de pourpre, échappés à ses doigts,

Balançaient vaguement, comme une large écume,
Les coteaux d'orient endormis dans la brume,
Et jetaient cent lueurs aux tuiles des vieux toits.

En regard, une belle soirée :

Et le soir s'abaissait. Par la plaine et les monts,
Sous les cieux imprégnés d'une couleur orange,
Il courait en tous lieux une harmonie étrange,
De ces ranz inconnus et doux que nous aimons.
C'étaient des bêlements, des sifflets, des clochettes,
C'étaient des angélus, des grillons, des musettes,
Une hymne sainte et grave, un bruit sévère et lent :
C'était le bruit que fait le jour en s'en allant.

Mais ces accidents plus ou moins bucoliques ne sont pas essentiels chez lui ni dans son talent : là même, dans cette pièce toute bordelaise, le bachique l'emporte, et quand il en vient à la saison des vendanges, il ne se tient pas; il se donne la joie toute rabelaisienne de nous décrire le formidable cuvier :

C'est une cave immense, ou plutôt c'est un antre
Où le vin en courroux monte au nez dès qu'on entre,
Courant des piliers noir au cintre surbaissé,
— Un temple de Bacchus dans le sable enfoncé. —
Comme un chœur de Titans, là sont d'énormes cuves
Où la liqueur mugit comme dans des étuves.
Douze à quinze garçons, du matin jusqu'au soir,
Nu-jambes et nu-pieds, dansent dans le pressoir,
Une étrange vigueur en leurs veines circule :
On les dirait piqués par une tarentule;
Sous leurs talons nerveux, rouges et ruisselants,
Dans la mare de bois les grappes s'éparpillent;
Les raisins égorgés éclatent et petillent;

Ils courent éperdus, noyés, demi-saignants;
Toujours monte et descend la brutale cheville,
Le danseur infernal les brise sans les voir,
La grappe aux longs bras nus comme un serpent sautille,
La boisson turbulente écume, — tourne, — brille,
Et s'égoutte en chantant au fond du réservoir.

C'est assez montrer que Monselet a pu être poëte; raison et nécessité, il a dû préférer la prose. Sa prose, on le sent en maint endroit, a touché la rose, je veux dire la poésie.

Érudit et bibliographe, chassant sur la piste de Charles Nodier, il s'est de bonne heure attaché à de certains noms secondaires, à des écrivains plus cités que connus : en ce genre le rare, le clandestin, l'amusant, le tentent. C'est ainsi qu'il a conçu de bonne heure sa galerie intitulée : *les Oubliés et les Méprisés ou les Dédaignés,* comprenant Linguet, Mercier, Dorat-Cubières, Baculard d'Arnaud... et finissant par le célèbre gastronome Grimod de La Reynière, « le plus gourmand des lettrés, le plus lettré des gourmands. » C'est à cette série qu'appartiennent encore, bien que publiés à part, Rétif de La Bretonne, le peintre ou mieux « le charbonnier de mœurs, » et Fréron, non pas l'*illustre,* mais le fameux critique (*famosus*), sur lequel je veux un peu m'arrêter.

Il faut bien aussi que je fasse mon métier de critique grave, d'écrivain de grand journal, et que je ne donne pas raison en tout, que je ne paraisse pas rendre les armes à mon auteur d'aujourd'hui, à ce « premier d'entre les petits journalistes, » ainsi que je l'ai entendu qualifier, et qui sans cela pourrait bien se rire de nous. M. Monselet (car ici je l'appellerai *monsieur*) a donc voulu réhabiliter Fréron ; il n'est pas le premier qui l'ait tenté ; je me rappelle, il y a bien des années, avoir entendu là-dessus, à l'Athénée, une leçon de notre ami Jules Janin qui fit précisément la même tentative. Je résistai alors, je résiste encore, et je vais dire pourquoi.

Je comprends très-bien le mouvement équitable et généreux qui porte un homme du métier, et qui en sait les épines, ennuyé à la fin de n'entendre parler de Fréron chez Voltaire que comme d'un *âne*, d'un *ivrogne* et de pis encore, à s'enquérir du vrai et du faux, et à vouloir vérifier une bonne fois l'exactitude de ces accusations infamantes. Que si, dans cette disposition d'esprit, il vient à ouvrir par curiosité quelque volume de la collection de ces feuilles maudites, il est surpris tout d'abord d'y trouver du bon sens, de la modération même (une modération relative et qui nous paraît telle à distance); il ne s'explique pas les fureurs dont fut l'objet le folliculaire vivant, et il est tout porté alors à le venger après coup, à le justifier en tout point, à lui refaire une réputation posthume. Mais ce sentiment louable en soi ne doit pas ici se donner cours sans bien des précautions et sans contrôle; autrement il va vous entraîner au delà des bornes; vous plaiderez, et à merveille sans doute, si vous êtes spirituel ou éloquent; vous ne serez qu'un avocat, vous ne serez pas un juge.

Fréron, successeur et héritier de l'abbé Desfontaines, peut-il être dit de la bonne et droite lignée, et l'un de ceux qui ont institué chez nous la critique littéraire judicieuse et intègre? Est-ce un père, un aïeul qu'on puisse revendiquer, qu'on doive rechercher, avouer hautement, dont on doive mettre le portrait dans son cabinet comme on peut avoir son recueil (et je l'ai) sur quelque rayon perdu et poudreux, dans les combles de sa bibliothèque? Là est toute la question. Je dirai à M. Monselet que son plaidoyer m'a intéressé, m'a instruit, mais ne m'a point convaincu; car il n'a pas touché ou du moins approfondi les points essentiels et qui subsistent à la charge de Fréron, même du Fréron blanchi et innocenté qu'il nous présente. Fréron, dans cette grande lutte et ce mouvement d'idées qui partageait le xviiie siècle, avait choisi le rôle de défenseur de l'autel et des *saines* doctrines contre les philosophes : quand on se donne une telle mission, il faut être deux fois irréprochable. Or, Fréron s'appuyant sur le crédit de la reine, de la vertueuse Marie Leckzinska et du vertueux Dauphin son fils, n'était rien moins que vertueux pour son propre compte. En l'acceptant même sous sa meilleure forme et tel qu'il nous revient des mains de M. Monselet, comment nous apparaît-il? C'est un bon vivant, qui a fait de bonnes études et qui a ce qu'on appelle en rhétorique du goût, mais fermé ou indifférent à toute idée de progrès, à toute vue élevée, neuve, et qui sort de la routine. Il n'eut, dans toute sa vie littéraire, qu'une heure de vrai talent; c'est le jour où, piqué au jeu et piqué jusqu'au sang, traduit en personne sur le théâtre par Voltaire, et gêné d'ailleurs ou du moins contenu dans ses représailles par

M. de Malesherbes, alors directeur de la Librairie, il rendit compte, après maint essai infructueux et maint remaniement obligé, de la première représentation de *l'Écossaise*. La difficulté et le péril aiguisèrent sa verve; il fut ironique et piquant dans sa propre cause : il fit un joli feuilleton, le seul qui mérite qu'on s'en souvienne. Hors de là il est terre à terre : il broche et publie ses feuilles moins pour dire la vérité qui le possède et l'enflamme, moins pour satisfaire à une passion de bon sens et de raison, que pour s'en faire un moyen de subsistance ou de fortune. Il paraît bien que, dans sa paresse, il acceptait volontiers des extraits tout faits de certains auteurs; il ne refusait pas en cadeau les tabatières et autres petits objets, et tirait argent de tout; il est évident que sa feuille, où il préconise des bandagistes, des oculistes, des remèdes contre la goutte, etc., était aussi une feuille d'annonces, et, comme on dirait, une industrie. En réduisant autant qu'on le voudra la gravité de cette remarque, il s'ensuit toujours que sa critique baisse d'un cran; la dignité des lettres ne brillait ni dans ses écrits ni dans sa personne. Sa vie ne sent en rien l'étude : elle était celle d'un épicurien qui vit sur son fonds de collége, et qui, une fois sorti des nouveautés, n'aime rien tant qu'à faire bombance. Qu'on allègue tant qu'on le voudra ses convictions : il fut mal avec les meilleurs de son siècle, il se prononça contre les hommes qui avaient le plus de distinction et de mérite en son temps et s'acquit leur mésestime : c'est toujours une mauvaise marque pour un critique. Sa lutte avec Voltaire, j'en conviens, semble aujourd'hui, et à la voir d'un peu loin, son plus beau côté; elle suppose un certain courage. Fréron, même quand il eût été plus prudent, plus mesuré à l'égard de Voltaire, n'aurait pas trouvé grâce sans doute auprès de lui, ni triomphé de la position difficile que lui faisait sa fonction de journaliste.

N'hésitons pas à le reconnaître : il est presque impossible au critique, fût-il le plus modeste, le plus pur, s'il est indépendant et sincère, de vivre en paix avec le grand poëte régnant de son époque : l'amour-propre du potentat, averti sans cesse et surexcité encore par ses séides, s'irrite du moindre affaiblissement d'éloges et s'indigne du silence même comme d'un outrage. Voltaire n'était pas un voisin commode ni possible pour qui n'était pas son disciple, son admirateur-né. Il avait l'amour-propre insolent, intolérant, tyrannique. Mais les torts de Voltaire, si grands qu'ils soient, ne peuvent aller jusqu'à faire que Fréron soit respectable. Quel plus triste métier après tout, quand on a l'honneur d'être le contemporain d'un grand esprit qui a des défauts de caractère, que de passer son temps et de consacrer sa vie à le harceler, à l'irriter, à lui faire faire toutes les fautes dont il est capable! C'est un vilain jeu, et même en le jouant avec le plus grand sang-froid, Fréron perdit bien vite la partie. Il la perdit avec affront, avec avanie; car, selon la remarque de Gœthe à son sujet, « le public, comme les dieux, aime à se ranger du côté des vainqueurs. » Fréron, dès le principe, n'estima pas assez son ennemi. Ne vous attaquez pas au poëte; quelqu'un l'a dit : « Tout vrai poëte a dans son carquois une flèche d'Apollon. » Percé donc et transpercé de flèches, écorché tout vif, le malheureux Fréron excita le rire et ne trouva pas même indulgence auprès de tous ceux qui haïssaient son vainqueur (1). La postérité n'a que faire de le venger ; en vérité, il n'y a pas de quoi, et quelques pages sensément médiocres ne sauraient justifier l'appel ni faire casser l'arrêt. C'est encore dans Voltaire qu'il faut chercher la vraie et vive critique littéraire de ce temps-là ; c'est dans Grimm, c'est dans La Harpe lui-même.

Notez-le bien : les excès de la passion littéraire, chez ce La Harpe si souvent mis en cause, valent mieux que les mêmes écarts ou les manquements chez Fréron, ils partent d'un meilleur principe ; ils sont d'un ordre supérieur, de l'ordre tout intellectuel, exempts et purs de tout trafic, sans alliage d'industriel et de mercantile. La Harpe et Fréron avaient un soir soupé ensemble. C'était Dorat qui avait eu cette idée de les réunir à table avec Colardeau et Dudoyer, un auteur dramatique oublié; La Harpe en était à ses tout premiers débuts, et Fréron déjà établi et en renom :

« Fréron, nous dit l'amphitryon Dorat, y fut aimable et bonhomme; son antagoniste, au contraire, y fut tranchant, disputeur, criard et ennuyeux...., un mauvais convive. L'auteur de *l'Année littéraire,* qui pardonnait encore moins un

(1) Collé lui-même, qui n'aime pas Voltaire, et, au moment où, dans son *Journal*, il s'indigne le plus vivement des personnalités injurieuses répandues dans *l'Écossaise,* se croit obligé d'ajouter : « Et personne n'a pourtant un plus froid, un plus profond mépris que moi pour Fréron. »

5.

souper triste qu'un mauvais ouvrage, me demanda avec une sorte d'impatience quelle était cette *bamboche* (ce fut son expression) qui parlait au lieu d'écouter, qui avait le ton si affirmatif, nous régentait depuis deux heures et se pavanait à table en empereur de rhétorique. »

Après le récit de Dorat, voici celui de La Harpe :

« J'étais encore au collége quand je dînai avec lui chez M. Dorat qui était, dès ce temps-là, un de ses protégés. *L'Écossaise* n'avait point encore paru, mais j'avais lu quelques feuilles de *l'Année littéraire* qui m'avaient révolté. La jeunesse ne dissimule rien : je ne lui cachai pas tout le mépris que j'avais pour lui, et il ne l'oublia pas, d'autant plus que, sans lui répondre jamais, je lui donnais quelquefois en passant des marques de ce mépris qui était en moi un sentiment vrai. »

Il y a des instincts de race : pourquoi cet écolier de philosophie méprisait-il Fréron? Il avait tort de le lui marquer : avait-il si tort de le sentir? La Harpe, dans sa chétive personne, presque aussi exiguë que celle de Pope, sous cette enveloppe petite et frêle, que tous ces hommes gros et gras lui reprochaient grossièrement, avait des qualités vives, des susceptibilités fines, des nerfs délicats; il sentait en lui un principe supérieur, une flamme, ce qui est devenu à certain jour un flambeau, ce qui lui a fait entreprendre et mener à bien les belles parties de son *Cours de Littérature*. La Harpe a eu bien des querelles fâcheuses, il a eu des ridicules : il n'a pas fait de choses basses; il est honnête, il est respectable, et le petit homme, quand il a parlé de ce qu'il savait, a été un maître. — Notre lignée, à nous critiques français, c'est Bayle, Despréaux; au besoin j'y mettrais cent fois La Harpe plutôt que Fréron : celui-ci jamais. Fréron, qui est le fils de Desfontaines, a été le père de Geoffroy; il n'est pas le nôtre, il n'est pas notre grand-père. Suis-je assez pédant, va-t-on me dire, et assez à cheval sur le chapitre de la généalogie!

Pardon! mais pour tous les autres oubliés et dédaignés, je suis d'accord avec M. Monselet. Il a fait de Fréron le fils, le proconsul, le roi de la jeunesse dorée, l'amoureux évincé d'une future princesse, une esquisse vivante, rapide, et qui semble une page arrachée d'un *Gil Blas* moderne. Et sur presque tous les autres dédaignés, Linguet, Mercier, etc., il est curieux, il est chercheur, il est amusant. Je fais pourtant mon métier de grand journaliste; je chicane, tout en allant avec lui bras dessus, bras dessous, mon aimable confrère. Selon moi, il n'a pas tiré un parti assez sérieux de Linguet et de ses nombreux écrits; Linguet le paradoxal, si éloquent lorsqu'il a raison; celui de qui Voltaire écrivait dans une lettre à Condorcet (24 novembre 1774) : « Si ce Linguet a d'ailleurs de très-grands torts, il faut avouer aussi qu'il a fait quelques bons ouvrages et quelques belles actions; » celui dont Mme Roland, qui l'avait vu à Londres en 1784, a parlé comme d'un homme « doux, spirituel, aimable, » corrigeant dans sa personne et dans sa conversation ce que sa plume pouvait avoir d'âpre et d'amer, et en particulier (chose rare chez un exilé) ne s'exprimant sur la France et les Français qu'avec circonspection, réserve et modestie (1). Ce Linguet vu de près est fait pour surprendre. Et puis il a eu l'honneur d'avoir pour disciple et pour successeur en journalisme Mallet du Pan. Il méritait un portrait en pied.

Le Sébastien Mercier de M. Monselet est un croquis des mieux venus, des plus accentués, et fort ressemblant. Ce bizarre Mercier dont *l'An 2440* inspirait, il y a peu de mois, un excellent article à M. Léon Plée, et qui s'intitulait lui-même « le premier *livrier* de France, » est un de ces excentriques qualifiés qui frisent le génie et qui le manquent. Il y a des paradoxes vrais et des paradoxes fous : Mercier en avait des deux sortes; il avait fini par proscrire indifféremment Raphaël, Racine, Newton et le rossignol. Il ne pouvait souffrir un livre relié, et, dès qu'il en tenait un, il lui *cassait le dos*. Ce bric-à-brac de singularités qui s'entrechoquaient dans une même tête a été très-vivement mis en relief par M. Monselet. Il fait peut-être Mercier un peu trop bonhomme, pas assez charlatan; car il y a souvent plus d'un grain de charlatanisme sous ces airs d'homme fougueux et exalté. Est-il bien vrai de dire de lui que « son bonheur était de rendre service? » J'ai sur ce point un texte à sa charge (je ne vais jamais sans un texte), et je produis. Un jeune homme de mérite, pauvre, cherchait du travail dans les journaux; il s'adressa à Mercier qui dirigeait alors les *Annales pa-*

(1) Voir le *Voyage en Angleterre,* au tome III des OEuvres de *madame Roland,* édition de l'an VIII.

triotiques et littéraires (1795), et dont le langage philanthropique lui avait inspiré confiance :

« Je lui communiquai, nous dit le jeune homme, quelques morceaux que j'avais écrits : il parut enchanté de ma manière; il y trouva tout réuni, force de style, imagination, philosophie. Depuis quinze jours je fais dans ce journal l'article *Variétés*... C'est avec un sentiment de douleur bien amère que je me vois forcé d'abandonner, pour une chétive rétribution, un travail qui pourrait bien contribuer à me faire une réputation : car ce Mercier est un vrai corsaire. Et puis fions-nous à l'honnêteté de ces hommes qui ne parlent que de vertu!... (1) »

Ce Mercier est un vrai *corsaire!* voilà une tache dans le tableau.

Il n'y en a pas dans le portrait de Grimod de La Reynière, le gourmand rubicond, généreux, l'amphitryon prodigue des gens de lettres avant 89, et qui n'est mort qu'en 1838. M. Monselet l'a traité avec amour, j'allais dire avec appétit, en homme qui aurait voulu être de ces fameux soupers de février 1783, dans cette maison du coin des Champs-Élysées (aujourd'hui le *Cercle impérial*), avec les Trudaine, *André* Chénier, Fontanes, et même le délicat M. Joubert, car je crois bien que c'est de notre platonicien Joubert qu'il est question à un endroit de cette biographie. On ne le saurait pas d'ailleurs, on devinerait vite, à la manière dont M. Monselet parle de Grimod, qu'il est lui-même

(1) Voir page 55 des *Lettres écrites pendant la Révolution française*, par J.-J. Leuliette, publiées par M. F. Morand (Boulogne-sur-Mer, 1841).

de la confrérie des amateurs de la table et de la fine chère : tout ce portrait est traité rondement, richement. Le fermier général de l'ancien régime, avec son habit d'or et son ventre majestueux, y a la place d'honneur. Le style est partout approprié au sujet, il est succulent. Les mouvements lyriques qui viennent par intermèdes y font comme la symphonie entre deux services : « Suspendez au plafond les jambons de Bayonne et de Westphalie, couronnés de lauriers, etc. » La vision finale où le gastronome, transporté en idée sur son Thabor, ou sur sa montagne de Nébo, comme Moïse, voit de là tout le matériel et le personnel d'animaux, gibiers, et végétaux, qu'il a consommé durant sa vie, ferait un digne couronnement des noces de Gamache. Partout dans ces pages circule une verve de Gargantua. On sent que Grimod de La Reynière, qui les a inspirées, est, parmi les Pères de la table, aussi supérieur à Brillat-Savarin que Mathurin Régnier l'est à Boileau. Berchoux y est remis à sa place pour ce poëme trop vanté de *la Gastronomie,* qui semble avoir été « composé en face d'un verre d'eau sucrée. » Il n'y a guère, en effet, que la forme de gastronomique dans ce badinage. L'homme d'esprit qui l'a rimé n'a vu là dedans qu'un sujet littéraire, un thème à poésie didactique. Ceux qui, alléchés par le titre, venaient à lui comme à l'un des arbitres de la bonne chère étaient fort déçus. M. Monselet, au contraire, a fort cultivé cette branche. J'ai connu, il y a quelque quinze ans, un pauvre homme de lettres plus maigre et plus râpé que feu Baculard d'Arnaud, Fayot, qui passait sa vie à recueillir, à éditer, à colporter les *Classiques de la table*. Oh! que M. Monselet n'est pas ainsi! Il avait fondé en février 1858 *le Gourmet*, journal des intérêts gastronomiques, qui dura six mois. Quand ce journal se fonda, il fut donné en son honneur, à l'hôtel du Louvre, un grand dîner à toute la presse; on y mangea des nids d'hirondelles et mieux encore. *L'Almanach des Gourmands*, qui a succédé (1862), rapporta à son auteur un si grand nombre de cadeaux, bourriches, pâtés, etc., qu'il lui devint indispensable d'appeler autour de lui un *jury dégustateur*, composé d'hommes experts, « pour l'aider, disait-il, à se prononcer sur le mérite de ces envois. » Il faut voir comme il en parle. Je ne ferai pas la petite bouche, je ne dirai pas que c'est chez lui un faible, c'est un de ses talents.

Il y aurait maintenant à envisager M. Monselet par un autre aspect (car il a cinq ou six aspects et plus, bien des faces ou facettes), à le montrer auteur de saynètes, de figurines, de statuettes, de petits tableautins, de croquis « pas plus grands que l'ongle, » de parodies et de malices de toutes sortes, dans les petits journaux où il écrit depuis quinze ans et où il s'est disséminé. Un jour les Monselet futurs y feront leur choix. Ces tableaux de genre à la Lantara, à la Saint-Aubin, gagnent à vieillir. Dès à présent je distingue ou crois distinguer de petits chefs-d'œuvre : la *Visite*, déjà citée, *à Paul de Kock*; le *Voyage de deux débiteurs au pays de la probité*; *Ma femme m'ennuie*; *les Réputations de cinq minutes*; *le Peintre des morts*; *Mon ennemi*; *les Dimanches du charbonnier*, etc., etc. C'est plus prosaïque que Baudelaire, lequel peint sur émail (se rappeler *le Vieux saltimbanque, les Petites Vieilles, le Café neuf* ou *les Yeux des Pauvres*); c'est moins cherché aussi. Quelques-uns de ces petits tableaux ont fort réussi : je ne saurais oublier, entre autres, *la Bibliothèque en vacances,* gaie et légère satire littéraire où nous sommes tous : je la sépare expressément des chapitres qui suivent, et où l'auteur s'est donné le plaisir trop facile de railler des hommes utiles et des savants respectables. Dans *la Bibliothèque en vacances,* la plaisanterie s'arrêtait à temps; un pas de plus, on est dans la gaminerie : le goût comme la justice conseillait et commandait de rester en deçà.

Arrêtons-nous nous-même, de peur d'être bien long sur un auteur court et de paraître pesant à propos d'un esprit léger. Monselet a une qualité précieuse : il est dans la veine française, mot dont on abuse et qui est vrai pour lui. Il a du bon esprit d'autrefois, de ce qu'avait Colnet, celui qui a fait une si jolie scène de La Harpe à table, dévot et gourmand. Piquant et naturel avec grâce, il a la gaieté de bon aloi; sa façon d'écrire est nette, vive et claire. Il n'a jamais été dupe dans sa vie ni de la couleur, ni de l'emphase en littérature ou en politique. Trop peu enthousiaste aussi, il n'a pas cherché à s'élever. Il tranche sur plus d'un de sa génération et de celles qui ont précédé (les Delord, les Carraguel), en ce qu'au rebours des autres il a commencé par le grand journal et qu'il finit par le petit. Comme son Bourgoin « qui a renoncé à faire un chef-d'œuvre, » il jette au vent d'heureux dons, de l'imagination, de la fantaisie, de l'esprit sans jargon, de la malice souvent fort leste, mais sans fiel : il y joint du sens, un fonds de raison, un avis à lui et bien ferme. Il a une vertu du moins, il aime son métier, et il le considère comme un but, non comme un moyen. Les conseils sont inutiles, j'en donnerai un pourtant. Le goût des livres et de l'érudition semble vouloir prendre le dessus en lui avec les années; c'est bon signe : qu'il ait un jour le plat du milieu, le livre solide et de résistance, tous ses hors-d'œuvre y gagneront (1).

(1) Quand j'ai une fois traité un sujet, il devient mien jusqu'à un certain point, et je suis comme obligé dorénavant, bon gré, mal gré, de noter et de réunir tout ce qui le concerne. C'est une inquiétude, une démangeaison et comme un tic auquel je ne puis me soustraire. Ainsi sur Monselet, depuis que j'ai écrit cet article, que de jolis feuilletons sont venus agacer et justifier ma curiosité, et qui ont tous sa marque, c'est-à-dire de *l'invention!* Bien rarement il fait un feuilleton suivi, appliqué, consciencieux, à la manière de Sarcey : il échappe le plus qu'il peut, il fuit, il fait l'article *à côté :* mais ces articles *à côté* sont souvent de petites créations d'une extrême finesse : *Lettre de Valérie à M*^{lle} *Bernardine, artiste dramatique, au théâtre des Célestins, à Lyon* (voir *l'Étendard* du 17 septembre 1866); — un feuilleton sur Rossini (même journal, 2 décembre 1867); — sur Octave Feuillet, « le romancier des femmes » (même journal, 14 janvier 1867); — mais surtout sur George Sand et *les Don Juan de village,* une légère et adorable critique, du meilleur goût (13 août 1866). On voudrait repêcher et rassembler toutes ces perles jetées au courant de chaque jour et qui vont je ne sais où.

Lundi 22 mai 1865.

LES FONDATEURS
DE
L'ASTRONOMIE MODERNE
PAR M. JOSEPH BERTRAND
De l'Académie des sciences (1).

LA PLURALITÉ DES MONDES HABITÉS
PAR M. CAMILLE FLAMMARION (2).

I.

M. Joseph Bertrand, doué par la nature de la faculté mathématique la plus élevée et la plus profonde, à laquelle l'éducation a donné tout son développement, se trouve être de plus un esprit ingénieux, aimable, facile et de lui-même ouvert au goût des lettres. Il a lu, —

(1) Un vol. in-8º, Hetzel, rue Jacob, 18.
(2) Un vol. in-8º, Didier, quai des Augustins, 35.

ce qui s'appelle lu, — les savants ouvrages des La Place et des La Grange, les mémoires des Clairaut, des d'Alembert, des Poinsot; il y a ajouté peut-être sur quelques points, et il sait par cœur Voltaire et Alfred de Musset. C'est beaucoup. Aujourd'hui il a essayé dans une suite de notices claires, aisées, agréables, de nous rendre présentes et vivantes les figures des pères et fondateurs de l'astronomie moderne, Copernic, Képler, Galilée, Newton, et de nous donner idée de leurs travaux. Il y a réussi comme eût pu le faire un secrétaire perpétuel de l'Académie des sciences; il s'est désigné par avance à ce futur emploi. Nous autres ignorants, nous ne pouvons que le suivre et l'applaudir. Malgré tout l'art et la complaisance qu'y peuvent mettre en effet les plus élevés d'entre les vulgarisateurs, une difficulté réelle qu'impliquent ces notices sur des savants, écrites à l'usage des gens du monde, ne saurait être supprimée ni écartée; ce point délicat et insurmontable, c'est que, pour celui qui n'a pas étudié la langue mathématique et fait les calculs, l'expression des principales découvertes demeure nécessairement obscure et comme une lettre close. Cela est insensible à qui lit l'*Exposition du système du monde,* de La Place, le modèle du genre : il y a des endroits où on lit des yeux l'énoncé d'une formule que le mathématicien seul comprend : le profane est réduit à l'accepter ; il doit en croire son auteur sur parole et passer outre. Rien de plus humiliant pour l'esprit, et j'avoue que lorsqu'on se voit d'une telle infériorité (fût-on Voltaire ou Gœthe, car il n'y a guère ici de degrés), devant les maîtres de l'analyse, on est tenté de désirer que cette langue des nombres soit une de celles dont l'enseignement devienne obligatoire de bonne heure à toute intelligence digne et capable d'y atteindre. Savoir le latin est bien : savoir la géométrie est pour le moins une marque aussi élevée de culture. C'est dans tous les cas la première condition de tout progrès solide dans la philosophie naturelle.

M. Joseph Bertrand voulant écrire pour le public, c'est-à-dire pour la moyenne des gens instruits, a éludé ce genre de difficulté autant que possible : il eût pu trancher davantage et mettre plus en relief et en vedette les résultats scientifiques, sauf au lecteur à ne prendre que ce qu'il en pourrait saisir; il a mieux aimé accuser moins à nu les côtés sévères pour fondre plus couramment le ton de l'ensemble. Il a réussi. On se fait par moments l'illusion de tout comprendre en le lisant. Les traits biographiques se distribuent, se combinent très-heureusement sous sa plume, et il nous guide avec intérêt, sans un instant d'effort ou d'ennui, à travers ces grandes et méditatives existences. Je me permettrai, là où j'en puis juger, d'exprimer parfois un désir et un doute. Par exemple, a-t-il accordé, dans la vie de Galilée, assez d'importance à ce chapitre tant controversé de la persécution et de l'abjuration? En admettant même, comme il le fait, qu'on en ait usé à Rome envers Galilée avec une indulgence relative, le biographe a-t-il assez insisté sur le sentiment que de telles persécutions, fussent-elles réduites à n'être que d'odieuses tracasseries, méditent d'inspirer? S'est-il assez préoccupé, même en ne s'en rapportant pas aux apparences, du phénomène moral, je veux dire de la voix publique et de l'indignation grossissante qui a donné lieu à la belle légende, — ici plus belle que la vérité? Je ne m'explique pas très-bien qu'à la fin du même article sur Galilée, et pour nous rendre plus sensible la physionomie scientifique du savant personnage, le peintre biographe soit allé chercher je ne sais quelle combinaison imaginaire des génies d'Ampère et d'Arago : j'ai peine à me représenter ce qui en résulte pour la ressemblance. Dans sa notice, si claire, si animée, et constamment instructive, de Newton, j'aurais aimé que les taches, les faiblesses et petitesses du grand inventeur, tout en étant indiquées au net, fussent moins étalées et mises moins soigneusement en balance avec sa grandeur. De ce que Newton, contrôleur de la monnaie de Londres, a été d'avis qu'on devait pendre un faux-monnayeur convaincu de ce crime par-devant le jury, et de ce qu'il n'ait pas donné à l'avance dans l'opinion de Beccaria contre la peine de mort, je ne vois pas ce qu'on peut en conclure par rapport à son génie ou même à son caractère, et il faut bien être de cette date philanthropique de 1865 pour voir là dedans autre chose qu'une opinion des plus ordinaires et des plus simples, des plus commandées à la date et dans la position de Newton.

Mais ne soyons pas ingrat nous-même en cherchant à faire quelques objections minutieuses, quelques chicanes insignifiantes à un livre des plus intéressants qui nous annonce un bon écrivain de plus, et qu'un mathématicien du premier ordre était seul en état de dicter à un littérateur distingué, réuni dans le même homme.

II.

Le grand livre du ciel est plus ouvert aujourd'hui que jamais : il l'est jusque dans ses profondeurs ; les télescopes sont partout et vous sollicitent au passage ; on les voit sur les places publiques, sur les ponts, sans même aller les chercher sur les terrasses accessibles et hospitalières de l'Observatoire : le goût du public tourne évidemment à l'astronomie, et je n'en voudrais pour preuve que l'ouvrage de M. Flammarion, intitulé *la Pluralité des Mondes habités,* qui en est à sa quatrième édition. Ici nous entrons dans un ordre un peu différent de celui de la science pure : nous avons un pied dans l'hypothèse. Mais il y a des hypothèses permises aux savants et qui se font moyennant des inductions scientifiques et naturelles. L'auteur du volume dont il s'agit, M. Flammarion, s'entendrait à merveille à ce genre d'inductions légitimes, s'il ne préférait d'en sortir parfois, et s'il ne se plaisait à y mêler des considérations d'une autre nature. Chez lui, l'imagination et le sentiment entrent volontiers en scène et finissent bientôt par l'emporter : il y a un moment où il laisse la méthode exacte et où il s'abandonne à l'enthousiasme. Le poëte, le prédicateur, l'hiérophante prend feu, et l'astronome n'est plus qu'à la suite.

Tout en lisant le présent ouvrage, où l'ancien élève de l'Observatoire de Paris a réuni, comme en se jouant, toutes les découvertes de la science la plus avancée et les a combinées avec d'autres idées moins précises à l'appui de ses hypothèses, je me suis pris pourtant à rouvrir Fontenelle dans son ingénieux livre de la *Pluralité des Mondes,* publié en 1686, une année avant que Newton donnât le livre immortel des *Principes,* et j'ai de nouveau rendu justice à ce philosophe supérieur qui avait sans doute quelques défauts de manière, mais qui voyait si juste et si loin quant à ce qui est du fond des choses.

Reportons-nous par la pensée au moment même où l'ouvrage parut, cet ouvrage si neuf, tout rempli et comme émaillé de vues philosophiques et scientifiques élevées, rendues avec piquant, avec imprévu, et se faisant accepter en faisant sourire. On peut aujourd'hui avoir une médiocre estime pour ceux qui, non contents de divulguer la science par des exposés clairs, nets, proportionnés à la classe du public qu'ils se proposent d'instruire, prétendent encore à l'orner, à l'enjoliver, à la rendre gentille, amusante ou plaisante : c'est un assez mauvais genre en effet. Sur cette fin du XVIIe siècle, lorsque Fontenelle publia son livre de la *Pluralité des Mondes,* les conditions d'instruction pour l'immense majorité des esprits étaient très-différentes de ce qu'elles sont de nos jours, et il mérite peut-être mieux que des excuses pour avoir piqué l'attention des ignorants, forcé leur paresse, et fait entrer dans leur cerveau quelques idées saines, au lieu des préjugés tout à fait faux et absurdes qui les remplissaient.

Aujourd'hui, remarquez-le, les ignorants eux-mêmes en ont fini (la plupart du moins) avec les idées absurdes que l'on se faisait du monde au Moyen-Age et qui ont duré jusqu'au triomphe des doctrines et des résultats de Copernic, de Galilée, de Descartes, de Newton. Ces résultats dorénavant sont admis de ceux même qui ne s'en rendent pas bien compte : l'homme du peuple qui regarde une éclipse admet volontiers l'explication que lui donne le demi-savant qui la regarde en même temps que lui, et qui lui-même tient pour démontrée la conclusion du profond et vrai savant. L'état *mental* de la majorité du monde sur ces questions et ces phénomènes est d'accord avec les vraies solutions, bien que tel ou tel individu puisse en être très-éloigné pour la complète intelligence; mais on n'a pas à revenir *du tout au tout;* on n'a pas à dissiper des monstres, des chimères, des dragons armés, des préventions ennemies. Du temps de Fontenelle, il en était autrement; le moment était décisif. Le grand siècle du goût, qui allait finir, n'avait pas été précisément le siècle de la philosophie, de la science et des lumières : il s'agissait, l'heure venue, de les introduire. Les vieilles erreurs avaient fait leur temps pour le petit nombre des esprits éclairés et philosophiques ; pour les autres, les absurdes idées qu'on s'était forgées du monde, de l'univers, subsistaient encore. Elles duraient même chez des esprits bien cultivés, mais d'une culture spéciale et restreinte. Quelle idée Boileau ou Racine, par exemple, se faisaient-ils du monde, du tonnerre, des étoiles, des planètes, etc.? Je n'oserais essayer de répondre à cette question par respect pour ces beaux génies (1). Sans doute ils avaient près d'eux Bossuet, Fénelon, Du Guet, La Bruyère lui-même (chapitre *Des Esprits forts*), pour leur dispenser quelques-unes de ces vérités physiques à l'état et sous forme de preuves de l'existence de Dieu; mais c'était là de la science morale toujours, plus encore que de la physique. Fontenelle se présenta donc très à propos en venant expliquer, rendre agréable pour tous et séduisante même, la nouvelle doctrine qui, sauf quelques points particuliers à la théorie cartésienne des tourbillons, était la seule vraie, et dont le premier mérite était de détrôner les fausses et accablantes hypothèses. Pour bien des esprits il substituait une vue claire et nette, presque riante, à un cauchemar effrayant et obscur. En se choisissant pour disciple un esprit de jeune femme, il s'adressait à son meilleur public, c'est-à-dire à des esprits plutôt vides et vacants que déjà occupés par d'opiniâtres erreurs; il s'adressait à « l'esprit des ignorants qui, disait-il, étaient ses véritables marquises. » Mieux valait avoir affaire à un ignorant certes qu'à un esprit encroûté, entêté de la vieille science. Ainsi Fontenelle, sous cette forme frivole, a rendu, à un moment donné, un notable service à la raison. Mais, ce service une fois

(1) Racine, dans ses dernières années, croyait aux prétendus miracles qui se faisaient sur la tombe de M. Vialart, évêque de Châlons; il les entendait raconter en dînant à l'archevêché, et lui-même au retour les rapportait à ses amis sans élever un seul doute. Racine a pu faire de jolies épigrammes contre le Fontenelle poëte et auteur de tragédies; mais convenons que Fontenelle prend bien sa revanche par la philosophie et la pensée.

rendu, il ne faudrait pas essayer de lui emprunter cette forme qui n'est plus de saison et qui, chez d'autres que lui, ne serait que minauderie et grimace.

Au fond, le sujet de Fontenelle n'est autre que celui du livre de M. Flammarion. Qui dit *Pluralité des mondes,* entend *Pluralité des mondes habités ou habitables.* La thèse de Fontenelle n'est pas autre. Aussi M. Flammarion a rendu justice sur ce point à son illustre devancier, bien qu'il n'ait pas choisi les meilleurs témoins littéraires à son sujet, et qu'il n'ait pas assez reconnu en lui sous les défauts saillants les qualités rares. Il a cru devoir remarquer que le livre de Fontenelle « n'est plus au niveau de la science et de la philosophie; » ce qui est très-vrai, au moins pour la science. Il a cru devoir aussi s'élever contre le ton de légèreté de Fontenelle qui, craignant de se faire des affaires, était homme, on le sait, à n'avoir pas l'air de tenir beaucoup à son opinion, si on le pressait trop, et à en plaisanter même à la rencontre. — « Trahir la vérité! dit à un endroit la marquise; vous n'avez point de conscience! » — « Je vous avoue, répond le discret et fin instituteur, que je n'ai pas un grand zèle pour ces vérités-là, et que je les sacrifie volontiers aux moindres commodités de la société. » Ayant à citer cet endroit d'un des Entretiens, M. Flammarion ajoute : « Nous regrettons de dire que l'on sent de temps en temps dans tout Fontenelle des assertions *blâmables* comme celle-là, qui déparent son récit et en affaiblissent l'autorité. »

Entendons-nous bien. Je crois en effet que Fontenelle

aurait pu tenir un peu plus à ses pensées ; mais ne le prenons pas trop au pied de la lettre, le sage et prudent philosophe. S'il a l'air de céder si aisément et de se dérober quand il a affaire au peuple, c'est-à-dire aux esprits frivoles, esclaves du préjugé et de l'habitude, c'est qu'il ne veut rien céder du fond et qu'il réserve pour un petit nombre, « pour une petite troupe choisie, » l'entière originalité et l'intégrité parfaite de ses pensées. Sans doute il y a quelques dissonances entre la majesté des choses dont il parle et la manière dont il en parle : c'est le défaut. Le tissu de son style est comme une épigramme continuelle, une longue et fine ironie à fleur de peau. Il y a loin de là à la belle et austère simplicité d'un La Place dans l'*Exposition du Système du Monde*. Quelqu'un a dit qu'il voyait dans Fontenelle un commencement et mieux qu'un commencement de Babinet. C'est encore, si vous le voulez, du Saint-Marc Girardin savant. Il est le premier en France qui ait rendu les résultats de la science clairs, intelligibles, et, qui plus est, aimables, trop aimables même ; car il y a là, je le répète, un certain désaccord de goût. Ce désaccord fit précisément son succès.

Sommes-nous bien sûrs nous-mêmes de ne pas sacrifier à d'autres goûts qui ne sont pas ceux de la pure science ? Nous avons changé de forme de bel esprit, voilà tout ; nous aimons l'emphase, le lyrisme ; nous poussons à l'enthousiasme : M. Flammarion y fait appel ; il est orateur à propos des astres ; il prodigue les professions de foi ; il parle de *nobles* croyances, comme si la noblesse était de quelque chose dans les inductions de la science sévère et dans la calme observation de la nature. Fontenelle, s'il ne conclut pas, s'il paraît se jouer en homme d'esprit et en sage peu entêté de son opinion, reste du moins exactement philosophe. Il se montre en tout et partout ennemi de l'ignorance et de l'illusion ; non pas un ennemi à main armée, mais froid, patient, méprisant dans sa douceur et irréconciliable. Honneur à lui ! Il y a plus de philosophie, en vérité, dans le bout du petit doigt de Fontenelle que dans tous ces gros livres savants, curieux, intéressants, j'en conviens, mais si mélangés, si pétris de doctrines diverses ou contraires, si soumis à la fois et si ambitieux, si flatteurs pour le sens humain et pour les autorités de tout bord, si avides d'accaparer toutes les sortes de public et de recruter toutes les classes de lecteurs. La science a marché, elle avance chaque jour, et ses résultats appartiennent à tous : l'esprit philosophique reste une faculté toute particulière et individuelle ; il est et sera toujours une chose rare. Si quelques rubans fanés ne vous effrayent pas, si une légère odeur de musc ne vous fait pas mal, relisez donc le livre de Fontenelle, même en regard de celui de M. Flammarion. Comme il a l'image heureuse, familière et juste ! Comme à tout moment, par une similitude frappante et lumineuse, il étend la vue et nous fait faire le tour des choses ! Remarquez qu'en telle matière où l'on n'aura sans doute jamais de résultats précis, ce qui importe le plus, c'est d'élever sa pensée et de la tenir ouverte, d'atteindre des aperçus, d'entrevoir les ressemblances, sans aller retomber et verser dans des crédulités d'un autre genre. C'est ce que fait Fontenelle. Il ouvre des vues, même lorsqu'il a l'air d'être frivole ; il pose à merveille le principe qui doit dominer un tel sujet, où il ne peut y avoir que des degrés de probabilité qui s'éloignent ou se rapprochent plus ou moins de la certitude.

« Je m'en vais renoncer aux habitants des planètes, s'écrie à un moment la trop vive marquise à qui il vient de rappeler la non-certitude absolue des preuves ; car je ne sais plus en quel rang les mettre dans mon esprit, ces habitants ; ils ne sont pas tout à fait certains, ils sont plus que vraisemblables ; cela m'embarrasse trop. » — « Ah! madame, répliquai-je, ne vous découragez pas. Les horloges les plus communes et les plus grossières marquent les heures ; il n'y a que celles qui sont travaillées avec plus d'art qui marquent les minutes. De même les esprits ordinaires sentent bien la différence d'une simple vraisemblance à une certitude entière, mais il n'y a que les esprits fins qui sentent le plus ou le moins de certitude ou de vraisemblance, et qui en marquent, pour ainsi dire, les minutes par leur sentiment. »

C'est délicat, exquis d'expression comme de vérité. Du premier jour, Fontenelle a donné la mesure de critique qu'il convient d'apporter dans un tel sujet.

Je signalerai pourtant un reproche qui lui a été adressé par un écrivain d'une haute autorité morale : « Un caractère distinctif des *Entretiens sur la Pluralité des Mondes,* a dit M. Vinet, c'est l'absence complète du sentiment religieux : ce sujet magnifique n'a pu fournir à son auteur le moindre mot, le plus léger aperçu de philosophie ou de cosmologie religieuse. Le bon goût seul, ajoute le pieux et affectueux critique, eût dû en introduire quelque chose à la place des puérilités dont l'auteur n'a pas cru pouvoir se dispenser. » Il est vrai que Fontenelle est à cent lieues du Psalmiste et qu'il s'est gardé du *Cœli enarrant gloriam Dei* comme d'un lieu commun. Son seul tort, philosophe comme il était et ne voulant point simuler ce qu'il ne pensait pas, c'est, par son ton badin, d'avoir semblé souvent parodier la grandeur du sujet. Le vrai sentiment religieux qu'on est en droit de réclamer ici au nom du goût consiste surtout dans le sérieux même de la contemplation et dans le recueillement qu'elle inspire.

III.

On doit des remercîments à M. Flammarion pour avoir rassemblé dans son livre les probabilités astronomiques, géodésiques, naturelles, qui militent en faveur de sa conclusion. La terre n'étant point une exception dans notre système planétaire, rien ne peut forcer à croire qu'elle possède seule ce privilége d'être habitée et que ce ne soit pas une condition commune qu'elle partage, sauf variété, avec les autres planètes, ses compagnes et ses sœurs. Notre globe n'est placé dans le système solaire ni au premier rang (tant s'en faut!) des corps célestes, ni tout à fait au dernier. Que ce soit ou non une faveur, il y en a de plus voisins du soleil, il y en a de beaucoup plus éloignés; il en est de moins gros, de plus légers en poids, il en est de beaucoup plus considérables : la condition de notre terre, de quelque côté qu'on la considère dans cet ensemble, est proprement la médiocrité. Nous occupons une sorte de juste milieu, qui nous laisse voir de plus petits que nous, mais qui nous en montre aussi de bien plus grands, supérieurs sans doute à plus d'un autre titre encore que le poids et le volume. Enfin, M. Flammarion a toute raison de considérer comme établi que « la terre n'a aucune prééminence marquée dans le système solaire, de manière à être le seul monde habité, » et que, « astronomiquement parlant, les autres planètes sont disposées aussi bien qu'elle au séjour de la vie. »

Jusqu'ici on est entièrement de son avis, et il ne tire aucune conclusion que celles que l'analogie, la probabilité scientifique indiquent et suggèrent. Il est dans le vrai encore et dans la ligne de la science lorsque, rappelant combien les conditions de la vie ont varié sur cette terre depuis la première apparition des êtres organisés et des espèces vivantes, il ajoute qu'il n'y a pas lieu de les circonscrire, de les limiter à une seule sphère, et que cette différence de conditions et de formes qui a éclaté successivement (comme la géologie l'atteste) sur notre globe terrestre, peut varier et se diversifier à plus forte raison de globe à globe, de planète à planète. La puissance productive de la vie peut se concevoir comme infinie et universelle. Mais ici on est bien près de perdre terre, et M. Flammarion en effet franchit l'intervalle en introduisant des considérations de causes finales qui n'appartiennent plus à la philosophie naturelle et qui relèvent de la métaphysique ou de l'ontologie.

A partir de cet endroit l'auteur, l'orateur éloquent qui plaide pour sa cause, combine et entrelace sans scrupule et avec beaucoup d'habileté les deux ordres de raisonnement, les possibilités indiquées par la science, les désirs conçus par le cœur, les conceptions imaginées par la philosophie. Non content de conjecturer qu'il y a des êtres vivants dans les planètes, il veut savoir que ce sont des hommes, des espèces d'humanités; il veut en venir à deviner, à pénétrer le mode de penser et de sentir, sur quelques points essentiels, de ces humanités si diverses et sans doute fort disparates. Il consent à reconnaître que « les hommes des autres mondes diffèrent de nous tant dans leur organisation intime que dans leur type physique extérieur; » mais ce n'est là qu'une manière de concession : il croit pouvoir, d'ailleurs, assigner à ces types humains certaines règles, certaines lois intellectuelles et morales qui leur sont communes avec nous. Il va plus loin, il jette le câble électrique, il établit la chaîne :

« Qui nous dit que ces mondes et leurs humanités ne forment pas dans leur ensemble une *série,* une unité hiérarchique, depuis les mondes où la somme des conditions heureuses d'habitabilité est la plus petite, jusqu'à ceux où la nature entière brille à l'apogée de sa splendeur et de sa gloire? Qui nous dit que *la grande Humanité collective* n'est pas formée par *une suite non interrompue d'humanités individuelles, assises à tous les degrés de l'échelle de la perfection?* »

Cette idée une fois posée à l'état de question, il s'en empare, il la presse et la développe. Pour lui, il n'hésite pas à le proclamer, « l'ordre préside au *cosmos* des intelligences et au *cosmos* des corps ; le monde intellectuel et le monde physique forment une unité absolue ; l'ensemble des *humanités sidérales* forme une *série progressive* d'êtres pensants, depuis les intelligences d'en bas, à peine sorties des langes de la matière, jusqu'aux divines puissances qui peuvent contempler Dieu dans sa gloire et comprendre ses œuvres les plus sublimes. » C'est ainsi que tout s'explique en s'harmonisant.

Dès ce moment, ce n'est plus à un traité populaire d'astronomie que nous avons affaire chez M. Flammarion, c'est à un livre de philosophie transcendante et quasi de théologie. Bernardin de Saint-Pierre est dépassé dans ses rêves d'harmonie céleste : Jean Raynaud est devenu le prophète et le saint Jean-Baptiste du système dont M. Flammarion est l'évangéliste mystique et le saint Jean de Patmos. « Les humanités des autres mondes et l'humanité de la terre sont une seule humanité. L'homme est le citoyen du ciel... » Le dernier chapitre est tout en hymnes et en apostrophes :

« Oh ! maintenant je vous aime, rayonnantes Pléiades ; je vous aime, ravissantes Étoiles ; je vous aime comme le pèlerin aime les villes de son pèlerinage, comme il aime l'autel où tendent ses vœux, et où il déposera un jour le baiser de ses aspirations les plus chères !... Vous êtes venues à nous, ô blondes filles du ciel ! vous avez répandu sur nos têtes l'inspiration que les Muses d'un autre temps ne peuvent plus nous donner... »

Le spectacle de la nuit, ainsi conçu, est entièrement

transfiguré. Au lieu de mondes silencieux et d'étoiles étrangères à nous et qui nous écrasent, ce ne sont que des demeures différentes qui s'étagent à nos yeux dans la maison de notre Père. L'Humanité collective et solidaire y apparaît rangée comme en amphithéâtre, ou plutôt échelonnée dans des stations successives et de plus en plus avancées; mais laissons parler ou chanter l'auteur.

« Les êtres inconnus qui habitent tous ces mondes de l'espace, ce sont des hommes partageant une destinée semblable à la nôtre. Et ces hommes ne nous sont point étrangers : nous les avons connus ou nous devons les connaître un jour, ils sont de notre immense famille humaine; ils appartiennent à *notre* humanité. O mages de l'éternelle vérité, apôtres du sacrifice, pères de la sagesse, toi, Socrate, qui pris la ciguë, toi, son élève, ô Platon, — vous, Phidias et Praxitèle, sculpteurs de la beauté, — vous, disciples de l'Évangile, Jean, Paul, Augustin, — vous, apôtres de la science, Galilée, Képler, Newton, Descartes, Pascal, — et vous Raphaël et Michel-Ange, dont les conceptions resteront toujours nos modèles, — et vous, chantres divins, Hésiode, Dante, Milton, Racine; Pergolèse, Mozart, Beethoven, seriez-vous donc maintenant immobilisés dans un paradis imaginaire, auriez-vous changé de nature; ne seriez-vous plus les hommes que nous avons connus et admirés, et dormiriez-vous maintenant, véritables momies, éternellement assis à votre place dernière? Non, l'immortalité ne serait qu'une ombre sans l'activité... C'est la vie éternelle que nous voulons, et non la mort éternelle. »

Nous apprécions certes, nous admirons même l'esprit ingénieux, inventif, le talent littéraire, la fertilité spéculative, qui ont fait trouver à M. Flammarion toutes ces considérations et ces visées éloquentes dont est remplie la seconde partie de son livre. Mais nous, simples hommes, que le surnaturel étonne toujours, nous lui demandons la permission d'hésiter et de douter un peu devant cette révélation nouvelle qu'il nous propose.

Déjà, du reste, elle a porté ses fruits; elle a trouvé, comme on pouvait s'y attendre, des esprits tout préparés, et dans un livre également curieux, mais de plus en plus conjectural et tout à fait aventuré dans ses conclusions (1), un autre homme d'esprit, M. André Pezzani, s'emparant des effusions ou des saillies de M. Flammarion comme de résultats acquis et positifs, s'est embarqué dans une théorie, que dis-je? dans une religion complète; il déclare que, grâce à M. Flammarion accepté désormais sans réserve, mais déjà dépassé, la fusion qu'on n'avait qu'entrevue jusqu'ici entre la science et la métaphysique est enfin opérée : partant de là et y ajoutant ses propres concepts, M. Pezzani n'hésite pas à affirmer que le vrai christianisme n'a pas à se soucier de cette pluralité des mondes; qu'il n'en saurait être compromis; que la venue du Messie n'est point d'ailleurs bornée nécessairement à notre terre; qu'elle n'est qu'un cas particulier d'une loi divine plus générale. « En effet, dit-il, Dieu intervient partout par ses Messies, ses précurseurs, ses prophètes, ses missionnaires, incarnés ou spirituels, dans les

(1) *La Pluralité des Existences de l'Ame conforme à la doctrine de la Pluralité des Mondes*, par M. André Pezzani, avocat à la Cour impériale de Lyon (un vol. in-8°, Didier, quai des Augustins, 35).

mondes supérieurs aussi bien que dans les intermédiaires et les inférieurs. » M. Pezzani sait de science certaine tout cela.

Et moi, en voyant cet enchaînement, ce renchérissement de conclusions toutes plus extraordinaires les unes que les autres, cette série d'hypothèses échafaudées, je ne puis m'empêcher de dire : Oh! que l'esprit de l'homme est donc faible! il ne peut se résigner à savoir à demi et à ignorer. L'illusion, chassée d'un côté, reparaît de l'autre et se reproduit sans cesse. L'imagination se retourne; on a beau lui barrer et lui interdire le chemin, il lui repousse aussitôt des ailes pour revoler à ses chimères. L'homme ne consent pas à être humilié longtemps; il est prompt à accueillir de nouveau ce qui le flatte et à croire selon qu'il désire ou qu'il espère. Était-ce donc la peine, ô savants auteurs et pères de l'astronomie moderne, de tant observer, de tant calculer, de ne rien laisser à l'hypothèse? Travaillez donc, Copernic, Galilée, Newton, La Place, veillez vos longues veilles, suivez jusqu'au bout la méthode expérimentale ou l'analyse rigoureuse, et tous vos travaux qui ont fait de l'astronomie la plus digne et la plus parfaite des sciences vont derechef servir de support et comme de trépied à des rêveries néoplatoniciennes renouvelées, à des extases. Le mot n'est pas trop fort. Que nous sommes loin du demi-sourire sous lequel Fontenelle insinuait les questions! La science a fait bien des progrès depuis lui : la philosophie en a-t-elle réellement fait autant qu'on le dit et qu'elle s'en vante?

Non, je n'accepterai point l'alternative où prétend

me placer M. Flammarion, d'en passer par son hypothèse ou de ne voir dans l'univers qu'une immense « lanterne magique, » un spectacle de marionnettes en grand : toute ma conscience intellectuelle se soulève contre un pareil dilemme dans lequel le jeune astronome, enivré de sa thèse, voudrait m'enfermer. Pour moi, quand je suis seul à contempler ces millions de mondes, cette ordonnance merveilleuse, connue dans de certaines limites et pressentie par delà ou ignorée, il me semble que je n'ai pas besoin d'amasser tant d'autorités, tant de noms propres ou d'idées accessoires au service de mes rêves; et tout en concevant qu'il y a autant de manières de sentir, d'être affecté et d'adorer, qu'il y a d'intelligences et de regards, je crois qu'il en est une non moins légitime, et je ne la cherche que dans cette contemplation même et dans ce qu'elle a d'auguste. N'y a-t-il donc pas un milieu, ô homme, entre l'effroi et le vertige de Pascal, et cette expansion, cette chaleur tout humaine, tout intéressée, qui fait qu'on se cherche et qu'on se retrouve partout? O homme, ne parviendras-tu donc jamais à te détacher de toi ! Ne sauras-tu consentir à rester à ta place? Pourquoi aller donner de la tête contre les mondes? Apaisons, éteignons, s'il se peut, en leur présence, nos velléités, nos agitations sublunaires : dans notre parcelle éthérée, effaçons-nous, soyons une fois le parfait miroir, le pur esprit. Certes, plus l'homme comprend ces lois merveilleuses de l'univers, et plus aussi il se rend digne de la condition humaine la plus élevée, telle que l'ont faite les sciences et le sublime effort de quelques-uns; plus l'homme approche d'un Pythagore ou d'un Archimède, d'un Newton ou d'un La Place, et plus il doit ressentir une joie plénière devant des lois de plus en plus approfondies ou conjecturées; mais, même à des degrés infiniment moindres, il lui est loisible encore de participer à ces nobles « délices des êtres pensants. » Jeunes, la poésie nous ravit; les *Étoiles* de Lamartine, ces *fleurs du ciel dont le lis est jaloux,* suffisent à peine à symboliser nos imaginations, nos visions d'amour et de tendresse : à l'âge où le sang se refroidit dans les veines, il est doux, d'une douceur sévère, de connaître par leurs noms, d'épeler quelques-uns des astres qui roulent sur nos têtes, de distinguer ceux qui errent véritablement de ceux qui sont fixes par rapport à nous, de s'orienter, de se démêler à travers les cercles brillants ou les traînées lumineuses, de soupçonner dans ces abîmes d'en haut, dans ces profondeurs étincelantes où nous sommes plongés, tout ce qui peut se produire à l'infini d'étranger à nous, de différent de nous; de ramener nos passions, nos désirs, nos gloires à ce qu'elles sont, de se dire le peu qu'on est, mais de sentir aussi que ce peu a réfléchi un moment la puissance créatrice universelle, éternelle, — l'infini presque ou du moins l'incommensurable et l'immense (1).

(1) Le véritable antidote (s'il y en avait) à toutes les fièvres et les exaltations nées et à naître dans les cerveaux humains à propos des astres, devrait être la dernière page de l'*Exposition du Système du Monde,* que je demande la permission de rappeler. La Place concluait par ces mémorables paroles en quelque sorte définitives : « L'astronomie, par la dignité de son objet et la perfection de ses théories, est le plus beau monument de l'esprit humain, le titre le

plus noble de son intelligence. Séduit par les illusions des sens et de l'amour-propre, l'homme s'est regardé longtemps comme le centre du mouvement des astres, et son vain orgueil a été puni par les frayeurs qu'ils lui ont inspirées. Enfin plusieurs siècles de travaux ont fait tomber le voile qui lui cachait le système du monde. Alors il s'est vu sur une planète presque imperceptible dans le système solaire dont la vaste étendue n'est elle-même qu'un point insensible dans l'immensité de l'espace. Les résultats sublimes, auxquels cette découverte l'a conduit, sont bien propres à le consoler du rang qu'elle assigne à la terre, en lui montrant sa propre grandeur dans l'extrême petitesse de la base qui lui a servi pour mesurer les cieux. Conservons avec soin, augmentons le dépôt de ces hautes connaissances, les délices des êtres pensants. Elles ont rendu d'importants services à la navigation et à la géographie ; mais leur plus grand bienfait est d'avoir dissipé les craintes produites par les phénomènes célestes et détruit les erreurs nées de l'ignorance de nos vrais rapports avec la nature ; erreurs et craintes qui renaîtraient promptement si le flambeau des sciences venait à s'éteindre. » — Depuis que cet article est écrit, j'ai su que la question de Galilée, de son procès et de son abjuration, avait été traitée à fond par M. Trouessart, ancien élève de l'École normale, professeur à la Faculté des sciences de Poitiers. Pendant plus de dix ans, M. Trouessart a fait des œuvres de Galilée l'objet spécial de ses études. C'est à lui que le récent auteur de la *Pluralité des Mondes* a dû de citer plus d'une des curieuses pièces qui enrichissent son ouvrage et qui en font, on peut le dire, le principal et le plus sérieux intérêt. M. Trouessart n'est pas nommé, et il ne paraît même pas avoir été lu par l'auteur qui en a si bien profité : les pièces et documents qu'il avait eu le soin de réunir et qu'il avait mis le premier en circulation seraient, nous assure-t-on, arrivés à d'autres par voie indirecte et de seconde main : *Sic vos non vobis...* M. Trouessart a repris l'examen du procès de Galilée après M. Biot et a ramené à leur valeur les interprétations trop adoucies et trop émoussées du vieil académicien devenu, dans ses dernières années, un catholique fidèle et soumis. Les opinions religieuses de M. Biot l'ont évidemment dominé dans la révision de cette affaire de Galilée et ont imposé leurs limites à ses sentiments philosophiques et scientifiques. N'oublions pas dans quelles dispositions était le savant lorsque lui vint la première idée de ce travail. Il se trouvait à Rome (1825), et on l'y soigna extrêmement ; il s'y prêta avec complaisance, et même, à en croire ses amis, avec ferveur. « Le pape Léon XII, nous dit son biographe le plus autorisé, l'accueillit avec une telle bienveillance qu'encouragé par la bonté vraiment paternelle du Saint-Père, il osa demander quelques reliques du patron de l'église de Nointel (dont il était maire). Peu de jours avant son départ pour Naples, le savant recevait non-seulement un beau reliquaire pour la pauvre église de son village, mais encore un magnifique chapelet en cornaline portant la médaille commémorative renfermée sous la porte d'or de Saint-Paul. Ce dernier présent était offert à M*me* Biot. C'est en attendant l'audience de Sa Sainteté que Biot eut au Vatican cette conversation sur Galilée, qui a fait la matière d'un piquant article dans le *Journal des Savants.* » (*Notice sur la vie et les travaux de J.-B. Biot,* par M. Lefort, extrait du *Correspondant,* 1867.) Une audience si bénigne du pape n'est pas, on en conviendra, la meilleure préparation philosophique pour un jugement de Galilée. Il est donc à souhaiter que désormais on ne suive pas trop docilement en ceci M. Biot, et qu'on mette dans la balance les travaux et les jugements de M. Trouessart. On les trouvera résumés et exposés au complet dans deux conférences faites à Angoulême, en mars 1865, et publiées sous ce titre : *Galilée, sa mission scientifique, sa vie et son procès* (Poitiers, 1865). Il faut lire aussi, de M. Trouessart : *Quelques mots sur les causes du procès et de la condamnation de Galilée* (extrait de la *Revue de l'Instruction publique,* mars 1862), à l'adresse de M. Philarète Chasles. (Voir enfin *Galilée, sa vie, ses découvertes et ses travaux,* par le docteur Max. Parchappe, 1866.) Le *Galilée* de Ponsard a fait éclore en une semaine des jugements à foison et selon le goût de chacun. — Mais, bon Dieu! me disais-je en repassant sur toute cette discussion, que de légèreté même chez les plus érudits! Comme on parle de tout sans avoir assez étudié, et que l'homme d'un seul livre est à redouter, quand on s'aventure, sans y prendre garde, sur le terrain où il est maître! Journalistes et improvisateurs si aisément tentés sur tous sujets, soyons avertis de nous méfier et d'être prudents.

Lundi 12 juin 1865.

DE LA POÉSIE

EN 1865.

Je suis terriblement en arrière avec les poëtes ; il y a des années que je n'ai parlé d'eux. C'est qu'il est difficile de parler d'un seul et d'en omettre plusieurs : le choix de l'un devient injustice pour tous les autres. Il n'est pas moins délicat d'en réunir à la fois plusieurs dans une même couronne ; car il en est des beaux esprits comme des belles : la louange partagée perd à leurs yeux le meilleur de son prix :

> L'or se peut partager, mais non pas la louange.
> Le plus grand orateur, quand ce serait un ange,
> Ne pourrait contenter en semblables desseins
> Deux belles, deux héros, deux auteurs, ni deux saints.

C'est La Fontaine qui l'a dit. Cependant je me suis décidé à rompre le silence, même au risque de bien des omissions, et je commencerai par confesser mon tort, ce qui est le diminuer un peu.

Je ne parlerai donc pas de vous cette fois, Armand Renaud, auteur des *Poëmes de l'amour* (1), des *Caprices de boudoir* (2), et en dernier lieu des *Pensées tristes* (3), vous qui avez déjà eu trois manières; qui, après avoir commencé par vous inspirer aux hautes sources étrangères et par moissonner la passion en toute littérature et en tout pays; — qui, après vous être terriblement risqué ensuite aux ardentes peintures d'une imagination aiguë et raffinée, en êtes venu à vous interroger vous-même plus à fond, à vous sentir, à fouiller en vous, à chanter vos propres chants, à pleurer vos propres larmes. Disciple sérieux d'un des plus gracieux poëtes de notre ancienne jeunesse, d'Émile Deschamps, et, comme lui, rompu à l'art, maître achevé du rhythme, M. Armand Renaud en est venu, de recherche en caprice, et après avoir épuisé la coupe, à des accents vraiment passionnés et profonds. Je signalerai de lui la pièce qui est à la page 215 de son dernier recueil : *Oh! laissez-moi chanter, oh! laissez-moi vous dire...* Je voudrais aussi, dans ces bizarres *Caprices de boudoir*, faire lire à tous *la Reine de la nuit,* un souvenir de bal costumé, une adorable vision. Et pourtant je passe et ne parlerai pas de lui (4).

(1) Chez Dentu, Palais-Royal; 1862.
(2) Chez Sartorius, 6, rue Jacob; 1864.
(3) Librairie Hachette; 1865.
(4) On est moins à l'étroit dans un livre que dans un journal. Je donnerai en note la pièce intitulée : *la Reine de la Nuit.* Il

Ni de vous je ne parlerai non plus, harmonieux poëte de la vie domestique et des joies du *Foyer* (1), madame Auguste Penquer, qui avez depuis étendu votre vol et enhardi votre essor dans les *Révélations poétiques* (2); ame et lyre également bien douées, à la note large et pleine, aux cordes sensibles et nombreuses; que rien de particulièrement breton ne distingue, si ce n'est l'amour du pays natal; qui avez mérité d'être saluée comme une jeune sœur de ceux que vous nommez « le cygne de Mâcon » et « l'aigle de Guernesey, »

faut supposer qu'elle a été faite pour une belle personne qui, dans un bal costumé, était déguisée en *lune* ou en *Reine de la nuit :*

>Son corps était couvert d'un voile en gaze noire
>Où, sans nombre, on voyait luire des diamants;
>Son front, plein du frisson magique de la gloire,
>Portait le croissant mince et pur des firmaments.
>
>Elle représentait vraiment la nuit superbe,
>Avec ses millions d'étoiles, sa douceur,
>Son blanc rayonnement posé sur l'onde ou l'herbe,
>Et son azur sans fond, abîme du penseur;
>
>La nuit où, s'échappant furtives de chez elles,
>Les amoureuses vont, dans les bois, s'égarer,
>Où l'âme du poëte, ouvrant toutes ses ailes,
>Plane dans le pays lointain qui fait pleurer.
>
>A sa forme, on sentait la femme gracieuse;
>On la saluait reine à son air froid et doux;
>Et quand elle marchait, ombre silencieuse,
>Devinant la déesse, on tombait à genoux.
>
>Et comme, dans la nuit, il est de pâles nues,
>Sur le front de la lune, en groupe, voltigeant,
>Mes rêves, emportés loin des routes connues,
>Se jouaient sur le bord de son croissant d'argent.

(1) *Les Chants du Foyer,* 3ᵉ édition, librairie Didier.
(2) Un vol. in-18, même librairie; 1865.

et qui n'avez qu'à vous garder d'un éblouissement trop lyrique en présence des demi-dieux. Traversez un moment leur sphère, mais pour rentrer bientôt dans la vôtre; restez la muse du foyer toujours, avec ce je ne sais quoi de raisonnable et de modéré jusque dans l'essor, avec la mesure du cadre qui donne un fond solide aux couleurs. C'est quand vous êtes dans ces tons justes que vous me semblez le plus vous-même, et qu'il me plaît surtout de vous reconnaître. Quelle plus jolie pièce, dans ce dernier recueil, que celle qui a titre *la Belle petite Mendiante*, et dans le recueil précédent, que cette autre pièce sur un chien mort d'ennui après le départ de sa maîtresse? J'aimerais à les citer, et pourtant je passe.

Je ne ferai que passer aussi devant vous, couple conjugal qui unissez vos deux voix (1); qui, après avoir perdu un enfant, votre unique amour, l'avez pleuré dans un long sanglot, et qui, cette fois, inconsolés encore, mais dans un deuil apaisé, avez songé à lui en composant des chants gradués pour les divers âges, continuant ainsi en idée, d'une manière touchante, à vous occuper, dans la personne des autres, de celui qui n'a pas assez vécu pour nous.

Je ne ferai que saluer aussi au passage notre amie Mlle Ernestine Drouet, aujourd'hui Mme Mitchell, l'une de nos dames inspectrices les plus instruites, les plus capables, mais que ces graves fonctions n'ont pas arrachée à la poésie. Couronnée il y a quelques années

(1) *Les Voix amies*, par F. Fertiault et Julie Fertiault, librairie Didier; 1864.

par l'Académie pour son poëme *la Sœur de charité*, elle a recueilli à la suite ses pièces diverses, — le tout sous le titre général de *Caritas* (1) qui se justifie. Le poëte, en effet, a vraiment à cœur de rapprocher les divers cultes qui lui sont chers, celui de son vieux maître Béranger, de son ancien catéchiste de première communiante, M. Dupanloup, et elle s'est même risquée jusqu'à lancer une Épître à l'illustre émir Abd-el-Kader, dont une fille, disait-on, venait de se faire religieuse et sœur de charité. Il y a bien de l'esprit sous ce talent. Il n'est qu'une femme poëte pour assembler, concilier et faire accepter de tous un instant ces unions miraculeuses, pour associer les contrastes en nuances comme dans un rapide arc-en-ciel. Mlle E. Drouet a le feu sacré, le prosélytisme moral ; elle voudrait ramener les sceptiques, humaniser les croyants, réconcilier les ennemis ; elle est femme à faire embrasser le déiste et le clérical, l'homme du Coran et celui de l'Évangile, — que dis-je ? le critique des *Samedis* (2) et celui des *Lundis*. C'est d'un cœur charmant, d'une âme élevée, qui pense que tous les bons et beaux esprits devraient se rejoindre à une certaine hauteur et qu'une amitié commune est un lien. Mme Mitchell a mis dans son volume une très-belle traduction ou imitation en vers de la pièce de Longfellow, *Excelsior*.

Je ne puis qu'indiquer légèrement, à mon grand regret, un autre poëte distingué qui a également tra-

(1) Un volume in-18, librairie Dentu ; 1863.
(2) M. Armand de Pontmartin avec qui je crois avoir eu autrefois de petits démêlés, dès longtemps oubliés.

7.

duit avec âme cette pièce d'*Excelsior,* M. Eugène Bazin, de Versailles, auteur d'un recueil intitulé *Rayons* (1), poëte religieux, harmonieux, sincère, compatissant, qui ne maudit pas, qui joint à d'heureux échos de la poésie anglaise des accents qui sont bien à lui; je recommande à la page 101 de son recueil les stances qui ont pour titre *Twice blessed, la Seconde Bénédiction.* C'est le cœur qui a parlé, comme dans une de ces courtes prières de Racine converti.

Je ne ferai que nommer un autre disciple de la même école, M. Félix Gaudin, auteur de *Poésies chrétiennes* (2), âme honnête, éprouvée, reconnaissante, que l'injustice a atteinte, que la foi a relevée et consolée, humble acolyte en poésie, et qui, dans le pieux cortége, me fait l'effet de psalmodier ses rimes à mi-voix, en tenant à la main le livre de *l'Imitation* d'où la joie et la paix lui sont revenues.

Des anciens poëtes, depuis longtemps célèbres, qui sont restés en vue ou qui reparaissent sur la scène, je ne dirai rien, ni de M. de Laprade, lequel, dit-on, reprend son vol vers les hauteurs et se renouvelle; ni de M. Auguste Barbier, ce grand poëte d'un jour et d'une heure, que la renommée a immortalisé pour un chant sublime né d'un glorieux hasard, mais qui dans l'habitude, ainsi que l'atteste son recueil des *Silves* (3), est plutôt une âme douce, tendre, naïve; une âme *cherchante,* un peu incertaine; une muse

---

(1) Un vol. in-8°, chez Henri Plon, 8, rue Garancière; 1864.
(2) Un vol. in-18, chez Jules Taride, 2, rue de Marengo; 1864.
(3) Un vol. in-18, librairie Dentu; 1864.

timide, le croirait-on? peu ferme en sa démarche, peu sûre du grand chemin et tentant tous les sentiers. Plus d'un de ces sentiers lui a offert d'heureuses rencontres. On trouve, dans ce recueil composé de pièces de toutes les dates, de bien jolies et naturelles esquisses de voyage ; par exemple, *le Triste Aspect, les Alcyons. Le Dormoir des vaches* est un beau tableau. On s'étonne d'avoir à parler d'un poëte réputé vengeur et terrible, du poëte des *Iambes,* de l'auteur du *Pianto,* d'un front deux fois ceint du chêne et du laurier, presque comme on ferait d'un commençant : ce n'est pas sans charme.

Parmi les jeunes et ceux qui briguent la palme dans un prochain avenir, je suis forcé de négliger un groupe de jeunes amis : Catulle Mendès que son prénom oblige et qui ne paraît pas d'humeur à y déroger, qui se fait un jeu de mêler dans ses composés subtils Gautier, Musset et Benserade, nectar et poison ; — Emmanuel des Essarts que son nom oblige aussi, fils de poëte, un de mes élèves à moi (car j'en ai eu à l'École normale), et qui sait allier la religion de l'antiquité aux plus modernes ardeurs : qu'il ne les sépare jamais! Il a déjà donné deux recueils, les *Poésies parisiennes* et en dernier lieu les *Élévations* (1), une manière de correctif. Les réminiscences, les sensations, les nobles désirs, les aspirations généreuses, y débordent; le jeune auteur voudrait tout unir, tout embrasser. A mesure qu'il avancera dans la vie, que le nuage doré s'abaissera et qu'il verra plus clair en lui-même, il lui faudra pour-

(1) Un vol. in-18, librairie du *Petit Journal,* boulevard Montmartre, 21 ; 1864.

tant choisir. — Je mettrais dans le même groupe, si j'avais le temps de m'y arrêter, Albert Glatigny, un osé et un téméraire, qui, après *les Vignes folles,* est venu lancer *les Flèches d'or* (1) : quelques-unes portent loin. J'avais précédemment retenu de belles stances de lui sur Ronsard ; je trouve dans le dernier recueil quelques notes douces, presque pures, *la Chanson ignorée,* les vers *A la vallée du Denacre.* Je les remarque avec d'autant plus de plaisir que je m'y attendais moins.

Léon Dierx avec ses *Poëmes et Poésies* (2), empreints de force et de tristesse ; — Alphonse Daudet avec ses vers légers et ses agréables contes ; — Georges Lafenestre surtout, qu'on a fort salué dans ce jeune monde pour ses *Espérances* (3), espérances (c'est bien le mot) pleines de fraîcheur en effet, d'une séve abondante et riche, d'une fine grâce amoureuse ; — je les nomme tous trois ensemble, et ne crois faire injure à aucun. Je me sens un peu au dépourvu, je l'avoue, parmi ces nombreux et nouveaux poëtes avec qui je n'ai pas vécu ; plus d'un classement naturel m'échappe ; quelques années de plus ou de moins font entre eux des différences assez marquées. Chaque printemps ne fait pas éclore plus de nids et d'oiseaux chanteurs que de rimeurs en gaieté et en espérance. Sous le titre *Avril, Mai, Juin,* j'ai reçu il y a deux ans un recueil de son

---

(1) Un vol. in-18, chez Frédéric Henry, galerie d'Orléans, 12 1864.

(2) Un vol. in-8, chez Sausset, galerie de l'Odéon ; 1864.

(3) Un vol in-18, chez Jules Tardieu, 13, rue de Tournon ; 1864

nets (1), où deux jeunes amis se sont mis à chanter de
concert tout un printemps et sans livrer au public leur
nom; je ne l'ai moi-même appris qu'à grand peine (Léon
Valade et Albert Mérat). Le recueil est très-vif, spirituel
et malin. Mais peut-on s'étonner si cela échappe et si le
gazouillement meurt sous la feuillée où il se dérobe?
M. G. Lafenestre a adressé une de nos plus jolies pièces,
Dans les blés, à un poëte que je connais mieux, André
Lemoyne. Cet homme de modestie et de mérite a fait
de sa vie deux parts : il livre l'une à la nécessité, au
travail; il réserve l'autre, inviolable et secrète. Tous
les six mois il distille une goutte d'ambre qui se cris-
tallise en poésie et qui s'ajoute à son cher trésor. Les
Roses d'antan (2) de M. André Lemoyne renferment des
pièces parfaites de limpidité et de sentiment : j'ai
des raisons pour recommander celle qui a pour titre
l'Étoile du berger. Mais, encore une fois, on risque de
se perdre un peu dans cette quantité d'étoiles, et il
n'est pas sûr, avec la meilleure volonté du monde, de
prendre le rôle de démonstrateur. Les uns, comme
M. J. Bailly, sont en train de se répandre, de semer
leurs primeurs de poésie en maint journal; ils n'ont
pas jusqu'ici recueilli leurs gerbes; d'autres, qui les
avaient rassemblées et accumulées en silence, nous les
versent à nos pieds pêle-mêle, sous ce titre même :
les Gerbes déliées, par Louis Goujon (3). On n'a que

(1) Un tout petit volume, chez Faure, rue de Rivoli, 166; 1863.
(2) A la librairie Firmin Didot.
(3) Un beau volume imprimé à Lyon, par Louis Perrin; Paris,
librairie de Didier; 1865.

l'embarras du choix, et il ne laisse pas d'être grand.

Je dirai toute ma pensée : avec les talents nouveaux, le critique des poëtes est à tout moment entre deux écueils : il peut se tromper par confiance ou par dédain.

Par confiance. En effet, à chaque époque littéraire, il y a, dans l'atmosphère spirituelle pour ainsi dire, des éléments subtils et comme dissous que chaque génération naissante respire avec l'air même, qu'elle s'incorpore, et que chacun ensuite exhale plus ou moins à la première production juvénile. Il est difficile de distinguer dans ces premiers jets de la saison ce qui est en propre au talent et ce qui revient et appartient à l'atmosphère générale où il a été nourri. Quand je lis des vers nouveaux, que je parcours un de ces frais recueils qui viennent de paraître, ou même un choix de poésies dans un journal, je me dis presque aussitôt : « Ah! ceci est du Musset! » ou bien : « C'est encore du Lamartine (ce qui est plus rare); » ou bien : « Ceci rappelle Victor Hugo, dernière manière; » — ou : « Ceci est du Gautier, — du Banville, — du Leconte de Lisle, — ou même du Baudelaire. » Ce sont les chefs de file d'aujourd'hui, et ils s'imposent aux nouveaux venus. L'imitation saute tout d'abord aux yeux, et mon impression une fois prise, je me méfie, je crains de m'avancer.

Mais, d'un autre côté, si je m'en tiens à cette première impression, si je rejette avec dédain le poëte comme novice et peu original encore, je puis lui faire tort et injure. L'imitation souvent, chez lui, n'est que

de forme et superficielle. Dans ces nombreux recueils
que j'ai sous les yeux, il y en a qui, à mesure que j'y
entre davantage, me font entrevoir tout un monde, un
ordre de sentiments, d'amitiés, d'idées, dans lequel le
poëte habite, où il a vécu, et qui mériterait sans doute
d'être étudié d'un peu plus près; car il n'y a rien
de plus distinct et de moins fait pour être confondu
avec un autre qu'un talent, même secondaire, de vrai
poëte. Il faut y pénétrer et vivre à côté de lui quelque
temps pour distinguer ce qu'il a en propre, pour ne pas
méconnaître les délicatesses qui lui sont chères et qui
constituent son individualité d'un jour. Mais le public,
le grand public, même celui qui lit, ne s'en inquiète
nullement, et les générations passent, se succèdent et
s'effeuillent, sans presque qu'on s'en souvienne. Le
malheur, aujourd'hui, de la plupart des poëtes est de ne
pas sortir de la sphère des amis. La critique elle-même,
qui est un peu aux ordres du public, ne saurait appeler
sur eux la curiosité ni forcer une attention qui se
porte ailleurs.

Pour plus d'éclaircissement, je prendrai un exemple
dans un genre voisin et fraternel : s'il en était en ceci
de la peinture comme de la poésie, si la quantité de
nouveaux peintres et paysagistes qui se produisent
chaque année n'arrivait pas aux yeux du public, s'ils
restaient chacun avec son œuvre à l'ombre de son
atelier, combien ils auraient lieu de se plaindre de
cette condition ingrate, de cet isolement, de ce manque
de place et de lumière au soleil! Eh bien! les poëtes
n'ont pas comme les peintres leur exposition annuelle

où chaque curieux défile, où chaque critique est convié d'office et où, tant bien que mal, ils sont regardés et jugés.

Je faisais ces réflexions en parcourant le recueil des *Gerbes déliées* de M. L. Goujon. Voilà, me disais-je, un homme qui n'est plus de la première jeunesse, que personne ne connaissait jusqu'ici; qu'un de ses amis, M. Abel Jeandet (de Verdun), prend soin de nous expliquer dans une introduction avec le zèle et la sympathie d'un compatriote; je parcours le recueil : c'est tout un monde bourguignon, des souvenirs du cru, des amitiés d'enfance, des paysages naturels, de riches aspects qu'anime la Saône; puis le combat, la lutte et la mêlée, la souffrance, bien des amertures, des injustices même éprouvées ou commises, le fouet de la satire qui siffle, et finalement une sorte de tristesse grave et de découragement austère; — toute une vie, enfin, de quinze années qui se reflète dans des vers inégaux, rudes parfois, vrais toujours et sincères, et dont quelques-uns attestent une forme poétique incontestable. Je note en passant, pour la relire, la pièce des *Deux Printemps* à une jeune Bourguignonne poëte qui en est à son premier avril et à son premier aveu. L'*Ode antique* imitée d'Anacréon et d'Horace ne serait pas indigne d'un Olivier de Magny, ou même d'un André Chénier qui serait né sur les collines vineuses. Quelques stances sur la Beauce à M. Ernest Menault sentent le poëte rural et l'odeur de la glèbe.

Le volume de M. L. Goujon, par une de ses dédicaces, m'avertit qu'il y a eu dans ces dix dernières an-

nées tout un groupe de poëtes provinciaux rallié à
l'appel de Thalès Bernard, et qui formait, — qui forme
peut-être encore « l'Union des poëtes (1). » Parmi ceux
que la Bourgogne revendique, M. Achille Millien est, ce
me semble, un des plus sincères, des plus franchement
agrestes, et ses recueils estimés de quiconque les a lus
mériteraient d'être plus connus ici.

M. Gustave Le Vavasseur appartient, je le crois,
comme son ami Prarond, à la lisière picarde ou nor-
mande. Dans ses *Études d'après nature* (2), il a donné
de bons portraits rustiques copiés sur modèles, vrais,
consciencieux, honnêtes. Il a corrigé la monotonie qui
s'ensuivrait bientôt, par de jolis sonnets où se mêle
la pensée ou la fantaisie; celui qui a pour titre *Sous
bois* est un bijou, un petit cadre hollandais, ou tout
simplement un cadre français moderne.

Des talents fermes exigeraient un examen sérieux,
une discussion approfondie. M. André Lefèvre est de
ceux-là. Dans un premier recueil, *la Flûte de Pan*, il
s'est livré à des études de poésie en quelque sorte
plastique et sculpturale ; il avait demandé à la nature
extérieure le sens confus de ses harmonies et de ses
symboles : aujourd'hui, sous le titre de *la Lyre intime* (3),
il aborde le monde du cœur ; il se détache, non sans
peine et sans effort, du grand Pan pour en venir à un sentiment plus distinct, plus défini, qui a pour objet la

---

(1) Cette « Union » subsiste et n'a pas cessé de publier ses volumes presque intimes et qui sont déjà au nombre de cinq ou six.
(2) Un vol. in-18, chez Michel Lévy; 1864.
(3) Un vol. in-18, collection Hetzel; 1864.

personne humaine. Il développe dans plusieurs histoires des cas singuliers de passion. Il y aurait plaisir à examiner et à suivre son nouveau système dans les applications ingénieuses qu'a imaginées son talent, à lui demander s'il n'y apporte pas encore un peu trop de construction savante, s'il ne garde pas un peu trop d'art de son premier art sculptural, s'il donne assez de jeu au *molle atque facetum,* à cette charmante familiarité de la vie ; il y aurait à introduire des comparaisons avec les poëmes de la vie intime que possèdent nos voisins les Anglais, maîtres en ce genre. M. André Lefèvre est un poëte élevé, sévère, savant, avec lequel il faudrait compter de près et qu'on aimerait à pouvoir suivre pas à pas. Mais le moyen, mais le temps, mais l'espace ? Et la galerie studieuse, lettrée, attentive, est-elle là ?

M. Juste Olivier de Lausanne est un autre talent mûr, fidèle à la dignité de l'art, et dans un genre tout voisin. Après avoir chanté dans sa jeunesse des refrains qu'ont répétés les échos de l'Helvétie, il a pris, en vieillissant, une vocation de plus en plus prononcée pour la poésie intérieure et morale. Il a donné, il y a quelques années, un récit cadencé, *Héléna;* aujourd'hui, c'est *Donald* (1), l'histoire d'un employé, d'un industriel intelligent devenu un homme politique, probe, incorruptible, au cœur d'or et d'airain, qui résiste à toutes les tentations, à toutes les séductions, à force de conscience. On aurait aussi à instituer avec M. Olivier une discussion qui aurait son intérêt au point de vue de

(1) *Donald,* nouvelle en vers, chez Dentu et Cherbuliez ; 1865.

l'art. N'a-t-il pas gardé trop de lyrisme dans ce qui est proprement la matière d'un récit? Ces tableaux coupés, sans transition, sans liaison, ne laissent-ils pas quelque obscurité dans l'esprit? Le chant doit-il intervenir habituellement là où il ne saurait se déployer et où le *sermo pedestris*, le récitatif à rimes plates suffit? En traitant cette question d'Art poétique, il y aurait plaisir et profit à mettre en regard le souvenir des histoires en vers, celles de Crabbe, de Wordsworth, de Coleridge : cela éclairerait la discussion, l'égayerait autant qu'il convient, et l'on se trouverait avoir écrit pour les connaisseurs une dissertation, un essai qui tiendrait à la fois d'Hazlitt et d'Addison. Mais pourquoi le public, même le nôtre, nos amis eux-mêmes, pourquoi sont-ils froids à ces questions délicates? pourquoi y feraient-ils défaut, tout les premiers? Pourquoi l'oasis de poésie en France n'a-t-elle duré qu'un instant? pourquoi ne s'est-il rien fondé?

Il n'est pas de raison pour que je m'arrête dans cette énumération et dans ces regrets. Plus je tarde et plus il me vient à la pensée de noms qui se pressent et qui auraient droit de se plaindre de l'oubli. Il en sort, il s'en élève de tous les côtés de l'horizon. Comment oublier M. Campaux, un poëte aussi, un disciple de Villon, disciple sérieux, ennoblissant, qui relève en l'imitant le vieil écolier de Paris tout étonné d'être un maître, et que l'Académie, j'espère, va se charger de distinguer (1)? Comment ne pas donner un souvenir

(1) *Les Legs de Marc-Antoine,* par Antoine Campaux, chez Dentu et Hachette; 1864.

amical et reconnaissant à un ancien et fidèle amateur, contemporain de nos jeunes années, M. E. de Montlaur, esprit élégant, cultivé, nourri du suc des poëtes, et qui, sous ce titre : *la Vie et le Rêve* (1), a recueilli des impressions légères ou touchantes, des esquisses de voyage, des lettres en vers, tout un album, image des goûts et des sentiments les plus délicats? Et hier encore, une femme qui s'est révélée à elle-même et aux autres en ces tout derniers temps, Mme Ackermann, la docte solitaire de Nice, me donnait une fête de l'esprit en me récitant sa poésie philosophique, *le Nuage,* admirable d'expression et de couleur comme de vérité. Mais ceci se retrouvera à l'occasion de quelque prochain recueil. Assez, assez pour cette fois! trêve à l'essaim innombrable que le bruit de l'airain appelle, que moi-même imprudemment j'évoque, et dont je me sens enveloppé! Je me hâte d'en venir aux trois ou quatre noms qui me sont imposés par des circonstances particulières et que je me suis donné pour sujet aujourd'hui.

(1) Chez Aubry, 16, rue Dauphine; 1864.

Lundi 19 juin 1865.

DE LA POÉSIE
EN 1865.

(SUITE.)

Je sais (et je l'ai dit) que j'ai commis dans mon dénombrement précédent bien des péchés d'omission ; on m'en signale, on réclame, on m'avertit ; encore une fois, et que puis-je faire de mieux ? je le confesse avec désir de réparer tôt ou tard : je dois pourtant en venir, sans plus de remise, à quelques noms particuliers auxquels j'ai à cœur de m'arrêter, sous peine de n'être qu'un nomenclateur.

I.

Dans un volume publié par M. Jules Philippe, *les Poëtes de la Savoie* (1), qui se recommande par une Introduction sur les anciens poëtes et versificateurs du pays, et par un choix des modernes, y compris les vivants, j'ai été frappé de la notice sur Jean-Pierre Veyrat, né en 1810, mort en 1844, que l'éditeur n'hésite pas à saluer du titre, non pas de « poëte souverain, » mais de « grand poëte. » Les extraits qui suivent, dans le volume, ne me paraissant pas tout à fait suffisants pour motiver un pareil éloge, j'ai voulu remonter à la

(1) Un volume in-18 ; Annecy, 1865.

source, aux œuvres mêmes, et, pour achever de m'éclairer, j'ai consulté un de mes amis, un proche parent de Veyrat, et qui m'avait déjà entretenu de lui à la rencontre, M. Modelon, ancien professeur à Sorèze, aujourd'hui à Stanislas, poëte lui-même et doué du souffle, honoré en 1861 d'une médaille par l'Académie de Lyon dans le concours ouvert pour le prix de poésie : *la Réunion de la Savoie à la France*. J'ai donc interrogé M. Modelon sur la vie, les malheurs et les pensées dernières d'un homme auquel il a voué un culte, et je crois pouvoir en effet appeler l'attention sur cette personnalité énergique et orageuse de Veyrat qui n'a fait que traverser autrefois notre monde parisien, qui n'y avait laissé qu'un souvenir vague, peut-être même équivoque, et qui ne s'est révélée entièrement, qui ne s'est expliquée ou justifiée au vrai dans ses conversions et ses repentirs qu'après le retour de l'exil et aux yeux de ses compatriotes. L'œuvre de Veyrat laisse fort à désirer ; mais son existence, sa destinée, sont bien celles d'un poëte, d'un des blessés du temps dans la lutte des idées, et aujourd'hi que Savoie et France ne font qu'un et que sa patrie est nôtre, il mérite d'être visité et honoré de nous dans sa tombe.

Son lieu natal, son éducation, son moment, marquèrent en plein sur sa courte vie : tout fut brusque chez lui, tout fut direct, tranché et sans nuances. Né à Grésy-sur-Isère le 1ᵉʳ juillet 1810, élevé au petit séminaire de Saint-Pierre d'Albigny, dont le supérieur, l'abbé Gex, existe encore, il termina ses études chez les Jésuites à Chambéry. On ne recevait alors en Savoie d'autre éducation que celle que donnaient les ecclésiastiques. Dès ces années de classes, Veyrat se fit remarquer de ses maîtres par son talent ou sa prodigieuse facilité de versification.

Il lui arriva ce qui arrive à la plupart des natures ardentes qu'on veut soumettre à une règle étroite : il n'eut rien de plus pressé, quand il se crut assez fort, que de résister et de réagir ; il s'insurgea. Le salpêtre révolutionnaire était dans l'air ; la France de Juillet avait donné le signal et fait explosion. La Savoie, qui était alors la tête de l'Italie, et une tête française, se sentait opprimée et contrainte ; la jeunesse des écoles, à Chambéry, s'exalta et prit feu. Veyrat, à sa manière, se montra des plus vifs ; le satirique se déclara, et c'est ainsi qu'il se vit compromis dans les manifestations auxquelles donnèrent lieu, au commencement de 1832, les prédications d'un missionnaire, l'abbé Guyon. Les turbulents avaient jeté des pétards dans l'église : lui, il avait semé de ses vers dans la ville. Il n'avait pas vingt-deux ans. Exilé de son pays, il vint en France, s'arrêta à Belley d'abord chez un parent, puis à Lyon où il publia *l'Homme rouge* de concert avec Berthaud (1),

(1) Berthaud passait alors pour plus fort que Veyrat qui n'était que son second. Il s'était signalé à Lyon comme un imitateur de *la Némésis* : il renchérissait sur *la Némésis* même par sa violence et par son talent brutal. Au théâtre et ailleurs, il était salué ou honni ; il avait une maîtresse, Sophie Grangier, qui faisait aussi des vers ; qui s'habillait quelquefois en homme comme George Sand ; qui l'accompagnait surtout en manière d'aide de camp : — de pures parodies de province. Ce fut Alexandre Dumas qui, passant à Lyon, les poussa, Veyrat et Berthaud, à venir à Paris, en leur disant : « Pour des talents tels que vous, il n'y a que la capi-

puis à Paris, où il n'avait fait qu'une première visite de quelques jours, et où il s'établit dès le mois d'août 1833. Il y vécut dans les premiers temps avec Berthaud et Hégésippe Moreau, au n° 3 de la rue des Beaux-Arts.

Cette première partie de la vie et des œuvres de Veyrat ne mériterait aucunement d'être rappelée, s'il s'en était tenu là : elle mériterait plutôt le contraire. On peut excuser chez la jeunesse des violences et des erreurs, on ne les exhume pas. *L'Homme rouge* que j'ai sous les yeux, satire hebdomadaire en vers, qui parut à Lyon du 2 avril au 25 août 1833, n'est qu'une imitation exagérée et grossière de la *Némésis,* sans aucun des traits malins qui, chez nos deux satiriques émérites de Paris, allaient atteindre au défaut de la cuirasse quelques-uns des hommes du juste-milieu. Les jeunes auteurs de Lyon déclament ; ils ne savent ni les hommes ni les choses, pas même celles de la grande Révolution dont ils se sont épris sur parole : à un endroit ils parlent de Lanjuinais comme de l'une des victimes de la guillotine, à côté de Danton et de Desmoulins (1). Ceux qui ont ressenti quelque étincelle de la même ardeur contre ce qu'on appelait alors *le système du 13 mars* ne sauraient s'étonner de leur indignation

tale. » Pour Berthaud, ces grands airs de talent tombèrent bien vite et s'éteignirent dans l'excès du désordre et de la misère.

(1) Lanjuinais avait échappé non-seulement à la guillotine, mais même à la prison pendant la Terreur. Il avait passé ce temps de proscription à Rennes, dans sa propre maison. Comme il était petit de taille, on lui avait pratiqué une cachette en travers, et au pied d'un de ces larges lits d'autrefois, où était couchée sa femme malade. Il s'y fourrait tout du long, dès qu'on annonçait une visite domiciliaire. On n'eut pas l'idée de l'y chercher.

juvénile : le pire est que le talent n'y répond pas. *L'Homme rouge* de Lyon n'est qu'un insulteur à rimes riches, et ce que j'ai vu de *Homme rouge* de Paris ne m'a point paru meilleur.

Si je voulais chercher quelques traces ou indices du talent de Veyrat à cet âge de vingt-deux ans, je les trouverais plutôt dans ses *Italiennes,* poésies politiques dont il ne se donnait que comme l'éditeur (1). Sa personnalité poétique s'y dessine mieux que dans les thèmes généraux de la satire hebdomadaire qu'ils étaient deux à fabriquer. La première pièce est adressée à Barthélemy, dont Veyrat avait fait de loin, faute de le connaître, son oracle et son dieu :

> Je ne t'ai jamais vu; mais ta voix de poëte
> A retenti longtemps au fond de ma retraite ;
> Mais dans mon cœur froissé par un maître inhumain.
> Je nourris un serpent échappé de ta main :
> J'ai voué les tyrans a toutes les furies!...

Il appelle Barthélemy un *géant,* et ce mot de *géant* revient souvent sous sa plume. C'est l'enflure première dont les uns se guérissent, que les autres gardent et cultivent avec redoublement de bouffissure jusqu'à la fin. On voit dans cette Épître que depuis son exil, averti par un ami, et vers l'anniversaire des trois journées de Juillet, il était retourné secrètement dans son pays, croyant à une insurrection italienne; mais bientôt il était reparti la rage au cœur, avec une déception de plus. A cet âge d'enthousiasme, de colère, d'espérance illimitée, Veyrat,

---

1. *Italiennes,* poésies politiques de Camille Sant-Héléna, publiées par J.-P. Veyrat; une brochure, 1832, Paris.

semblable à bien des hommes de sa génération et de celles qui ont succédé, rêvait l'émancipation universelle des peuples et leur délivrance par la révolution ; il s'irritait des retards et prenait ses impatiences pour des prophéties. Il avait naturellement confiance en tous les hommes que la renommée lui désignait comme chefs de la croisade libérale ou révolutionnaire. La jeunesse est sujette à prendre au pied de la lettre tout ce qui s'écrit ; et, ce qui doit donner à penser à ceux qui écrivent, elle met ses actions, sa personne et sa vie au bout des phrases ; elle s'embarque, corps et âme, sur la foi des paroles.

La meilleure pièce des *Italiennes* est celle que l'auteur adresse à Chateaubriand. Passe encore de croire en celui-là ! c'était la plus noble des idoles. Le poëte raconte que le cherchant à son arrivée à Paris, lors d'un premier voyage en juin 1832, et étant allé l'attendre au seuil de sa maison pour le voir au passage, il avait appris que l'illustre écrivain venait d'être condamné, mis en prison ; de là tout un éclat à la Némésis. Le début de la pièce a du charme :

Je te lisais souvent au bord de ma fontaine,
Quand la brise du soir vient fraîchir votre haleine,
Quand le soleil se couche au loin dans un ciel bleu,
Et qu'un dernier rayon de vie et de lumière
    cette heure d'amour glisse sur la paupière,
      Comme un dernier adieu.

Au pied de mon rocher d'où la cascade tombe,
Sous les saules penchés qui pleurent sur la tombe,
Et sur mon lac tranquille au flot doux et serein
Lorsque tu voyageais de l'un à l'autre monde,

Je suivais de mes vœux ta course vagabonde,
    Immortel pèlerin !

Et puis je m'arrêtais avec toi sur les pierres,
Pour voir, pour méditer, pour pleurer les poussières
Qui furent une fois cités et nations!
De l'Ohio jusqu'à nous, des Natchez à Solime,
Partout, sur les débris où ton astre sublime
    A jeté ses rayons,

J'ai rêvé, médité, pleuré de douces larmes!
Mon cœur n'avait jamais, avec autant de charmes,
Suivi dans aucuns lieux les pas d'un voyageur!
Oh! je savais tes chants! ta voix m'était connue!
Jamais muse du ciel ne fut si bien venue
    Et de mon âme et de mon cœur!

Un jour, au pied d'un arbre, à ma jeune Marie
Je lisais *Atala!* — La terre était fleurie,
Le ciel pur, l'ombre fraîche, elle... heureuse d'amour!
Elle pleurait! — Fleur douce, à peine épanouie.
Je pleurais avec elle... et mon cœur dans sa vie
    Te doit son plus beau jour!

Ce sont de bons vers pour un poëte de vingt-deux ans.

Je laisse aux biographes futurs de Veyrat le soin de rechercher et de nous énumérer quelles furent ses déceptions à cette époque de l'exil, déceptions du côté des événements publics, déceptions de la part des hommes mêmes sur la protection et l'appui desquels il avait pu compter, trahison peut-être et perfidie de la part de quelques amis avec lesquels il avait étroitement vécu. Il n'a parlé, depuis, de toutes ces misères éprouvées qu'en termes souverainement amers, mais avec élévation et en les couvrant d'un voile de poésie. La biographie n'a guère rien à y apprendre de particulier. Sa correspondance peut-être, et les papiers que possède sa famille, parleront un jour.

Son intimité avec Berthaud et surtout avec Hégésippe Moreau, avec qui il vécut quelque temps, je l'ai dit, rue des Beaux-Arts, et à qui même il prêta plus d'une fois sa grande redingote verte d'un vert clair, pourra devenir l'objet d'un chapitre intéressant.

Et à ce propos de redingote verte, il affectionnait ce genre de couleur qui le faisait appeler le *comte Vert,* d'un nom cher aux amis de l'antique Savoie. Veyrat, tel qu'on me le dépeint et que ses portraits me le montrent, était grand, mince, très-bien de figure et de taille, brun, légèrement frisé, la moustache plate, la lèvre arquée, le front large et proéminent : les souffrances creusèrent de bonne heure sa physionomie, qui était très-accentuée. Son regard vif devenait presque caressant dans l'intimité et d'une douceur incroyable.

Il chercha, à un moment, des ressources dans le théâtre ; il fit des pièces en collaboration : Quérard en indique quelques-unes. Sans doute il ne trouva là comme ailleurs que désappointement. Il dut, pour subsister, soumettre sa plume aux plus humbles emplois; né pour l'inspiration et pour l'art, il fit du métier ; il sema sa prose où il put. Ame fière, ambitieuse, dédaigneuse et un peu superbe, il épuisa et but la coupe de l'exil jusqu'à la lie. On lit dans son Journal à cette date : « Le poëte sans fortune est le plus malheureux des hommes : la courtisane ne livre que son corps, libre de garder au fond du cœur les sentiments qui lui restent; l'autre, au contraire, doit, pour vivre, livrer ses soupirs, ses émotions, les pensées qui lui sont chères, et jusqu'aux plus secrètes profondeurs de son âme, et cela à un public libre de noircir le tout de la plus injurieuse critique ou du mépris le plus insultant. » — C'est le Journal d'où sont tirées ces paroles si senties qu'il serait curieux de connaître : on nous le doit.

Il était depuis cinq années à Paris, et à bout de voie dans tous les sens (1838), lorsque tout d'un coup une grande révolution s'opéra un matin dans sa manière de voir et de sentir : son âme tout entière se retourna. Ses idées religieuses se réveillèrent, mais supérieures, épurées et transfigurées par la méditation et la souffrance. Il avait vingt-huit ans; le jeune homme était mort en lui : l'homme était fait. Il prit une résolution courageuse, désespérée. Il faut l'écouter lui-même dans le récit noble et digne qu'il a fait de cette crise, de son agonie, du remède héroïque qu'il y apporta, et de la guérison qu'il crut y avoir trouvée. C'est véritablement sa confession qui commence :

« Le mouvement de ma vie a été si rapide, si varié, qu'il me semble avoir déjà vécu un siècle. J'ai vu la société à un âge où il est dangereux de la voir; j'ai épousé ses passions les plus orageuses avant même d'en soupçonner les premières conséquences. Jeté à vingt ans, seul, sans appui et sans guide, dans la société la plus remuante, la plus passionnée et la plus corrompue de l'Europe, j'ai partagé ses égarements; mes yeux se sont éblouis à ses fausses lumières, et mon cœur s'est laissé séduire à ses sophismes religieux. J'ai vu mon avenir détruit dans sa partie la plus vitale, mon esprit envahi par les incroyables hypothèses du siècle, et mon cœur, en révolte contre lui-même, s'absorber dans une lutte insensée. Je ne me suis arrêté qu'au moment où je ne sais quelle violente douleur vint m'avertir que j'avais pris la route du désespoir, et que j'allais toucher à ses premières limites. Au commencement de ma vie, je me trouvai, comme Dante au milieu de la sienne, dans une forêt obscure où mon droit chemin était perdu...

« Cependant, si dur qu'ait été pour moi l'enseignement de la vie, si lourde la nécessité qui m'a fait marcher par les plus âpres sentiers de l'expérience, je m'accuse par les événements et les douleurs qui m'ont enfin rendu à moi-même. L'éducation de l'homme ne se fait pas au collége ni par les livres de morale ; quand elle ne s'est pas accomplie sous l'influence permanente et décisive du principe religieux, elle se fait par la souffrance. L'homme qui n'a pas souffert ne sait rien de la vie ; il en ignore les abîmes et les hauteurs, les ombres et la lumière. Les affections les plus fortes, celles qui vivent, sont celles qui naissent dans les larmes et grandissent dans l'affliction. Rien ne laboure profondément le cœur de l'homme comme le malheur, et rien n'est vivace comme les sentiments qui y croissent après ce rude travail. La douleur élague du cœur tout ce qui est chétif et petit, toutes les plantes parasites ; elle ne laisse vivre que les hautes passions, les sentiments sublimes. Les grands arbres s'élèvent sur les montagnes dans le domaine des orages, et le chêne n'habite pas le même terrain que le roseau.

« Si les natures viles achèvent de se perdre et de se dégrader dans l'infortune, elle est la trempe la plus résistante des natures élevées. »

On aimerait pourtant une confession un peu plus simple, plus circonstanciée, plus naïve : quoi qu'il en soit, dans le récit tout moral qu'il a donné, je distingue quelques degrés et des acheminements. Tout ne se passa point dans un seul coup de tonnerre. Un jour, dans une des feuilles de Paris où il écrivait, il avait laissé échapper, apparemment, quelques-uns de ses soupirs et comme un cri étouffé d'angoisse. La feuille volante alla jusque dans ses montagnes ; une femme, une amie d'enfance, presque une sœur qu'il y avait laissée et qui de loin, tant qu'elle avait pu, n'avait cessé de le suivre avec sollicitude, lut cet article et lui écrivit :

« Mon ami, il est temps de vous arrêter et de revenir en arrière ; la route que vous avez prise aboutit à un abîme, et vous ne trouverez en chemin que fatigues et douleurs. Vous avez besoin de repos ; vous ne l'aurez que dans la solitude ; quittez Paris où tout vous enlève au sentiment de vous-même ; votre cœur n'est pas fait pour les dévorantes émotions de cette ville. N'allez pas plus loin, je vous en conjure, sur la route où vous êtes ; écoutez une voix qui vous fut chère un jour. Vous avez mis la terre entre nous ; n'y mettez pas le ciel, et laissez-moi l'espérance de vous rencontrer enfin là où rien ne pourra plus séparer le frère de sa sœur. »

Il suivit le conseil : « Non, répondit-il, je ne mettrai pas le ciel entre nous, après y avoir mis la terre ; ce serait me condamner deux fois à l'enfer. » Il quitta Paris, « ville néfaste ; » il lui fit des adieux maudits comme jamais n'en firent le poëte Damon ni Jean-Jacques ; il revint à Belley un moment ; puis il alla dans le Dauphiné au sein des Alpes, dans le voisinage de sa patrie. Il se fixa à Chapareillan, bourgade frontière, d'où il pouvait de loin contempler son « Paradis perdu. » Toutes les puissances de la nature et du foyer, ces charmes attrayants et doux qui vivent au cœur du montagnard, l'avaient ressaisi. Il a décrit sa première

impression rafraîchie et salubre dans cette station
intermédiaire, à ce premier degré vers la paix, bien
qu'il y apportât encore de son échauffement et de son
trouble de la veille, qu'il y traînât bien des restes et
comme des lambeaux d'orage. Il courait de là tout autour, par les sites montueux, avec une joie sauvage,
pleine de vertige et d'ivresse, et comme un Oberman,
mais un Oberman qui veut être consolé :

« Mon premier sentiment, dans ma retraite ignorée, fut
une espèce de joie de me trouver enfin délivré des agitations
de la vie sociale. Je trouvai un charme attendrissant à contempler autour de moi cette vie de pasteurs qui avait été
celle de mes pères et la mienne. Les idées de mon enfance,
les souvenirs du premier âge se réveillaient en moi, peu à
peu, au spectacle des scènes qui les avaient fait naître. Mais
ce n'était pas sans d'amers retours sur moi-même que je me
laissais aller à cette première quiétude qui n'était pas la paix
(elle était loin encore), mais qui était du moins un commencement de repos. Souvent même les agitations de ma pensée
se réveillaient avec une violence qui m'épouvantait. Il ne
suffit pas du calme extérieur pour assoupir les agitations de
l'âme; le calme invite à la paix, mais il ne la produit pas :
elle descend de plus haut. Dans ces accès de noire mélan-
colie, je m'exilais solitaire dans les montagnes, au penchant
des précipices, dans les cavernes où les torrents prennent
leurs sources; comme Manfred, je secouais mes cheveux aux
vents des glaciers, et je cherchais à me fuir moi-même dans
la contemplation de l'œuvre éternelle : je cherchais l'impossible! Lorsque j'étais parvenu dans une de ces profondes solitudes, où je croyais arriver seul, je m'y retrouvais avec
toutes mes secrètes angoisses, avec mes passions à demi bri-
sées, mes soifs ardentes de l'inconnu, mes dégoûts infinis et
mes prodigieuses lassitudes. Mon cœur se serrait, et, me

voyant isolé, sans une âme où répandre le débordement de la mienne, sans qu'une espérance m'eût suivi jusque-là, je levais les yeux vers les hauteurs pour y chercher quelques traces chéries, des aspects connus, quelques images enfin à l'aide desquelles je pusse remonter mes souvenirs jusqu'aux heureuses journées de ma vie sitôt écoulées et rappelées en vain dans ma détresse.

« Les eaux du torrent remontent à leur source avec les nuages du ciel pour s'épancher de nouveau dans les vallées; les arbres fleurissent tous les printemps, le soleil ne se lasse point d'éclairer et de féconder la terre ; les oiseaux qui partent avant l'hiver reviennent avec les beaux jours; mais, hélas! les illusions de la jeunesse ne reverdissent pas deux fois au cœur de l'homme, le bonheur qui a fui ne saurait revenir; l'amour qui s'est envolé ne fait pas comme l'hirondelle; le cœur qu'il abandonne reste longtemps vide et désert... Du moins c'était ainsi que je l'éprouvais alors. »

René! Manfred! Oberman! éternelles variations sur des airs connus! On se dit en lisant ces couplets : « J'ai déjà entendu cela quelque part. » Ils reviennent pourtant ici avec je ne sais quel accent nouveau et touchant, personnel à l'homme. — Et s'asseyant au bord du torrent, s'absorbant aux bruits vagues, uniformes et profonds, qui berçaient sa pensée et qui lui en renvoyaient comme l'écho, il s'écriait encore :

« Va, coule dans ton lit de pierres vives, précipite-toi dans ta fougue indomptée, enfant des neiges et de l'orage! J'écoute avec une secrète sympathie les gémissements et tes clameurs. Tes eaux sont déchirées par les rochers aigus; tu tombes des pics voisins du ciel dans des cavernes qui touchent aux enfers; brisé toi-même, tu brises tout ce qui se trouve sur ton passage. J'ai fait comme toi! Tu pourrais, moins emporté dans ta course, semer l'abondance et la vie sur tes rivages; hélas!...

et moi non plus... je n'ai pas su modérer les emportements de mon cœur et je n'ai porté que désolation où j'aurais dû laisser des fruits et des moissons. —

« Et, couvrant mon visage de mes deux mains, je commençais de pleurer et de mêler mes plaintes aux murmures des eaux. Il me semblait que je pleurais avec un ami dont la douleur était la même, et que nos sanglots éclataient sous le poids d'une commune destinée; tant il est vrai que la nature même, ce poëme de l'Éternel, n'a qu'un chant de désolation pour l'âme qui s'est une fois éloignée de son divin Auteur! »

Enfin, un soir, après avoir erré sur les montagnes une grande partie de la journée, il se trouva au seuil d'un monastère, d'une chartreuse, et il frappa, comme on le raconte de Dante dont il évoque le souvenir, en demandant la paix, *pace*. Il avait fait depuis longtemps ce vœu d'imagination, qu'il lui semblait réaliser en ce moment :

> Je veux aller un jour sur un faîte sublime,
> Dans quelque vieux couvent penché sur un abîme,
> Où je n'entendrai plus aucun bruit des vivants ;
> Sur quelque Sinaï, sur un Horeb en flamme,
> Où l'Éternel descend, pour se montrer à l'âme,
> Vêtu de la foudre et des vents !

Cette heure fut décisive ; ce moment fit crise dans sa vie. Quand la cloche sonna l'office de minuit, il descendit à la chapelle, prit part aux prières des religieux, s'agenouilla comme eux, s'humilia comme eux et espéra : il date de là l'instant vrai de sa renaissance.

Nous n'avons pas à juger, nous racontons. Bien des personnes qui ont connu Veyrat dans sa vie parisienne sont, grâce à Dieu, encore vivantes et peuvent se souvenir. Que le poëte qui va sortir de cette épreuve soit nouveau pour eux et tout autre que l'homme qu'ils ont connu, nous l'accordons. Pour nous, le Pierre Veyrat digne qu'on s'occupe de lui et qu'on transmette sa mémoire ne date que de cette régénération morale et poétique.

Il entra, dès lors, dans un ordre de considérations le plus antirévolutionnaire possible : il eut des théories et des perspectives sur l'avenir des nations catholiques ou protestantes, des vues historiques aussi vagues et aussi fausses peut-être qu'auparavant; il prophétisa encore, et en sens inverse. Quelques-uns diront qu'il n'avait fait que changer de lieux communs : il les choisit du moins, cette fois, plus élevés et plus nobles.

Chose étrange! il se fit dans ce jeune homme à l'âme ardente la révolution précisément inverse de celle qui venait d'enlever et de transformer Lamennais. Celui-ci, de catholique absolu qu'il était, avait passé sans transition à la démocratie extrême, à la révolution. Veyrat, au contraire, de la démocratie violente et à main armée, passait et revenait au catholiscisme absolu comme à l'unique remède social. Il ne se peut de plus frappant contraste; le talent de Veyrat, dans la seconde moitié de sa carrière, n'est pas indigne qu'on établisse le rapport.

Veyrat n'est pas seulement une des figures poétiques, c'est une des âmes, un des témoins de ce temps-ci : un Donoso Cortès de la Savoie.

Nous en sommes avec lui au moment où le fleuve

égaré, turbulent, qui s'est souillé aux impuretés des cités, aspire à déposer son limon, à rentrer dans ses lacs alpestres et à recouvrer la sérénité de son cours.

Veyrat, une fois touché au cœur par la religion, se décida à une grande démarche. Il avait insulté Charles-Albert. *L'Homme rouge* avait dirigé en grande partie contre ce roi ses bombes homicides. Les injures n'avaient pas suffi : on en avait appelé au poignard... Toutes ces folies ne sont pas neuves, et l'ellébore ou le quinquina n'est pas trouvé, qui guérisse ces fièvres de cerveau. Un numéro, notamment, intitulé : *Pèlerinage en Savoie, à Charles-Albert,* et daté de Chambéry, 15 juillet 1833, commençait par ces vers mélodramatiques :

> J'avais deux pistolets croisés à ma ceinture,
> Un poignard bien trempé... la nuit était obscure...

et finisait par ce trait :

> N'est-ce pas, Charle-Albert, que la vengeance est douce?

Le proscrit ulcéré y avait épuisé tout ce que la rage politique peut vomir de menaces ou de pronostics sinistres. Veyrat n'hésita point : il n'était pas homme à se repentir à demi. Il avait insulté Charles-Albert par une sorte d'Épître publique : il voulut que la réparation fût publique aussi et retentissante. Il lui adressa une Épître en vers, destinée à être lue bientôt d'autres encore que du roi. La situation étant donnée, la pièce est noble et fort belle. Le poëte se compare tout d'abord à cet ange de Klopstock, Abbadona, entraîné dans la révolte de Lucifer et qui était resté, jusque dans l'enfer, triste et malade du regret des cieux :

>Sire, quand Lucifer, le prince de lumière,
>Se lassant de marcher dans sa gloire première
>Ivre d'orgueil, osa, contre celle de Dieu,
>Déployer dans le ciel sa bannière de feu,
>Parmi les révoltés de la sombre phalange
>Un esprit se trouvait, doux et sensible archange,
>Qui, découvrant soudain dans le camp des élus
>Un ami qu'il aimait et qu'il ne verrait plus,
>Pencha son front, brisé d'un désespoir sublime,
>Et s'en alla pleurer dans un coin de l'abîme.
>Là, comme un prisonnier qui ne doit plus sortir,
>Il fut pris dans son cœur d'un amer repentir;
>L'éternelle patrie, à ses yeux pleins de larmes,
>Apparaissait alors belle de tous ses charmes;
>Son ami le cherchait, en pleurant, dans les airs,
>Et sa place était vide aux célestes concerts!...

Il rappelle ses premiers bonheurs dans une vie patriarcale et pure, les peines cruelles de l'exil, tout ce que l'exilé au retour ne retrouvera plus :

>Qui me ramènera vers les bords fortunés
>Où sont morts mes aïeux, où mes frères sont nés?...
>. . . . .
>Ma sœur encore enfant! ma mère déjà vieille!
>A ces doux noms mon âme en sursaut se réveille;
>Je sens frémir mon sang et se mouiller mes yeux;
>Ainsi qu'Abbadona, l'ange exilé des cieux,
>Le jour où je quittai les monts de la Savoie,
>De nos cœurs à la fois s'exila toute joie;
>Au fond de nos vallons, pèlerin de malheur,
>Je laissai mon repos et j'emportai le leur!

On raconte qu'à mesure que Charles-Albert lisait cette Épître qui lui fut remise par un respectable prélat, son émotion devenait visible, et qu'elle se trahit surtout à ce vers :

> Je venais contempler mon Paradis perdu.

Les larmes lui en vinrent aux yeux. Celui qui devait être l'héroïque soldat de Novarre, qui lui-même avait trop bien connu les vicissitudes morales, les conflits cruels et les déchirements qu'amène toute conversion, ne pouvait refuser une grâce ainsi demandée ; l'éloquence et la poésie avaient trouvé le chemin de son cœur. Que chacun en juge par cette fin touchante, où la pitié et le pathétique se relèvent d'un accent de fierté :

> Eh bien! dût le chemin qui mène à ma patrie
> Être plus rude encore, et ma tête meurtrie
> Ne pas trouver de pierre où se poser le soir
> Dussé-je n'avoir pas une table où m'asseoir,
> Pas un seul cœur ému qui de moi se souvienne,
> Pas une main d'ami pour étreindre la mienne ;
> Comme le lépreux d'Aoste, au flanc de son rocher,
> Dussé-je cultiver des fleurs sans les toucher,
> N'avoir pour compagnon, dans ma triste vallée,
> Qu'un chien, et pour abri qu'une tour désolée,
> Et quand je souffre trop pendant les longues nuits,
> Qu'une sœur pour me plaindre et bercer mes ennuis,
> Une sœur qui, souffrant de la même souffrance,
> Prie et veille avec moi jusqu'à la délivrance...,
> Je veux aller revoir les lieux que je chéris,
> De mon bonheur au moins retrouver les débris ;
> Si ce ne sont les morts qui dorment sous la pierre,
> J'embrasserai leurs fils, hélas! ou leur poussière!

Je saurai dans quel lieu vénérable et sacré
Repose pour jamais mon père tant pleuré.

Sire, vous le pouvez, à mon âme brisée
Reversez l'espérance et sa douce rosée;
Ne me condamnez pas, pour l'erreur d'un moment,
A mourir dans l'exil, cet infernal tourment!
Assez de noirs soucis ont rempli mes années
Depuis que j'erre au gré des sombres destinées;
Du jour où je conçus mon funeste dessein,
Assez de vers rongeurs ont dévoré mon sein;
De regrets déchirants ma fuite fut suivie;
Le Ciel a châtié tous les jours de ma vie.
Je reviens maintenant, et du temps accompli,
Sire, à Dieu comme à vous, je demande l'oubli!
Un jour, si l'avenir vient combler mon attente,
J'expîrai mes erreurs par une œuvre éclatante;
J'irai, je parcourrai, je sonderai les mers
Où l'histoire agita jadis ses flots amers;
Hardi navigateur, sur la foi d'une étoile,
Dans nos fastes passés je lancerai ma voile.
Soit que, pour les sceller dans un livre, vivants,
J'exhume les hauts faits qu'ont emportés les vents;
Soit qu'il faille tailler l'histoire en épopée,
Sire, voici ma plume : elle vaut une épée.

Le roi avait pardonné. Veyrat était rentré dans ses foyers ou du moins dans sa patrie, mais de nouvelles épreuves l'attendaient. Un héritier du premier lit le repoussait du toit paternel. Il se heurtait à l'inimitié dans la famille et chez les étrangers mêmes. Plus d'un de ceux qui l'avaient autrefois connu l'accusaient d'avoir changé. Tous ne s'expliquaient pas cette subite conversion; on murmurait parfois à son oreille des mots odieux. Lui, il portait déjà en germe le mal acquis par tant de souffrances accumulées et dont il devait mourir. Cependant, au milieu de ces nouvelles douleurs dont quelques-unes furent poignantes, les hautes consolations ne lui manquèrent pas. Il avait retrouvé une sœur d'une nature pareille à la sienne, mais plus forte et mieux conservée, une sœur à la Pascal, si l'on peut dire, supérieure et fondatrice d'établissements religieux, une personne des plus considérées dans son Ordre; il lui adressa ses plus doux et ses plus intimes épanchements. Le don d'harmonie qu'il avait reçu de la nature se déploya dans ses productions dernières en toute largeur et plénitude. Il était dans son entier développement et dans sa véritable maturité lorsque la mort le frappa à trente-quatre ans. Sa réputation, qui s'est faite lentement, mais qui s'est faite enfin dans son pays, mérite de sortir de ces vallées et d'arriver ou de revenir jusqu'à nous. On en jugera par quelques traits.

Lundi 26 juin 1865.

DE LA POÉSIE

EN 1865.

(SUITE.)

On me dit qu'on eût été bien aise de connaître les œuvres de Veyrat avant de savoir s'il faut s'intéresser à sa vie; mais il en est de lui comme de tous les poëtes personnels et lyriques : sa lyre et son âme, sa vie et son œuvre sont une même chose. A peine rentré dans son pays et rapatrié, il s'occupa à recueillir et à publier les pièces de vers des dernières saisons sous ce titre : *La Coupe de l'Exil* (1840). Les vers sont précédés d'une explication en prose, d'un *Récit*, d'où j'ai tiré les citations précédentes. Le recueil s'ouvre par une ode *à Dieu*. Il est toujours très-difficile de parler à Dieu autrement que dans la prière, en disant son *Pater* ou en s'écriant : *Altitudo!* Ordinairement le poëte chrétien classique s'inspire de David et des Psaumes, la haute source première, et il les paraphrase plus ou moins en adaptant le chant à sa voix : ainsi fait Racine, ainsi fait Le Franc, ainsi Larmartine; ainsi fait Veyrat. Le genre donné, son ode est belle et devra tenir sa place, dans les cours de littérature, parmi les hymnes ou sonates sacrées :

>La foudre t'obéit comme un coursier docile;
>Tu sais où va l'orage et d'où vient l'aquilon,
>Ton regard a scruté le granit et l'argile
>   Jusque dans leur dernier filon.
>   L'avenir dans ton Verbe espère;
>   L'éternité te dit : Mon Père!
>Le temps ne sait encor de quel nom te nommer;
>Un long frémissement circule dans les mondes,
>Quand l'un d'eux a trouvé dans ses veines profondes
>   Quelques lettres pour le former!

Tout n'est qu'atome et poussière devant l'Éternel. Après les éléments, après les astres et les mondes, vient l'homme, un autre atome devant Dieu, mais un atome sentant; après le soupir de la nature, le soupir du cœur humain.

>Et moi, ne sais-tu pas ce que mon cœur désire?
>Pourquoi mon sein palpite et bat d'un saint effroi?
>. . . . .
>Ah! ne comprends-tu pas ce que veut ma pensée,
>Quand elle meurt en moi de désir et d'amour?

Cette fin de l'ode sort du lieu commun, et le poëte pénitent, tout en se ressouvenant des grandes douleurs et infortunes bibliques, trouve en lui-même son inspiration la plus émue, des jets de véritable éloquence :

> Pour moi, soit que son bras m'élève ou m'humilie,
> Je ferai de mon âme une lyre au Seigneur...

Il dénombre ses douleurs comme Job, mais il n'en fait pas de reproche à Dieu; il est prêt à recommencer même, s'il le faut, et à repasser par le cercle rigoureux des épreuves, si c'est la volonté du Maître :

> Tu m'as jeté sept ans sur la rive étrangère,
> Et j'ai mangé sept ans le pain des pèlerins.
> La terre du sépulcre eût été plus légère
>   Que l'air de l'exil à mes reins!
>   Tu me traitas comme un génie :
>   Tu m'abreuvas de calomnie,
> Et tu me fis marcher par les plus durs chemins!
> De la coupe d'exil j'ai bu jusqu'à la lie;
> De quel fiel inconnu l'avais-tu donc remplie
>   Avant de la mettre en mes mains?
>
> Tous mes amis sont morts dans ce pèlerinage,
> Tombés dans le cercueil, hélas! ou dans l'oubli!
> Leurs cœurs ont naufragé sur la mer où je nage,
>   Sans laisser sur l'onde un seul pli.
>   Lorsque le destin plus prospère
>   Me ramena chez mon vieux père,
> Le seuil de la maison se ferma devant moi;
> Les valets insolents, à l'audace impunie,
> Me jetèrent de loin leur brutale ironie...
>   Et j'ai souffert cela pour toi!
> . . . .
> Ah! si ce n'est assez de ces grandes épreuves
> Pour m'élever à toi sur ton divin Thabor,

Fais entendre ta voix et dis-moi sur quels fleuves
    Je dois aller pleurer encor;
    Sur les saules de quelle rive
    Je pendrai ma harpe plaintive;
Sur quels tombeaux chéris j'irai m'agenouiller.
L'exil n'a pas tari mes brûlantes paupières;
Seigneur, j'ai des genoux pour en user les pierres,
    Et des larmes pour les mouiller !

Ce sont de beaux accents, dignes des *Harmonies* de Lamartine, avec je ne sais quelle saveur plus pénétrante et plus âcre. Ce volume est tout entier inspiré par les douleurs de l'exil, par les joies du retour, joies si mêlées et si altérées encore. Le poëte se montre surtout sensible à la calomnie, aux propos infamants qui flétrissent jusqu'à son repentir. Pouvait-il cependant s'en étonner? Jeune, dans un moment de frénésie, il avait coiffé sa muse du bonnet rouge : il avait donné des gages éclatants à un parti : quoi de plus simple et de plus inévitable que ce parti, se voyant quitté, le calomniât, méconnût ses intentions intimes les plus pures, travestît grossièrement les ressorts délicats et secrets de sa conduite? Veyrat eut à supporter et à dévorer bien des avanies. Se souvenant qu'il avait autrefois lui-même insulté et sans doute calomnié bien des noms, il dut faire son *mea culpa*, un retour sur son propre passé : je n'en vois pas assez la trace dans ses derniers vers. Chrétien véritable et régénéré, il offrait d'ailleurs à Dieu son humiliation, et quelquefois avec une insigne douceur; témoin la pièce qui a pour titre : *Aimé de Dieu*. Mais d'autres fois l'ancien lutteur se révoltait; toutes ses plaies saignaient, son âme ulcérée parlait et criait par la bouche de ses blessures. C'est surtout dans son second recueil intitulé : *Station poétique à l'abbaye de Haute-Combe,* dont deux seules livraisons parurent de son vivant et qui ne fut publié en entier qu'après sa mort (1847), c'est dans cette suite de journées et de veilles funèbres que se déroule tout l'orage intérieur, l'abîme et la profondeur des souffrances et des agonies auxquelles il était en proie. Il se compare tour à tour à Job sur son fumier, au lépreux dans sa tour, à Philoctète dans son île de Lemnos, — à Philoctète qui a gardé l'arc d'Hercule et qui pourrait s'en servir pour se venger : lui aussi, armé qu'il est du carquois sonore, il s'abstient pourtant de lancer à ses ennemis aucune flèche. Et pour se donner patience et courage, il passe en revue tous les martyrs de la muse, la grande procession des glorieux affligés à commencer par Homère, tous ceux que le monde a couverts d'insultes, qu'il a abreuvés de fiel et couronnés d'épines :

> Et c'est ainsi partout, et c'est ainsi toujours !
> N'est-il pas vrai, Byron, martyr des derniers jours?
> Oh ! qui jamais a su ta douleur tout entière,
> L'amertume des pleurs tombés de ta paupière,
> L'ampleur de la blessure en ton cœur ulcéré,
> O Job de la pensée, ô grand désespéré !

Veyrat avait pour Byron un culte ; Childe-Harold était pour lui le grand type ; il en était possédé. Il ne voyait pas de milieu, disait-il, entre lord Byron et Jésus-Christ : l'extrême charité ou l'extrême mépris. Il faut être plus qu'un homme pour ne pas mépriser l'homme.

O.

Il y avait de la maladie dans cette disposition; il y avait du converti violent, de l'homme qui avait passé d'un excès à l'autre, sans jamais habiter dans l'entre-deux. Cela le menait à des jugements outrés qui ressemblaient à des sensations aiguës. Si le siècle lui paraissait infect, tout cloître, en revanche, était, à ses yeux, pur, céleste, innocent et sublime : autre manière d'illusion! Il appliquait cette vue éthérée à l'abbaye de Haute-Combe, nouvellement restaurée alors, et aux moines qui y vivaient. Il voyait en eux des êtres étranges, revenus de tout, des lutteurs angéliques, que sais-je encore? Je ne puis m'empêcher de mettre en regard des stations idéales de Veyrat à cette royale abbaye le récit qu'a tracé Pierre Leroux d'une visite au même monastère, récit charmant, fin, ironique, auquel je renvoie les curieux (1). Se peut-il que deux esprits, en présence d'un même spectacle, soient affectés si diversement? On dirait qu'il s'est passé des siècles entre les deux descriptions, tant le même objet y est présenté sous un jour différent et contraire. Pierre Leroux me paraît être ici dans la réalité. Veyrat est une imagination poétique qui se monte.

Mais je ne m'attache en lui qu'au poëte. Ce qui est beau, ce qui est vraiment élevé, ce qui vient du cœur et non de la tête, c'est le sentiment qui, après

(1) On trouvera cette visite au monastère de Haute-Combe, à la page 201 et suivantes du tome premier et unique des OEuvres de Pierre Leroux qui a paru en 1850. Ce joli récit fait tache, — une tache claire et riante, — au milieu des pages politiques sombres dont il est entouré.

tant de misères et d'affronts, l'oblige non à maudire, mais à bénir ses persécuteurs, à leur pardonner. Il vient d'épuiser la plainte, il a poussé des cris d'aigle, il a évoqué contre eux la justice éternelle ; on s'attend à une exécration, à un anathème ; écoutez :

> Me voici comme Job sur sa funèbre couche ;
> La malédiction va sortir de ma bouche,
> Le cri de l'opprimé va monter jusqu'à toi ;
> O terre, sois témoin ! Dieu vengeur, entends-moi !
>
> Je te consacre ici mon sang et mes alarmes,
> Une libation de mes plus tristes larmes !
> Pour mes nuits sans sommeil et mes travaux sans fruit,
> Pour ma vie en ruine et mon bonheur détruit ;
> Pour les pleurs trop amers que je n'ai pu répandre,
> Pour mon foyer en deuil dont ils ont pris la cendre,
> Pour ma moisson brûlée et mon champ dévasté,
> Pour le mal qu'ils m'ont fait et qu'ils m'ont souhaité,
> Qu'ils soient tous... ah ! le sang coule aux flancs du Calvaire
> Qu'ils soient tous pardonnés ! pardonnez-leur, mon Père !
> Ma mère sous leurs coups est morte de douleur,
> Son martyre a duré trente ans ! pardonne-leur ! —
> Le vautour a pillé le nid de la colombe,
> Pardonne-leur ! — Le sang fume sur l'hécatombe,
> L'impie et le tyran frappent sans se lasser,
> Détourne tes regards et laisse-les passer !
> Qu'ils récoltent l'olive où j'ai cueilli l'épine !
> Souris à leurs palais bâtis sur ma ruine !
> A sa vivante artère ils ont saigné mon cœur,
> Ne viens pas voir couler mon sang .. pardonne-leur !
>
> Voilà mon anathème et mon cri de vengeance !
> Ils pèseront un jour, grand Dieu, dans ta balance !
> Eux-même un jour peut-être ils me pardonneront
> Le don triste et fatal dont j'ai le signe au front...

C'est par de tels cris arrachés des entrailles, par cette largeur d'épanchement et d'essor à quelques endroits de sa veine, que Veyrat mérite de survivre.

Sans doute, avec toutes ses plaintes individuelles, avec ses continuels retours et apitoiements sur lui-même, il vient trop tard. La plupart de mes lecteurs l'auront déjà senti et en auront fait tout bas la remarque : le monde est présentement occupé et distrait ; il n'a plus d'oreille pour le poëte qui se plaint seul, pour celui qui vient nous dire sur tous les tons ;

Je suis la fleur des champs égarée au désert...

ou bien :

J'étais un jeune oiseau sans plumes à son aile...

Le monde commence a être rebattu de l'éternelle chanson ; il a écouté, non point patiemment, mais passionnément, tous les grands plaintifs depuis Job jusqu'à Childe-Harold ; il s'écoutait lui-même en eux, et il assistait à ses propres pensées désolées : cela lui suffit ; le reste lui paraît faible ; les pleureurs à la suite ont tort ; il en a assez pour quelque temps de ces lamentations sur les lacs et sur les rochers. La poésie pour lui est ailleurs : elle a quitté les déserts, elle s'est transportée et répandue en tous lieux, en tous sujets ; elle se retrouve sous forme détournée et animée dans l'histoire, dans l'érudition, dans la critique, dans l'art appliqué à tout, dans la reconstruction vivante du passé, dans la conception des langues et des origines humaines, dans les perspectives mêmes de la science et de la civilisation future : elle a diminué d'autant dans sa source première, individuelle ; celle-ci n'est plus qu'un torrent solitaire, une cascade monotone, quand tout le pays alentour, au loin, est arrosé, fécondé et vivifié d'une eau courante, souterraine, universelle.

Veyrat restera donc une gloire de la Savoie plutôt qu'il ne deviendra une des nôtres. Il a, dans son talent monocorde et dans sa destinée, quelque chose d'essentiellement local ; il gagnera à être pris dans son cadre. Et à cette fin, je le confie sans crainte à son futur biographe M. Modelon, un de ses neveux du côté maternel, qui a dit très-bien de lui :

La France a ses Gilbert, il est de leur famille ;

et qui se propose, un jour ou l'autre, de faire de ses œuvres une réédition plus complète, précédée d'une étude où tous les détails de sa vie morale intime seront exposés avec fidélité et affection : il est bien, il est convenable de ne laisser aucune ombre sur cette figure poétique la plus caractérisée et la plus intéressante que la Savoie ait produite dans ces derniers temps. Veyrat, vu à son rang dans la grande armée des poëtes, n'est pas un de ces chefs qu'on montre de loin et qu'on nomme : il est seulement, et c'est beaucoup déjà, un des premiers entre les seconds. — Et maintenant que j'ai fait ma station au tombeau d'un mort, je reviens aux vivants.

II.

M. Sully Prudhomme est tout à fait nôtre et du présent. Il appartient à la toute jeune et toute nouvelle génération littéraire qui salue en lui une de ses espérances. Son volume intitulé *Stances et Poëmes* (1) est très-plein, trop plein même, s'il me permet de le lui dire. Les vers d'un auteur qui se présente pour la première fois au public devraient être servis à plus petite dose, pour qu'on les puisse déguster et qu'on en saisisse à loisir la saveur particulière. Ici je vois quatre ou cinq recueils en un : *l'Ame,* — *les Jeunes filles,* — *la Vie,* — *Paris,* — *l'Art,* — autant de livres distincts et qui ont chacun la diversité de couleur ou de sujets. L'auteur nous l'avoue, il aime trop de choses à la fois, mais il nous le dit en poëte :

LES CHAINES.

J'ai voulu tout aimer et je suis malheureux,
Car j'ai de mes tourments multiplié les causes;
D'innombrables liens frêles et douloureux
Dans l'univers entier vont de mon âme aux choses.

Tout m'attire à la fois et d'un attrait pareil :
Le vrai par ses lueurs, l'inconnu par ses voiles;
Un trait d'or frémissant joint mon cœur au soleil,
Et de longs fils soyeux l'unissent aux étoiles.

(1) Un vol. in-18, chez Achille Faure, 23, boulevard Saint-Martin; 1865.

La cadence m'enchaîne à l'air mélodieux,
La douceur du velours aux roses que je touche;
D'un sourire j'ai fait la chaîne de mes yeux,
Et j'ai fait d'un baiser la chaîne de ma bouche.

Ma vie est suspendue à ces fragiles nœuds,
Et je suis le captif des mille êtres que j'aime :
Au moindre ébranlement qu'un souffle cause en eux,
Je sens un peu de moi s'arracher de moi-même.

Je ne saurais m'enfoncer dans une étude; j'effleure la corbeille si remplie qui nous est offerte, je prends le dessus du panier. Une pièce tout à fait gracieuse se détache; c'est un symbole, c'est un emblème :

LE VASE BRISÉ.

Le vase où meurt cette verveine
D'un coup d'éventail fut fêlé;
Le coup dut effleurer à peine,
Aucun bruit ne l'a révélé.

Mais la légère meurtrissure,
Mordant le cristal chaque jour,
D'une marche invisible et sûre
En a fait lentement le tour.

Son eau fraîche a fui goutte à goutte,
Le suc des fleurs s'est épuisé;
Personne encore ne s'en doute,
N'y touchez pas, il est brisé !

Souvent aussi la main qu'on aime,
Effleurant le cœur, le meurtrit;
Puis le cœur se fend de lui-même,
La fleur de son amour périt.

Toujours intact aux yeux du monde,
Il sent croître et pleurer tout bas
Sa blessure fine et profonde :
Il est brisé, n'y touchez pas !

L'auteur semble préoccupé d'une idée qui revient souvent dans ses vers : c'est qu'il est plus poëte en dedans qu'en dehors ; il se méfie de sa force et de son art, il craint de ne point donner à son rêve tout l'éclat et la solidité d'une création. Mais tout en nous disant qu'il n'est pas assez poëte, il nous le dit à ravir et très-poétiquement :

Quand je vous livre mon poëme,
Mon cœur ne le reconnaît plus,
Le meilleur demeure en moi-même,
Mes vrais vers ne seront pas lus.

Comme autour des fleurs obsédées
Palpitent les papillons blancs,
Autour de mes chères idées
Se pressent de beaux vers tremblants ;

Aussitôt que ma main les touche,
Je les vois fuir et voltiger,
N'y laissant que le fard léger
De leur aile frêle et farouche.

Je ne sais pas m'emparer d'eux
Sans effacer leur éclat tendre,
Ni, sans les tuer, les étendre,
Une épingle au cœur, deux à deux.

Ainsi nos âmes restent pleines
De vers sentis, mais ignorés...

M. Sully Prudhomme ne paraît appartenir à aucune des écoles aujourd'hui distinctes et définies ; il aurait plutôt la noble ambition de les concilier, d'en tirer et de réunir en lui ce qu'elles ont de bon. Habile à la forme, il ne dédaigne pas l'idée, et, parmi les idées, il n'en adopte point d'exclusive. *Nature* et *Dieu,* lequel est le vrai ? *Fatalité* ou *Christ,* faut-il opter ? faut-il choisir ?

> Deux voix s'élèvent tour à tour
> Des profondeurs troubles de l'âme :
> La raison blasphème, et l'amour
> Rêve un dieu juste et le proclame.
>
> Panthéiste, athée ou chrétien,
> Tu connais leurs luttes obscures ;
> C'est mon martyre, et c'est le tien,
> De vivre avec ces deux murmures.
>
> L'intelligence dit au cœur :
> « Le monde n'a pas un bon père,
> « Vois, le mal est partout vainqueur. »
> Le cœur dit : « Je crois et j'espère ;
>
> « Espère, ô ma sœur ! crois un peu ;
> « Tu mords l'inconnu, je le couve ;
> « Je suis immortel, je sens Dieu. »
> L'intelligence lui dit : « Prouve. »

C'est sincère. On voit le mérite, et l'on entrevoit aussi l'inconvénient. Les vers sont un peu serrés, un peu denses. *Mordre l'inconnu* est dur ; le goût, ce je ne sais quoi d'indéfinissable qui devrait être de tous les temps et de toutes les écoles, rejette de pareilles expressions.

En général, le complexe et l'éclectique est plutôt le fait de la sagesse et de la philosophie que de la poésie. Celle-ci ne rit jamais mieux, selon Montaigne, qu'en un sujet folâtre et déréglé. Elle s'attriste vite du trop de raison, du trop de prudence.

Ainsi nous avons ici affaire à un poëte de talent et de pensée, qui ne dit non ni à la science, ni à la philosophie, ni à l'industrie, ni à la passion, ni à la sensibilité, ni à la couleur, ni à la mélodie, ni à la liberté, ni à la civilisation moderne. Que de choses! Je m'explique bien par là que les jeunes amis de M. Sully Prudhomme soient fiers de lui, et que l'un d'eux nous écrive à son sujet : « Ou je me trompe fort et l'amitié m'égare, ou vous serez frappé de ce volume ; il révèle, si je ne m'abuse, un nouveau mouvement dans la poésie et comme le frémissement d'une aurore encore incertaine. » Je m'explique aussi que l'auteur, à la fin comme au début de son recueil, s'excuse de n'avoir su tout exprimer et tout rendre de ce qu'il voulait étreindre et de ce qu'il sentait.

> Je me croyais poëte, et j'ai pu me méprendre ;
> D'autres on fait la lyre et je subis leur loi ;
> Mais si mon âme est juste, impétueuse et tendre,
>   Qui le sait mieux que moi ?
>
> Oui, je suis mal servi par des cordes nouvelles
> Qui ne vibrent jamais au rhythme de mon cœur ;
> Mon rêve de sa lutte avec les mots rebelles
>   Ne sort jamais vainqueur !
>
> Mais quoi ! le statuaire, au moment où l'argile
> Refuse au sentiment le contour désiré,

Parce qu'il trouve alors une fange indocile,
   Est-il moins inspiré?

. . . .

Heureux qui de son cœur voit l'image apparaître
Au flot d'un verbe pur comme en un ruisseau clair,
Et peut manifester comment frémit son être
    En faisant frémir l'air!

Hélas! à mes pensers le signe se dérobe,
Mon âme a plus d'élan que mon cri n'a d'essor;
Je sens que je suis riche, et ma sordide robe
    Cache aux yeux mon trésor.

Et encore, — car ce sentiment modeste qu'il a de son insuffisance ne le décourage pas, et il accepte fièrement sa demi-défaite :

Oh! si mes doigts jamais ne te rendent sensible,
Poëme intérieur dont je suis consumé,
Tu chanteras en moi sur la lyre invisible
Que l'art suspend au cœur de ceux qui l'ont aimé.

Le poëte prend son parti du labeur et de la peine que tout noble effort suppose, surtout quand il s'agit d'associer des contraires, de ne rien sacrifier, de ne verser d'aucun côté, de ne donner ni dans un idéal trop subtil et trop froid, ni dans une matière trop sensuelle et trop colorée. Il se prononce également, dans une pièce dédiée à M. Gaston Paris, contre les désespoirs ou les fantaisies de la génération précédente ou présente, et à ce propos il nous donne une idée de l'art poétique rajeuni qui est le sien, et dont il voudrait faire la loi de ses jeunes contemporains :

> A défaut des vieillards, les jeunes le diront,
> Ils chercheront du moins; leur fierté répudie
> Du doute irréfléchi le désespoir aisé.
> Ils sentent que le rire est une comédie,
> Que la mélancolie est un cercueil usé;
> Le rêve dégoûté commence à leur déplaire;
> L'action sans la foi ne les satisfait pas;
> Ils savent repousser d'un front chaste et colère
> Ces deuils voluptueux des vaincus sans combats!
> Ils traversent la terre et sa boue et ses ombres
> D'un pied désormais sûr et d'un œil familier;
> Du passé paternel ils foulent les décombres
> Comme une poudre sainte au sol de l'atelier.
> Quand de bons forgerons dans une forge noire
> Fredonnent en lançant le marteau sur le fer,
> Le passant qui les voit s'étonne; il ne peut croire
> Qu'on puisse vivre un jour dans ce cruel enfer.
> Mais eux, avec l'entrain de la force qui crée,
> Affrontent la fumée et le four éclatant :
> Le travail fait les cœurs; cette douleur sacrée
> Donne un si mâle espoir qu'on la souffre en chantant!

Certes, si tout dans le recueil de M. Sully Prudhomme était aussi bien venu que cette *Forge,* il n'aurait pas à se plaindre, et il aurait dès à présent remporté le prix.

Une pièce capitale est celle que le poëte adresse à Alfred de Musset. Il y a eu dans les derniers temps un essai violent de réaction contre le charmant et très-aimé poëte de *Rolla* et des *Nuits ;* on s'est ennuyé sans doute de le voir un peu trop loué et peu surfait : une invasion toute fraîche de jeunes et altiers puritains, guidés par M. de Ricard, prétendait briser son image et l'arracher de l'autel. Cette courte levée de boucliers n'a pas eu de suites. M. Sully Prudhomme, qui paraît en connaître les chefs, ne les imite pas et ramène les choses au vrai point. Il rend à l'aimable et douloureux génie tous les hommages que lui doivent les générations filles ou sœurs, mais il ne lui passe point son mépris de toute humanité, de toute réforme supérieure, ses airs de débauche, son indifférence affichée pour tout ce qui n'était pas Ninette ou Ninon. Musset, en son temps, a apostrophé Lamartine et s'est mis à l'aise avec lui, le traitant d'emblée et sans façon d'égal à égal, d'Alfred à Alphonse; eu égard à la différence des âges, à celle des réputations au moment où cette épître parut, eu égard aussi, j'ose le dire, à l'étoffe et à la portée non comparables des génies, c'était légèrement fat et quelque peu impertinent : M. Sully Prudhomme, à son tour, s'adresse à Musset; il le prend sur un tout autre ton avec toutes les cérémonies et tous les respects, mais ce n'est que pour mieux marquer sa dissidence et pour faire acte de séparation : on ne dira pas du moins qu'il ne l'a pas senti et loué comme il faut :

> Toi qui naissais à point dans la crise où nous sommes,
> Ni trop tôt pour savoir, ni, pour chanter, trop tard,
> Pouvant poser partout sur les œuvres des hommes
> Ton étude et ton goût, deux abeilles de l'art;
> Toi dont la muse vive, élégante et sensée,
> Reine de la jeunesse, en a dû soutenir
> Comme un sacré dépôt l'amour et la pensée,
> Tu te plains de la vie et ris de l'avenir!

> Je n'entends pas, hélas! d'une indiscrète sonde
> Interroger tes jours : tes pauvres jours ont fui!
> Ton âme, perle éteinte aux profondeurs de l'onde,
> A descendu longtemps le gouffre de l'ennui.
> Je n'imiterai pas ces tourmenteurs des ombres
> Qui fouillent un passé comme on force un tombeau,
> Je sais trop qu'en moi-même il est des recoins sombres
> Que fuit ma conscience en voilant son flambeau!
> Non, mais je cherche en toi cette force qui fonde,
> Cette mâle constance, exempte du dégoût...

Il cherche, en un mot, la vertu la plus absente, la qualité la plus contraire au défaut qui s'est trop marqué ; et il se plaît ici en regard et par contraste, à exposer en disciple d'Hésiode et de Lucrèce, en lecteur familier avec le bouclier d'Achille et avec les tableaux des *Géorgiques,* l'invention des arts, la fondation des cités, la marche progressive et lente du génie humain, tout ce qui est matière aussi de haute et digne poésie. Chenavard ou Puvis de Chavannes n'ont pas de crayons plus nobles dans la série de leurs graves esquisses :

> Poëte, oubliais-tu les bas-reliefs antiques
> Racontant la naissance et le progrès des arts,
> Le soc, le bœuf, la ruche et les essais rustiques
> Faits par les jeunes gens sous les yeux des vieillards;
> Partout, dans la campagne égale et spacieuse,
> Les efforts du labour, les merveilles du fruit,
> Et la rébellion farouche et gracieuse
> Des premiers étalons que le dompteur instruit
> Les sages; l'alphabet écrit dans la poussière;
> La chasse aventureuse et l'aviron hardi;
> Les murailles, les lois sur les livres de pierre,
> Et l'airain belliqueux pour l'épaule arrondi;

Les femmes dessinant les héros dans la trame;
Les artistes au marbre inculquant leurs frissons,
Et le berger poëte, inventeur de la gamme,
Suspendant le soupir à la chaîne des sons?
Il est beau ce spectacle; eh bien! il dure encore!
La conquête a changé, l'ambition non pas!
Nos pères tâtonnaient aux lueurs d'une aurore,
Mais le plein jour enfin se lève sur nos pas!
Où rampait le sentier, nous déployons la route;
Ce qu'un aveugle instinct surprit et révéla,
Nous l'expliquons! Le ciel n'est plus pour nous la voûte,
Mais l'infini! — Les dieux! nous renversons cela! —
Le quadrige est vaincu : nous tenons un génie
Qui fume, haletant d'un utile courroux,
Et, dans l'oppression d'une ardente agonie,
Attache au vol du temps l'homme pensif et doux.

Ce qui veut dire que le studieux et le rêveur lui-même, celui qui autrefois eût été le clerc ou le moine dans sa cellule, et qui hier encore était l'homme de livres et de cabinet, va en chemin de fer et en profite désormais pour visiter le monde, pour prendre sa part de toutes les curiosités, de toutes les beautés d'art ou de nature. N'est-ce donc rien? Ç'a été de tout temps l'office de la poésie d'enregistrer un à un chaque bienfait social universel.

Après cette suite de beaux vers, d'un souffle élevé et juste, notre estime, celle de tous les lecteurs, est acquise au jeune poëte. Je suspends mon jugement sur l'ensemble, mon pronostic sur le lendemain : je me contente de demander, en général, à la poésie de M. Sully Prudhomme un peu plus d'air et de dégagement.

Lundi 3 juillet 1865.

DE LA POÉSIE
EN 1865.

(SUITE ET FIN.)

III

Je ne dirai que peu de chose d'un autre poëte dont la langue m'échappe, M. Luzel, qui vient de publier un recueil de Poésies bretonnes et en pur breton, avec traduction, il est vrai (1). Cette tentative, qui n'est point la seule de son espèce et qui se rattache à tout un mouvement provincial en faveur des anciens idiomes ou patois, vaut pourtant la peine qu'on la remarque, et peut prêter à quelques réflexions.

Il est naturel et il paraît juste qu'au moment même où l'unité de la France s'accomplit et se consomme en tous sens par l'immense réseau des communications et

(1) *Bepred Breizad.* — *Toujours Breton.* Poésies bretonnes avec traduction française en regard, par M. F.-M. Luzel; un vol. in-18, à Morlaix, à Nantes, et à Paris, chez Hachette; 1865.

par une facilité, pour chacun, d'un déplacement à la minute, et presque d'une omni-présence universelle, il y ait un sentiment de résistance sur quelques points, un reploiement sur soi et un suprême effort de quelques fidèles pour sauver les vieilles mœurs ou du moins les vieilles chansons, pour les préserver et les clôturer, s'il est possible, pour leur assurer même, comme par défi, et grâce à un stimulant nouveau, une sorte de regain et de renaissance. Le fait le plus remarquable en ce genre est ce qui se passe dans la littérature provençale et dans le midi de la France. On sait que cette belle langue, si florissante au xiie siècle et qui balançait pour le moins celle du Nord, avait été vaincue, compromise dans le désastre même qui suivit la croisade contre les Albigeois, et que, privée désormais de ses principaux centres et foyers où elle était cultivée avec pureté et avec élégance, elle était bientôt retombée à l'état de patois; c'est en parlant d'elle qu'il m'est arrivé de dire que le patois est « une langue qui a eu des malheurs. » Mais ce patois de la langue provençale ainsi réduite était encore le plus riche de tous, le plus pittoresque et le plus sonore; il n'avait cessé, même dans sa décadence, de permettre à de vrais poëtes de se produire : Goudouli est le plus célèbre; mais combien d'autres dignes de plus de renom et d'un auditoire plus étendu! Je ne ferai que nommer l'abbé Favre, un génie trop confiné, une source jaillissante de joyeuse et rabelaisienne humeur. Il y a une trentaine d'années, un poëte naturel, sorti des rang du peuple, Jasmin, est venu remettre à la mode, étendre et comme renouveler cette flore du

Midi, restée longtemps si morcelée et si locale : homme d'esprit et de sensibilité, artiste habile, acteur et poëte, vrai talent, il avait su, par ses heureuses combinaisons et par ses récitations chaleureuses, remettre en honneur le vieux patois, nécessairement altéré, et faire accroire un moment à toutes les populations du Midi qu'elles s'entendaient entre elles, puisqu'elles l'entendaient, lui, et qu'elles l'applaudissaient. Jasmin est mort il n'y a pas un an encore (octobre 1864), au seuil de la vieillesse et dans le plein de sa renommée. Il avait épuisé depuis longtemps à Paris la dose d'admiration et d'attention dont nous sommes capables et qui est disponible chez nous pour les choses et les personnes de passage. Il nous demandait trop s'il avait espéré plus. Mais il n'avait cessé d'être en vogue et de régner dans son pays et dans sa zone. Deux légères fautes qu'il avait commises dans les derniers temps y avaient été peu senties : l'une, c'était d'avoir composé et publié un poëme français, *Hélène*, qui ne donnait pas sa mesure, qui semblait pourtant la donner, et qui pouvait faire dire à ses critiques d'ici qu'il n'avait de talent qu'en patois et grâce à son patois; l'autre faute, c'était d'avoir adressé un *Poëme-Épître* à M. Renan (1), d'avoir usé et abusé, à son tour, contre l'éloquent philosophe de l'invective, de l'anathème et de la menace, ni plus ni moins que s'il eût été un évêque. Ce gentil esprit, en s'aventurant de la sorte, s'exposait à se faire dire qu'il sortait de sa sphère et qu'il forçait son flageolet.

(1) *Poëme-épître,* par Jacques Jasmin, maître ès Jeux floraux *Lou poèto del puple à moussu Renan,* Agen ; août 1864.

C'étaient là des fautes de goût que peu de personnes par delà sentirent. Jasmin n'avait guère faibli d'ailleurs, et il soutenait jusque dans son dernier volume, avec une sorte d'aisance et une verve de tempérament, cette dureté de condition qui condamne les artistes toujours en scène à se répéter, à repasser sur les mêmes tons, à tirer de leur chanterelle jusqu'à la dernière note, à jouer de leur voix jusqu'à la dernière corde. Chez lui l'entrain du débit cachait les ficelles, et rien, à première vue, ne trahissait trop la fatigue. Il aurait pu cependant, avant de mourir et pour peu qu'il eût l'esprit tourné aux tristes présages, s'apercevoir et reconnaître que son autorité avait subi un échec et qu'une partie de sa domination lui avait échappé. La rive gauche du Rhône, rivale et jalouse de la Garonne, avait dès longtemps secoué la suprématie nominale du poëte d'Agen, et ne lui avait laissé, à proprement parler, que son royaume d'Aquitaine : l'honneur de Jasmin est d'avoir provoqué du moins cette insurrection et ce réveil. A voir un poëte du peuple occuper et, selon eux, usurper ainsi l'entière renommée, de jeunes et beaux esprits provençaux s'étaient dit qu'ils avaient, eux aussi, un passé et un avenir; ils se mirent de parti pris à remonter aux sources, à les rechercher et à étudier, tout en chantant; ils fondèrent cette union de poëtes, la société des *Félibres,* assez singulièrement nommée, mais qui s'est justifiée et démontrée par ses œuvres : l'un d'eux, Mistral, charmant poëte, esprit cultivé et resté en partie naïf, s'est d'emblée tiré du pair et illustré ale de *Mireïo.* Il tient le sceptre aujourd'hui dans la patrie de la gaie science et des troubadours (1).

Les patois sont assez en vogue ailleurs, mais sous d'autres formes et dans des conditions fort inégales. Le patois du milieu de la France, du Berri, a été étudié et décrit à l'état philologique et, pour ainsi dire, botanique par le comte Jaubert, un esprit exact, un naturaliste véritable. Son *Lexique* est un livre modèle et d'une méthode exemplaire. En Bourgogne, en Franche-Comté,

(1) Un des hommes qui ont droit d'avoir un avis sur la littérature et la poésie provençales et languedociennes, M. Cambouliu, professeur à la Faculté des Lettres de Montpellier, a écrit à l'un de ses amis, à l'occasion de ce mien jugement : « ... Il n'y a rien en effet chez les Félibres de comparable à Mistral (à qui j'ai consacré cet hiver une leçon qui a eu un grand succès), et Jasmin a largement obtenu tout ce qu'il méritait, — j'oserai même ajouter plus qu'il ne méritait; car je vous avoue franchement que je ne le tiens pas en très-haute estime et que je ne puis guère voir en lui qu'un écolier de nos maîtres parlant patois ; je mets une grande différence entre lui et l'auteur de *Mirèio*, qui est, celui-là, un véritable poëte. Je crois que Jasmin passera et que *Mirèio* restera. » Évidemment, en jugeant ainsi, M. Cambouliu était sous l'impression des dernières productions de Jasmin. Les nouveaux *Souvenirs* de celui-ci faisaient tort aux premiers. Il y aurait à faire de Jasmin un choix exquis ; on aurait soin d'en bannir tous les compliments, exagérations, dédicaces, madrigaux empommadés et fadeurs : ce qui resterait serait bien d'un poëte. — Je recommanderai à ceux qui voudraient se faire une idée assez complète du mouvement actuel et de l'entreprise des Félibres une *Étude sur la Littérature et la Poésie provençales,* par M. J.-B. Gaut (Aix, 1867). Mais, si l'on veut être initié tout à fait au cénacle même qu'anime et qu'inspire cette *fièvre félibrique,* et prendre part au festival ou fête de famille de tous ces néo-trouvères venus de tous les points du Midi, il faut absolument voir le recueil des *Parpaioun Blu,* de M. William-C. Bonaparte-Wyse (1868). Un enthousiasme sincère y déborde. L'archéologie y est devenue une vérité, une actualité : si l'on n'était homme du Nord et sceptique, on se croirait tout de bon à une renaissance.

le patois fait aussi la préocupation de quelques littérateurs du cru. M. Max Buchon s'y est appliqué avec intelligence et zèle (1). Les *Noëls* dijonnais et bizontins sont connus ; mais, à part ces productions d'une saveur et d'un sel propre au pays, on n'aurait à citer que des lambeaux disparates. La littérature et la poésie ont peu à y glaner, et, à ce propos, je me permettrai de dire à M. Buchon qu'il m'a fait une querelle inutile, lorsqu'il a supposé que je pouvais lui conseiller, à lui ou à tout autre, de tenter pour les patois de son pays ce que Jasmin a fait pour les patois du Midi, c'est-à-dire de les *fusionner* dans une sorte de dialecte commun ou composite et de langue littéraire poétique. Qui donc a pu avoir une pareille idée? Dans ce pays de l'Est et aux abords du Jura, ce n'est nullement la même question et le même état de choses que dans le Midi ; il n'y a pas eu le même passé, des antécédents semblables, une belle langue romane autrefois régnante, entendue et applaudie depuis le Rhône jusqu'aux Pyrénées. Si j'ai défini le patois du Midi, « une langue qui a eu des malheurs, » je me contenterai de définir le patois de Franche-Comté, « une langue qui est restée à l'état rustique et qui n'a pas fait fortune. » Ce serait le juste complément de la définition.

Il a existé au Moyen Age, ou plutôt à la veille du Moyen Age, une époque intermédiaire, confuse, où il n'y avait pas de langue et où il n'y avait partout que des patois, des jargons. L'état que signale M. Buchon

---

1) Voir la *Revue littéraire de la Franche-Comté*, 1863.

pour la Franche-Comté, cette circonstance de changer de patois, d'un pays et d'un clocher à l'autre, était vraie dans un temps pour toute la France. Les diverses cours féodales grandes ou petites, l'importance prise par les villes, ont peu à peu centralisé ces divers patois, les ont fait passer à l'état de langue : mais cela n'empêche pas qu'il ne soit resté des traces de diversité presque à l'infini dans les montagnes, dans les campagnes ; les rudes vestiges sont encore vivants ; il y a des patois locaux qui sont restés à peu près ce qu'ils étaient à l'origine, qui ne sont jamais devenus des langues ; ces patois restés *paysans* n'ont pas éprouvé de malheurs, si vous le voulez, mais aussi ils n'ont pas eu de bonheur, ni de chance, comme on dit. M. Buchon qui s'en occupe sur place avec zèle est très-méritant.

M. Luzel a déjà dû s'impatienter, s'il nous lit, et je suis sûr que, s'il était à portée de voix, il aurait demandé plus d'une fois la parole ; car, lui, il a la prétention d'être dans un cas tout différent : « Nous autres Bretons, dit-il dans sa préface, nous avons l'avantage précieux de posséder une langue à nous : je dis *langue* et je repousse vigoureusement le mot flétrissant de *patois*. » Loin de moi l'idée de le contredire et de porter atteinte à sa patriotique pensée ! Le bas-breton est bien, en effet, d'une couche antérieure et préexistante aux formations romanes. Mais n'est-il pas devenu lui-même patois en son genre avec les années, avec les siècles ? Ce qui est certain, c'est que dans le petit recueil que nous offre M. Luzel, et à en juger par ses traductions, on entrevoit qu'il a dû faire d'assez jolis chants que peuvent chanter, à la rigueur, les jours de *Pardon*, les paysans que nous a peints et repeints si souvent M. Leleux. Je laisse aux Legonidec, aux Le Huërou, s'il en existe encore, et à leurs successeurs, je laisse à mon savant confrère, M. de La Villemarqué, de décider si le breton en est pur et classique, s'il est digne du siècle d'Arthur. Pour moi, une pièce qui me paraît touchante de forme et de sentiment est celle que M. Luzel a consacrée à la mémoire de Brizeux, l'amoureux de *Marie*, le barde qui s'est écrié en l'un de ses meilleurs chants, voulant exprimer d'un mot sa terre natale :

O terre de granit, recouverte de chênes!

M. Luzel nous définit à son tour son pays de Bretagne, « le pays par nous tous tant aimé, *mer tout autour, bois au milieu.* » Quoiqu'il soit vrai de remarquer que Brizeux n'a si bien réussi à faire accepter et aimer sa Bretagne que parce qu'il a donné ses idylles ou poëmes en français; quoique les hommes qui ont fait ou qui font le plus d'honneur au nom breton soient encore des transfuges de cette patrie ou de cette langue primitive, Chateaubriand, Lamennais, Renan, je tiens compte à M. Luzel de ses nobles sentiments de résistance, de sa foi au vieux culte, aux mœurs nationales. Il déteste peut-être un peu trop l'Anglais (le Saxon) comme au temps du combat des Trente; il paraît trop persuadé que son pays est, à tous égards, le premier du monde, sa langue, la plus belle de toutes : en prose, cela s'appellerait des préjugés et des entêtements; c'est bon à chanter, non à dire. Mais en faisant la part du convenu en telle matière et de la cocarde obligée, il y a chez lui de la fraîcheur et de la veine. C'est certainement un gentil motif d'idylle, charmant peut-être dans l'original, que celui qui se présente à nous, ainsi traduit :

MONA.

Sur le bord de la rivière, les pieds dans l'eau, assise sur le gazon frais, un soir Môna Daoulas était dans la prairie, sous les aulnes verts.

Mélancolique et la tête penchée, était la jeune fille, avec sa douleur, et les larmes de ses yeux perlaient sur l'herbe de la prairie.

Sur la branche un petit oiseau dit alors par son chant :

« Ne troublez pas l'eau, ô jeune fille, de cette façon, avec vos deux petits pieds ;

« Car je ne pourrai plus y voir mon image, ni davantage les étoiles du ciel : écoutez la prière d'un petit oiseau, ne troublez pas l'eau, la belle enfant! »

Monik répondit alors à l'oiseau qui lui parlait de la sorte ;

« Ne crains rien, l'eau troublée sans tarder redevient claire et limpide :

« Mais, hélas ! le jour où je vins en ce lieu avec Iannik Caris, celui que je n'ai que trop aimé, ah! c'est alors que tu aurais dû dire :

« Oh! ne troublez pas, Iannik, le cœur et l'âme de cette jeune fille : ils ne seront plus purs, ils ne réfléchiront plus les étoiles et le soleil béni ! » (1)

(1) On m'avertit que la *Mona* de M. Luzel rappelle une jolie pièce de M. Siméon Pecontal, *Aniel*, qui se trouve dans son recueil de *Ballades* et *Légendes;* la voici :

> Aniel baigne ses pieds, pensive,
> Aux bords d'un paisible ruisseau;
> Un cygne, amant de cette rive,
> Lui dit : Pourquoi troubles-tu l'eau?

IV.

Je passe à un Breton français et des plus français, à Boulay-Paty, mort il y a juste un an, et dont les Poésies posthumes viennent de paraître réunies par les soins d'un ami (1). A la nouvelle de cette publication, je répondais à l'honorable exécuteur testamentaire qui voulait bien faire appel à mes souvenirs et à mon jugement sur le poëte : « Boulay-Paty était un de mes plus anciens et fidèles amis. Je l'avais vu arriver de Rennes à Paris, vers 1830, avec son compatriote et camarade Hippolyte Lucas, et je me rappelle encore la visite que je leur fis à tous deux dans l'hôtel où ils

> Aniel, l'œil de larmes humide :
> Sois sans crainte, l'onde saura
> Redevenir bientôt limpide,
> Et le ciel s'y reflétera.
>
> Ah! c'était sous le vert feuillage,
> Quand le front près du mien penché,
> Le jeune Erinn sur mon visage
> Tenait son regard attaché,
>
> C'était à lui qu'il fallait dire :
> Ne trouble pas le cœur d'Aniel ;
> Cœur troublé, qui d'amour soupire,
> Ne peut plus réfléchir le ciel.

La vérité est que les deux poëtes se sont inspirés à la même source, à une source scandinave. Ils n'ont fait autre chose qu'imiter en vers français ou bretons la jolie pièce, *le Ruisseau*, du poëte suédois Runeberg, qu'on peut lire traduite par M. Marmier (*Voyages de la Commission scientifique du Nord en Scandinavie. — Littérature scandinave*, par M. Xavier Marmier, 1842, à la page 533).

(1) *Poésies de la dernière saison*, par Évariste Boulay-Paty, avec une Notice par M. Eugène Lambert, conseiller à la Cour impériale de Rennes ; un vol. in-18, Ambroise Bray, rue Cassette, 20.

avaient débarqué à un coin de la rue Saint-Honoré. Depuis lors je n'avais cessé d'être avec lui en de bons et excellents rapports, plus fréquents pendant notre jeunesse, mais que le temps, en les rendant plus rares, n'avait ni rompus ni même relâchés. Aujourd'hui je comprends bien ce que vous voulez appeler la responsabilité délicate qui vous est échue : il s'agit de choisir, d'élaguer, de remplir le vœu dernier d'un poëte, en n'admettant rien qui soit de nature à nuire à sa mémoire ou à affaiblir l'idée qu'on veut donner de son talent. Boulay-Paty était un vrai poëte, c'est-à-dire qu'il était cela et pas autre chose; il avait le feu sacré, la religion des maîtres, le culte de la forme; il a fait de charmants sonnets (1), dont je comparais quelques-uns à des salières ciselées, d'un art précieux; mais les salières n'étaient pas toujours remplies : il avait plus de sentiment que d'idées. Il appartenait par bien des côtés à l'ancienne école poétique en même temps qu'il avait un pied dans la nouvelle. Ce n'est pas pour rien qu'il s'appelait *Évariste* : il tenait de Parny, son parrain poétique, plus que d'Alfred de Musset. » — Je compléterai aujourd'hui et préciserai un peu plus ces souvenirs, mais sans m'astreindre à la notice : il suffit ici d'un profil et d'un médaillon.

(1) Il en a donné tout un volume in-8°, magnifiquement imprimé, en 1851; la Révolution de février ne fit qu'en interrompre et en retarder l'impression. Il y a eu de nos jours des recueils poétiques ainsi composés uniquement (ou presque uniquement) de sonnets; on cite ceux de M. de Gramont, de M. Edmond Arnould, de Joséphin Soulary, etc. Il y a les dévots au sonnet. Les trois grands poëtes, Lamartine, Hugo et Vigny, n'en ont jamais fait.

Si l'on avait voulu définir d'un mot Boulay-Paty, il aurait fallu dire : « C'est un jeune homme. » — Jeune homme, il l'avait été de bonne heure et presque dès l'enfance : il l'était resté toujours, tant le regret de ne plus l'être était vif et sensible en lui ! Frotté plutôt qu'imbu de romantisme, il avait gardé un reste de poésie d'Empire ; le fond de son cœur était à Parny, je l'ai dit, et à Millevoye, pour l'élégie : les premières odes de Victor Hugo, si classiques encore, étaient son idéal et ses colonnes d'Hercule dans le lyrique. Il avait l'exaltation poétique, l'ardeur et la chaleur au front, plutôt que le renouvellement intérieur et l'idée. Il se payait un peu de sonorité et d'enthousiasme. Lauréat des académies, et en particulier de l'Académie française en 1837 pour son Ode de *l'Arc de triomphe de l'Étoile,* cette date marquée d'un clou d'or dans sa vie avait été son plus brillant moment. Il avait lu lui-même son Ode en séance publique et avait recueilli les applaudissements de l'assemblée. Le ministre de l'instruction publique, M. de Salvandy, lui écrivit, tout électrisé, au sortir de la séance : « Monsieur, je double le prix... Je regrette de ne pouvoir mieux vous prouver l'estime que m'ont inspirée vos patriotiques vers : eux aussi semblent sculptés en granit. » Sur des sujets moins ambitieux et moins solennels, Boulay-Paty avait pendant des années remporté toutes les formes et les variétés de prix que l'Académie des Jeux floraux peut décerner : ces fleurs artificielles (souci, églantine, amarante, etc.), étaient rangées chez lui et conservées sous verre, chacune dans son bocal. Il avait le culte et la dévotion de ces signes et de ces emblèmes qui devenaient aussitôt pour lui des reliques sacrées. Bibliothécaire de titre plutôt que de fait au Palais-Royal, et depuis au ministère de l'Intérieur, sauf les quelques heures du milieu du jour qu'il livrait à son emploi, il vivait volontiers retiré, solitaire, — non pas trop solitaire pourtant : il aimait à habiter dans les quartiers éloignés, au fond d'un jardin, dans quelque pavillon un peu mystérieux, rimant dès l'aurore, récitant ses rimes aux oiseaux, cultivant et prolongeant quelque amour, — un amour sur lequel la fidélité avait passé. Ame simple et droite, sans un repli, avec les instincts les plus loyaux, mais toujours un peu de chimère, aucun des intérêts, aucune des ambitions qui d'ordinaire saisissent les hommes dans la seconde moitié de la vie n'eurent jamais sur lui action ni prise; il y resta constamment étranger, innocent de toute compétition, de toute jalousie, ne se comparant pas, ne se plaignant pas, satisfait dans son coin, s'y tenant coi comme dans son nid, le même après comme avant l'orage, d'abord et toujours jusqu'à la fin l'homme de la muse, du rêve, de la rime, de la bagatelle enchantée. Jeune, il se cachait pour aimer et pour être heureux : plus tard il se cachait pour vieillir.

Sa poésie, pour nous, expression fidèle de sa manière d'être, est trop directe ou trop linéaire, si je puis dire ; elle ne passe point par une création : c'est une poésie qui a du nombre, un certain éclat, mais qui ne se transforme et ne se transfigure jamais à travers l'imagination. Telle qu'il la sentait et la pratiquait, habile au métier, charmé des sons, amusé aux syllabes, rien n'existait pour lui en dehors de cette poésie ; il y mettait tout son soin comme toute sa pensée : il n'avait pas de prose.

Son premier recueil est curieux : je le recommande aux amateurs et collecteurs, comme j'en sais déjà, de raretés romantiques. Il a pour titre *Élie Mariaker* (1) sans nom d'auteur, avec une eau-forte en tête, une gravure de rêveur éploré, échevelé, accoudé sur un roc devant un paysage fantastique et nocturne. Ce livre, je puis le dire aujourd'hui sans embarras, est une imitation de *Joseph Delorme*. Le calque est frappant ; il est avoué ; mais il y a surcroît et renchérissement comme lorsqu'on imite et qu'il s'y mêle un coin de gageure. *Élie Mariaker* est le nom de l'auteur censé mort, dont on nous donne la vie, la pensée et les vers. C'est partout un luxe d'élégie, une frénésie de passion, de rêve, de solitude, de roman à deux à tout prix. Toute la bibliothèque romanesque sentimentale des dernières années y est mise à contribution pour fournir des chapelets d'épigraphes. Nul livre n'exprime mieux une mode, une des formes maladives de l'imagination à un moment. On n'en pourrait presque rien citer aujourd'hui sans faire sourire (2).

En regard du dernier volume qu'on publie et de ces *Poésies de la dernière saison,* que de réflexions le rap-

---

(1) Un volume in-8°, 1834.
(2) Qu'on en juge par ces quatre vers d'un sonnet ; je prends l'échantillon presque au hasard :

> Quand nous nous adorions, oubliant maux et tombes ;
> Au temps où nous disions : Comme nos jours sont beaux !
> Je nommais tes yeux gris mes petites colombes,
> Tu nommais mes yeux noirs tes deux petits corbeaux...

prochement suggère! quel retour sur nous-même! Le
poëte vieillissant a mis ses goûts à la raison ; il s'efforce
d'accepter la loi du temps, de s'y soumettre sans murmure ; lui si fier de sa chevelure de jais, si épris dans
sa jeunesse de la beauté réelle et sensuelle, il en est
venu aux délicatesses morales, aux subtilités mortifiées ;
il célèbre, il a l'air d'aimer les cheveux blancs ; il dira,
par exemple :

L'AMOUR PUR.

> Cette beauté blanche et vermeille,
> Qui des heures fait des instants,
> Divine femme de trente ans,
> Dont la grâce est une merveille ;
>
> Que j'aime et trouve sans pareille ;
> Oh! je voudrais bien que le temps
> Passât vite sur son printemps ;
> Oui, je voudrais qu'elle fût vieille !
>
> Non pas pour être alors vainqueur
> De l'amour que j'ai, car mon cœur
> La verra toujours jeune et belle ;
>
> Mais pour que son doux entretien
> Me gardât vieux longtemps près d'elle,
> Et sans que le monde en dît rien.

Entre toutes les fleurs il va choisir l'amarante, **la
fleur qui, dit-on, se flétrit le moins vite, une sorte
d'immortelle; il fait fi de la rose trop passagère; il lui
retire son hommage pour le transporter sur une fleur**

plus digne ; il dit tout cela en vers bien tournés et bien
frappés plutôt que fortement pensés. C'est dommage,
vraiment, que de telles strophes n'aient pas été faites
il y a deux siècles, au lendemain de Malherbe : on s'en
souviendrait peut-être ; mais elles viennent trop tard ;
c'est trop de mots pour trop peu de sens :

> O Rose, en toi que l'amour rende
> Hommage aux fragiles destins!
> Mes chants ne vont pas en offrande
> Aux fleurs qui n'ont pas deux matins.
> . . . .
>
> Amarante, fleur éclatante
> Comme un panache de guerrier,
> Rivale, en ta rougeur constante,
> Du vert feuillage du laurier ;
> Toi dont le velours magnifique,
> Toi dont la pourpre honorifique
> Proclame aux yeux la royauté,
> O fleur de mémoire durable,
> Signe de gloire inaltérable,
> Symbole d'immortalité,
>
> Tout sentiment vrai qui défie
> L'effort du malheur ou des ans,
> Dans ta fleur se personnifie,
> Pour échapper aux jours présents :
> Pour parer leur pieuse enceinte,
> L'amour pur et l'amitié sainte
> Disent par toi : — Fidélité!
> De ta fleur, acceptant l'hommage,
> Ils choisissent pour leur image
> Ton inaltérable beauté.

> Dans les jours de la Grèce antique,
> On te mêlait aux noirs cyprès ;
> Des Anciens le deuil poétique
> Par toi disait les longs regrets ;
> L'âme d'Achille consolée
> A son belliqueux mausolée
> Vit les Thessaliens venir,
> Parés de ta fleur solennelle :
> Leur deuil voulut montrer en elle
> L'éternité du souvenir.
>
> . . . .
>
> O fleur qui n'es pas fugitive,
> Qui nais tard et vis longuement,
> Quand des beaux jours la fleur hâtive
> A l'existence d'un moment,
> Tu nous dis que l'œuvre légère
> De la jeunesse est passagère,
> Et que, dans son travail parfait,
> L'œuvre lente de notre automne
> Vit. — Loin que le temps s'en étonne,
> Il respecte ce qu'il a fait.

C'est par ces vers nobles, purs et sonores, dignes échos de la muse classique, que le poëte vieillissant se consolait de son mieux : il n'avait fait que changer de chimère. Il se le disait à d'autres instants ; il savait que tout passe, que de nos jours tout poëte qui n'est pas souverain passe plus vite qu'autrefois, aussi vite que les plus fragiles beautés. Il s'en plaint avec bien du sentiment dans un sonnet, l'un des meilleurs de sa façon :

UNE GLACE DU VIEUX TEMPS.

Glace de l'ancien temps, dans ton vieux cadre à fleurs
Couronné de ramiers, au frémissement d'ailes,
Que d'êtres ont passé dans tes reflets fidèles !
Où sont-ils ces passants ? — Je sens mes yeux en pleurs.

Ton verre a réfléchi, dans leurs vives couleurs,
La force et la beauté, sans rien conserver d'elles.
Ah ! tes roses devraient être des asphodèles.
A mon front qui s'y mire, il monte des pâleurs.

Tu ne retiendras rien des traits de mon visage ;
Le souvenir, de même, oubliera mon passage !
Je serai comme si je n'avais pas été.

D'autres y passeront sans y marquer leur place ;
La mémoire de l'homme est l'oublieuse glace
D'où les ombres s'en vont avec rapidité.

Le dernier vers pourtant est faible ; le poëte a manqué son dernier trait, celui qui s'enfonce et reste dans la mémoire. Le sonnet est bon, il n'est pas excellent : il ne vivra pas. Hélas ! vivrait-il, même quand il serait parfait et excellent ?

Boulay-Paty adorait Pétrarque, sa forme, son tour de sentiment ; il se plaisait à le suivre par tous ses sentiers. Je note à la page 279 une anecdote de l'amant de Laure, un *fait d'amour* que le poëte a repris à sa façon et dont il s'est amusé à faire un assez joli sonnet. Je crois que je n'oublie rien.

Boulay-Paty, nous te saluons une dernière fois, brave

et digne poëte, fidèle jusqu'à la fin au vœu de toute ta vie, qui as eu, même en expirant, le rêve et l'illusion de la postérité, comme si cette postérité avait le temps de s'arrêter un moment, de se retourner, de regarder quiconque ne la suit point au pas de course ou ne la précède pas! Que ton nom du moins, dans ce monument poétique inachevé, mais grandiose, du xixe siècle, que ton nom reste inscrit à quelque paroi du temple, comme les noms de tant de guerriers le sont sur cet Arc de triomphe que tu as célébré et où il y a place même pour les seconds, même pour les troisièmes dans la liste des héros. L'honneur déjà, un honneur suprême, c'est d'y être admis (1).

Il m'a fallu plus d'effort et de courage qu'on n'imagine pour maintenir le cercle artificiel dans lequel je m'étais proposé de me renfermer cette fois, et pour écarter dans ces dernières semaines les survenants, accourus de toutes parts, qui me disaient : « Est-ce mon tour? Suis-je des trois ou quatre? Mon recueil

---

(1) Quoique j'aie dit que je ne prétendais pas faire le moins du monde une Notice sur Boulay-Paty, je suis pourtant amené, par l'incomplet et l'insuffisance absolue de celle qui est en tête du Recueil posthume, à donner quelques indications précises et quelques dates. Évariste-Félix-Cyprien Boulay-Paty, fils de Pierre-Sébastien Boulay-Paty, jurisconsulte, était né le 19 octobre 1804, à Donges (Loire-Inférieure), où son père avait une propriété. Il mourut à Grenelle-Paris, le 12 juin 1864, avant ses soixante ans accomplis. Ses premiers vers imprimés sont de 1825 : *les Grecs*, dithyrambes (anonyme), 1825, suivis bientôt des *Athéniennes*, vendues au profit des Grecs, 1827. Il célébra ensuite la *Bataille de Navarin*, puis l'*Héroïsme de Bisson* (1828); il humait à pleine

n'est-il pas en effet de 1865 ? » Plus d'un poëte en retard m'a donné le remords de l'avoir omis et négligé : et M. Anatole Leroy-Beaulieu, un nouveau venu sympathique, avec ses *Heures de solitude;* et une ancienne connaissance, M. Valery Vernier, avec ses *Filles de minuit :* une pièce de ce dernier, *Vingt ans tous les deux,* serait assurément connue et célèbre, si par impossible on la supposait transmise de l'Antiquité et retrouvée à la fin de quelque manuscrit de l'Anthologie ; on y verrait une sorte de pendant et de contrepartie de l'*Oaristys.* — J'aurais certainement pu, si je les avais reçus à temps, joindre *les Printemps du cœur* de M. Eugène Vermersch aux sonnets printaniers d'*Avril, mai, juin,* de deux jeunes anonymes. — C'eût été peut-être une indiscrétion à moi, mais qu'on aurait excusée, de parler encore d'un petit recueil, d'une plaquette qui ne porte que ce titre unique ΨΥΧΗ (*Ame*), et dont la poésie naturelle, coulant de source, a quelque chose de la fraîcheur d'une fontaine rustique. Que serait-ce si j'ajoutais que ces vers sont d'un grand

---

poitrine tous les sujets qui passaient dans l'air. En 1830 parurent ses *Odes nationales,* au profit des victimes de la Révolution de juillet. Hippolyte Lucas, son ami intime et de tous les temps, qui avait été son témoin dans ses duels, son confident dans ses amours, qui lui vit faire son testament, m'écrit : « Sur la fin, il était devenu un peu mystique ; il se reprochait les vivacités de ses poésies juvéniles, et à son lit de mort il recommanda de brûler les derniers exemplaires de son *Élie Mariaker* (une dernière tendresse sous forme de remords). Retiré en dernier lieu à Auteuil (?), il vivait si en dehors du monde, que j'ai été seul de ses anciens amis à son convoi. Il y avait cinq croix sur son drap funéraire : il n'y avait pas cinq personnes à suivre son cercueil. »

orateur de la Chambre et, qui plus est, d'un orateur de l'opposition (1)? — Mais il faut finir; il y a un moment où, en tout sujet, on doit prononcer la clôture : *Claudite jam rivos...* Et la meilleure raison pour s'arrêter en pareille matière est celle qu'a donnée le roi des lyriques, Pindare : « On se rassasie même du miel, même des fleurs. »

(1) Maintenant qu'il est de l'Académie française, on peut nommer, sans lui faire tort, M. Jules Favre.

Lundi 31 juillet 186.

CORRESPONDANCE DE LOUIS XV

ET

DU MARÉCHAL DE NOAILLES

PUBLIÉE

PAR M. CAMILLE ROUSSET

Historiographe du ministère de la guerre (1).

Il y a des places qu'il est bon de créer lorsqu'on a sous la main l'homme le plus capable de les bien remplir : ainsi a cru devoir faire M. le maréchal Randon en créant la place d'historiographe du département de la guerre pour M. Camille Rousset. Cet historien avait fait ses preuves d'avance et comme gagné son titre en tirant des papiers conservés dans le Dépôt de la guerre sa belle et solide *Histoire de Louvois*. Aujourd'hui il a tenu à justifier au plus tôt le choix de M. le maréchal

(1) Deux vol. in-8°, librairie de Paul Dupont, rue de Grenelle-Saint-Honoré, 45.

ministre en publiant par son ordre une *Correspondance de Louis XV et du maréchal de Noailles,* laquelle nous montre ce roi si décrié sous un jour un peu plus avantageux qu'on n'est accoutumé de le voir; on y surprend non-seulement des jugements justes, mais d'honorables velléités et des désirs de bien faire; on y saisit l'instant remarquable et fugitif où Louis XV fut tenté d'être quelqu'un dans son gouvernement et où il faillit devenir roi.

M. C. Rousset a fait précéder la Correspondance d'une fort bonne Introduction qui la résume et qui donne sur les personnages et les événements tous les éclaircissements qu'on peut désirer. Le principal personnage de la publication, en regard de Louis XV, est le maréchal de Noailles qu'il s'agit de bien connaître. L'éditeur lui est favorable, c'est tout simple : devoir et rôle d'éditeur d'abord, et puis le maréchal de Noailles se montre, dans cette publication, par ses meilleurs et ses plus spécieux côtés. J'aurais mieux aimé toutefois, je l'avoue, un peu plus d'impartialité ou de curiosité à sa rencontre, une information plus complète, et que l'éditeur, au lieu de considérer comme réfutées par la présente Correspondance les différentes accusations dont ce guerrier courtisan a été l'objet, daignât les discuter davantage, qu'il opposât le pour et le contre, maintînt en présence les contradictions réelles; qu'il s'appliquât enfin à combiner les différents traits qui sont transmis à son sujet, et qui contrastent sans se détruire.

Le duc de Noailles dont il est question ici et qui

mourut comblé de jours, de considération et d'honneurs en 1766, à l'âge de quatre-vingt-huit ans, est celui que Saint-Simon a peint en traits saillants, terribles, très-flatteurs aussi à bien des égards, exagérés sans doute sur quelques points ; mais cela précisément appelle la discussion et l'examen. Un peintre moraliste comme Saint-Simon ne se trompe jamais complétement : il a du flair. Un autre crayonneur de qualité infiniment moindre et qui n'est parfois qu'un barbouilleur des plus rudes, le marquis d'Argenson, a également décrit le même maréchal de Noailles et l'a le plus souvent maltraité. Je suis bien de l'avis de M. Camille Rousset qu'il ne sied point à l'historien d'épouser de telles querelles, de donner dans ces méchants propos et ces soupçons qu'entretiennent et nourrissent les uns contre les autres des contemporains antipathiques ou ennemis. Toutefois il est ici à remarquer que d'Argenson, sans le savoir, s'accorde et se rencontre en plus d'une de ses remarques sur le personnage avec Saint-Simon. On me permettra donc de revenir sur ce conflit de jugements en toute liberté et sincérité. Le nom si respecté des Noailles est hors de cause : pour la noblesse, la leur est des plus anciennes ; pour l'illustration, elle est des plus diverses, et j'ai en ce moment sous les yeux des Lettres d'un des plus éminents diplomates et des plus habiles négociateurs du xvi⁰ siècle qui n'est autre que François de Noailles, évêque de Dax (1). La vertu n'est pas plus rare que

(1) *Lettres inédites de François de Noailles, évêque de Dax,* publiées par M. Philippe Tamizey de Larroque (chez Aubry, rue

l'esprit dans cette famille : chacun a pu lire récemment la touchante et véridique histoire de Mme de Montagu (1), arrière-petite-fille du Noailles même dont nous avons à parler, une vraie sainte et qui avait des sœurs si dignes d'elle. L'honnête homme en personne, sans arrière-pensée, sans intrigue, fidèle à sa cause, mais fidèle noblement et tristement, esprit juste, caractère élevé, nous le connaissons, nous avons l'honneur d'avoir notre fauteuil non loin du sien à l'Académie : c'est le duc de Noailles. Son fils aîné, le duc d'Ayen, s'est montré lui-même, en quelques essais, un écrivain politique éclairé et mûr sur les questions le plus à l'ordre du jour en notre temps (2). Ainsi, en réservant à l'égard de l'un de ses ancêtres toute notre liberté de jugement, nous n'avons pas même à demander excuse; nous ne faisons qu'user du droit de l'histoire. C'est le

---

Dauphine, 16.) L'évêque de Dax fut successivement ambassadeur en Angleterre, à Venise, à Constantinople. Nombre de ses lettres d'affaires ont été publiées par M. Charrière, dans le recueil des *Négociations de la France dans le Levant*. M. Tamizey de Larroque, qui est un curieux et un chercheur, a notablement ajouté pour sa part à la connaissance de l'illustre prélat, en donnant de lui des lettres écrites depuis son retour en France. Toutes ces lettres sont à lire et à noter, même pour l'histoire de la langue.

(1) *Anne-Paule-Dominique de Noailles, marquise de Montagu*; seconde édition; 1 vol. in-18 (Dentu, Palais-Royal, et Douniol, rue de Tournon, 29). — Un fâcheux procès pourtant, qui a tout à coup initié le public à la composition de cette biographie, est venu non pas porter atteinte à l'authenticité de l'ensemble, mais faire suspecter la sincérité de quelques détails.

(2) Son fils cadet, le marquis de Noailles, a donné, depuis, un fort instructif et intéressant ouvrage : *Henri de Valois et la Pologne en 1572*.

lot des familles historiques, c'est leur charge comme
leur honneur que chacun de leurs membres indistinctement puisse être examiné, épluché, pris à partie et
jugé à la rigueur par n'importe qui dans la postérité.
Cette sévérité elle-même, à la bien voir, est un hommage : la complaisance n'a lieu qu'envers des particuliers.

Les Noailles, si on les prend à cette date de la fin
de Louis XIV, étaient courtisans. C'était l'être déjà pour
le jeune duc de Noailles que d'avoir épousé la nièce de
Mme de Maintenon. Jaloux de la faveur et du crédit,
porté en naissant au sein de la fortune, il ne négligea
aucun moyen de se pousser et de monter aussi haut
qu'il le pourrait : il avait de quoi justifier cette ambition par son mérite et par divers genres de talents. On
le vit de bonne heure bien servir à la guerre, concevoir des plans de campagne, avoir des idées en politique, s'exprimer et agir d'une manière aisée et grande
qui le rattache encore au siècle dont il était l'un des plus
jeunes à soutenir le déclin. Sa vie publique, fort bien
digérée, fort judicieusement présentée par l'abbé Millot,
et avec accompagnement de pièces originales, a rempli
des volumes dits *Mémoires de Noailles,* qui se lisent
avec instruction et ne sont pas sans intérêt. Il n'y
manque que les reflets et les ombres, ce qui anime et
accentue une physionomie. Celle du maréchal, dans
ces Mémoires, est d'un seul ton, tout imposante, tout
honnête et vertueuse. On cherche en vain le revers de
la médaille ; on n'a rien du dessous de cartes. Avec le
duc, depuis maréchal de Noailles, il y a sans doute

matière aux éloges ; le tout est dans la mesure et dans le correctif qu'on y apporte. A la mort de Louis XIV, le Régent le mit de fait à la tête du Conseil des finances : il eut d'abord la haute main, recourut tant bien que mal à des expédients ou à des palliatifs, eut le mérite de repousser l'idée de banqueroute, mais ne voulut point des États généraux dans le principe et n'en voulut ensuite que lorsqu'il était trop tard, visa sans cesse à être premier ministre, vit tourner la roue et se retira devant la faveur de Law, à la veille des entreprises aventureuses. Les désastres qu'entraîna le Système réhabilitèrent après coup son administration qui avait besoin de ce repoussoir pour s'embellir. Il eut un temps de retraite et d'exil. Revenu sur la scène, maréchal de France en 1734, il servit bien en Italie l'année suivante et réussit contre les Impériaux, de concert avec des alliés ombrageux et par une combinaison de qualités tant militaires que diplomatiques : ce mélange de talents était son fort. Général en chef, il fut moins heureux en Allemagne et en Alsace en 1743 et 1744 : il manqua notamment la victoire à Dettingen malgré « la sagacité du plan. » Quand on en venait au fait et au prendre, le succès pour lui ne répondait pas aux vues, et il ne retrouva jamais à la guerre de quoi couronner ou confirmer les exploits plus ou moins faciles de sa jeunesse. Appelé au Conseil et ministre d'État depuis 1743 et pendant treize années, il donnait de bons avis, il avait de belles maximes et, ce qui était déjà à la mode, il trouvait, au sujet des affaires du Parlement et sur ces interminables conflits où il y avait matière à popularité, des paroles et des démonstrations de citoyen. Mais était-il vraiment un grand citoyen ? était-il un grand ou même un très-bon capitaine ? avait-il l'étoffe d'un grand ministre d'État ? avait-il été un vrai ministre des finances ? en un mot, justifiait-il, par quelque qualité éminente et solide, par une spécialité supérieure, cette ambition totale et cette qualification de « grand homme » que le *Moréri* lui accorde magnifiquement dans un article évidemment émané de la famille, sinon de lui-même ? Voilà ce qu'il serait assez utile d'examiner, et pas très-difficile peut-être de décider aujourd'hui qu'on a sous les yeux le résultat des actions et, de plus, tous les témoignages.

Non, j'ose le dire, quoique incompétent dans le détail à coup sûr, mais après avoir entendu bien des déposants et par une sorte de verdict de sens commun, par une impression d'ensemble et comme une conviction naturelle, — non, il y avait de l'appareil plus que du fonds dans tout le maréchal de Noailles. En lui refusant un de ces grands succès, tel que l'eût été par exemple Dettingen, s'il y eût été vainqueur, une de ces actions d'éclat qui couvrent bien des fautes ou des insuffisances et qui font passer un homme de l'état contesté à l'état consacré, il semble que la Fortune, si prodigue d'ailleurs envers lui, n'ait été que juste et qu'elle ait résisté, au dernier moment, à couronner une gloire trop superficielle. Remarquez que ce qui serait un jugement téméraire envers tout autre semble une conclusion indiquée avec lui. Dans la plupart des cas, en effet, avec les personnages connus, mais secondaires, de l'histoire, il faut se résigner à ignorer le fond, le secret des esprits et des cœurs, la valeur absolue des talents, la trempe des caractères : les actes publics sont là, on se règle de loin là-dessus, à peu près, et il est hasardeux de conjecturer au delà. Ici, au contraire, nous avons affaire à un personnage des plus étudiés, des plus éclairés par le dessous et percé à jour en tous sens. Convient-il de rejeter ces lumières imprévues comme vaines et trompeuses, et parce qu'il s'y est mêlé un excès de chaleur et d'ardeur, des teintes forcées et quelques lueurs fantastiques, de considérer le tout comme non avenu? Pour moi il me paraît impossible, au point où en est la question, de couler, comme le fait le présent éditeur, sur tout le passé du duc de Noailles antérieurement à l'époque de sa Correspondance avec Louis XV, et de trancher en deux mots son différend avec Saint-Simon, en disant :

« Le duc de Noailles fit repousser au début de la Régence la banqueroute proposée par le duc de Saint-Simon ; grief énorme que Saint-Simon ne lui a jamais pardonné. S'être fait battre dans une telle rencontre et par un neveu de Mme de Maintenon, quelle douleur! mais aussi quelle vengeance! Parmi les nombreuses victimes du duc de Saint-Simon, il n'en est pas qu'il ait défiguré avec plus de passion et d'art. Le Noailles des Mémoires et le Noailles de la Correspondance avec Louis XV ne se ressemblent en aucune façon : comment se ressembleraient-ils? Celui-ci se montre à visage découvert ; l'autre n'est qu'un masque. »

Un tel résumé est tout à fait partial, incomplet, et provoque la contradiction. De quel côté donc est le masque? Il y a problème, et un problème qui vaut la peine d'être éclairci, d'être résolu autant que ces sortes de problèmes peuvent l'être. Il est devenu nécessaire de rappeler au moins les griefs essentiels de Saint-Simon contre le duc de Noailles, de les examiner en les réduisant, de distinguer ce qui est positif et ce qui n'est que conjectural ou purement imaginaire, mais de maintenir aussi ce qui paraît incontestable, et de se former une idée aussi entière que possible d'un homme qui a été l'objet d'un des plus éclatants portraits, le sujet d'une des plus prodigieuses autopsies morales qui existent en littérature. L'histoire peut faire aisément la digne et la fière en se tenant aux documents et pièces d'État dont elle dispose; mais la littérature anecdotique, quand elle s'appuie sur des faits circonstanciés et des particularités prises sur le vif, a aussi ses droits devant l'histoire. La pleine et vivante vérité est dans cette combinaison délicate et cet assemblage.

Le grief de Saint-Simon contre le duc de Noailles, quoiqu'il semble se ramifier sous cette plume exubérante en récriminations touffues et infinies, est unique et simple à l'origine. Voici le fait. Le duc de Noailles, jeune, brillant, en faveur, est envoyé en Espagne; il remporte en Cerdagne, en Catalogne, des succès militaires fort célébrés à Versailles, il prend Girone (1711); il est partout loué, vanté, lorsque, obéissant à son secret mobile et à cette inquiétude d'ambition qui le piquait, il imagine de concert avec le marquis d'Aguilar, pendant le séjour de la Cour à Saragosse, de donner à Philippe V une maîtresse, de le détacher ainsi de sa femme et dès lors de la princesse des Ursins, comptant bien, lui et son ami, s'emparer de toute l'influence ; en un mot, il noue une intrigue qui, découverte, le fait rappeler et le met à la Cour de Versailles dans une position infiniment moins bonne qu'auparavant. Saint-Simon a-t-il exagéré l'importance de cet incident? Il ne l'a assurément pas inventé. C'est alors que le duc de Noailles plus au dépourvu qu'il ne semblait à n'en juger que par les dehors, se rapproche de Saint-Simon, le recherche, et comme il avait l'art de plaire et de séduire, il le séduit et le fascine : les voilà liés. Louis XIV déclinait ; on approchait évidemment d'un nouveau régime. Saint-Simon était bien avec le duc de Bourgogne, le présent Dauphin ; lui mort, il n'était pas moins bien avec le duc d'Orléans, le futur et prochain Régent ; il n'était pas homme à servir mollement ceux qu'il aimait. Le duc de Noailles se fit aimer de lui, il en prit la peine : *ce raffiné musicien pinça* avec lui *les cordes* qu'il savait lui tenir le plus au cœur, notamment la dignité des ducs si abattue. Saint-Simon nous l'avoue, il fut charmé, ensorcelé par ce beau diseur : il s'employa à le servir avec feu ; il brisa pour lui la glace et le mit en bons rapports avec M. de Beauvilliers qui était l'entrée de faveur auprès du Dauphin ; plus tard il ne travailla pas moins à l'ancrer auprès du duc d'Orléans et à le faire un des présidents des Conseils pour la prochaine Régence. Le duc de Noailles n'avait pas, en ce temps, assez d'expressions pour lui témoigner sa reconnaissance. C'est donc comme homme trompé, comme ami abusé par un ami ingrat, que Saint-

Simon s'est cru en droit de se plaindre ensuite du duc de Noailles et de le démasquer.

Le tort, le *crime* de celui-ci, comme le qualifie Saint-Simon, fut, en effet, une fort laide rouerie de courtisan, et de laquelle je ne vois pas qu'il y ait moyen de douter ; car elle s'explique fort bien, et elle explique tout le reste. Le duc de Noailles, très-obligé à Saint-Simon, essaya de se lier encore plus avec lui pour la prochaine campagne politique qu'ils allaient faire ensemble ; dans les derniers jours du règne il le tâta ; il jetait en causant ses vues, ses idées, et il en avait de toutes sortes, de spirituelles, d'avancées, de risquées, d'impraticables, d'incompatibles ; il était homme à projets : sur bien des points, ils ne s'entendirent pas. Noailles avait espoir et envie d'être premier ministre : Saint-Simon avait horreur et du titre et de la chose. Il arriva alors que, sentant en Saint-Simon un ami qui pourrait bien devenir prochainement incommode et gênant, le duc de Noailles eut l'idée de lui tendre un piége qui le compromit dès le début de la Régence et lui cassa le cou, comme on dit. Pour cela il l'attaqua par son faible : il lui proposa qu'au moment de la mort du roi, les ducs, — tous ceux qui seraient présents à la Cour, — allassent ensemble, en corps, à la suite du duc d'Orléans et des princes du sang et en se distinguant du reste de la noblesse, saluer le nouveau roi. Il essayait à dessein d'un mauvais conseil pour le tenter. Saint-Simon, ne se méfiant de rien, ne donna point pourtant dans cette idée à laquelle il vit des inconvénients, et le duc de Noailles ne continua pas moins de la semer et de l'insinuer parmi les ducs, chez qui elle devint prétention, et une prétention qui, se répandant, soulevait contre eux les gens de qualité et la noblesse. Or, cette idée, à première vue, ressemblait trop à une imagination de Saint-Simon pour ne pas lui être attribuée, et en effet le duc de Noailles, qui soufflait ce feu, donnait tout bas son cher confrère pour auteur et promoteur de ce singulier projet de salutation, de telle sorte que, parmi cette noblesse outrée, plus d'un aurait pu lui en chercher querelle et lui faire un mauvais parti. Les choses en vinrent au point que le duc de Noailles fut interpellé là-dessus en pleine galerie de Versailles par la duchesse de Saint-Simon indignée, qui le força d'avouer le vrai et lui en fit la leçon devant témoins. Là est le *crime* de Noailles envers Saint-Simon, et il s'ensuivit la colère, l'animosité, l'impitoyable vengeance de l'ami aliéné et ulcéré, devenu ennemi jusqu'à la mort; il n'y eut jamais entre eux qu'un faux raccommodement et pour la forme, après bien des années, à l'occasion d'un mariage de famille.

De quelque côté qu'on la prenne et qu'on essaye de la retourner, l'action n'est pas belle; c'est une perfidie, et si l'espèce de fureur dont est saisi Saint-Simon toutes les fois qu'il y revient peut faire sourire, n'oublions pas qu'il est meilleur juge que personne de la noirceur du tour, puisqu'il savait seul à quel semblant de bonne grâce, d'émotion et de tendresse à son égard s'était portée, dans le tête-à-tête, la reconnaissance du duc de Noailles pour les offices généreux qu'il lui avait rendus.

Il est très-vrai que depuis ce moment il n'a plus considéré le duc de Noailles que comme un abîme de perversité, une âme caverneuse et noire, un *démon* capable de tout; pour avoir été trompé et abusé par lui comme il l'avait été, il le supposait plus malin, plus rusé et plus ténébreux que le serpent. On sait qu'à l'occasion d'une tabatière donnée par le duc de Noailles à la duchesse de Bourgogne, le matin du jour où elle tomba malade, et qui ne s'est plus retrouvée depuis, il s'est laissé aller à des soupçons diaboliques. Ces soupçons, fruit d'une imagination échauffée et d'une haine recuite, n'avaient pu lui venir que longtemps après l'événement; il s'est fait plus de tort à lui-même qu'à son ennemi, en ne se retenant pas de les exprimer. On rabat de tout cela ce qu'il faut, mais aussi on ne rabat que ce qu'il faut. Saint-Simon, quand il parle du duc de Noailles (et il y revient souvent), commence d'ordinaire par en parler à ravir, puis il s'emporte peu à peu, ne se contient plus; il excède, je le crois et j'en suis certain : il va jusqu'à crier au *monstre*. Mais combien il y a plus de vrai toutefois et plus de vie dans un quart de ce Noailles d'après Saint-Simon, que dans presque tout l'abbé Millot, dans cet autre Noailles de montre et de convention, qui, au moment d'entrer au Conseil des finances sous la Régence, et d'y exercer toute l'autorité qu'il y pourra prendre, écrit à Mme de Maintenon, en se faisant tout petit et modeste

« Monseigneur le duc d'Orléans exige de moi absolument d'entrer dans le Conseil des finances qu'il a formé. J'y suis sous le maréchal de Villeroy. Le reste du Conseil est composé de gens les plus accrédités dans le public et dans le Conseil d'État, et pour la probité et pour le désintéressement. *Ce sera eux qui gouverneront la barque, et nous les verrons faire.* Quoiqu'il ne puisse rien rouler sur mon compte particulier, je vous dirai, Madame, que *c'est avec la dernière peine que je me suis rendu aux instances de Monseigneur le duc d'Orléans.* J'avais, à ce qu'il me semblait, mille bonnes raisons pour désirer d'être en repos, où j'aurais vécu plus heureux et plus tranquille : cependant *il ne m'a été ni possible ni permis de me défendre, et il a fallu accepter contre mon gré ce que d'autres peut-être envieraient beaucoup, et que je ne désirerais pas de tirer de leurs mains s'ils l'avaient.* Je vous parle, Madame, *avec cette franchise* que vous m'avez permise, et comptant sur vos bontés... »

Elle est jolie, la franchise ! Et que l'on croie, après cela, aveuglément aux paroles écrites du duc de Noailles, et que l'on s'en tienne aux belles protestations enregistrées dans ses Mémoires. C'est là, ce me semble, de l'hypocrisie, s'il en fut. Et de Saint-Simon, au contraire, voici par exemple un premier portrait, ou une première partie de portrait qui me paraît incontestable :

« Le duc de Noailles, maintenant (1713) arrivé au bâton, au commandement des premières armées et au ministère, va désormais figurer tant, et en tant de manières, qu'il serait difficile d'aller plus loin avec netteté sans le faire connaître, encore qu'il soit plein de vie et de santé, et qu'il ait trois ans moins que moi. C'est un homme né pour faire la plus grande fortune quand il ne l'aurait pas trouvée toute faite chez lui. Sa taille assez grande, mais épaisse, sa démarche lourde et forte, son vêtement uni ou tout au plus d'officier, voudraient montrer la simplicité la plus naturelle; il la soutient avec le gros de ce que, faute de meilleure expression, on entend par une apparence de sans-façon et de camarade. On a rarement plus d'esprit et plus de toutes sortes d'esprit, plus d'art et de souplesse à accommoder le sien à celui des autres, et à leur persuader, quand cela lui est bon, qu'il est pressé des mêmes désirs et des mêmes affections dont ils le sont eux-mêmes, et pour le moins aussi fortement qu'eux, et qu'il en est supérieurement occupé. Doux quand il lui plaît, gracieux, affable, jamais importuné quand même il l'est le plus; gaillard, amusant; plaisant de la bonne et fine plaisanterie, mais d'une plaisanterie qui ne peut offenser; fécond en saillies charmantes; bon convive, musicien; prompt à revêtir comme siens tous les goûts des autres, sans jamais la moindre humeur; avec le talent de dire tout ce qu'il veut, comme il veut, et de parler toute une journée sans toutefois qu'il s'en puisse recueillir quoi que ce soit, et cela même au milieu du salon de Marly, et dans les moments de sa vie les plus inquiets, les plus chagrins, les plus embarrassants. Je parle pour l'avoir vu bien des fois, sachant ce qu'il m'en avait dit lui-même, et lui demandant après, dans mon étonnement, comment il pouvait faire.

« Aisé, accueillant, propre à toute conversation, sachant de tout, parlant de tout, l'esprit orné, mais d'écorce ; en sorte que sur toute espèce de savoir force superficie, mais on rencontre le tuf pour peu qu'on approfondisse, et alors vous le voyez maître passé en galimatias de propos délibéré. Tous les petits soins, toutes les recherches, tous les avisements les moins prévus coulent de source chez lui pour qui il veut capter, et se multiplient, et se diversifient avec grâce et gentillesse, et ne tarissent point, et ne sont point sujets à dégoûter. Tout à tous avec une aisance surprenante, et n'oublie pas dans les maisons à plaire à certains anciens valets. L'élocution nette, harmonieuse, toutefois naturelle et agréable; assez d'élégance, beaucoup d'éloquence, mais qui sent l'art, comme avec beaucoup de politesse et de grâce dans ses manières, elles ne laissent pas de sentir quelque sorte de grossièreté naturelle; et toutefois des récits charmants, le don de créer des choses de rien pour l'amusement, et de dérider et d'égayer même les affaires les plus sérieuses et les plus épineuses, sans que tout cela paraisse lui coûter rien.

« Voilà sans doute bien de l'agréable et de grands talents de Cour ; heureux s'il n'en avait point d'autres !... »

Je m'arrête ; je n'ai garde de poursuivre : au fond je réduis toute la contre-partie de ce portrait de Noailles par Saint-Simon, dans tout ce qu'elle a de plus affreux, à un ou deux traits, et je dis : « Somme toute, c'était un courtisan, et un courtisan ambitieux. »

Ah ! les courtisans (je parle de ceux du temps passé, du temps où il y en avait) ! il ne faut jamais trop rechercher ce qu'ils ont pu faire dans un moment donné : ils ont été capables de tout, pour se tirer d'un mauvais pas, pour se débarrasser d'un collègue importun, pour couler un rival, pour arriver plus vite à leurs fins. Voilà la vérité morale, la vérité éternelle ; et à l'égard de Saint-Simon, de ce duc entêté, implacable, féroce, tout ce que vous voudrez, mais honnête homme au sens roide du mot, le duc de Noailles l'a prouvé et a vérifié la maxime.

Maintenant, M. Camille Rousset, qui ne juge le maréchal de Noailles que par ses lettres au roi et par cette Correspondance si honorable de fond et de ton, peut s'étonner de la dissemblance : ce sont en effet deux hommes. Le maréchal de Noailles de la fin, comblé, honoré, satisfait et repu même dans ses demi-défaites d'ambition et ses mécomptes, ne saurait nous représenter le duc de Noailles à trente-sept ans, dans son âpreté d'ambition première, inquiet, avide, pressé d'arriver, visant à tout, sans scrupule, cherchant qui le sert et le caressant, donnant du croc-en-jambe à qui le gêne. Saint-Simon qui l'avait pris un jour la main dans le sac et en flagrant délit de machination, pour perdre au début d'un règne quelqu'un dont il pouvait redouter la rivalité ou la contradiction, savait à quoi s'en tenir sur sa qualité morale, sur sa fibre de cœur : il suffit d'une seule occasion pareille pour avoir son jugement fixé sur la valeur morale foncière d'un homme qui peut, d'ailleurs, éblouir son monde et jeter de la poudre aux yeux des autres (1).

Le maréchal de Noailles eut le bonheur et l'art de durer et de vieillir. Oh! qu'il fait donc bon vieillir quelquefois, et que la vieillesse, en un certain sens, raccommode de choses! Si elle vous détruit d'un côté au physique, de l'autre côté, au moral, comme elle vous répare un homme! comme elle le blanchit!

J'admettrais même volontiers que ce qui était arrivé au duc de Noailles avec Saint-Simon, et dont les conséquences furent longues et dures, pût lui servir de leçon pour ne pas recommencer et s'y laisser reprendre. L'homme habile, qui s'est blessé dans le piège qu'il avait tendu imprudemment à d'autres, y regarde désormais à deux fois. On devient prudent, presque sage. Il

(1) Je n'ai jamais été dans la politique, ni témoin de ces sortes d'intrigues; mais la littérature a aussi ses compétitions, ses jalousies et ses roueries, et il est telle rencontre particulière, telle circonstance intime et avérée qui m'a suffi pour me former une idée exacte sur la moralité et le degré de délicatesse de certains hommes de talent que chacun vante et que je connais. C'est le droit et la revanche du moraliste.

y a des apparences de vertus qui ne sont ainsi que des vices émoussés, lassés ou avertis.

Le duc de Noailles était donc un homme de beaucoup d'esprit, et du plus fin, dans un corps épais et puissant. Le duc d'Ayen, célèbre au xviiie siècle par ses bons mots, par sa satire légère et sa « perfidie revêtue de grâce, » n'avait hérité que d'une partie de l'esprit de son père, qui avait plus d'étendue et qui se portait sur plus d'objets. Mais il paraît bien aussi que chez le duc de Noailles, dans sa jeunesse et même de tout temps, il y avait excès, surabondance et afflux d'idées, et par suite mobilité et conflit. Tous les contemporains sont d'accord là-dessus. « Il avait une si grande vivacité d'esprit que ceux qui ne l'aimaient pas la faisaient passer pour inconstance ou même pour folie. » Il multipliait sur tous les sujets les écritures, les mémoires, et les refondait sans cesse : il faisait *tourner la tête* à ses secrétaires. C'était un travailleur et un remanieur insatiable : mais n'oublions pas non plus que le propre des travailleurs est de se perfectionner. M. Camille Rousset, indépendamment de ceux qu'il publie, nous parle d'autres mémoires encore du maréchal, ou dressés par ses soins; notamment sur les finances, qu'il estime des mieux faits et des plus instructifs par les exposés qu'ils renferment.

A côté de la peinture de Saint-Simon, j'ai bien envie de mettre le croquis du maréchal de Noailles par le marquis d'Argenson qui, lui, ne peint pas, mais charbonne. Le modèle n'y gagnera pas; mais il est bon d'écouter tous les sons :

LE MARÉCHAL DE NOAILLES, MINISTRE D'ÉTAT.

« Nous voici dans un tourbillon de manies, de vices et d'usurpations. On convient communément que le maréchal de Noailles est fol et hypocrite ; il est cependant à la mode de dire qu'il est dévot et homme de beaucoup d'esprit : tant le discernement à la Cour se plie sous l'empire de la mode et des apparences, et tant l'habitude est formée de voir de méchants hommes dans les grandes places et de les craindre !

« Pour l'apprécier, il faut le juger à ses œuvres. En le fréquentant, on lui trouve beaucoup d'imagination et peu d'esprit. Ce n'est pas un Génie qui le conduit, c'est un follet indécent et malin. C'est la juste harmonie du jugement avec l'imagination, qui constitue l'homme d'esprit ; joignez-y la conception nette et facile, c'est l'homme de beaucoup d'esprit ; avec le courage de plus, c'est l'homme de génie : mais, avec le feu seul de l'imagination, on extravague...

« Il est de ces familles de Cour, tirées de l'obscurité par le bonheur et par l'intrigue, sans avoir jamais rendu d'éclatants services, sans avoir produit d'hommes d'un mérite élevé (1). Elles sont cependant les mieux établies, parce qu'elles ont toujours cheminé par la souplesse, l'assiduité, la complaisance, l'utilité aux plaisirs et la dévotion, suivant l'âge de nos rois. Elles assiègent la fortune à la sape, quand les hommes d'un vrai mérite perdent la leur par des orages ; et s'il arrive que quelques-uns de ces grands seigneurs se fassent une réputation d'application et de bons mots, on les charge d'affaires, et on en fait les premiers personnages du théâtre.

« Tel parut le maréchal de Noailles dès sa première jeunesse. Il devint favori de Mme de Maintenon ; il épousa son héritière, et sans perdre sa confiance ni celle du feu

---

(1) Je n'ai pas besoin de dire que cela est léger et injuste ; j'ai rappelé plus haut le mérite de membres éminents de la famille de Noailles dans le XVIe siècle.

roi, il sut pourtant se ménager la faveur du duc d'Orléans par ses utiles manœuvres. Aussi, à la mort de Louis XIV, devint-il une espèce de premier ministre. Il fut chargé du ministère des finances. Il conseilla la *polysynodie* ou *multiplicité des Conseils*. Il ne travailla à débrouiller le chaos des affaires que par de nouveaux désordres. Il se fit des créatures par le moyen de son crédit; mais quant à ses propres affaires, il les a toujours plus mal gérées encore que celles du roi, et son zèle en a été la ruine. Il a fini par abandonner tous ses biens à ses créanciers, après quantité d'essais imprudents et malheureux pour enrichir sa maison.

« Cependant il ne tarda pas à intriguer contre le Régent lui-même, et ne visait à rien moins qu'à lui faire ôter la régence (1). Celui-ci s'en aperçut à temps et l'exila. Il se comporta assez ridiculement dans sa terre; entre autres traits de folie, il portait chape dans sa paroisse et se faisait dire l'office des morts couvert d'un drap mortuaire, pour l'expiation de ses péchés.

« Enfin, à force de souplesse près de Mme de Châteauroux et de M. de Richelieu, il parvint à rentrer dans les Conseils. Les années 1743 et 1744 ont été celles de son triomphe. Il était plus que premier ministre. Il fit renvoyer M. Amelot, et gouverna en grand et en détail le militaire et la politique. Il faillit perdre deux fois l'État : l'une à Dettingen, l'autre au passage du Rhin par le prince Charles de Lorraine. A la guerre, il est avantageux, c'est-à-dire faux brave; à la Cour, sa grande politique est de protester beaucoup d'amitié à ceux qu'il veut perdre. Depuis qu'il ne sert plus en qualité de général, il se montre au Conseil grand Autrichien... »

Quand on lit ces portraits, il faut faire la part des antipathies. Le marquis d'Argenson n'est pas, comme Saint-Simon, un ennemi personnel du maréchal de

---

(1) La plupart des traits de cette biographie du duc de Noailles sont forcés ou faux.

Noailles, mais c'est un antipathique, d'une autre race morale, d'une tout autre humeur et d'un caractère tout au rebours. Il est l'antipode du courtisan ; on l'appelle à la Cour d'Argenson *la bête :* c'est bien lui qui a un fond de cœur de citoyen ; mais l'écorce est revêche, la parole rustique et rude, même grossière.

Le maréchal contribua à la chute du marquis d'Argenson, et il hâta son renvoi du ministère. On a la lettre ou le mémoire dans lequel il représente au roi l'inconvénient d'avoir pour ministre des Affaires étrangères un homme aussi mal embouché et aussi mal appris, qui *avilit* le poste le plus élevé par ses boutades, par ses travers et ses ridicules : « Il ne répond aux affaires les plus sérieuses que par de mauvais proverbes, vides de sens, et des phrases triviales, pleines d'indécence (1). » Dans cette lutte sourde du maréchal de Noailles avec le marquis d'Argenson, je crois voir la politesse aux prises avec l'incongruité. Mais, en revanche, le rude d'Argenson atteint et marque son vis-à-vis par des mots que d'autres ne hasarderaient pas. Son bon sens a des crocs qui enfoncent ; il n'épargne pas même le visage. C'est ainsi qu'il nous le montre dans les dernières années au Conseil, sourd, avec son menton d'argent (à cause d'un mal qui lui rongeait le bas du

---

(1) Il faut voir au tome VII, page 338, des *Mémoires* du duc de Luynes, un *Discours politique sur les affaires présentes,* que les railleurs prêtaient au ministre des Affaires extérieures et qui est censé tout composé de phrases et de locutions familières à d'Argenson. Pendant que le maréchal de Noailles le battait en brèche auprès du roi, les moqueurs tels que les Maurepas, duc d'Ayen et autres, le ruinaient en Cour par le ridicule.

visage), parlant haut, criant sans en être mieux écouté, opinant pour qu'on reçoive les remontrances du Parlement et jouant le citoyen, *hoc solo imitatus civem :*

« Le maréchal de Noailles opina bravement pour qu'on reçût les Remontrances, disant que le roi doit toujours écouter ses sujets, sur quelque plainte que ce soit qu'ils aient à lui porter, sauf à punir ceux qui les portent avec injustice et irrévérence. L'on prétend que le roi rougit et marqua de la colère aux propos du maréchal, quoiqu'il parlât bien cependant. On le regarde comme un fou qui dit quelquefois bien et souvent mal, mais toujours sans principes... »

(Et encore :) « Il radote, change toujours d'avis, augmente de surdité. Cependant il prêche aujourd'hui la paix, et je l'en révère. »

Ce sont là les compliments et les *révérences* de d'Argenson à l'égard du maréchal de Noailles : mieux valaient presque les injures flamboyantes de Saint-Simon. — Et, toutefois, je ne pense pas que d'Argenson ait mérité d'être immolé à Noailles aussi complétement que le fait l'éditeur. Je laisse à M. Rathery le soin de répondre là-dessus à M. Rousset; il y est obligé. La guerre appelle la guerre.

La vérité, la vraie mesure sur le maréchal de Noailles, je n'ai pas le mérite de la trouver : je la rencontre tout exprimée chez un historien consciencieux, qui a beaucoup lu, beaucoup résumé, et dont le style piquant, un peu recherché, mais incisif, grave son objet. Lemontey, au chapitre II de son *Histoire de la Régence,* a dit :

« Le duc de Noailles, en dirigeant les finances, était de

fait un premier ministre, et l'on pouvait également tout craindre ou tout espérer de ce choix hasardeux. L'ambition avait toujours été dans ce courtisan le double besoin d'une âme avide et d'un esprit inquiet. Il devait des connaissances très-variées à son extrême application, et il avait tenu la plume dans les bureaux du contrôleur général Desmarets, comme le czar avait manié la hache dans les chantiers de Sardam. Son élocution était facile, séduisante et pleine de ces saillies qui, dans les hommes d'un rang élevé, passent aisément pour de la profondeur. Il soutenait avec un rare talent des idées qu'il abandonnait un instant après, tant sa tête était mobile, sans arrêt, sans justesse, et refaisant toujours ce qu'elle n'achevait jamais. Les projets les plus extraordinaires, tels que celui de faire de Paris une place forte, d'expulser les Jésuites, de transporter par lambeaux Versailles à Saint-Germain, l'avaient sérieusement occupé. La gloire des bons citoyens le touchait, et quoiqu'il s'aimât lui-même bien plus que la patrie, il préférait la patrie à tout le reste. Un peu de folie dans son talent, un peu de vertu dans son égoïsme, ajoutaient aux variations de ce Protée que la Cour avait vu changer successivement de parti, de goûts, de mœurs, et qui probablement aussi eût changé d'amis s'il en avait eu. Dans la suite, le temps épura son caractère sans corriger tous les défauts de son esprit. Le duc de Noailles trouva, dans une vieillesse utile et considérée, un port où se reposent rarement des ambitieux aussi inquiets. »

On ne saurait mieux résumer, mieux conclure, ni mieux dire. Convenez que ces historiens de l'ancienne école, bien qu'ils pensent, en écrivant, à Tacite ou à Salluste, ont du bon.

Cette première discussion m'a paru indispensable avant d'aborder la publication présente de M. Camille Rousset, qui a en soi beaucoup d'intérêt. Mais je n'ai pas cru devoir imiter cette façon sommaire d'entrer en matière en passant l'éponge sur ce qui a précédé. Autres, en effet, sont les devoirs et les convenances d'un historiographe publiant des pièces d'État, autres sont nos libertés à nous; nous avons nos coudées plus franches. Or, à mes yeux, un portrait de Saint-Simon se discute, se réfute, se réduit, mais ne s'escamote pas.

Lundi 14 août 1865.

CORRESPONDANCE DE LOUIS XV

ET

DU MARÉCHAL DE NOAILLES

PUBLIÉE

PAR M. CAMILLE ROUSSET

Historiographe du ministère de la guerre.

(SUITE ET FIN.)

I.

La Correspondance régulière du maréchal de Noailles avec Louis XV commence à un moment décisif, au moment de la mort du cardinal de Fleury ou même quelques mois auparavant. On sentait que ce vieillard de près de quatre-vingt-dix ans s'en allait; il s'éteignait petit à petit « comme une chandelle. » Sage pilote dans le calme et bon pour l'intérieur, les derniers événements de l'année 1742 l'avaient montré dans toute son insuffisance à l'heure de l'orage, en présence des soudains conflits extérieurs qui changeaient la face de l'Europe. Le cardinal mort, le roi allait-il enfin régner? Grave question que chacun se posait et qui réveillait à la Cour toutes les ambitions, toutes les espérances. Louis XV avait alors trente-trois ans. Le maréchal de Noailles, commandant à la frontière du Nord, a obtenu du roi la liberté de lui écrire directement sur les affaires militaires : il lui demande la même permission pour la politique en général :

« Il est presque impossible, écrit-il au roi, de former aucun plan particulier avec solidité, sans embrasser le tout. Les affaires se tiennent par des liaisons qui les mettent dans une dépendance nécessaire les unes des autres, et ce n'est que par la combinaison de toutes les parties qu'on doit se décider sur ce qu'il est plus avantageux de faire pour chacune d'elles en particulier. »

Le maréchal de Noailles est âgé de soixante-quatre ans à cette date; il représente une longue expérience acquise, il est un des rares demeurants du dernier règne; il peut dire au roi avec autorité sur presque chaque sujet : « *Le feu roi, votre auguste bisaïeul, pensait... le feu roi, votre auguste bisaïeul, disait...* » Il s'offre pour ce genre de conseil avec un dévouement passionné, qui n'est pas sans dignité jusque dans son expansion :

« Jusqu'à ce qu'il plaise à Votre Majesté de me faire connaître ses intentions et sa volonté, me bornant uniquement à ce qui regarde la frontière dont elle m'a donné le commandement, je parlerai avec franchise et liberté sur l'objet qui est confié à mes soins, et je me tairai sur tout le reste, toujours prêt, cependant, à vous exposer, Sire, lorsque vous le voudrez, etc., etc. Mais si vous voulez, Sire, qu'on rompe le silence, c'est à vous de l'ordonner. »

Louis XV accepte de bonne grâce cette ouverture et lui permet de libres avis; il avait du goût pour ce genre de correspondance particulière, j'allais dire cachotière, en dehors de ses ministres en titre; ce n'était pas précisément un insouciant que Louis XV, c'était même un curieux; il aimait à tout savoir, le pour et le contre sur les choses et sur les gens, sauf à en très-peu profiter et à n'en rien faire. Il répond de sa main au maréchal (26 novembre 1742) :

« Le feu roi, mon bisaïeul, que je veux imiter autant qu'il me sera possible, m'a recommandé, en mourant, de prendre conseil en toutes choses et de chercher à connaître le meilleur pour le suivre toujours; je serai donc ravi que vous m'en donniez. ainsi, je vous ouvre la bouche, comme le Pape aux cardinaux, et vous permets de me dire ce que votre zèle et votre attachement pour moi et mon royaume vous inspireront. Je vous connais assez, et depuis assez de temps, pour ne pas mettre en doute la sincérité de vos sentiments et de votre attachement à ma personne. »

Le premier Mémoire du duc de Noailles, adressé au roi, est pour accompagner une Instruction confidentielle donnée par Louis XIV à son petit-fils, Philippe V, qui allait régner en Espagne : un des principaux articles de cette Instruction, celui que commente avec le plus d'insistance le maréchal, est la recommandation pour un roi de n'avoir jamais ni premier ministre ni favori. « Écoutez, consultez votre Conseil, mais décidez. » Toute cette suite d'avis et de vues, proposés d'abord par le maréchal de Noailles au roi en plusieurs Mémoires ou lettres développées, est à la fois fort sensée et fort noble, donnée dans un assez beau langage, qui a de l'ampleur et sent son Louis XIV. La phrase, avec ses tours et ses longueurs, rappelle un peu la perruque traditionnelle. Il y a certainement quelque étalage. Les sentiments sont tout purs, tout désintéressés, ce qu'ils doivent être du moment qu'ils s'expriment; les raisonnements généraux, de la manière dont ils sont présentés, paraissent justes; ils s'appuient à d'excellentes maximes politiques : nous ne sommes pas très-bons juges de l'application ni de bien des détails. Au fond, il n'est pas interdit de penser que, tout en s'élevant si fort contre l'idée d'un premier ministre, le maréchal de Noailles n'était pas fâché de se frayer la voie à devenir ministre lui-même, et le ministre le plus influent; c'est ce qu'il fut, en effet, à un moment où il réunissait sans titre spécial et tenait presque entièrement dans ses mains les Affaires extérieures et la Guerre.

S'il y eut intrigue (et il y en eut, certes, à cette heure, et plus d'une qui se croisait ou se rejoignait dans un sens approchant, et de la part du maréchal, et du côté de Mme de Châteauroux, du duc de Richelieu et des Tencin), elle fut pour un assez bon motif. Il s'agissait de montrer à l'Europe, dans la guerre inégale où l'on s'était engagé sur le pied d'auxiliaires et sans volonté ni plan arrêté au début, que la France avait décidément un roi, et de porter Louis XV à faire comme ses glorieux et redoutés prédécesseurs, à paraître à la tête de ses armées. Il fut fort question de cela pendant l'année 1743 ; mais il y avait encore à choisir l'instant et à préparer cette entrée en scène. Ce qui s'était passé au combat de Dettingen (27 juin) n'était pas encourageant. Les princes et les officiers s'étaient fort vaillamment conduits, mais le régiment des Gardes avait lâché pied tout d'abord, et, aux premières décharges de l'ennemi, s'était jeté dans le Mein sans que rien pût l'arrêter. Et en dehors de ce corps d'élite, « il y avait peu de régiments d'infanterie dont on pût dire du bien. » Dans une lettre particulière au roi, le maréchal ne dissimulait rien de cette mauvaise conduite des troupes : la perte matérielle n'était pas grande, elle était même moindre peut-être, à ce combat de Dettingen, que celle de l'ennemi ; mais c'était de rendre aux troupes le courage et de ranimer la confiance du soldat qui semblait le plus difficile. Tel était l'état moral où était tombée une armée française mal exercée, médiocrement commandée.

Il est heureux pour Louis XV qu'il n'ait pas eu le sang plus chaud ni plus vif : à une telle nouvelle il aurait rougi comme d'un affront, il aurait bondi et serait entré dans une sainte et royale colère. Au lieu de cela, il répondit au maréchal avec des paroles d'honnête condoléance pour son échec qualifié simplement de victoire manquée, avec des félicitations pour la valeur des jeunes seigneurs et des officiers, et par des regrets au sujet des morts ; puis il ajoutait :

« Je ne suis pas moins fâché que vous de ce que vous me dites de ma Maison, et surtout de celle à cheval; trop de complaisance doit en être la seule cause; tenons-nous-le pour dit pour l'avenir. Je garderai le secret que vous m'en demandez; mais le tout est déjà public, et peut-être même plus enflé qu'il n'est, car vous savez qu'en ce pays l'on y va fort vite, soit d'une façon, soit d'une autre.

« Certainement il faut apporter tous ses soins et tout son argent à l'état militaire, car je vois bien que c'est le soutien de l'État, surtout étant aussi jalousé qu'il l'est par nos voisins. Dans l'hiver, nous verrons ce qu'il y aura à faire pour l'année prochaine, et à la paix pour l'avenir, laquelle il ne faut pas faire honteuse qu'on n'y soit contraint par la très-grande force, et j'y suis bien déterminé au péril même de ma vie. »

Les derniers mots *au péril de ma vie* raccommodent assez mal la chose, une paix *honteuse!* Louis XV en conçoit à la rigueur l'idée et la nécessité, et il se laisse aller à le dire. Ce sont de ces *lapsus* qui ne devraient jamais échapper à la plume d'un souverain, et qui le jugent.

Une remarque que suggèrent ces lettres de Louis XV données en entier par M. Rousset, c'est qu'on y sent l'esprit mou, la volonté molle, à la mollesse même de la phrase; le relâchement et l'indécision sont dans la parole comme dans la pensée; le sens y flotte; on y passe du pour au contre en un instant.

A chaque pas, en toute occasion, ce trait essentiel du caractère de Louis XV se trahit et reparaît. Vers le même temps, le maréchal de Broglie juge à propos d'abandonner et de découvrir le fantôme d'Empereur que soutenait la France, de se retirer de la Bavière et

de ramener son armée sur le Rhin. Le maréchal de
Noailles, dans un sentiment non de rivalité, mais d'intérêt public, croit devoir signaler au roi cette retraite
précipitée, inexplicable, faite sans en avoir reçu l'ordre,
comme la plus grande preuve du manque de concert
et du peu de subordination qui compromet tout et tend
à tout perdre. Il demande un acte de sévérité contre le
maréchal et contre son frère, l'abbé de Broglie, qui ne
fait qu'un avec lui; il a grand'peine à arracher du roi
un léger exil. Ici M. Camille Rousset s'étonne que le
grand Frédéric, dans son *Histoire de mon Temps,* ait pu
croire et dire que le maréchal de Broglie n'avait pas été
disgracié à son retour pour cette inconcevable retraite,
et que « la Cour ne lui avait témoigné aucun mécontentement. » Mais c'est qu'on lui en marqua très-peu
en effet, et que cela parut à peine une disgrâce; on le
voit bien par les lettres de Mme de Tencin au duc de
Richelieu, où elle dit (1er août 1743) : « Mon frère
(*le cardinal de Tencin*) est révolté, et je le suis aussi,
de ce que *le roi n'a témoigné aucun ressentiment* contre
le maréchal de Broglie qui, de l'aveu de tout le monde,
a si mal fait son devoir. » Et moins de quinze jours
après, le 13 août, Mme de Tencin dit encore :

« L'abbé de Broglie a écrit à d'Argenson (*le comte d'Argenson, ministre de la Guerre*) que la pénitence de son
frère était assez longue, qu'il fallait lui permettre de venir à
la Cour, et que, si on ne le lui permettait pas, il y viendrait tout de même. D'Argenson, étonné de ce style, alla
chez M. de Châtillon pour l'engager à faire prendre patience
au maréchal de Broglie : on lui a promis qu'il reviendrait

en septembre. Il me semble qu'il faut en conclure que le maréchal a des lettres des ministres qui lui disaient de ramener son armée, ou qu'il en a de son frère autorisé par les ministres. L'inquiétude, le trouble même que d'Argenson montra à la réception de la lettre de l'abbé, me fait croire qu'il a eu part aussi bien que tous les autres ministres à la pitoyable conduite du maréchal. »

De même que le roi avait des correspondances secrètes à l'insu de ses ministres, de même les ministres envoyaient des ordres secrets à l'insu du roi; chacun se comportait en maître dans son *tripot* (c'est encore une expression de Mme de Tencin, qui s'y connaît, et qui était placée au foyer de toutes ces intrigues). Louis XV lui-même le savait; il donne implicitement raison à ce jugement de Mme de Tencin dans les lettres qu'il écrit au maréchal de Noailles, et comme ce dernier avait allégué à l'appui de son opinion celle du comte de Saxe, lequel, tout attaché qu'il était au maréchal de Broglie, disait ne rien comprendre à sa conduite, le roi répond :

« Il n'est pas étonnant que le comte de Saxe n'ait pu se persuader ce qui est; tous ceux qui n'ont pas vu le dessous des cartes sont dans le même cas, et effectivement cela est incroyable; pourtant l'on dit déjà qu'il (*le maréchal de Broglie*) a sauvé l'armée par cette belle retraite; mais j'en dirais trop et en ferais trop, si je me laissais gagner à ma mauvaise humeur; mais vous savez que *je n'aime pas les grandes punitions*, et que souvent, en punissant peu et en récompensant de peu, nous en faisons plus qu'avec les plus grandes rigueurs et les plus lucratives récompenses. »

Louis XV couvre ici sa faiblesse d'une belle maxime

qui n'a pas son application; pour produire tant d'effet avec un simple remuement de sourcils, il n'avait pas encore assez fait ses preuves de roi. On aura remarqué comme il parle de toutes ces intrigues et cabales, moins en roi qu'il est et qui d'un seul mot peut tout réduire à néant, que comme un homme qui se croise les bras et n'est aux premières loges que pour regarder. — La vérité, sur ce point historique, c'est que la *pénitence* du maréchal de Broglie ne fut que bien peu de chose; on peut dire qu'elle ne compta pas et ne fut prise au sérieux ni à la Cour ni dans une partie du public : on vient d'entendre Mme de Tencin; Barbier, dans son *Journal,* dit positivement : « On croit que la disgrâce n'est qu'une feinte. » De là l'erreur de Frédéric, très-excusable.

II.

Je me permettrai de gronder doucement à ce propos M. Camille Rousset, lui qui apprécie et admire, comme je sais qu'il le fait, le grand Frédéric, de ne l'avoir introduit dans son travail que pour lui donner tort deux ou trois fois et pour le réfuter. Il allègue de ce roi deux ou trois maximes politiques, fort cyniques assurément, et il les emprunte à une production suspecte, *les Matinées royales*, sur lesquelles une réimpression récente a ramené l'attention (1). Mais ces *Matinées royales* ou

(1) *Les Matinées royales ou l'Art de régner;* Londres, 1863. — Cette nouvelle édition, qui donne pour *inédit* ce qui ne l'est pas, a provoqué en Allemagne plus d'une réfutation, notamment un

prétendus Conseils de Frédéric à son neveu et à son héritier sont des moins authentiques, et les hommes les plus versés dans la critique des OEuvres du grand Frédéric les considèrent comme un pamphlet, un pamphlet habilement rédigé, mais d'une fabrique ennemie, et d'un esprit tout à fait indigne du monarque auquel la malice les a attribuées. Frédéric, en effet, pouvait être un sceptique en religion, un mécréant, et se passer en conversation bien des goguenarderies ; mais avec lui le roi, dès qu'il parle des choses royales, n'est jamais loin. Or, il y a une opposition absolue entre la frivolité purement maligne des *Matinées royales*, et le style grave et digne des autres œuvres de Frédéric, toutes les fois qu'il a à parler de la patrie. Frédéric était un roi essentiellement patriotique, et il ne badinait point dès qu'il s'agissait de son pays et de l'histoire. Quoi ! vous croirez que Frédéric, donnant de prétendues leçons à son héritier, ait pu dire au sujet du choix de ses ambassadeurs :

« J'en ai trouvé qui m'ont servi sur les deux doigts et qui, pour découvrir un système, auraient fouillé dans la poche d'un roi. Attachez-vous surtout à ceux qui ont le talent de s'exprimer en phrases vagues, lourdes ou renversées. Vous ne ferez pas mal d'avoir des médecins et des serruriers politiques ; ils pourront vous être d'une grande utilité. Je connais par expérience tous les avantages qu'on peut en tirer ! »

livre du docteur Lauser (Stuttgard, 1865). M. Preuss, le digne éditeur des OEuvres complètes de Frédéric, a publié à cette occasion un fort bon article dans la *Revue pour servir à l'histoire de Prusse*.

Avant que la critique allemande ait protesté contre de pareilles plaisanteries mises sur le compte d'un des souverains qui ont eu le plus à cœur leur métier de roi, il y avait longtemps que la critique française, dans une vue de simple bon sens, avait dit : « Nous ignorons si Frédéric était capable de se servir des moyens indiqués ici ; mais nous croyons pouvoir affirmer que, s'il avait assez d'immoralité pour employer des *médecins* et des *serruriers politiques,* il avait en même temps trop d'adresse pour l'avouer à qui que ce soit, même à son successeur (1). »

Il y avait peut-être à introduire Frédéric dans cette Étude où Louis XV tient le premier rôle, mais ç'aurait dû être alors pour opposer les deux esprits, la mollesse et la force, l'abandon et l'infatigable vigilance, le laisser aller de tout, après quelque velléité d'action passagère, et l'héroïque et constant labeur, tant civil que guerrier, qui occupa toutes les heures d'une longue vie. C'est ainsi d'une part que les monarchies grandissent : c'est ainsi de l'autre qu'elles dépérissent et se perdent.

III.

Un des mérites du maréchal de Noailles est, du moins, de l'avoir senti et d'avoir averti Louis XV de ce relâchement de tous les ressorts (8 juillet 1743) :

---

(1) J'emprunte cette conclusion à la *Décade Philosophique* du 30 germinal an v (19 avril 1797), où je lis un fort judicieux article sur ces *Six Matinées* du roi de Prusse.

« Qu'il me soit permis, Sire, de vous exprimer combien je souffre et je suis touché de voir Votre Majesté, qui mérite d'être aimée et bien servie, l'être si mal. Je ne puis m'empêcher de lui dire qu'il y a, dans toutes les parties de l'administration du gouvernement, une sorte d'engourdissement, d'indolence et d'insensibilité à laquelle il faut apporter le plus prompt remède, sans quoi, Sire, votre royaume est menacé de grands malheurs. »

Suivaient des considérations et des recommandations générales fort justes ; mais tous ces conseils, reçus avec bienveillance et discutés même avec bon sens par Louis XV, profitaient peu pour la conduite. Ce n'était pas l'information ni le jugement qui manquaient à ce roi : c'était la décision et le ressort. Avec lui la difficulté était de lui faire dire : *Je veux*. On assiste pourtant à d'honorables tentatives et au travail secret qui décida le voyage de Metz, l'année suivante, et qui prépara, comme suprême triomphe, la présence de Louis XV à Fontenoy. On y mit le temps. Louis XV ira-t-il à l'armée dès l'été de 1743 ? Il consulte là-dessus le maréchal de Noailles, qui lui a promis de lui ménager le plus prochainement possible quelque siége glorieux, à l'instar de ceux de Louis XIV :

« Dans tous les cas, écrit Louis XV (24 juillet), il faudra faire quelque chose, soit à la fin de cette campagne, soit au commencement de l'autre ; vous savez ce que vous m'avez promis, et ce n'est pas d'aujourd'hui que j'en grille d'envie. Vraisemblablement nous n'aurons pas à ménager les Hollandais ; Luxembourg est de trop dure digestion, mais si nous entreprenions le siége d'une place, par laquelle croiriez-vous qu'il faudrait commencer ? Vous savez qu'il faut faire des dispositions d'avance pour la réussite d'un projet. Si c'est du côté de la mer, Ypres pourrait assez nous convenir ; si c'est du côté de la Meuse, Mons, Namur. Examinez le tout, ou plutôt envoyez-moi le fruit de vos réflexions ; car je ne doute pas qu'elles ne soient déjà toutes faites chez vous. Je me hasarde peut-être un peu trop dans les circonstances critiques où nous sommes ; mais si vous ne croyez pas la chose possible, mandez-le-moi avec votre franchise ordinaire. Je suis accoutumé à me contenir sur les choses que je désire, et qui n'ont pas été possibles jusqu'à présent, ou du moins qu'on n'a pas crues telles, et je saurai encore me contenir sur celle-ci, quoique je puisse vous assurer que j'ai un désir extrême de pouvoir connaître par moi-même un métier que mes pères ont si bien pratiqué, et qui jusqu'à présent ne m'a pas réussi par la voie d'autrui, ainsi qu'il y avait lieu de s'en flatter.

« Je ne m'étendrai pas davantage pour cette fois-ci, mais j'attendrai votre réponse avec honnêtement d'inquiétude ; pensez le reste. »

Il y a là quelque bon désir, quelque étincelle ; et quinze jours après (9 août), lorsque la retraite de l'armée de Bavière a ramené la guerre à notre frontière du Rhin, Louis XV dira :

« Si l'on mange mon pays, il me sera bien dur de le voir croquer, sans que je fasse personnellement mon possible pour l'empêcher ; mettons-nous au moins en état de réparer de bonne heure ce que nous aurons pu perdre toute cette année-ci. »

Sous des expressions peu nobles on aime à surprendre de ces réveils d'honneur. Et encore, à la date du 16 août :

« Je sens bien l'impossibilité de rien entreprendre de

cette campagne, vu notre faiblesse ; mais je vous réponds que j'apporterai tous mes soins pour que tout soit réparé de bonne heure, et que je puisse avoir la consolation de réjouir de bonne heure (*au printemps prochain*) les dames de Mons... »

Ne demandons pas à la plume de Louis XV l'élégance ; il se rencontre ici du moins une petite vivacité. L'intention se marque ; voilà un commencement de roi. Qui sait ? Télémaque bien en retard, mais excité cette fois par Eucharis et par Mentor, fera peut-être quelque chose de grand.

Une disposition d'esprit, pourtant, qui règne dans ces lettres de Louis XV et qui ne laisse pas de nous blesser un peu, c'est de voir que, dans son bon sens, il soit si vite résigné au mal, à la médiocrité des hommes et des temps ; il n'a ni le feu sacré ni le diable au corps ; il est totalement dénué du démon. « Ce siècle-ci n'est pas fécond en grands hommes. » Il le dit et en prend son parti, se consolant de n'avoir ni Condé ni Turenne, puisque les ennemis, de leur côté, n'ont ni de prince Eugène ni de Marlborough. On aime peu à voir cette décadence de la nation, avouée et reconnue d'un roi jeune, et qui devrait protester contre, ne fût-ce que par son exemple. Le maréchal de Noailles le lui insinue aussi respectueusement que possible :

« Votre Majesté me paraît frappée, autant que je puis l'être, de la stérilité des grands hommes ; ce n'est cependant pas, Sire, que je ne sois persuadé qu'il n'y ait de l'étoffe pour en faire ; il s'agit d'aider à la nature, d'exciter le zèle et l'émulation et de fournir aux bons sujets les occasions de se développer. Ces soins sont une partie essentielle de ceux de la royauté, et ne sont pas les moins difficiles à remplir; mais ils ne le seront pas pour Votre Majesté, vu les talents que Dieu lui a donnés pour se faire aimer de ceux dont elle veut l'être, et pour discerner le mérite. »

Un peu de flatterie, il en faut; il faut le passe-port au conseil. Louange avec les princes, louange bien placée et bien choisie, c'est encore conseil.

Noailles a le mérite de pousser le comte de Saxe contre lequel Louis XV faisait d'abord quelques objections, se méfiant de lui à cause de sa qualité d'étranger :

« Les officiers, Sire, qui se portent vers le grand sont aujourd'hui si rares que, dans l'opinion que j'ai du comte de Saxe, je le regarde aujourd'hui comme un homme précieux pour votre État, qui mériterait des distinctions particulières s'il était né votre sujet; qui, étant étranger, en mérite encore de plus grandes, afin de l'attacher plus étroitement à Votre Majesté. Il a de l'élévation dans l'esprit et des sentiments dans le cœur... »

Et l'on peut remarquer, à ce propos, que le maréchal de Noailles avait le talent de ne pas choisir trop mal ses amis : sous la Régence, il avait adopté le chancelier d'Aguesseau et se l'était étroitement attaché et acquis; en 1743, il poussait le comte de Saxe. Ce dernier, tout lié qu'il était avec le maréchal et dans les termes de la reconnaissance, en parlait assez légèrement dans l'intimité. Le maréchal de Noailles avait surnommé du Verney, cet habile munitionnaire des armées, « le général des farines (1) ; » et un jour qu'on citait ce mot chez Mme de Pompadour, le comte de Saxe présent ne put s'empêcher de dire que ce général des farines s'entendait mieux aux choses de la guerre et en savait plus long sur le métier que le vieux maréchal. Voilà de ces mots qui déjouent les correspondances et papiers d'État. Je ne les donne que pour ce qu'ils valent, mais il ne faut pas tout à fait les ignorer.

Le maréchal de Noailles, qui sentait mieux que personne les difficultés et la faiblesse de la situation à la fin de la campagne de 1743, se gardait bien de prendre le roi au mot et de lui conseiller de paraître à l'armée ; il répondait sur ce point évasivement, et de manière à remettre le bon vouloir à une meilleure occasion. Commandant l'armée d'Allemagne, il s'entendait assez mal pour les vues avec le maréchal de Coigny qui, lui, commandait en Alsace et qu'il n'y aurait point voulu. Coigny, vieux lui-même, plus vieux que Noailles, était de ces militaires dont on pouvait dire, en appliquant un mot de Villars, que « s'ils n'ont pas inventé la poudre, du moins ils ne la craignent pas. » A Paris et dans les salons on le faisait valoir à l'excès, par opposition à son collègue : « Les troupes, disait-on, ont en lui une entière confiance, parce qu'elles sont assurées qu'il paye de sa personne, et que le courage est ce qui

---

(1) « Paris du Verney, très-bon munitionnaire, très-entendu dans le détail des subsistances, mais dont le faible est de vouloir faire des projets de guerre ; » c'est ainsi que le maréchal de Noailles étend et paraphrase son bon mot dans une lettre au roi (27 mars 1743).

les frappe le plus. » Louis XV qui, pendant ces mois-là, se comparait à l'oiseau sur la branche et qui désirait, disait-il, vieillir, ne pouvait s'empêcher de tenir le maréchal de Noailles au courant de ces méchants propos :

« J'ai promis de vous tout dire, vous voyez que je tiens parole. Vous connaissez Paris ; l'on n'y est pas content de vous ; l'on y dit encore du bien du maréchal de Coigny, mais, vraisemblablement, cela ne durera pas longtemps. » (27 septembre 1743.)

C'est un roi découragé et décourageant que Louis XV ; ce n'est pas de lui qu'on dira qu'il avait confiance en son étoile. Son langage, même dans les meilleurs moments, est bien peu celui d'un roi :

« Peut-être ne prend-on pas assez de précautions : mais je vous réponds qu'on en prend. Dame ! si tout le monde était comme vous et moi, et le bon Dieu surtout, cela irait bien ; la volonté est très-grande, mais les moments sont bien critiques... »

Ce n'est là certes ni la langue de Louis XIV ni celle de Henri IV, ni leurs sentiments non plus.

On ne se fait pas idée du traînant et du négligé de ces lettres. Les exemples que j'en pourrais donner seraient trop fastidieux. — Au printemps suivant (mai 1744), à grand renfort de Mme de Châteauroux, du duc de Richelieu et du maréchal de Noailles, ligués et conspirant pour sa gloire, Louis XV se décide enfin ; il visite ses frontières du nord et se met à la tête de l'armée. On prend Menin sous ses yeux ; Ypres capitule en sa présence. Mais une grave diversion éclate en Alsace : le prince Charles de Lorraine passe le Rhin et envahit le royaume. M. de Coigny se retire sous Strasbourg ; le roi se dirige sur Metz pour conférer avec le maréchal de Noailles qui a encore la haute main. Il y a, dans une des lettres du roi à ce moment, une phrase où il veut faire le soldat ; il essaye d'en prendre le ton :

« J'ai bien de l'impatience d'être à Metz et de conférer avec vous et M. de Belle-Isle, lequel sait aussi bien que vous ma façon de penser. Je sais me passer d'équipage, et, s'il le faut, l'épaule de mouton des lieutenants d'infanterie me nourrira parfaitement. »

Cela ne tiendra pas. D'ailleurs, la maladie arrive ; Louis XV est à deux doigts de la mort. Le maréchal de Noailles, en cette crise troublante, ne fait rien qui vaille en Alsace, et s'il est vrai que Louis XV ait dit au comte d'Argenson : « Écrivez de ma part au maréchal de Noailles que, pendant qu'on portait Louis XIII au tombeau, le prince de Condé gagna une bataille ; » si ce mot, qui a tout l'air de ceux qu'on fait après coup et qu'on prête aux rois, n'est pas de l'invention de Voltaire, le maréchal répondit mal à l'appel ; il ne répondit certainement pas à l'intention ; il a manqué là le moment rapide, le moment illustre ; il n'est pas Turenne, et dès cet instant le prestige de son grand crédit s'évanouit. Il sera consulté encore ; il siége au Conseil, il correspondra toujours avec le maître, il prendra une part essentielle aux Affaires étrangères et aura une ambassade de confiance et de famille en Espagne; mais d'autres désormais prétendront à l'intime faveur et à l'exercice du pouvoir : la roue a tourné (1).

IV.

Je reviens au langage de Louis XV; il me paraît caractéristique. Ce roi parle un très-bon français, en ce sens que ce français est de souche, mais c'est un français si familier qu'il en est trivial et bas. Ce sont des dictons, des proverbes : *Nécessité n'a pas de loi... Il faut qu'une porte soit ouverte ou fermée... A la bonne heure lui prit la pluie...* On se demande où ce jeune homme né sur le trône a pris cette quantité de locu-

(1) Il est curieux de contrôler ces deux années de la faveur du maréchal de Noailles et de son crédit le plus actif, avec le *Journal* de Barbier, très-exact en fait de nouvelles. On y a tous les bruits de Paris et l'on voit tout ce qu'on y disait du maréchal. Le gros de ces jugements est fort sain. Le plus souvent, le baromètre de l'avocat Barbier devine juste dans ses variations. Cette dernière affaire notamment, cette belle occasion manquée en Alsace et la fâcheuse impression qu'on en reçut à Paris, sont bien senties et rendues.— Un contrôle d'un tout autre ordre et qui se rapporte à l'histoire la plus sévère, à la science même, nous est fourni par la Relation de la Guerre de Succession, que le général Jomini a ajoutée à celle de la Guerre de Sept ans, dans la 4e édition de son *Traité des grandes Opérations militaires*. On y trouve des renseignements précis sur les opérations de MM. de Noailles, de Maillebois, de Broglie, de Coigny. Dans une lettre que le général Jomini me fait l'honneur de m'écrire à l'occasion même de ces articles, l'illustre historien est plus explicite sur le compte du maréchal de Noailles, qu'il appelle un *triste* général : « Quant à M. de Noailles, dit-il, la malheureuse échauffourée de Dettingen n'a jamais été bien expliquée. Si'

tions populaires, vulgaires, même surannées (*du depuis* pour *depuis*); on sent qu'il a dû beaucoup commérer avec sa domesticité et avec les gens de service. Voici un passage, entre cent, où la pensée n'est pas plus élevée que l'expression :

« J'adresse ma lettre pour vous au comte de Noailles (*le second fils du maréchal*), afin que M. Amelot (*le ministre des Affaires étrangères*), qui lui enverra, ne sache pas que je vous écris, et, de plus, cela lui donnera un petit tire-laisse dont je me réjouis d'avance. »

Un roi qui fait une niche à son ministre en se frottant les mains, et qui appelle cela lui donner *un petit tire-laisse!* Ce n'est plus, encore une fois, du Louis XIV. En écrivant comme en agissant, Louis XV s'est classé.

le projet qu'il a indiqué *après coup* est bien exact et s'il paraît assez bien combiné, l'exécution en fut déplorable. » — Je cherche partout des témoignages à l'appui de mes réserves, car il est bien difficile d'oser mettre un peu de vérité dans ces articles que j'écris, et l'on aurait peine à croire à combien de suggestions et d'instances j'ai dû résister pour maintenir ce jugement modéré et un peu restrictif sur le maréchal de Noailles. Et pourtant tous les contemporains qui en valent la peine sont d'accord là-dessus : le maréchal est homme à donner d'admirables conseils, même au comte de Saxe (voir *Lettres et Mémoires tirés des papiers* de ce dernier); il a de l'entrain quand il écrit; il appelle le maréchal de Saxe son *fils;* il a des effusions et des démonstrations qui ne déplaisent pas mais en tout il écrit mieux qu'il n'agit; il fait de beaux mémoire pour justifier ses lenteurs (Journal du duc de Luynes, tome VI, page 73); il a des quantités de projets et des infinités d'idées à la fois, qui donnent de l'éblouissement et qui se nuisent (*ibid.*, page 122): et au moment décisif, il est pris d'incertitude et d'indécisions en face de l'ennemi. Que veut-on de plus? et exigera-t-on absolument qu'il ait été un grand stratégiste et un grand caractère?

Son style est de l'homme même : il trahit la paresse et un sans-gêne excessif. C'est le ton d'un roi qui se laisse aller.

La phrase à la Louis XIV, ou qu'on appelle de ce nom, est ample, un peu longue, mais majestueuse. La langue que parlait le grand roi était réellement en accord avec celle que parlaient ou qu'écrivaient de son temps les plus éloquents et les mieux disants des écrivains ; entre l'une et l'autre il y a convenance parfaite et harmonie. Boileau, Massillon, M*me* de Caylus, ont pu, à cet égard, louer Louis XIV, et sans trop de flatterie : « Il construit admirablement tout ce qu'il dit. Il apporte dans les moindres choses une éloquence juste et précise. Il conte le plus agréablement du monde. » Ce sont là des jugements acquis à la littérature, des vérités littéraires bien établies sur Louis XIV. Fénelon n'était pas un flatteur ou il ne l'était qu'avec goût, lorsque dans son *Mémoire sur les occupations de l'Académie française*, et conseillant à la docte Compagnie de donner une Rhétorique et une Poétique, il disait :

« S'il ne s'agissait que de mettre en français les règles d'éloquence et de poésie que nous ont données les Grecs et les Latins, il ne vous resterait plus rien à faire : ils ont été traduits... Mais il s'agit d'appliquer ces préceptes à notre langue, de montrer comment on peut être éloquent en français et comment on peut, *dans la langue de Louis le Grand*, trouver le même sublime et les mêmes grâces qu'Homère et Démosthène, Cicéron et Virgile, avaient trouvés dans la langue d'Alexandre et dans celle d'Auguste. »

Il y aurait à dire aux analogies, mais ce qui est certain, c'est que, s'il est naturel et juste de dire *la langue de Louis XIV*, il serait ironique et ridicule de dire *la langue de Louis XV.* Louis XV, en effet, n'a pas une langue en rapport avec celle des grands écrivains qui l'entourent : il est comme puni par là de ne les avoir pas assez appréciés, et de n'avoir pas vu ni reconnu le génie de son siècle dans les parties véritablement supérieures où il se rencontrait en effet. On cite de lui quelques mots piquants, des reparties heureuses; mais en général, dans la conversation il répétait à satiété les mêmes histoires, il ennuyait son monde, et de bonne heure on put dire qu'il rabâchait. Pour ce qui est de sa langue écrite, elle n'offre aucune qualité; elle n'a rien, absolument rien d'un contemporain de Montesquieu ou de Voltaire, ou même de Duclos; aucun tour, aucune netteté, aucune vivacité. Pas le moindre soin; des mots oubliés et restés en blanc, peu lui importe! Les longueurs, les reprises, les rallonges de phrases sont inimaginables; elles sont bien, je l'ai dit, l'image du dedans, d'une pensée sans nerf, sans vigueur. Il faut peut-être en donner une dernière preuve : un jour, il s'était fait mal à la chasse, il s'était forcé quelque fibre dans le cou, et l'on avait exagéré à Paris ce très-léger accident. Voici en quels termes le roi en écrit au maréchal :

« Je suis fâché que votre santé soit altérée; pour la mienne, elle est très-bonne. Je sais qu'on m'a mené vite à Paris; mais, Dieu merci, je n'ai eu qu'un effort dans le col, lequel a dégénéré en rhumatisme, dont je me sens encore un peu, mais qui ne m'empêche de rien, et mon sang est resté tout entier dans mes veines, sans qu'il en soit sorti plus d'une goutte, occasionnée par une coupure que je me suis faite au petit doigt, en soupant, dimanche dernier, au grand couvert. »

Je ne sais si c'est la Correspondance de Napoléon dont je suis plein, qui me gâte et me rend plus difficile, mais il me semble qu'il est impossible d'écrire une phrase telle que celle qu'on vient de lire, à la Louis XV, et de partir vaillamment en guerre le lendemain pour être un héros. Tout se tient, le mouvement, le rhythme intérieur, le geste, la parole, la plume, l'épée.

Malgré tant de remarques critiques auxquelles j'ai peut-être trop paru me complaire, cette publication qui éclairera désormais plus d'un point d'histoire resté jusqu'ici obscur ou caché, et pour laquelle on doit des remercîments à M. Camille Rousset, ne laisse pas d'être relativement honorable pour les deux correspondants; elle l'est, après tout, pour le bon sens de Louis XV, sinon pour sa grandeur d'âme; elle l'est davantage pour le maréchal de Noailles, et devant la postérité elle balancera, sans les couvrir entièrement, bien des mauvais propos et des médisances dont il avait été l'objet. Elle explique et justifie jusqu'à un certain point cette réputation de citoyen qu'il ambitionnait vers la fin, et que Louis XV lui-même lui accorde : « Ce n'est pas d'aujourd'hui que je connais vos bonnes qualités; celle de *citoyen* est au-dessus de toutes. » Le mot était décidément en circulation depuis Vauban, et dans le sens de patriotisme, d'amour du bien public. On peut maintenant se faire une idée complète, ce me semble, du maréchal de Noailles, et donner la véritable définition de ce personnage multiple qui appartient à deux régimes et à deux siècles : un courtisan du temps de Louis XIV, tournant avec les années au citoyen.

Lundi 4 septembre 1865.

LA CIVILISATION
ET
LA DÉMOCRATIE FRANÇAISE

DEUX CONFÉRENCES

PAR M. CH. DUVEYRIER (1).

———

S'il y a une chose évidente et certaine, c'est que l'homme en ce siècle est de plus en plus occupé de cette terre, du globe qu'il habite et de la manière d'y vivre le mieux possible, de l'exploiter le plus largement, de le maîtriser, de le posséder, de l'embellir aussi et de l'illustrer par des prodiges de créations civiles, scientifiques, industrielles. Ceux même qui ne

---

(1) Paris, aux bureaux de l'Encyclopédie, rue de l'Université, 25. — Je laisse cette indication qui rappelle un vaste et noble projet, une entreprise généreuse, déjà fort voisine de l'exécution, et qui s'est dissipée en fumée.

bornent pas leur vue aux horizons terrestres et qui voient par delà un avenir immortel ne sont nullement insensibles, comme autrefois, aux beautés et aux jouissances naturelles et légitimes : ils ne ferment pas les yeux à ce qui enchante et à ce qui plaît sur cette terre d'exil ; ils ne parlent plus même d'exil, mais seulement de préparation ; ils ne prétendent pas que la pauvreté et la misère soient tellement préférables à leurs contraires qu'il faille hésiter dès ici-bas à les combattre et à les détruire. Un certain goût modéré de bien-être matériel ne les révolte nullement ni ne les scandalise; ils ne trouvent pas que le moral en souffre nécessairement, et ils se montrent disposés à prendre leur part des bienfaits acquis à tous; ils admettent volontiers que la santé vaut mieux que la maladie; et en se résignant aux maux inévitables, en s'y soumettant même avec constance ou douceur, il ne leur arrive plus guère, comme aux dures époques et aux âges de fer, d'appeler à haute voix les calamités, de les demander au Ciel comme un moyen d'expiation, et de les saluer presque comme une bénédiction et comme une grâce. Je ne parle, bien entendu, qu'en général. Le fait est que la civilisation prêche d'exemple; elle opère peu à peu; sans prétendre s'imposer, elle gagne insensiblement, et tous ceux qui sont contemporains, fussent-ils et se crussent-ils de doctrines et de croyances très-opposées, la respirent comme l'air et s'en ressentent.

Quelques-uns vont plus loin : en présence du spectacle qui se déroule depuis une quarantaine d'années environ, ils sont saisis d'un redoublement d'ardeur, d'une espérance, d'une audace toutes nouvelles : il leur semble qu'une direction plus juste, des plus salutaires en même temps que des plus grandioses, soit imprimée à l'humanité, et qu'elle ait désormais une mission à accomplir plus nette, mieux définie, et digne à la fois de la passionner, de l'enflammer, si elle sait la comprendre. La nature étudiée, attaquée par tous les points, poursuivie dans ses détails, embrassée dans ses ensembles, décrite, dépeinte, admirée, connue ; — ce qui reste de barbarie cerné de toutes parts ; — les antiques civilisations rendues de jour en jour plus intelligibles, plus accessibles ; — le contact des religions considérables amenant l'estime, l'explication et, jusqu'à un certain point, la justification du passé, et tendant à amortir, à neutraliser dorénavant les fanatismes ; — une tolérance vraie, non plus la tolérance qui supporte en méprisant et qui se contente de ne plus condamner au feu, mais celle qui se rend compte véritablement, qui ménage et qui respecte ; — au dedans, au sein de notre civilisation européenne et française, un adoucissement sensible dans les rapports des classes entre elles, un désarmement des méfiances et des colères ; un souci, une entente croissante des questions économiques et des intérêts, ou, ce qui revient au même des droits de chacun ; le prolétaire en voie de s'affranchir par degrés et sans trop de secousse, la femme trouvant d'éloquents avocats pour sa faiblesse comme pour sa capacité et ses mérites divers ; les sentiments affectueux, généreux, se réfléchissant et se traduisant dans des essais d'art populaire ou dans des chants d'une musique universelle : — tous ces grands et bons résultats en partie obtenus, en partie entrevus, les transportent; ils croient pouvoir tirer de cet ordre actuel ou prochain, de cette conquête pacifique future, un idéal qui, pour ne pas ressembler à l'ancien, n'en sera ni moins inspirant, ni moins fécond.

Parmi les hommes qui ont de bonne heure marché dans cette voie, qui ont tenu et agité le flambeau, qui le tiennent encore et qui le promènent sur les têtes, M. Charles Duveyrier est certainement un des plus désignés, des plus sincères, des plus éloquents et entraînants. Qui n'a pas vu cette taille mince, élevée, restée jeune, ce port ferme et résolu, cette démarche allègre, ce front haut légèrement dépouillé, aux cheveux clair-semés grisonnant à peine, cet œil surtout encadré d'un sourcil noir ardent, cette prunelle élargie et comme avide d'absorber le monde entier dans son orbite, ce regard qui vous perce et qui plonge en vous, ne connaît point l'homme. Les anciens poëtes grecs avaient un seul mot pour dire *lumière* et *homme* (φώς), comme si l'homme était réellement le phare de la création. Je n'ai jamais vu entrer M. Duveyrier sans me rappeler et en quelque sorte m'expliquer cette confusion de mots, cette association d'idées. Si l'homme n'est qu'un roseau pensant, le roseau chez lui est en permanence allumé par la cime et lumineux. Dans deux Conférences qu'il vient de faire au grand amphithéâtre de l'École de Médecine, les dimanches, 9 et 16 juillet, pour l'Association polytechnique composée en grande partie d'ouvriers et de chefs d'industrie, M. Duveyrier a développé des idées neuves, très-ingénieuses, et qui, pour ceux qui réfléchissent, donnent à penser pour bien longtemps. On dit qu'il a eu un grand succès de lecture : moi qui sais avec quel feu il parle en improvisant, je regrettais d'abord qu'il ne se fût point livré à la parole vive; mais on m'assure qu'il a lu de façon à produire plus d'effet encore. C'est un talent que celui-là. Il n'y a d'ailleurs rien d'étonnant que M. Duveyrier, qui est un auteur dramatique des plus distingués, qui connaît la mise en scène et l'art du dialogue, qui a excellé à faire parler des personnages naïfs et originaux, ait su donner à ce qu'il lisait l'accent, le ton, la physionomie, et que dans un seul monologue il ait diversifié les rôles. Il a pénétré dans l'esprit et le cœur de ses auditeurs de tout ordre.

Et, par exemple, il a dû raconter à merveille des anecdotes comme celle-ci, pour montrer la contradiction fréquente entre les idées et les mœurs. On était dans la nuit du 4 août, nuit immortelle où tous les priviléges, toutes les distinctions nobiliaires furent abolies, sacrifiées en bloc et par les nobles eux-mêmes. M. Duveyrier père, alors jeune avocat, patriote, un des ardents électeurs de 89, attendait avec impatience Mirabeau qui ne rentrait pas de l'Assemblée; il était dans le cabinet de l'éloquent tribun qui, selon son habitude, avait ordonné qu'on lui tînt un bain tout préparé pour se délasser au retour :

« Il arrive enfin, il entre dans un enthousiasme facile à se figurer : « Ah! mon ami, quelle nuit! Plus d'abus, plus de distinctions! Les villes, les États, les plus grands noms,

Montmorency, La Rochefoucauld, nous avons tous fait le sacrifice de nos priviléges sur l'autel de la patrie! » Tout en parlant et en gesticulant, il entre dans son bain, qu'il trouve glacé. Il sonne violemment ; le valet de chambre, que le cocher avait mis au courant dans l'office, accourt et veut naturellement s'excuser. « Je puis assurer à Monsieur, dit-il, que le bain est au même degré qu'hier. » — « Monsieur! s'écrie Mirabeau. Ah! drôle!... approche ici! » Il lui saisit l'oreille, et lui plongeant le visage dans l'eau : « Ah! bourreau!... j'espère bien que je suis encore *Monsieur le comte* pour toi (1)! »

L'attention ainsi piquée et déridée au début prend

(1) Ce que M. Duveyrier, d'après son père, nous rapporte là de Mirabeau, est vrai de bien d'autres à tous les degrés. J'en sais, pour mon compte, des exemples piquants. Le janséniste girondin Lanjuinais, devenu comte de l'Empire, ne manquait pas de se faire appeler *M. le comte* par ses gens et ne souffrait pas un oubli. Daunou, qui en avait été témoin, m'en faisait la remarque et s'en étonnait plus que de raison. Si Lanjuinais n'avait pas exigé le titre, ses gens auraient mis leur vanité à le lui donner. — Lemercier (Népomucène) passe pour un grand caractère, à trempe républicaine ou du moins d'une teinte des plus libérales : sa femme, Édon de son nom, était fille ou nièce du restaurateur bien connu dans la rue de l'Ancienne-Comédie. Or, le successeur d'Édon, Pinson, que Mme Sand a plus d'une fois nommé dans ses livres, avait gardé sur son enseigne le nom du premier patron. Un jour, il vit entrer M. Lemercier qui, après quelque préambule, venait le sommer de supprimer le nom, attendu que Mme Lemercier ne pouvait passer dans cette rue sans que cela lui fît une impression pénible. Pinson fut inflexible : le nom d'Édon était le titre de noblesse de son restaurant. — Un républicain de nos amis, des plus dévoués à sa cause sous Louis-Philippe, et qui avait épousé une femme de la haute bourgeoisie, encore plus républicaine que lui, avait un beau-frère (mari de sa sœur) peintre en bâtiment, à qui il avait fermé sa porte; c'était également par égard pour sa femme, que cette parenté désagréable eût embarrassée et choquée. — La vanité humaine, moyennant subterfuge, se retrouve partout.

confiance et se laisse mener sans ennui vers les consi
dérations générales.

Le sujet de la première Conférence était la *Civilisa
tion*. Le mot et même l'idée, selon M. Duveyrier, sont
de date assez récente. Je suis d'accord pour le mot;
pour l'idée, je conteste. Je ne saurais croire que les
Grecs, par exemple, qui en tout temps s'opposaient
d'une manière si tranchée aux Barbares, n'aient pas eu
une idée nette et distincte de la civilisation. Après
cela, que cette idée se présentât à eux sous les termes
de πολιτεία, παιδεία, ou tout autre, je laisse aux savants
à le déterminer; mais je suis certain que les Grecs, par
leur brillant, leur éducation, leur art, leur génie actif
et persuasif, leur faculté colonisatrice, avaient essentiellement et au plus haut degré le sentiment de cette
chose que les modernes appellent civilisation; ils
l'avaient, comme tout ce qui leur fut donné d'avoir,
d'une manière exquise; ils en avaient même le sentiment en ce qui est de l'humanité, de la philanthropie:
il suffit de se rappeler ce bel article de traité que Gélon
imposa aux Carthaginois vaincus, et que Montesquieu
a consacré par un chapitre de l'*Esprit des Lois*. Je ne
saurais non plus admettre que les Romains, dès le
siècle de Cicéron, et plus tard au temps de Virgile, de
Sénèque, de Pline, à cette grande époque de l'unité de
l'Empire et de la paix romaine, n'aient pas eu une
pleine et vive conscience de ce que nous appelons civilisation, curiosité élevée, progrès des sciences, amélioration de la vie dans tous les sens; *vita,* comme ils
disaient. Il est vrai que, chez les Romains, ce mouve-

ment n'était pas aussi expansif que chez les Grecs ; le monde ancien, au temps de Trajan, d'Adrien, même d'Auguste, était plus porté à se contenir, à se défendre qu'à s'étendre et à se propager. On était entouré de barbaries armées, envahissantes ou menaçantes. L'ignorance où l'on était de la géographie et du vrai système du monde eût seule suffi pour envelopper l'homme de ténèbres et pour tempérer la plus hardie curiosité par un certain effroi de l'inconnu. On n'en était pas à se poser la question dans les termes dégagés et vifs qui sont le point de départ et l'entrée en matière de M. Duveyrier.

« C'est une grande consolation, Messieurs, de pouvoir se dire que tout est prêt pour franchir la plus longue étape que dans la voie du progrès l'humanité ait encore eue devant elle. Ce que la génération contemporaine pourrait faire du globe, si l'on s'entendait, est inimaginable. Et pourquoi ne s'entendrait-on pas? »

C'est donc sur une plus grande échelle et avec des moyens d'action plus puissants que ceux dont disposaient les anciens, c'est avec des instruments et un *outillage* (le mot est lâché) bien autrement formidable, c'est aussi avec une conscience plus claire et plus réfléchie de leur tâche, que les modernes se remettent en marche et entreprennent désormais l'œuvre progressive de la civilisation proprement dite ; la différence des proportions et des mesures méritait en effet un mot tout nouveau. Il paraît que le mot de *civilisation* ne se rencontre guère pour la première fois, au sens où on le

prend aujourd'hui, que dans les œuvres de Turgot, un
digne parrain: Il est bientôt entré dans la circulation ;
on l'emploie sans cesse, et l'on peut dire même qu'on
en ferait un usage voisin de l'abus, si l'on s'en payait
trop aisément et si l'on ne prenait le soin d'y regarder
de temps en temps pour sortir du vague et se bien
définir le sens et le but. Je me rappelle que M. Jullien,
celui qu'on appelait Jullien de Paris, qui, jeune, s'était
fait tristement connaître par son fanatisme révolutionnaire, et qui, vieux, tâchait de faire oublier ses anciens
excès par son zèle honorable de fondateur de la *Revue
encyclopédique,* avait à la bouche, à chaque phrase, le
mot de civilisation : c'était devenu un tic chez ce petit
vieillard si actif et toujours courant. — Le mot est
naturel et habituel dans l'ordre d'idées et dans la
langue de Condorcet, de Volney; il revient nécessairement sous leur plume, comme le mot de Dieu sous
celle des dévots, et il tend à le remplacer : il marque
leur religion aussi. Volney, dans le programme de ses
leçons d'histoire aux Écoles normales (an III, 1795), se
propose d'examiner quel caractère présente l'histoire
chez les différents peuples, quel caractère surtout elle
a pris en Europe depuis environ un siècle : « L'on fera
sentir, disait-il, la différence notable qui se trouve
dans le génie historique d'une même nation selon les
progrès de sa civilisation, selon *la gradation de ses
connaissances exactes.* » Notez bien cette sorte de traduction qui définit le sens. Volney se propose, au terme
de son programme et comme couronnement, l'examen
de ces deux questions : 1° à quel degré de sa civilisa-

tion peut-on estimer que soit arrivé le genre humain?
2° quelles indications générales résultent de l'histoire
pour le perfectionnement de la civilisation et l'amélioration du sort de l'espèce?

Plus tard M. Guizot a traité de la civilisation en
France et en Europe; il a montré qu'elle existe seulement dans l'ensemble des bonnes tendances de l'humanité, dans l'union des biens moraux et des biens
matériels, et qu'elle implique le développement simultané de la société et de l'individu. Mais il est douteux
que M. Guizot et Volney eussent été tout à fait d'accord
dans leurs appréciations positives. Volney devait tenir
plus de compte des connaissances exactes, et M. Guizot,
acceptant ou subissant celles-ci, devait faire passer la
morale et le christianisme avant tout ; ce qui semblait
progrès à l'un, aurait bien pu paraître un recul à
l'autre.

Cependant, nonobstant les dissidences possibles sur
plus d'un point essentiel, on ne laisse pas de s'entendre
en gros sur le mouvement général et complexe qui
pousse et améliore la société en bien des branches,
et M. Duveyrier a raison de dire : « La civilisation,
pour tout le monde, c'est la perfectibilité humaine
en mouvement, c'est le progrès social vivant et grandissant en chair et en os. »

Je regrette que M. Duveyrier n'ait pas eu présentes,
à ce moment, d'admirables pages de Napoléon qui
sont, à mes yeux, la définition la plus vivante et la
plus imagée que j'aie vue nulle part de la civilisation à
l'œuvre et en marche. C'est dans la Relation de la

Campagne d'Égypte, à la fin de la description du pays ; il s'agit des ressources de tout genre que peut offrir la vallée du Nil, ce premier berceau des grands empires. Napoléon s'y suppose en idée maître et roi durant dix ans, et il en ressuscite toutes les merveilles, étendues, agrandies, multipliées, selon les données incomparables du génie moderne ; je ne me refuserai pas à rappeler les principaux traits du tableau :

« .Mais à quel degré de prospérité, s'écrie tout à coup l'historien conquérant, pourrait arriver ce beau pays, s'il était assez heureux pour jouir, pendant dix ans de paix, des bienfaits de l'administration française! Dans ce laps de temps, les fortifications d'Alexandrie seraient achevées ; cette ville serait une des plus fortes places de l'Europe ;... l'arsenal de construction maritime serait terminé ; par le moyen du canal de Rahmaniéh, le Nil arriverait toute l'année dans le port vieux, et permettrait la navigation aux plus grandes djermes ; tout le commerce de Rosette et presque tout celui de Damiette y seraient concentrés, ainsi que tous les établissements civils et militaires ; Alexandrie serait déjà une ville riche ; l'eau du Nil, répandue autour d'elle fertiliserait un grand nombre de campagnes, ce serait à la fois un séjour agréable, sain et sûr ; la communication entre les deux mers serait ouverte ; les chantiers de Suez seraient établis ; les fortifications protégeraient la ville et le port ; des irrigations du canal et de vastes citernes fourniraient des eaux pour cultiver les environs de la ville... Les denrées coloniales, le sucre, le coton, le riz, l'indigo, couvriraient toute la Haute-Égypte et remplaceraient les produits de Saint-Domingue. »

Puis, de dix années de domination il passe à cinquante ; l'horizon s'est étendu ; l'imagination du guerrier civilisateur a pris son essor, et les réalités granlioses achèvent de se dessiner, de se lever à ses yeux de toutes parts :

« Mais que serait ce beau pays, après cinquante ans de prospérité et de bon gouvernement? L'imagination se complaît dans un tableau aussi enchanteur! Mille écluses maîtriseraient et distribueraient l'inondation sur toutes les parties du territoire; les huit ou dix milliards de toises cubes d'eau qui se perdent chaque année dans la mer, seraient réparties dans toutes les parties basses du désert, dans le lac Mœris, le lac Maréotis et le Fleuve sans eau, jusqu'aux Oasis et beaucoup plus loin du côté de l'ouest, — du côté de l'est, dans les lacs Amers et toutes les parties basses de l'Isthme de Suez et des déserts entre la mer Rouge et le Nil; un grand nombre de pompes à feu, de moulins à vent, élèveraient les eaux dans des châteaux d'eau, d'où elles seraient tirées pour l'arrosage; de nombreuses émigrations, arrivées du fond de l'Afrique, de l'Arabie, de la Syrie, de la Grèce, de la France, de l'Italie, de la Pologne, de l'Allemagne, quadrupleraient sa population; le commerce des Indes aurait repris son ancienne route par la force irrésistible du niveau... »

Le mot de *civilisation* ne s'est pas rencontré encore; il n'échappe qu'à la fin et aux dernières lignes, comme le résumé de tout le tableau; il introduit avec lui et implique l'idée morale, qui a pu paraître jusque-là assez absente :

« Après cinquante ans de possession, la *civilisation* se serait répandue dans l'intérieur de l'Afrique par le Sennaar, l'Abyssinie, le Darfour, le Fezzan; plusieurs grandes nations seraient appelées à jouir des bienfaits des arts, des sciences, de la religion du vrai Dieu; car c'est par l'Égypte que les peuples du centre de l'Afrique doivent recevoir la lumière et le bonheur! »

Rien ne manque, on le voit, à la plénitude du sens, à la progression et à l'achèvement de l'idée. De telles pages bien lues devant des auditeurs intelligents, à l'heure où Lesseps le civilisateur réussit à rouvrir le canal de Suez, auraient l'effet d'une démonstration triomphante.

Au tableau flatteur des jouissances, des conquêtes et des espérances de la civilisation, M. Duveyrier a cru utile d'opposer immédiatement un tableau presque contraire, celui des frais, des sueurs, des risques et périls, des pertes et sacrifices de tout genre que coûte cette grande œuvre : il a tenu à montrer l'envers de la tapisserie, le revers de la médaille, la cuisine du dîner, les coulisses du théâtre. A quel prix jouit-on des délices ou des prodiges de la civilisation? Paris est de nuit éclairé par des milliers de becs de gaz, qui font paraître impossibles et comme fabuleuses ces terreurs de nos pères, ces peurs de brigands ou, qui pis est, de fantômes et de spectres qu'engendrait l'approche de l'heure de minuit. Mais que de travaux souterrains, que de conduits obscurs, que de terres remuées, que de métaux extraits, élaborés et fondus, que de métiers malsains, pour arriver à faire jouir les étrangers, les bourgeois et les promeneurs, vous et moi, de ces résultats agréables et commodes ! Il en est ainsi de tous les points lumineux de la civilisation, du moment qu'on veut s'en rendre compte : il y a des fondations pénibles, des préparations sans nombre, des entretiens fatigants, périlleux même ; plus d'un soldat de l'industrie y périt, sacrifié comme dans une guerre. Que les heureux et les favorisés le sentent, afin d'en savoir gré du moins à la partie laborieuse et qui peine ! Et cette classe laborieuse et méritante, M. Duveyrier se garde bien de la restreindre à la classe ouvrière proprement dite : il comprend trop bien pour cela l'esprit de la véritable démocratie, de celle qui tend à élever, non à restreindre. Le médecin, l'ingénieur, le chef d'entreprise, l'homme de devoir en tout genre, qui obéit au premier signe d'appel, lui paraît un vrai civilisé en même temps qu'un démocrate au vrai sens du mot. Il a là-dessus une belle page :

« Messieurs, dit-il, je cherche à me représenter le type du vrai civilisé.

« Il m'apparaît surtout dans le savant modeste, dans le professeur, le médecin, l'ingénieur, le marin, le mineur, et aussi, je ne craindrai pas de le dire, dans l'égoutier, le pompier, le soldat, le terrassier, le maçon, le mécanicien, l'ouvrier des fabriques, les chefs et sous-chefs de l'industrie ! Et j'ajouterai, Messieurs, que je salue ce mérite, cette nouvelle dignité chez la femme aussi bien que chez l'homme !

« Ce qui constitue la qualité d'être civilisé, ce ne sont pas les délicatesses du goût, les ornements de 'esprit, le train de vie que l'on mène ; ce sont les actes, c'est la conduite, c'est le caractère.

« Le vrai civilisé est en même temps civilisateur. Il unit, en les alternant, la joie et la peine, la sécurité et le risque volontaire.

« Voyez ces innombrables travailleurs se délassant au foyer de la famille, ou prenant part à une fête, à un banquet de corps à la face du soleil,..

« Tout à coup la cloche sonne, une dépêche arrive, le clairon retentit.

« A la mer! à la mine! au chevet du malade! aux armes pour la famille, pour la société qu'on nourrit, qu'on *vêtit*, qu'on réchauffe, qu'on abrite, pour la ville qu'on assainit ou qu'on embellit, pour la patrie, pour l'humanité!

« Au premier signal, ils quittent tout ce qui leur est cher, ils ne craignent ni l'ennui ni la fatigue. Beaucoup vont même hasarder leur vie.

« Et, remarquez-le bien, cette existence incertaine, tourmentée, n'est pas seulement le partage de ceux à qui la nécessité l'impose. Dans toutes les conditions et toutes les carrières, en quelque rang que la fortune les ait fait naître, nombre de natures généreuses s'y livrent par le seul entraînement d'une vocation irrésistible. »

M. Duveyrier dans cette Conférence, et en se plaisant à établir les services et les titres des travailleurs, n'a pas voulu cependant poursuivre à la rigueur la solution économique des questions qu'il pose. Cela l'eût conduit, en effet, à des discussions épineuses et peut-être brûlantes, à des évaluations de salaires, à la recherche d'une répartition plus égale dans les bénéfices sociaux; il n'a pas serré la question de ce côté-là, du côté arithmétique et toujours redoutable, par où un Proudhon n'aurait certes pas manqué de la prendre et, en propres termes, de l'empoigner. Lui, il s'en est tenu à une conclusion morale; il se contente de produire l'idée affectueuse, fraternelle, apostolique. Il a jeté un bon germe dans les cœurs. Sachons qu'il y a solidarité d'action, unissons-nous pour travailler en vue de l'œuvre commune, pour accroître la part de l'influence humaine sur cette terre, pour diminuer l'empire des éléments aveugles. *Guerre au destin!* c'est, selon lui, le mot d'ordre de la civilisation moderne.

Dans une seconde Conférence, il a cherché toutefois à formuler une proposition et à aborder hardiment, comme il dit, la question des voies et moyens. Obéissant à son rôle qui est celui d'un inspirateur, d'un provocateur à bonne fin plutôt que d'un praticien, il lui a semblé que ce qui manquait le plus à l'époque présente, c'était un centre, un groupe, une association s'entendant pour la bonne direction du progrès social. Le génie du siècle, on le répète assez souvent, c'est l'industrialisme ; les intérêts matériels dominent : il ne s'agit pas de s'en passer, mais de les pénétrer, de les animer, s'il se peut, de les passionner en les ennoblissant. Plusieurs, entre les plus haut arrivés, y travaillent et y donnent les mains (1). Honneur à eux! Sans cette force matérielle, n'oublions pas que rien de grand, presque rien, même dans la science, et dès qu'elle veut s'exercer au dehors, ne peut s'accomplir. Il y a bien des Académies, l'Académie des Sciences, et en particulier celle des Sciences morales et politiques, laquelle au premier abord semblerait répondre à l'objet et au vœu de M. Duveyrier. Mais les Académies ont elles-mêmes leur doctrine dominante, volontiers exclusive : elles offrent assez l'image d'une école où les disciples rejoignent les maîtres : le dissident, le contradicteur énergique reste

(1) J'entendais parler, à cet endroit, du projet d'une Encyclopédie moderne, conçu ou adopté par MM. Pereire, et auquel M. Isaac présidait tout particulièrement.

à la porte et n'entre pas. Bref, M. Duveyrier n'y trouve point ce gouvernail, cette hélice motrice qu'il cherche, cette force qu'il désire apparemment plus active, plus entreprenante et plus maniable, plus tournée à la découverte utile. Son idée, à lui, dont il a tracé dans un appendice un plan ou *avant-projet* détaillé, serait une vaste association libre, se soutenant à l'aide de dons et de souscriptions volontaires; ayant à sa tête un Conseil supérieur; organisée et fonctionnant au moyen de comités spéciaux, et se composant d'une multitude de membres tous animés du prosélytisme du progrès. Il y entrerait beaucoup de savants, mais non pas des savants seuls. Le savant, à proprement parler, et tant qu'il habite dans sa sphère, est difficile à entraîner; il se prête peu à un certain mode d'exaltation : il sait trop bien que le plus grand développement de l'humanité se passe dans un pli du vaste sein de la nature et n'en sort pas : cela ne laisse pas de calmer et d'apaiser. Il faut voir le monde et notre espèce d'un peu moins haut pour s'en éprendre, et cependant les voir en grand et avec largeur. Il faut y porter, comme à un théâtre, quelques illusions, avec un vif instinct de sympathie morale. M. Duveyrier l'a senti : « Le nouvel Institut devrait attirer, dit-il, les natures ardentes, communicatives, les talents de parole et de plume, et les employer à rehausser le moral des populations et à créer un courant de libéralités publiques en faveur du progrès social. » En deux mots, M. Duveyrier voudrait arriver à créer une Société de saint Vincent de Paul de la civilisation. Noble pensée! L'objection se présente à l'instant. Mais le principe, mais le foyer, mais le mobile!... On se demande d'abord qui sont ceux qui se dévoueraient à une telle œuvre avec le même sentiment qui porte les chrétiens à se dévouer aux œuvres de charité et de prosélytisme qu'ils entreprennent. On cherche dans le passé les noms de quelques hommes qui ont assez aimé la science et la société en elles-mêmes pour s'y vouer avec cette ardeur. Ceux qui n'ont pas connu Condorcet, qui ne l'ont étudié qu'en gros et qui ne le jugent que par son dernier livre et par sa mort, croient qu'il avait en lui cet esprit du sacrifice moderne, ce feu sacré qui se passait d'autel. Saint-Simon, Auguste Comte, Fourier, étaient-ils réellement de ces nouveaux saints, de ces apôtres purs et exemplaires? Leurs disciples n'en doutent pas, mais pour cela il faut être du nombre des disciples. Le bon abbé de Saint-Pierre fut certainement un des premiers qui aimèrent l'humanité pour elle-même et jusqu'à la folie. Il ne s'agit pas d'aller tout à fait si loin. Le point faible, toutefois, est que ce mobile de l'amour de l'humanité et de la civilisation n'est, en général, que fort secondaire et ne vient qu'en second ou en troisième lieu chez les meilleurs d'entre les plus éclairés esprits de nos jours : il ne vient qu'après les soins de la famille, de la fortune personnelle, de la réputation, de la carrière à courir : c'est déjà quelque chose. Est-ce bien assez? Les chrétiens, ne l'oublions jamais, ont pour mobile un principe surnaturel, et en perspective, après la vie, une éternité de récompenses. Les civilisés purs, même lorsqu'ils se donnent la perspective la plus vaste, ne l'ont encore que bornée. N'y a-t-il pas là, malgré tout, ample motif et matière suffisante à une ardeur, à une flamme, à un enthousiasme intrépide? Le simple amour de la science et de ses applications salutaires, le spectacle grandissant de l'humanité émancipée, le *caritas generis humani* dans sa forme la plus haute, ne suffisent-ils pas à faire entreprendre cette sainte ligue, cette croisade dernière que M. Duveyrier nous prêche? On le croirait vraiment toutes les fois qu'on l'écoute, et c'est le plus bel éloge de lui qu'on puisse faire (1).

(1) Duveyrier n'a guère survécu à sa prédication dernière; il est mort à Paris le 9 novembre 1866.

Lundi 2 octobre 1865.

SAINT-SIMON

CONSIDÉRÉ

COMME HISTORIEN DE LOUIS XIV

PAR M. A. CHÉRUEL (1).

Il est arrivé à M. Chéruel le contraire de ce qui arrive aux autres éditeurs : plus il a vécu avec son auteur, moins il l'a aimé ; en le suivant de trop près, il lui a retiré, sinon de son admiration, du moins de son estime. Chargé il y a quelques années par M. Hachette de donner l'édition des Mémoires de Saint-Simon d'après le manuscrit, il en est sorti avec une quantité de remarques critiques et de notes rectificatives qu'il nous présente aujourd'hui réunies et coordonnées en un respectable volume. Ce volume est des mieux faits, des plus essentiels, et formera désormais un indispen-

(1) Un vol. in-8°; Paris, librairie Hachette.

sable appendice des Mémoires de Saint-Simon. M. Chéruel a établi une biographie du duc, la plus exacte et la plus complète qu'on ait jusqu'ici ; il a ensuite examiné la valeur du témoin et la confiance qu'il mérite à titre d'historien. Saint-Simon en ressort fort infirmé et diminué à ce premier chef. Dans une suite de chapitres particuliers, M. Chéruel s'attache à démontrer la partialité, l'inexactitude des assertions et des jugements de Saint-Simon en ce qui est de Louis XIV lui-même, de Mazarin, de Louvois, de Lamoignon, Harlay, Vendôme, Villars, Noailles, etc. Il remonte à la source de ses partialités passionnées et cherche à en découvrir les causes. Il discute, contrôle, chemine pas à pas, oppose témoignage à témoignage ; il construit autour de l'œuvre dont il fait le siége une suite d'excellents et solides chapitres comme autant de forts avancés qui la brident et qui l'entament; il ne cesse, dans tout ce travail, de faire acte de bon et judicieux esprit, qui ne se laisse éblouir à aucun instant et qui ne s'écarte jamais des méthodes sévères. Et pourtant, dirai-je, — et pourtant, — lorsqu'on a donné raison à M. Chéruel sur presque tous les points, lorsqu'on a reconnu la justesse de la plupart de ses observations, pourtant rien n'est changé au mérite de Saint-Simon ; il reste ce qu'il est, Saint-Simon après comme devant, le plus prodigieux des peintres de portraits et le roi de toute galerie historique.

Ce n'est pas la première fois que Saint-Simon reçoit un vigoureux assaut. Nos amis de l'école de Versailles ont commencé : MM. Eudore Soulié, Dussieux, Lavallée, soit au nom et dans l'intérêt de Dangeau, soit par goût et admiration pour Mme de Maintenon, l'ont pris rudement à partie et lui ont refusé tout ce qu'on peut lui enlever de considération et de crédit. On est même allé jusqu'à contester cette entière probité et délicatesse qu'aucun des contemporains n'avait soupçonnée, et, s'autorisant d'un passage des Mémoires du duc de Luynes, on a dit que « l'incapacité complète de Saint-Simon en matière d'affaires ne l'empêcha pas, à un moment donné, de faire perdre cinquante pour cent à ses créanciers, en *substituant habilement 40,000 livres de rente* à sa petite-fille, la comtesse de Valentinois. » M. Chéruel ne suit pas les adversaires de Saint-Simon jusqu'à cette extrémité ; il rétablit le sens du mot *substituer* qui est chez M. de Luynes. Saint-Simon, qui n'entendait rien, en effet, aux affaires d'argent et qui avait perdu dans sa femme une utile économe, mourut réellement insolvable et ses créanciers perdirent moitié, « parce qu'il y avait pour 40,000 livres de rente de terre *substituées* qui passèrent à Mme de Valentinois sans être tenues des dettes. » Mais cette substitution n'était pas du fait de Saint-Simon ni le moins du monde, de sa part, un acte de subtilité et un dol. « Ce n'est pas Saint-Simon, selon la remarque de M. Chéruel, qui a *habilement substitué* sa petite-fille à ses créanciers, c'est la loi qui régissait alors les terres féodales. Les biens substitués étaient inaliénables. » M. Chéruel maintient donc au noble écrivain sa réputation méritée d'intégrité et d'honneur : c'est bien le moins. Il ne l'accuse que de n'être pas *véridique.*

Dans ces termes même, je trouve qu'il va trop loin.
Saint-Simon aime à dire la vérité ; il croit la dire, il la
cherche et se donne toutes les peines du monde pour
la trouver ; mais ses informations peuvent l'abuser, sa
passion l'emporte, son feu de coloriste s'en mêle : de
là des excès de pinceau et des erreurs matérielles
comme en contiennent nécessairement tous les Mémoires qui ne sont pas faits sur pièces et qui s'écrivent
d'après des inscriptions ou sur des on dit. M. Chéruel
semble admettre qu'en plusieurs circonstances Saint-
Simon, pour mieux arranger le tableau, a sciemment
altéré la vérité, — par exemple, dans le récit qu'il a
fait de certaine scène célèbre au Parlement, dans
laquelle il a joué un rôle : on lui oppose des récits
contradictoires de témoins oculaires ou des procès-
verbaux d'une teneur différente. C'est trop oublier,
je pense, la différence des points de vue dans ces
sortes de scènes, et combien la perspective est chose
relative : chacun se fait centre, chacun voit de son
foyer particulier sous son angle, à lui, et avec son œil.
La même scène, vue et racontée par un homme vif,
bouillant, excessif, impétueux, tel que Saint-Simon,
peut ne pas ressembler à celle qu'on lit racontée par
Matthieu Marais ou par Buvat. Si, dans cette circonstance, Saint-Simon eut des ridicules aux yeux des
autres; si, quand il prit la parole pour protester au nom
des ducs, on n'entendit qu'une *petite voix* dont quelques-uns dans l'assistance se moquèrent; s'il y eut du
plaisant pour quelques spectateurs dans l'incident, il
est certain que, plein de son objet et de sa passion, il

ne s'en apercevait pas lui-même ; mais, en revanche, si vous lui passez ce travers, ce tic nobiliaire (pour l'appeler par son nom), que ne distinguait-il pas sur tous ces bancs autour de lui, dans les plis de ces fronts et de ces visages, dans cette multitude de masques où la nature lui avait accordé de lire ! C'est ainsi qu'il donnait à tout ce qu'il voyait et qu'il dépeignait ensuite cette chose unique, incomparable, la vie, la *physionomie*, la flamme. Laissons les procès-verbaux pour ce qu'ils sont, prenons la peinture pour ce qu'elle est.

Elle a sa manière de composer, de grouper, non-seulement de saisir et de faire saillir les détails, mais d'embrasser et de gouverner les ensembles : Saint-Simon en possède toutes les parties. M. Chéruel, préoccupé lui-même de son point de vue d'historien et de narrateur scrupuleux, a des aveux sur Saint-Simon qui nous font sourire. Il lui refuse la vue politique étendue, l'intelligence des choses de guerre, l'intelligence des matières de finance : il a parfaitement raison. Saint-Simon n'était fait, à aucun degré, pour être ni ministre, ni général, ni homme de finance et de budget ; il est, pour un homme d'esprit, singulièrement court, j'allais dire inepte, sur tous ces divers objets qui font les branches principales du gouvernement des États ; il n'est pas, même dans l'ordre philosophique, un esprit supérieur ; il reste soumis et astreint aux croyances les plus étroites de son temps ; s'il lui arrive de varier en religion, c'est pour passer par les preventions des sectes et des opinions particulières, plus porté

dans le principe qu'il ne l'a dit pour les Jésuites et
leurs adhérents, puis tournant plus tard et avec une
sorte d'âpreté au Jansénisme et à l'anti-Constitutionna-
risme. Qu'est-ce donc que cet homme qui a tant de
lacunes en lui, tant de côtés résistants et fermés? Il
est, je le répéterai à satiété, un moraliste et un peintre;
mais il est l'un et l'autre à un degré qui constitue le
prodige, la merveille, et qui révèle le génie.

M. Chéruel, qui du reste ne prétend nullement lui
contester ce double talent, ne me paraît pourtant point
assigner à celui qui le possède le rang et le cran d'honneur qui lui est dû. Il semble considérer Saint-Simon
à la Cour comme un observateur « dont l'horizon est
borné, » qui s'attache aux détails et ne voit au delà
qu'avec confusion; qui fait preuve, en résumé, « d'attention curieuse, de finesse, de sagacité, de pénétration
profonde, » mais toujours « dans le cercle borné et
restreint qu'il s'est tracé; » notez que ce cercle est
tout simplement la nature humaine; — et lorsqu'il a
bien pris contre lui toutes ses précautions et ses conclusions, qu'il l'a montré sans étendue, sans élévation
d'esprit, sans sûreté jusque dans sa profondeur et sa
sagacité, qu'il l'a convaincu d'être (comme tout homme,
hélas! et tout historien, fût-ce même le plus régulier
et le plus froid) « sujet à erreur, » il ajoute :

« Ces réserves faites, *on ne peut méconnaître* dans
Saint-Simon une étude personnelle et persévérante des principaux personnages de la Cour de Louis XIV, et un talent
merveilleux pour les peindre. »

On ne peut méconnaître... mais véritablement quelle

grâce on nous fait là! grand merci du compliment!
Oui, j'en conviens, *on ne peut méconnaître* que, malgré
ses taches et ses nuages, le soleil luit... *On ne saurait
méconnaître* que, malgré quantité de tragédies détestables et ennuyeuses, Corneille ne soit sublime quelquefois... *On ne saurait méconnaître* que, malgré des
fadeurs, des concessions au goût du jour, Racine ne
soit souverainement pathétique et touchant..., que
Molière... Je m'arrête. En un mot, ce n'est pas rendre
justice à un homme de génie que de faire ainsi en lui
l'accessoire du principal, et, après lui avoir soigneusement compté tout ce que les faiblesses humaines lui
ont apporté d'imperfections et de défauts, d'accorder
qu'il lui reste quelque chose de bien.

Le génie humain n'a pas un si grand nombre de
chefs-d'œuvre; savez-vous que la scène des appartements de Versailles après la mort de Monseigneur est
une œuvre unique, incomparable, qui n'a sa pareille
en aucune littérature, un tableau comme il n'y en a
pas un autre à citer dans les musées de l'histoire? Je
viens de relire cette scène, cette série de scènes avec
leurs nombreuses péripéties et leurs changements à
vue, dans leur ampleur, leur profondeur, leur sérieux,
leur comique aussi et leur grotesque. Cet homme-là a
l'horizon borné, dites-vous; c'est un observateur de
détail. Peste! quel détail! Nommez-nous-en des ensembles en peinture, des fresques immenses et grandioses, si ceci n'en est pas. Vous parlez de Tacite, qui a
admirablement condensé, travaillé, pétri, cuit et recuit
à la lampe, doré d'un ton sombre ses peintures

chaudes et amères : ne vous repentez pas, Français, d'avoir eu chez vous, en pleine Cour de Versailles et à même de la curée humaine, ce petit duc à l'œil perçant, cruel, inassouvi, toujours courant, furetant, présent à tout, faisant partout son butin et son ravage, un Tacite au naturel et à bride abattue. Grâce à lui, nous n'avons rien à envier à l'autre. Et qui plus est, par une veine de comique qu'il y a intrépidement jetée, c'est ici vraiment un Tacite à la Shakspeare.

Ah ! les *commérages* de Saint-Simon ! me dit un homme de bon sens et d'un noble esprit, mais intéressé par son nom (1) à ce que Saint-Simon ne soit qu'un médisant sans-conséquence. Oui, les *commérages* de Saint-Simon, mais comme qui dirait les *barbouillages* de Rembrandt ou de Rubens.

La même querelle qu'on fait à Saint-Simon, d'autres, et M. Bazin en particulier, l'ont déjà faite au cardinal de Retz et à ses Mémoires si personnels, où lui, le coadjuteur, tient tant qu'il peut le premier rang. Saint-Simon mérite de se tirer de toutes ces critiques mieux encore que Retz, qui s'en tire pourtant ; il s'est donné plus de peine pour être vrai, il est moins à la merci de son imagination ou, lorsqu'il s'y abandonne, on le voit, il est plus naïf. Et cependant rien qu'avec sa galerie de la Fronde, et les dix-sept portraits qui la composent, et n'eût-il que ces pages à opposer à ses détracteurs, Retz écrase à jamais tous les Bazin du monde par la largeur et l'éclat de la vérité morale,

---

(1) M. le duc de Noailles.

par la ressemblance expressive des caractères et des figures; il rejoint les Vénitiens.

Le talent, le talent! on en parle trop à son aise. Est-ce donc chose si commune et dont il faille faire si bon marché? Pour de petits talents, passe; mais quand le talent s'élève, quand il est cette puissance supérieure et magique qui sait voir et qui sait rendre, qui devine, qui ressuscite, qui crée de nouveau tout un passé évanoui, qui agrandit du même coup les horizons de la mémoire historique et ceux de la science morale, il mérite aussi quelque respect. Je sais comme vous qu'il ne faut pourtant pas que, sous prétexte de peindre, il se croie en droit d'imaginer, qu'il aille *créer* tout de bon et au pied de la lettre, et qu'il nous présente un roman au lieu de la réalité. Nous y reviendrons tout à l'heure.

J'ai l'air d'être en querelle avec M. Chéruel, et je n'y suis pas; ou la querelle (si elle existe entre nous) est légère, elle n'est que dans la proportion et la mesure des appréciations, dans le plus ou le moins. Il a parfaitement distingué chez Saint-Simon ce qu'il y faut distinguer, la différence du moment et des époques : lorsque Saint-Simon parle des événements et des hommes d'avant sa naissance, d'avant son entrée dans le monde, il est nécessairement moins bien informé; il est sujet aux traditions et préventions qui lui ont été transmises : il a pu et dû se tromper plus fréquemment. Il faut couler sur cette première partie. C'est véritablement de ce qu'il a vu et observé par lui-même et de ses propres yeux qu'on doit lui demander un compte plus sévère. M. Chéruel est trop juste pour ne pas le sentir : aussi dans tous les premiers chapitres sur Anne d'Autriche, Mazarin, Chavigny, Fouquet, etc., il a pris simplement prétexte des inexactitudes de Saint-Simon pour traiter lui-même, à son tour, de quelques points importants du grand règne sur lesquels il avait fait de longue main des études originales et approfondies.

Là où il prend plus directement Saint-Simon en faute et où il lui conteste avec rudesse sa qualité d'historien, c'est dans les récits et jugements sur Louis XIV, sur Mme de Maintenon, sur le duc de Vendôme, sur les maréchaux de Villars et de Noailles, sur le premier président du Harlay, etc. Je n'opposerai que quelques remarques à tout ce que l'exact critique a dit là-dessus de fondé et en partie d'incontestable.

Je ne crois pas, somme toute, que Louis XIV tout le premier ait à se plaindre de Saint-Simon : les portraits qu'il fait de lui en vingt endroits sont tous nobles, dignes, et surtout vivants, intéressants. On peut trouver qu'il conteste à Louis XIV quelques qualités que ce roi eut peut-être plus qu'il ne l'a dit : ce serait matière à examen et à discussion ; mais il est impossible, en lisant Saint-Simon, de ne pas être frappé d'une chose, c'est qu'il a infiniment plus donné au grand roi qu'il ne lui a ôté devant la postérité : il le fait vivre, marcher, parler, agir sous nos yeux en cent façons et toujours en roi, avec majesté, grandeur, avec séduction même. Il est vrai qu'il a répété quelques mots terribles d'égoïsme, et qu'il a fait entendre, à certains moments,

le silence des courtisans, un silence *à entendre marcher
une fourmi*. Ce sont de ces traits qu'on ne rencontre
nulle autre part que chez lui : est-ce que vous ne lui
en sauriez pas gré? Après tout, la pire des choses pour
un siècle et pour un roi si admirés étant d'être et de
devenir ennuyeux à la longue aux yeux de la postérité,
Saint-Simon a paré à cet inconvénient-là par sa baguette
d'Asmodée. Il a rendu au monarque et au siècle cet
immense service, il les a rajeunis et rafraîchis ; c'est
être ingrat que de le méconnaître. Il faut se rappeler
où l'on en était sur Louis XIV à la veille de la publication de Saint-Simon, et où l'on en a été le lendemain.
Le siècle de Louis XIV et le roi tout le premier, je le
maintiens, sont heureux d'avoir eu en définitive leur
Saint-Simon. Ce qu'il y a de vraiment vivant dans leur
immortalité en demeure plus assuré.

Saint-Simon est tellement peintre jusqu'au bout des
ongles qu'une fois il s'est montré tout émerveillé d'un
mot échappé à Louis XIV près de sa fin, et qui lui fut
redit par Maréchal, le chirurgien du roi. Il s'agissait
du duc d'Orléans tant calomnié, et qui faisait tout pour
l'être. « Savez-vous ce que c'est que mon neveu? dit
Louis XIV à Maréchal : c'est *un fanfaron de crimes.* »
— « A ce récit de Maréchal, ajoute Saint-Simon, je fus
dans le dernier étonnement d'un si grand coup de pinceau. » Ce coup de pinceau, Louis XIV l'avait trouvé à
force de bon sens et de justesse. Saint-Simon, ce jour-
là, est dans l'admiration de rencontrer le roi qui chasse
sur ses terres et qui, pour une fois qu'il se le permet,
y chasse en maître.

Mme de Maintenon a été fort maltraitée par Saint-Simon, et j'ai toujours été moi-même des premiers à la défendre contre ces excès de parole. Il faut bien s'entendre toutefois : on aura beau faire, Mme de Maintenon est peu intéressante, peu sympathique (comme on dit aujourd'hui), par son caractère, par sa conduite, par son art, par sa prudence même, et par la fortune où elle a su atteindre. On peut avoir un grand goût pour son esprit, pour sa raison, sans aller au delà. Je crois que c'est le vrai point. Elle a aujourd'hui de trop bons avocats d'office pour que je m'en mêle. Saint-Simon, certainement, n'était pas juste pour elle, et il la connut peu.

La défense de Mme de Maintenon mène naturellement M. Chéruel à la justification des Noailles, et surtout du second maréchal de ce nom, contre les imputations malignes de son ennemi mortel, acharné, implacable. J'ai moi-même ici, tout récemment (1), discuté trop à fond ce chapitre pour y revenir ; je me suis efforcé de montrer en quel sens et dans quelle juste mesure il convient de réduire Saint-Simon. Avouez toutefois qu'on profite grandement de lui pour connaître les personnages, même lorsqu'on ne les accepte pas tout entiers de sa main tels qu'il les fait : il vous procure de belles avances pour les peindre, même lorsqu'on ne le suit pas jusqu'au bout. Vous avez déjà, grâce à lui, une belle base pour le contrecarrer

(1) Dans les deux articles sur la *Correspondance de Louis XV et du Maréchal de Noailles*, qu'on a pu lire précédemment dans ce tome X.

et le contredire. Supprimez la moitié du portrait de ce maréchal de Noailles : l'autre moitié du portrait subsiste telle que ce seul pinceau l'a pu faire. M. Chéruel ne me semble pas assez reconnaître cette utilité pittoresque et morale de Saint-Simon. — Il croit avoir prouvé, par deux billets qu'il produit, que Saint-Simon en a imposé dans ses Mémoires sur le caractère de ses relations avec le duc de Noailles pendant la durée de leur brouille sous la Régence. Je ne vois pas que ces deux lettres ne soient de celles qu'un homme brouillé avec le duc de Noailles, mais continuant des relations obligées et de politique, a pu raisonnablement écrire. Il a pu y avoir, tel jour et à telle heure, un peu de détente dans cette roideur de relations, mais sans changement de disposition au fond et, comme on dit, *rancune tenante.*

M. Chéruel me paraît aussi trop insister sur la *bravoure* du maréchal ; elle était loin d'être proverbiale en son temps : c'est un point sur lequel Saint-Simon n'invente rien et se fait l'écho des bruits de ville et de Cour. Ces bruits avaient-ils tort ou raison ? Je ne sais. Mais enfin la défense n'est pas aussi victorieuse que le suppose l'avocat.

On ne se dit point assez, lorsqu'on triomphe de prendre Saint-Simon en faute sur des points secondaires : « Où en serions-nous donc sur bien des personnages, si nous n'avions Saint-Simon pour les percer à jour et pour mettre le holà ! » Nous en serions le plus souvent à répéter des éloges officiels et convenus, à compulser des jugements timides et neutres, ou même à accepter, avec les années, de ces réhabilitations complètes qui tendent toujours à se faire tôt ou tard par la découverte de certains papiers. Il n'y a rien de menteur comme le papier, ni qui prête mieux à des interprétations posthumes décevantes. Chacun n'écrit que ce qui sert.

Villars est un de ceux qui auraient le plus à se plaindre de Saint-Simon. Celui-ci n'a guère vu que ses défauts, ses vices, sa jactance, ses gasconnades, son intrépidité de bonne opinion, ses pilleries à l'armée, ses mœurs de soudard jusque dans l'extrême vieillesse. Il ne dirait même pas, en parlant de lui, comme Voltaire : *L'heureux Villars, fanfaron plein de cœur!* Il lui retire tant qu'il peut le cœur, n'allant pas toutefois jusqu'à lui dénier une valeur brillante. Je ne puis (et par de bonnes raisons, ayant plaidé aussi la même cause), je ne puis que donner les mains et consentir à tout ce que dit à ce sujet M. Chéruel : Saint-Simon, qui n'était à aucun degré militaire, n'a pas su reconnaître ce qui a fait, bien avant Denain, le mérite et la distinction de Villars, ce qu'il avait de hardi dans les conceptions, et aussi d'habile et de prudent au besoin dans les manœuvres. Saint-Simon paraît ignorer qu'à la guerre les talents de chef sont plus rares qu'on ne pense, et qu'à celui qui possède une supériorité, il faut, comme disait Napoléon, passer bien des choses. Ce qui était vrai d'un Masséna, l'enfant chéri de la Victoire, d'un Vandamme (1) et de

(1) Au roi de Wurtemberg, qui ne se souciait pas d'avoir Vandamme pour commander le corps wurtembergeois, et qui deman-

bien d'autres, peut s'appliquer également à Villars, « cet enfant de la Fortune, » ainsi que le baptise Saint-Simon. Mais, même après avoir signalé le côté injuste et tout ce qui manque au portrait de Villars comme général, on est forcé de convenir que l'homme, le glorieux, l'audacieux est rendu au vif dans les pages de Saint-Simon et qu'on a sous les yeux le personnage en chair et en os. Le profond moraliste se retrouve dans un dernier trait : « Le nom qu'un infatigable bonheur lui a acquis pour des temps à venir m'a souvent, dit-il, dégoûté de l'histoire, et j'ai trouvé une infinité de gens dans cette réflexion. » Combien de guerriers, de héros d'un jour, se survivant à l'état de paix et n'ayant gardé à la fin que l'ostentation et le fracas de leurs vices, ont produit le même effet sur des esprits honnêtes et sages, qui ont pu se dire comme Saint-Simon : « C'est à dégoûter de l'histoire ! »

Quant à Vendôme que M. Chéruel explique et défend avec autant de soin que d'intelligence, Saint-Simon eut envers lui le même genre de torts qu'avec Villars. Étant peu militaire et peu propre à discerner le côté

---

dait un autre chef pour ses troupes dans la campagne qui allait s'ouvrir, Napoléon répondait le 31 mars 1809 : « J'ai reçu la lettre de Votre Majesté. Je vois avec peine ce qu'Elle me dit du général Vandamme. La grande affaire, dans la circonstance où nous sommes, est de triompher. Les troupes de Votre Majesté connaissent et estiment la bravoure du général Vandamme, et ont eu des succès sous sa direction. Je ne me dissimule pas les défauts qu'il peut avoir ; mais, dans le grand métier de la guerre, il faut supporter bien des choses. Je donnerai aux troupes de Votre Majesté un autre commandant, si Elle le désire, mais elles auront perdu à mes yeux la moitié de leur valeur. »

supérieur de ce petit-fils d'Henri IV, son coup d'œil d'homme de guerre, sa décision, sa vigueur une fois l'action engagée, il s'est attaché à le peindre sous ses pires côtés les plus apparents, dans toute la laideur ou la splendeur de ses débordements et de son cynisme : il est magnifique d'images, d'expressions, mais c'est incomplet. M. Chéruel est dans le vrai de la critique lorsqu'il oppose aux récits de Saint-Simon, vagues et confus dès qu'il s'agit de batailles, les relations d'un général d'artillerie, M. de Saint-Hilaire, un des bons historiens militaires de son temps, et, en ce genre, avec Monglat et Feuquières, l'un des estimables précurseurs de l'illustre Jomini. Saint-Simon aurait bien eu besoin d'avoir parmi ses amis un bon général de cet esprit et de ce mérite, pour le renseigner ou le redresser sur les faits de guerre.

Je ne fais que suivre M. Chéruel, en m'arrêtant un moment sur Saint-Hilaire, auteur de Mémoires qu'il aime à citer, Mémoires trop peu connus et dont il nous signale, à la Bibliothèque du Louvre, un manuscrit plus exact et plus complet que l'imprimé. Ce Saint-Hilaire, lieutenant général lui-même, était le fils du général d'artillerie Saint-Hilaire, qui eut l'honneur d'être frappé du même coup de canon qui tua M. de Turenne. On sait l'histoire, mais on ne la peut savoir de personne plus fidèlement que de celui qui y était présent et sur le terrain même. On en était aux dispositions de la bataille. On jugea sur un point la présence de M. de Turenne nécessaire, à cause d'une colonne ennemie qui s'avançait. Deux petites pièces de canon de l'ennemi tiraient sans cesse. M. de Turenne, à cheval, au petit galop, gagnait le long d'un fond, afin d'être à couvert de ces deux petites pièces ; en chemin il aperçut Saint-Hilaire sur la hauteur et alla à lui. Il lui demanda ce que c'était que cette colonne pour laquelle on le faisait venir. Saint-Hilaire la lui montrait du geste, lorsqu'un boulet lui emporta le bras gauche, enleva le haut du col au cheval d'un de ses fils (il en avait deux près de lui en ce moment), et du même coup alla frapper M. de Turenne au côté gauche. Le général fit encore une vingtaine de pas sur son cheval et tomba mort. L'aîné des jeunes Saint-Hilaire était là, dans le groupe ; on a son récit :

« Un spectacle aussi tragique, dit-il, me pénétra d'une douleur si vive, que j'éprouve encore aujourd'hui qu'il est plus facile de la ressentir que de la bien exprimer. Je ne savais auquel courir, du général ou de mon père ; la nature en décida : je me jetai dans les bras de mon père et je lui cherchais un reste de vie, que je craignais ne plus lui trouver, lorsqu'il m'adressa ces paroles que toute la France trouva si belles, qu'elle compara le cœur qui les avait dictées à ceux des anciens et véritables Romains ; et je crois que la mémoire s'en conservera longtemps.

« Ah ! mon fils, s'écria-t-il, ce n'est pas moi qu'il faut pleurer, c'est la mort de ce grand homme ; vous allez, selon toute apparence, perdre un père ; mais votre patrie, ni vous, ne retrouverez jamais un pareil général. » — En achevant ces mots, les larmes lui tombaient des yeux. — « Que vas-tu devenir, pauvre armée ? » ajouta-t-il ; puis en se remettant tout d'un coup, il reprit : « Allez, mon fils, laissez-moi, je deviendrai ce qu'il plaira à Dieu ; remontez à cheval ; je vous le commande, le temps presse ; allez faire votre devoir ;

et je ne désire plus de vie qu'autant qu'il m'en faudra pour apprendre que vous vous en serez bien acquitté. »

« Quelque instance que je fisse pour demeurer auprès de lui jusqu'à ce qu'il fût venu un chirurgien et qu'on l'eût emporté, il ne le voulut jamais permettre ; il fallut obéir et le laisser entre les bras de mon jeune frère. Je courus aux batteries faire tirer, afin de venger la perte de l'État et la mienne. »

De telles pages, toutes sincères et d'original, sont de ces bonnes fortunes qu'on ne saurait négliger en passant et dont on aime à faire partager l'impression à ses lecteurs.

Le noble père survécut à sa blessûre. « Saint-Hilaire n'est pas mort, écrivait Mme de Sévigné, dont le récit est dans toutes les mémoires, il vivra avec son bras *gauche* (lisez le bras *droit*), et jouira de la beauté et de la fermeté de son âme. »

Son fils, le même historien dont M. Chéruel aime à s'appuyer, va nous servir à apprécier sur un point le talent de Saint-Simon et l'accent par lequel il tranche sur les récits ordinaires. Il s'agit du maréchal de La Feuillade et de son énorme flagornerie, lorsque ayant acheté l'hôtel de Senneterre, il le fit abattre, y établit la place dite des Victoires et y dédia solennellement la statue pédestre de Louis XIV avec les quatre principales puissances de l'Europe enchaînées sous la figure d'esclaves. Pour assurer l'entretien du monument, le redorage de la statue, etc., il fit une donation à son fils unique avec substitution, absolument comme on fonderait une chapelle et un service religieux à perpétuité.

Saint-Hilaire a raconté fort en détail la cérémonie de la dédicace, qui se fit le 28 mars 1686 :

« Je ne crois pas, dit-il, qu'il se soit jamais rien fait de pareil chez les anciens Romains, même dans le temps de la plus grande adulation. Les princes et princesses de la maison royale et les principaux seigneurs furent invités de s'y trouver; on les plaça dans des balcons faits exprès sur la façade de l'hôtel de La Feuillade vis-à-vis de la statue. Les autres côtés de la place étaient couverts d'échafauds remplis de gens de toutes conditions, que la nouveauté du spectacle avait attirés. La marche fut ouverte par le régiment des gardes, le maréchal à la tête, ensuite les officiers et les archers de la maréchaussée, puis le duc de Gèvres, gouverneur de Paris, précédé des archers de ville et suivi du prévôt des marchands et de tout le Corps de ville. Tout ce cortége arrivant à la place, on découvrit la statue, et il défila trois fois autour d'icelle, le maréchal et le duc de Gèvres la saluant de l'épée, les officiers des gardes de la pique, la maréchaussée aussi de l'épée, et le Corps de ville avec de profondes inclinations. Cependant on entendait un grand bruit de trompettes, timbales, hautbois et tambours, et un concert d'instruments de musique, puis trois décharges de mousqueterie, de boîtes, et de grands cris de *Vive le Roi!* Le maréchal jeta quelques pièces d'argent au peuple. Au sortir, les princes et princesses allèrent à une grande collation qui leur avait été préparée à l'Hôtel de ville; elle fut suivie d'un grand bal et d'un beau feu d'artifice qui finit toute cette fête, qui n'aura, je crois, de longtemps sa pareille. »

C'est au sortir de cette cérémonie qu'un des ancêtres de Mirabeau qui servait dans le régiment des gardes, passant sur le Pont-Neuf à la tête de ses hommes, fit arrêter devant la statue d'Henri IV et saluant le premier de la pique, il s'écria : « Mes amis, saluons celui-ci, il en vaut bien un autre ! »

Voilà de bons récits, clairs, circonstanciés, fidèles. Veut-on maintenant non un récit (il n'en a pas fait), mais une page de Saint-Simon à ce propos, un de ces portraits comme il lui en échappe à tout coup, avec son feu, sa concentration, sa scrutation des cœurs, son assemblage heurté des plus rares et des plus curieuses circonstances apprises de toutes parts, ramassées on ne sait d'où, mais qui se pressent et se confondent comme des éclairs entre-croisés ? C'est dans ses Notes sur Dangeau. Il vient de poser la généalogie des La Feuillade et de nommer divers membres de la famille :

« Celui-ci, dit-il du maréchal, se poussa à la guerre, et fut fort aidé à la Cour par son frère l'archevêque d'Embrun, qui y était en considération, et qui lui céda ses droits d'aînesse. De l'esprit, une grande valeur, une plus grande audace, une pointe de folie gouvernée toutefois par l'ambition, et la probité et son contraire fort à la main, avec une flatterie et une bassesse insignes pour le roi, firent sa fortune et le rendirent un personnage à la Cour, craint des ministres et surtout aux couteaux continuels avec M. de Louvois. Il se distingua toujours par son assiduité et sa magnificence. Il a renouvelé les anciennes apothéoses, fort au delà de ce que la religion chrétienne pouvait souffrir; mais il n'attendit pas que le roi fût mort pour faire la sienne, dont il n'aurait pas recueilli le fruit. Il poussa la servitude jusqu'à monter une fois derrière le carrosse du roi, pour le suivre où il avait été refusé d'aller, et cela lui réussit à merveille. Une autre fois, s'étant aperçu à l'armée que le roi le voyait frappant un palefrenier avec sa livrée, il lui cria de ne pas prendre garde à deux de ses valets qui se battaient. Il poussa la flatterie de sa place et de sa statue, outre la bassesse de sa substitution, jusqu'à traiter avec les Petits-Pères pour lui creuser sa sépulture sous le piédestal avec un corridor qui y conduirait de leurs caves ; mais, si cela ne se put exécuter, au moins il en eut le gré auprès du roi, qui est tout ce qu'il en voulait. Peu de gens furent la dupe d'une reconnaissance si grossièrement marquée au coin de l'intérêt, à l'égard d'un roi vivant qui se nourrissait volontiers des prologues d'opéras et des peintures de sa galerie de Versailles. Avec tant de faveur et tant de soin de l'augmenter, il était devenu si à charge au roi qu'il ne le put dissimuler à sa mort. Son ardeur, sa vivacité, son audace, tout ce qu'il avait fait pour le roi lui faisait usurper des libertés et des demandes qui pesaient au roi étrangement, et ce fut en cette occasion que ce prince ne put se tenir de dire plusieurs fois, et une entre autres à table, parlant à Madame, par un hasard qui y donna lieu, qu'il n'avait jamais été si à son aise que lorsqu'il s'était vu délivré de Louvois, de Seignelay et de La Feuillade. Les courtisans souhaitèrent chacun qu'il se trouvât aussi importuné d'eux, puisque ces trois hommes avaient fait avec lui tout ce qu'ils avaient voulu toute leur vie. »

Je ne sais si c'est là de la vérité historique, mais c'est assurément de la grande et éternelle vérité morale.

Le président de Harlay est une des figures que M. Chéruel a le plus soignées et qu'il s'est attaché le plus curieusement à laver des imputations et incriminations de Saint-Simon. Il a rassemblé quantité de témoignages du temps qui sont tous à la louange de ce premier président, et notamment des passages de Mme de Sévigné où il est appelé une *belle âme*. J'avoue que je n'ai rien ici à opposer à M. Chéruel qu'une considération générale. Saint-Simon est outré ou incomplet, je l'accorde, mais non pas faux dans ses peintures. Il outre-passe le plus souvent, il force, mais rarement il se trompe tout à fait de piste. Je serais bien étonné que, l'ayant connu, il se fût trompé si fort et du tout au tout sur Harlay. Ce serait un cas presque unique. Je conçois Saint-Simon exagérant, prenant et présentant pour un scélérat ou un coquin fini quelqu'un qui n'est coquin qu'à demi; mais prendre pour un fourbe un parfait homme de bien et une belle âme, cela me paraît difficile à lui; il a le flair de la vertu et du vice. — Eh! bon Dieu! je sais ce que valent bien souvent tant d'éloges que chacun répète et enregistre. Faut-il aller chercher si loin des exemples? Il m'en revient plus d'un à l'esprit en ce moment. J'appellerais cela l'homme aux deux réputations. Ce qu'on en sait et ce qu'on en *cause* n'est pas du tout ce qu'on en écrit. Il y a tel homme en renom de nos jours qui, au besoin, servirait à nous expliquer ce problème de M. de Harlay, à nous en rendre compte; le personnage en soi est rare, il n'est pas introuvable : que de fois n'ai-je pas vu louer ses talents incontestés! — Oui! — Mais aussi son honnêteté reconnue? — Oh! — Sa franchise? — Non! — La noblesse et la générosité de ses sentiments? — Non, mille fois non! Que si quelqu'un venait à le dépeindre comme une âme maligne, un cœur des plus ladres, un esprit des plus malfaisants, et que le portrait se retrouvât dans cinquante ans, de quel côté pourtant serait la vérité? Il faut peut-être avoir soi-même vécu avec les hommes pour ne pas donner tort à Saint-Simon. Avoir passé sa vie dans les études innocentes du cabinet n'est pas la meilleure préparation pour le bien comprendre.

Il reste à Saint-Simon une dernière épreuve à traverser, une dernière confrontation à subir, et cette fois avec lui-même : c'est lorsqu'on publiera ses lettres. Elles existent; elles étaient recueillies à la suite de ses Mémoires. Lorsqu'en vertu d'un don obtenu du roi Charles X par le marquis, depuis duc de Saint-Simon, les Mémoires furent, pour ainsi dire, arrachés volume par volume du Dépôt des Affaires étrangères, où ils étaient jalousement conservés, les lettres et pièces attenant aux Mémoires, mais qui n'étaient point formellement comprises dans le don royal, furent retenues. Espérons que communication au moins en pourra être faite un jour aux travailleurs dans l'intérêt de l'histoire. M. Chéruel, à l'aide du peu qu'il a eu, a fort bien indiqué de quelle utilité seraient les lettres pour contrôler les Mémoires.

Je voudrais trouver le moyen de tout concilier; je voudrais remercier encore une fois M. Chéruel de l'utile ouvrage à charge, dans lequel il vient de faire preuve d'un savoir si exact, si précis, et d'un esprit un peu austère; et je ne puis cependant me résigner à finir sans un dernier hommage et un dernier salut à Saint-Simon.

Saint-Simon, à mes yeux, est un bienfaiteur pour tout homme qui vit par la curiosité de la pensée et qui habite dans les souvenirs; il a reculé le passé de la mémoire; il a presque doublé le temps où nous avons vécu. Par lui nous atteignons et nous avons réellement assisté aux spectacles de la Cour de Louis XIV; nous connaissons les personnes, nous les avons vues, nous

nous les rappelons Il a véritablement arraché des milliers d'êtres à l'oubli et à la nuit des temps ; à la place d'une sèche nomenclature, il a fait éclore et fourmiller tout un monde. Il y a en Saint-Simon plus pour nous qu'un La Bruyère : il éclaire La Bruyère et nous aide à le mieux comprendre ; il met des noms et des personnages là où l'autre avait mis des types. La Bruyère, grand peintre, est abstrait à côté de Saint-Simon : j'ajouterai qu'il l'est moins depuis que celui-ci a parlé. Saint-Simon a cette vertu de faire mieux ressortir des peintures vraies, mais qu'on remarquait moins avant qu'il fût là pour y jeter de ses réverbérations et de ses reflets. Fénelon a tracé du duc de Bourgogne un portrait à la La Bruyère (*Mélanthe*), mais qui pouvait sembler une sorte de type arrangé : Saint-Simon est si puissant de flamme qu'il communique à ce portrait une réalité qu'il n'avait pas auparavant. On n'osait le croire aussi vrai qu'il était : on ose maintenant. Le simple crayon approché du foyer est devenu une peinture. Saint-Simon nous a initiés, nous a transportés d'emblée au cœur de bien des mystères ; il a éclairé le fond et les murailles de la caverne. Pour tout ami de la science morale et des études où se complaît la réflexion, j'appelle cela d'inappréciables bienfaits.

Quand j'ai entendu toutes les critiques qu'on peut faire sur Saint-Simon, je me surprends, malgré tout, à former un dernier vœu : Que ne sommes-nous affligés d'un Saint-Simon pour chaque période de notre histoire !

Lundi 18 décembre 1865.

NOUVELLE CORRESPONDANCE

INÉDITE

DE M. DE TOCQUEVILLE (1).

Le nouveau volume que M. Gustave de Beaumont vient d'ajouter aux deux qui avaient précédemment paru de la Correspondance de M. de Tocqueville, a été fort remarqué, et fort justement. Il le mérite de tout point. J'en donnerai ici quelques extraits par lesquels je m'attacherai surtout à faire connaître le genre et le tour d'esprit, la forme de talent, de l'un des hommes les plus distingués de ce temps-ci. J'ai fait autrefois quelques réserves à son sujet, lorsqu'il m'a semblé qu'on voulait le porter un peu trop haut; j'en ferai peut-être encore quelques-unes; mais ce sera le plus souvent en me servant de ses paroles mêmes et

(1) Un vol. in-8° formant le tome VII des OEuvres complètes. — Michel Lévy.

toujours en rendant hommage à son mérite, à son caractère et à ses vertus.

∴

Les premières lettres nous le montrent à l'âge de vingt-six ans, partant pour son voyage d'Amérique où il allait, chargé par le Gouvernement français d'une mission, à l'effet d'étudier le système pénitentiaire, mais en réalité pour y observer la société, les lois, les mœurs, et rapporter les éléments du grand ouvrage qui a fondé sa réputation. Il écrit à sa mère, à bord du navire, pendant la traversée même (avril-mai 1831); il décrit l'intérieur de ce petit monde, un vaisseau en mer, cette arche de Noé qui contient bien des espèces diverses de toute nature et de tous pays. Dans ces récits où rien n'est particulièrement saillant, on goûte tout d'abord un bon sens agréable, une plaisanterie modérée, une bonne langue. Les premières descriptions ou les premiers aperçus que M. de Tocqueville donne à ses parents et amis n'ont rien de sensiblement pittoresque : c'est judicieux, graduel, avec une part de réflexion toujours et des commencements de considérations; même quand il nous décrit le pays neuf, les luttes de l'homme avec les forêts, les grands lacs, il n'a pas de bien vives couleurs; la palette proprement dite, et comme nous l'entendons aujourd'hui, est absente. On dirait que les termes lui manquent quelquefois

« Mais si je raconte les choses en détail, je n'en finirai jamais; il faudrait vous écrire un volume... Je ferais nécessairement du *pathos,* ma chère maman, si j'entreprenais la description du spectacle que nous eûmes alors sous les yeux (la chute du Niagara)... » Il ne laisse pas cependant de bien raconter ce qu'il voit et de s'en tirer fort convenablement avec sa sincérité d'impressions sans enluminure; mais il reprend plus sûrement sa supériorité dès qu'intervient l'étude morale : l'esprit sain, juste, délicat, élevé, retrouve ses avantages. Tout en lisant ces lettres pleines de sagesse, de raison et d'une vivacité prudente, je songeais à la différence de ce ton avec celui qui règne aujourd'hui. Un jeune homme, à peu près du même âge qu'avait alors M. de Tocqueville, visite, à trente-trois ans d'intervalle, les mêmes contrées, le même empire transatlantique; ce jeune homme a été élevé dans des conditions à peu près semblables à celles dans lesquelles l'avait été en son temps M. de Tocqueville, ou du moins il a été nourri dans un milieu fort approchant; mais quelle manière différente d'aborder son sujet! Avez-vous lu dans la *Revue des Deux Mondes* les intéressantes Lettres de M. Ernest Duvergier de Hauranne, *Huit mois en Amérique?* L'aspect des lieux, la nature, les institutions, les mœurs, les hommes, les principaux acteurs politiques, les personnages les plus considérables, tout y est attaqué à la fois et de front par une plume jeune, dégagée, hardie. Il est vrai qu'on est en pleine guerre civile, et le temps presse ; toute circonspection a disparu : le premier coup d'œil fait loi. Tout passe sous nos yeux tour à tour et dans une célérité mouvante; tout parle, tout vit, tout tranche nettement; les descriptions abon-

dent; les portraits tirés à bout portant sont publiés,
l'année d'après, sans ménagement, sans cérémonie ni
prenez-y-garde : M. Seward y est saisi sur le vif et
photographié, comme on dit, avec ses verrues, s'il en
a, et ses négligences de costume. Le lecteur ne s'en
plaint pas. Entre le jeune voyageur de 1831 et celui
d'aujourd'hui, je fais la part de la physionomie individuelle, de la différence des caractères et des formes
de talent; mais aussi il me semble qu'on peut, en
lisant les deux récits, se faire une idée des éléments
tout nouveaux qui sont entrés dans l'éducation depuis
trente ans, des excitants qui flottent dans l'air et qu'on
y respire; de la réalité en fusion qui circule, qu'on
absorbe, et qui ressort ensuite par tous les pores; en
un mot, du changement introduit dans la nourriture
générale des esprits, même de ceux qui sembleraient
appartenir à un même courant d'opinions et de traditions. C'est que trente ans, en effet, sont un long intervalle, même dans la vie des nations : la constitution de
l'atmosphère morale a le temps de s'y modifier.

De cette espèce de comparaison que je ne fais qu'indiquer en passant, on aurait grand tort de conclure
qu'il n'y a pas dans ces lettres de M. de Tocqueville de
charmants tableaux. C'est surtout quand la finesse de
l'esprit est en jeu, que l'écrivain réussit. Veut-il, dans
une lettre à une de ses cousines, lui donner une idée
agréablement ironique du rôle important qu'ils remplissent aux yeux des Américains, son ami M. de Beaumont et lui, en leur qualité de chargés d'une mission
du Gouvernement français pour cette grave affaire du

régime des prisons; il a une raillerie douce, insinuante, à l'usage de la bonne compagnie; prêtez l'oreille et écoutez :

« Vous savez déjà en gros, sans doute, ma chère cousine, écrit-il à Mme de Grancey, les détails de notre voyage : nous avons été parfaitement reçus dans ce pays-ci, et si bien que nous nous trouvons quelquefois dans la même position que cette duchesse (de la fabrique de Napoléon) qui, s'entendant annoncer à la porte d'un salon, croyait qu'il s'agissait d'une autre, et se retirait de côté pour se laisser passer. Le fait est qu'il faut une loupe pour nous apercevoir en France; mais, en Amérique, on nous considère avec un télescope; l'illusion dure encore, bien que nous continuions à être polis comme de pauvres diables, et que nous n'ayons pu encore nous habituer au sans-gêne et aux manières impertinentes des *gens de conséquence*. Je dois, au reste, vous dire, pour l'explication du fait, que nous profitons d'une erreur très-naturelle dans laquelle tombent tous les Américains. Aux États-Unis, on n'a ni guerre, ni peste, ni littérature, ni éloquence, ni beaux-arts, peu de grands crimes, rien de ce qui réveille l'attention en Europe; on jouit ici du plus pâle bonheur qu'on puisse imaginer. La vie politique s'y passe à discuter s'il faut raccommoder un chemin ou bâtir un pont. Aux États-Unis donc, on regarde l'exécution d'une belle prison comme la pyramide de Chéops, ni plus ni moins, et, par contre-coup, nous qui passons en quelque sorte pour le système pénitentiaire fait homme, quand on nous place à côté de la pyramide, nous sommes des espèces de géants. Vous sentez bien que, pour que le Gouvernement français nous ait chargés de visiter les prisons d'Amérique, il faut que nous soyons des hommes de la première volée. Car quoi de plus grand qu'une prison? Si nous disions aux Américains qu'il n'y a pas cent personnes en France qui sachent au juste ce que c'est que le système pénitentiaire et que le Gouvernement français est tellement innocent des grandes vues qu'on lui suppose, qu'à l'heure qu'il est il ignore probablement qu'il a des commissaires en Amérique, ils seraient bien étonnés sans doute. Mais vous savez que la véracité consiste à ne pas dire ce qui est faux, et non à dire ce qui est vrai. Je vous avouerai, du reste, que la g'oire a son mauvais côté ; le système pénitentiaire étant notre industrie, il nous faut, bon gré, mal gré, l'exploiter tous les jours ; en vain cherchons-nous à nous en défendre, chacun trouve moyen de nous glisser une petite phrase aimable sur les prisons. Dans toutes les sociétés où nous allons, la maîtresse de la maison ou sa fille, à côté de laquelle on a bien soin de placer l'un de nous, croirait manquer au savoir-vivre si elle ne commençait par nous parler de pendus et de verrous. Ce n'est qu'après avoir épuisé un sujet qu'on sait nous être agréable et sur lequel on présume que nous aurons quelque chose à dire, qu'on essaye de diriger la conversation vers des objets plus vulgaires. »

Sur l'aspect du Canada et des grands lacs, sur les pionniers, ces avant-coureurs sauvages d'une civilisation en marche, sur les Virginiens et leur caractère de gentilshommes qui tranche avec celui des Américains du Nord, sur le départ de l'expropriation des restes de l'antique et puissante tribu des Chactas, M. de Tocqueville a des pages d'une peinture modérée, dans laquelle l'observation et le sentiment moral se combinent de manière à former dans l'esprit une image durable. Je ne sais rien de mieux présenté et de plus touchant, en ce genre de tableau raisonné et senti, que la scène d'émigration dont il fut témoin à Memphis dans l'État de Tennessee, sur les bords du Mississipi. Mais les scènes, chez lui, ont besoin d'être préparées et comme expliquées d'avance; il est de ceux qui croient devoir disposer la pensée avant de parler aux yeux :

« Vous saurez donc, dit-il en écrivant à sa mère (25 décembre 1831), que les Américains des États-Unis, gens raisonneurs et sans préjugés ; de plus, grands philanthropes; se sont imaginé, comme les Espagnols, que Dieu leur avait donné le Nouveau Monde et ses habitants en pleine propriété. Ils ont découvert, en outre, que, comme il était prouvé (écoutez bien ceci) qu'un mille carré pouvait nourrir dix fois plus d'hommes civilisés que d'hommes sauvages, la raison indiquait que, partout où les hommes civilisés pouvaient s'établir, il fallait que les sauvages cédassent la place. Voyez la belle chose que la logique. Conséquemment, lorsque les Indiens commencent à se trouver un peu trop près de leurs frères les blancs, le président des États-Unis leur envoie un messager, lequel leur représente que, dans leur intérêt bien entendu, il serait bon de reculer un tant soit peu vers l'Ouest. Les terres qu'ils habitent depuis des siècles leur appartiennent sans doute : personne ne leur refuse ce droit incontestable; mais ces terres, après tout, ce sont des déserts incultes, des bois, des marais, pauvre propriété vraiment. De l'autre côté du Mississipi, au contraire, se trouvent de magnifiques contrées, où le gibier n'a jamais été troublé par le bruit de la hache du *pionnier;* où les Européens ne parviendront *jamais*. Ils en sont séparés par plus de cent lieues. Ajoutez à cela des présents d'un prix inestimable, prêts à payer leur complaisance : des barriques d'eau-de-vie, des colliers de verre, des pendants d'oreilles et des miroirs; le tout appuyé de l'insinuation que, s'ils refusent, on se verra peut-être contraint de les y forcer. Que faire? les pauvres Indiens prennent leurs vieux parents dans leurs bras; les femmes chargent leurs enfants sur leurs épaules; la nation se met enfin en marche, emportant avec elle ses plus grandes richesses. Elle abandonne pour toujours le sol sur lequel, depuis mille ans peut-être, ont vécu ses pères, pour aller s'établir dans un désert où les blancs ne la laisseront pas dix ans en paix. Remarquez-vous les résultats d'une haute civilisation? les Espagnols, en vrais brutaux lâchent leurs chiens sur les Indiens comme sur des bêtes féroces ; ils tuent, brûlent, massacrent, pillent le Nouveau Monde comme une ville prise d'assaut, sans pitié comme sans discernement... Les Américains des États-Unis, plus humains, plus modérés, plus respectueux du droit et de la légalité, jamais sanguinaires, sont plus profondément destructeurs, et il est impossible de douter qu'avant cent ans il ne restera pas dans l'Amérique du Nord, non pas une seule nation, mais un seul homme appartenant à la plus remarquable des races indiennes... »

L'exposition ainsi faite, le moral et l'esprit de la scène ainsi expliqués complétement, il la raconte si bien que cela finit par être une peinture navrante :

« Six à sept mille Indiens ont déjà passé le grand fleuve, ceux qui arrivaient à Memphis y venaient dans le dessein de suivre leurs compatriotes. L'agent du Gouvernement américain qui les accompagnait et était chargé de payer leur passage, sachant qu'un bateau à vapeur venait d'arriver, accourut au rivage... Il s'agissait d'embarquer notre tribu exilée, ses chevaux et ses chiens. Ici commença une scène qui, en vérité, avait quelque chose de lamentable. Les Indiens s'avancèrent d'un air morne vers le rivage : on fit d'abord passer les chevaux, dont plusieurs, peu accoutumés aux formes de la vie civilisée, prirent peur et s'élancèrent dans le Mississipi, d'où on ne put les retirer qu'avec peine ; puis vinrent les hommes, qui, suivant la coutume ordinaire, ne portaient rien que leurs armes; puis les femmes, portant leurs enfants attachés sur leur dos ou entortillés dans les couvertures qui les couvraient; elles étaient, en outre, surchargées de fardeaux qui contenaient toute leur richesse. On conduisit enfin les vieillards. Il se trouvait là une femme âgée de cent dix ans; je n'ai jamais vu plus effrayante figure · elle était nue, à l'exception d'une couverture qui laissait voir, en mille endroits, le corps le plus décharné dont on puisse se faire idée; elle était escortée de deux ou trois générations de petits-enfants. Quitter son pays à cet âge pour aller chercher fortune sur une terre étrangère, quelle misère! Il y avait, au milieu des vieillards, une jeune fille qui s'était cassé le bras huit jours auparavant; faute de soins, le bras avait gelé au-dessous de la fracture : il fallait cependant qu'elle suivît la marche commune. Quand tout fut passé, les chiens s'approchèrent du rivage; mais ils refusèrent d'entrer dans le bateau et se mirent à pousser des hurlements affreux : il fallut que leurs maîtres les amenassent de force.

« Il y avait dans l'ensemble de ce spectacle un air de ruine et de destruction, quelque chose qui sentait un adieu final et sans retour; on ne pouvait y assister sans avoir le cœur serré. Les Indiens étaient tranquilles, mais sombres et taciturnes. Il y en avait un qui savait l'anglais et auquel je demandai pourquoi les Chactas quittaient leur pays. — « Pour être libres, » me répondit-il. — Je ne pus jamais en tirer autre chose. Nous les déposerons demain dans les solitudes de l'Arkansas. »

C'est là, convenons-en, une manière bien française, — française de l'ancienne école, — de voir les choses et de les montrer. Rien n'est donné à la curiosité ni à l'amusement. Nous ne voyons, il est vrai, ni les plumes, ni les armes, ni le tatouage des Chactas, ni bien des singularités frappantes dont le détail ne nuirait certes pas au relief et à la vie : on dirait que Chateaubriand n'est pas venu. En revanche, rien ne manque de ce qui peut faire comprendre la douleur profonde. L'artiste, après avoir lu, désire quelque chose : l'homme est satisfait.

Cette Correspondance nous initie parfaitement à l'esprit et au cœur de Tocqueville; elle nous indique aussi avec assez de précision le degré de croyance religieuse où il était resté et auquel il se fixa pour toujours. Il apprend, pendant ce voyage d'Amérique, la mort de son ancien précepteur, âgé de quatre-vingts ans, l'abbé Lesueur, l'un de ces abbés d'autrefois, attachés pour toute la vie à la maison qu'ils avaient d'abord adoptée, devenus membres de la famille et considérant les fils comme les leurs : « un être dont toutes les pensées, toutes les affections se rapportaient à nous seuls et qui ne semblait vivre que pour nous. » C'est à son frère, également élève de l'abbé Lesueur, que Tocqueville adresse cette lettre, où il s'épanche en pleurs amers et en regrets pénétrants :

« Oh! si tu savais, mon pauvre Édouard, quelle fête je me faisais de te revoir! avec quel bonheur je me représentais sa joie en me serrant de nouveau dans ses bras! Dans mon avant-dernière lettre, je m'adressais à lui comme s'il avait encore pu m'entendre; je lui peignais ma joie au retour. Au lieu de cela, je verrai sa chambre déserte; je ne vous embrasserai tous qu'avec de l'amertume au fond du cœur! Non, je ne puis encore me figurer que je sois séparé de lui pour toujours... O mon pauvre ami, je voulais t'écrire tranquillement; mais ces cruelles idées sont plus fortes que ma volonté, et je vois à peine ce que j'écris. La pensée de cette séparation éternelle pèse comme un poids insupportable sur mon âme. Je la retrouve partout : elle semble s'attacher à tous les objets. Ne craignez pas cependant pour ma santé,

Je vous le dis en vérité, elle est bonne, et la nécessité absolue où je suis de m'occuper m'aidera, j'espère, à supporter cette cruelle épreuve. Au milieu de ma douleur, il y a une idée qui me soutient : il est peut-être heureux d'avoir cessé de vivre dans les circonstances où nous vivons. Il est parti pour un monde meilleur, nous laissant tous sinon heureux, du moins encore tranquilles. Qui sait le sort qui attend sa famille adoptive à l'entrée d'une époque de révolutions comme celle où nous sommes? Peut-être eût-il été réservé à des épreuves qu'il lui eût été impossible de supporter. Et puis, mon cher ami, jamais je n'ai été sûr du bonheur éternel de personne comme du sien. J'ai lu beaucoup de choses dans ma vie sur l'immortalité de l'âme, et je n'en ai jamais été aussi complétement convaincu qu'aujourd'hui. Que celui qui, comme notre bon ami, n'a vécu que pour bien faire, subisse le même sort que les plus grands criminels, voilà contre quoi ma raison et mon cœur se soulèvent avec une violence que je n'avais jamais sentie. Hier au soir, je l'ai prié comme un saint ; j'espère qu'il a entendu ma voix et qu'il a vu que ses bienfaits n'avaient point été tout à fait perdus... »

Cette mort d'un vieillard, à laquelle il semble qu'il pouvait s'attendre, assombrit pour le jeune voyageur les spectacles auxquels il va désormais assister ; il le dit et le redit à toutes les personnes de sa famille avec des accents d'une sincérité profonde, et qui mettent à nu, à n'en pas douter, l'état contristé de son âme

« (A Mme de Grancey, 10 octobre 1831)... Bien des gens croient que nous n'avons fait qu'une perte ordinaire ; mais vous savez que c'est presque un père que nous pleurons. Il en partageait la tendresse comme les soins. C'est sur ses genoux que nous avons appris à discerner le bien du mal ; c'est lui qui a commencé pour nous cette première éducation de l'enfance dont on se ressent toute sa vie, et qui a fait de nous sinon des hommes distingués, du moins d'honnêtes gens. Je vous avoue que ce malheur a singulièrement diminué pour moi l'intérêt journalier que je prenais dans ce voyage. Les objets qui m'entourent sont bien encore les mêmes, mais il me semble que je les vois sous un autre jour. Il y a bien des moments où je voudrais me retrouver en Europe, et cependant je vous avoue que l'idée du retour n'est pas sans amertume. »

On a quelquefois comparé Tocqueville à Montesquieu. Un de nos meilleurs critiques, M. Scherer, dans un article où il a parfaitement apprécié Tocqueville pour ses mérites, a conclu en disant : « La postérité lui érigera un buste au pied de la statue de Montesquieu. » Mais ici on est loin de Montesquieu, dont les plus grands chagrins, on le sait, ne résistèrent jamais à une heure d'étude et de lecture. Je dirai presque qu'après avoir lu ces pages sur la mort de son vieil instituteur, on ne peut s'empêcher de penser que Tocqueville avait la sensibilité trop vive et trop tendre, le cœur trop gros pour un philosophe.

Ses sentiments religieux et philosophiques, nous venons de les voir, au sein même de cette douleur : il les confondait volontiers et évitait peut-être de distinguer le point précis, la ligne exacte où il aurait pu établir entre eux, entre la religion et la philosophie, une différence essentielle. Une lettre fort belle, de ce temps, écrite par lui d'Amérique à un jeune homme que travaillait le mal du siècle, le mal de *Werther* ou de *René*, nous le montre déjà mûr et tel qu'à cet égard il sera toute sa vie.

« Vous vivez, mon cher ami, si je ne me trompe, dans un monde de chimères : je ne vous en fais pas un crime ; j'y ai vécu longtemps moi-même, et en dépit de tous mes efforts je m'y trouve encore ramené bien des fois. Lorsqu'on entre dans la première période de la jeunesse, on aperçoit devant soi la vie entière, comme un ensemble complet de malheurs ou d'infortunes, qui peut devenir votre partage. Je crois qu'il n'en est point ainsi : on espère ou on craint trop. Il n'y a presque pas d'hommes qui aient été continuellement malheureux : il n'y en a pas qui soient continuellement heureux. La vie n'est donc ni une excellente ni une très-mauvaise chose, mais, passez-moi l'expression, une chose *médiocre,* participant des deux. Il ne faut ni trop en attendre, ni trop en craindre, mais tâcher de la voir telle qu'elle est, sans dégoût ni enthousiasme, comme un fait inévitable, qu'on n'a pas produit, qu'on ne fera pas cesser, et qu'il s'agit surtout de rendre supportable. Ne croyez pas que je sois arrivé sans de grands combats intérieurs à considérer l'existence sous ce point de vue, ni que je m'y tienne toujours. Comme vous, comme tous les hommes, je sens en dedans de moi une passion ardente qui m'entraîne vers un bonheur sans limite et me fait considérer l'absence de ce bonheur comme la plus grande infortune. Mais c'est là, soyez-en sûr, une passion folle qu'il faut combattre. Ce sentiment-là n'est point viril et ne saurait rien produire qui le soit. La vie n'est ni un plaisir ni une douleur, c'est une affaire grave dont nous sommes chargés, et dont notre devoir est de nous acquitter le mieux possible...

« Il y a encore une des chimères de la première jeunesse contre laquelle il est bien important de se prémunir. Quand j'ai commencé à réfléchir, j'ai cru que le monde était plein de vérités démontrées, qu'il ne s'agissait que de bien regarder pour les voir : mais lorsque j'ai voulu m'appliquer à considérer les objets, je n'ai plus aperçu que doutes inextricables. Je ne puis vous exprimer, mon cher Charles, dans quelle horrible situation cette découverte m'a mis. C'est le temps le plus malheureux de ma vie; je ne puis me comparer qu'à un homme qui, saisi d'un vertige, croit sentir le plancher trembler sous ses pas et voit remuer les murs qui l'entourent; même aujourd'hui; c'est avec un sentiment d'horreur que je me rappelle cette époque. Je puis dire qu'alors j'ai combattu avec le doute corps à corps, et qu'il est rare de le faire avec plus de désespoir. Eh bien! j'ai fini par me convaincre que la recherche de la vérité absolue, *démontrable,* comme la recherche du bonheur parfait, était un effort vers l'impossible. Ce n'est pas qu'il n'y ait quelques vérités qui méritent la conviction entière de l'homme; mais soyez assuré qu'elles sont en très-petit nombre. Pour l'immense majorité des points qu'il nous importe de connaître, nous n'avons que des vraisemblances, des à peu près. Se désespérer qu'il en soit ainsi, c'est se désespérer d'être homme, car c'est là une des plus inflexibles lois de notre nature...

« Il faut donc prendre son parti de n'arriver que très-rarement à la vérité démontrée. Mais, quoi qu'on fasse, me direz-vous, le doute sur lequel on se risque est toujours un état pénible. Sans doute, je considère ce doute comme une des plus grandes misères de notre nature; je le place immédiatement après les maladies et la mort; mais c'est parce que j'ai cette opinion-là de lui, que je ne conçois pas que tant d'hommes se l'imposent gratuitement et sans utilité. C'est pour cela que j'ai toujours considéré la métaphysique et toutes les sciences purement théoriques, qui ne servent de rien dans la réalité de la vie, comme un tourment volontaire que l'homme consentait à s'infliger... »

Ainsi il n'a point échappé à la crise inévitable des nobles esprits, au doute; mais il s'en est tiré en l'éludant, en composant : il a mis quelques vérités à part, il ne dit pas lesquelles, mais ou les devine aisément (Dieu, spiritualité, immortalité de l'âme, une portion de christianisme...). De peur d'avoir à revenir dessus et pour plus de sûreté, il proscrit la métaphysique et les recherches théoriques inutiles ; il se refuse à pousser à bout le libre examen et lui prescrit une limite. Le philosophe en lui restera jusqu'à la fin le disciple et l'élève du digne abbé Lesueur. Il n'y a pas eu pour Tocqueville, comme pour d'autres, émancipation complète, décisive, réaction violente contre son passé et séparation, avec déchirement, de la première souche morale et religieuse. Il ne s'est pas révolté contre son premier maître. Ce sera ainsi en tout : cette nature honorable tâchera de ne pas rompre absolument et de composer.

En matière de démocratie comme en matière de philosophie, il ne s'en tient pas à la surface, il n'ira point pourtant jusqu'au fond. Il y a en tout des abîmes qu'il ne sondera pas. Il y a des choses dont il s'étonnera plus qu'il ne convient à un penseur, des négations audacieuses qui le confondront. A ces esprits, si distingués d'ailleurs, il manque, pour connaître tout l'homme et toute la société, d'être allé jusqu'aux dernières limites, d'avoir fait le tour entier des vérités ou des réalités Il est, dans la sphère humaine, dans le domaine de la pensée comme dans l'ordre social, des couches profondes, des cercles extrêmes qu'il faut avoir visités et traversés, qu'il faut sans cesse oser pénétrer du regard, sans quoi l'on n'est jamais un philosophe achevé ni même un parfait et consommé politique. On n'en est quelquefois que plus estimable moralement pour n'être point allé jusque-là.

Tocqueville n'a pas l'esprit assez hardi ni assez alerte pour croire qu'il va faire sur place un tableau de l'Amérique complet et satisfaisant : « Si je fais jamais quelque chose sur l'Amérique, ce sera en France, écrivait-il, et avec les documents que je rapporte. » Il se considérait, en partant de l'Amérique, comme en état seulement de comprendre les documents qu'il n'avait pas eu encore le loisir d'étudier. Il n'avait d'ailleurs, disait-il, que des notes sans ordre et sans suite, des idées détachées dont seul il avait la clef : « Ce que je rapporte de plus curieux, ce sont deux petits cahiers où j'ai écrit mot pour mot les conversations que j'ai eues avec les hommes les plus remarquables de ce pays-ci. Ce chiffon de papier a pour moi un prix inestimable, mais pour moi seul qui ai pu sentir la valeur des demandes et des réponses. » L'idée de publier ces documents de première main, en les développant dans un simple récit, ne souriait nullement à son esprit plus compliqué et plus exigeant, qui aimait à avoir en vue plus d'un but à la fois :

« Vouloir présenter un tableau complet de l'Union serait une entreprise absolument impraticable pour un homme qui n'a passé qu'un an dans cet immense pays. Je crois, d'ailleurs, qu'un pareil ouvrage serait aussi ennuyeux qu'instructif. On pourrait, au contraire, en choisissant les matières, ne présenter que des sujets qui eussent des rapports plus ou moins directs avec notre état social et politique. L'ouvrage, de cette manière, pourrait avoir tout à la fois un intérêt permanent et un intérêt du moment. Voilà le cadre ; mais aurai-je jamais le temps, et me trouverai-je la capacité nécessaire pour le remplir ? C'est là la question. »

On voit le mélange d'ambition et de modestie, la haute visée en même temps qu'une certaine méfiance de ses forces. Je l'arrête sur un seul mot. Le tableau, tel qu'il l'eût pu présenter plus simplement, n'eût certes point été *ennuyeux*. Il se trompe. Ce tableau aurait eu une moindre portée, sans doute, et eût donné une moindre idée de son auteur que le savant ouvrage composé que nous possédons ; mais il n'eût pas été, je le crois, moins instructif ; il l'eût peut-être été davantage. — La première partie de l'ouvrage, pleine de réflexions applicables à notre société, et de vues réversibles sur notre Europe et notre France, réussit complétement et mérita son succès : l'auteur, en le continuant, poussa trop loin sa méthode et l'épuisa, ainsi que son sujet, dans la seconde partie qui parut quelques années après, et qui ne répondit pas en intérêt à la première (1). A force de vouloir suivre l'influence de la Démocratie sur les sentiments et les mœurs, il retombait et tournait presque inévitablement dans le même cercle de considérations et dans les mêmes pronostics. Pour varier le ton, pour relever la matière et accidenter, si j'ose dire, le paysage, il n'avait pas à son

(1) Dans un article fort spirituel sur ces deux derniers volumes de la *Démocratie en Amérique* de Tocqueville, qui a paru dans le *Journal des Savants* (mai 1840), M. Villemain a proposé, au milieu de beaucoup d'éloges, quelques objections contre les généralisations trop absolues qu'affectionne l'auteur. M. Villemain, qui a tout son talent en écrivant et tout son esprit en causant, a l'habitude de comparer ces tableaux de Tocqueville où il est tant question des mœurs et jamais des personnes, jamais des individus, où tout portrait est absent, à ces tableaux que les musulmans se permettent,

service l'imagination, comme Montesquieu. Il le sentait tout le premier, lorsqu'il écrivait à son ami M. de Beaumont (8 octobre 1839) :

« Je ne puis vous dire quel désir j'éprouve de voir ce manuscrit terminé, afin qu'il vous passe sous les yeux. Il m'importe de vous le remettre tout à la fois dans les mains. Le vice de l'ouvrage n'est pas dans tel chapitre en particulier, il est dans la monotonie du sujet et le peu d'art qui m'a empêché de combattre cette monotonie naturelle : on ne peut juger un semblable défaut qu'en lisant le livre d'une haleine. C'est ce que je vous demanderai de faire. Je suis déjà sûr d'être grave, et j'ai une peur abominable d'être ennuyeux. »

Cette seconde partie, un peu fatiguée, trahit le défaut assez habituel à cet esprit méditatif et consciencieux; il s'appliquait trop. Dans ses lettres, il pense et ne s'applique pas, et c'est ce qui en fait le charme.

II.

La correspondance de Tocqueville avec M. Royer-Collard est un véritable ornement de ce volume nouveau. De tous les hommes du temps, M. Royer-Collard

dit-on, par un certain compromis avec la défense de leur loi : on y voit des choses représentées, des mousquets qui partent, des canons qui tirent, tout l'appareil d'un combat, et pas une figure.— Ces figures, Tocqueville les avait à sa disposition, comme le prouve son Journal de notes : pourquoi les tenait-il en portefeuille? Son esprit n'était satisfait que lorsqu'il avait élevé son observation jusqu'à un degré d'abstraction supérieure : il atteignait parfois au tableau, mais c'était ce tableau sans personnages et sans figures dont parle M. Villemain.

était celui dont le rôle semblait le plus fait pour tenter Tocqueville. Évidemment, c'était un type, un noble exemplaire idéal qu'il eût été beau et glorieux de reproduire, en le renouvelant, même dans un cadre diminué et moins favorable. Tocqueville, à son entrée dans la carrière publique, eut certainement l'idée et l'ambition d'être un Royer-Collard jeune. Les choses ne s'y prêtèrent pas ; mais il n'en avait, non plus, ni la force ni la stature. Il embrassait plus comme écrivain ; il avait plus que Royer-Collard le talent d'écrire, cette faculté que M. Royer s'était, en quelque sorte, refusée de bonne heure à lui-même par la hauteur et la difficulté de son goût ; mais, comme homme, Tocqueville était plus faible, moins décisif; sa complexion physique le disait assez ; la nature, à première vue, ne l'avait pas destiné à une grande autorité actuelle et présente, à une prépondérance imposante dans les Assemblées ; il ne tranchait pas comme l'autre ; il ne se faisait pas écouter. Les qualités du lendemain, celles que l'écrivain conserve et déploie dans ses livres, il les possédait, et c'est en cela seulement qu'il a l'avantage. La Correspondance fait bien sentir le rapport légèrement inégal de ces deux esprits, somme toute, si éminents. Il y a cinq Lettres de Royer-Collard à Tocqueville. Dans la première, le majestueux vieillard s'attache à tempérer l'impatience du jeune et déjà célèbre publiciste qui va risquer sa première candidature pour la députation, en 1837. Les paroles sont magnifiques : elles excèdent un peu la familiarité épistolaire. M. Royer-Collard n'est pas exempt de roideur ; il ne sait pas se baisser. Mais si son expression n'est pas simple, elle est toujours grande, originale et unique ; il ne dit rien comme un autre :

« (21 juillet 1837.)... Dans un temps d'instabilité, il n'est pas bon d'entrer très-jeune dans les affaires publiques; si j'avais eu ce malheur, j'aurais été incapable de la conduite que j'ai eue sous la Restauration, et tout ce que j'ai de vie publique est là. *La grande réputation,* que vous estimez *le plus précieux bien de ce monde,* est plus assurée aujourd'hui par des livres tels que les vôtres, qu'elle ne peut l'être par la tribune. Vous vous êtes éprouvé comme penseur et comme écrivain, vous vous ignorez comme orateur, et il faut à l'orateur bien autre chose que du talent.

« Il a besoin de circonstances favorables, d'un certain état du Gouvernement et d'une certaine disposition des esprits. Le succès a toutes sortes de conditions qui lui sont en quelque sorte étrangères. Non, je ne vous crois pas un *orgueilleux,* un *ambitieux;* je mets, il est vrai, moins de prix que vous à l'opinion, c'est-à-dire à l'opinion du grand nombre; car l'opinion du petit nombre, c'est-à-dire des juges éclairés, est ce qu'il y a de plus digne d'être ambitionné : c'est la vraie gloire. Mais je ne parle que pour moi à qui, dans mes rêves d'amour-propre, la distinction et la considération suffisent. Il y a, je le sais, de plus hautes vocations, et la vôtre est de ce nombre ; je les reconnais, je les honore, je les admire, en leur adressant toutefois ce conseil dont Bossuet fait honneur au grand Condé : qu'il faut songer d'abord à bien faire, et laisser venir la gloire après. »

En même temps qu'il le tempère, il l'encourage, il l'élève, il l'exalte même : à ses conseils particuliers il mêle des paroles d'oracle, des éclairs de prophétie qui portent loin. Il présage, dès ce moment, un coup de vent soudain qui peut tout renverser, un 24 février possible; il songe même, lui homme d'un autre temps, au rôle de courage et d'audace qu'il aurait à remplir, tel cas échéant et en telle rencontre : le *Si forte virum quem...* lui revient à l'esprit, et il a conscience que ce jour-là il ne se tairait pas comme Sieyès et qu'il oserait. Sentiments, pensée, langage, tout cela est grand, fier et beau :

« (Châteauvieux, 28 septembre 1837.) Oui, monsieur, *je vous gronde*, puisque vous m'en donnez la permission ; oui, *vous avez tort*, lorsque votre impatience dévore le temps : mais ne vous en découragez pas. Vous avez en vous-même le remède de cette maladie dans le besoin de bien faire. Ç'a été, vous le savez, le besoin de tous les esprits supérieurs, et nous lui devons la perfection de leurs œuvres. Ainsi, je suis avec vous lorsque vous vous imposez de ne pas laisser aller une idée avant que vous l'ayez mise dans tout son lustre; et ce lustre, c'est la clarté, la simplicité, la concision, la pureté et la plénitude de l'expression ; ce qui fait enfin que ce qu'on dit, c'est précisément ce qu'on a voulu dire. A cette lutte, vous deviendrez athlète et vous vaincrez dans les Jeux olympiques. Tout dégradé qu'est ce temps-ci, *il est encore plus capable d'admiration qu'il ne l'est d'un vrai respect...* Vous êtes dans la raison, laissez faire sans trop vous produire et sans vous dérober. Vous appartenez à la Providence : résignez-vous donc à ce qui arrivera; vous aurez lieu de vous consoler, quel que soit l'événement. L'état de notre société vous est connu comme si vous étiez vieux. Ni l'ordre social ni le Gouvernement ne sont assis; tout s'écroulerait au premier choc. Il est vrai qu'on ne voit pas dans les natures actuelles de main capable de l'imprimer; mais il n'est pas toujours besoin de marteau contre les édifices mal construits; un coup de vent peut suffire... »

Revenant à lui-même, à sa prochaine réélection au

rôle ultérieur et suprême qui lui était réservé peut-être, et s'expliquant comme il aimait à le faire sur ses goûts favoris, il disait :

« Sans m'occuper aucunement de mon élection, je reviendrai à la Chambre, si d'eux-mêmes les électeurs qui m'y ont envoyé neuf fois m'y renvoient encore. J'y reviendrai, non pour prendre part aux affaires courantes, mais dans cette confiance présomptueuse, qu'il y aura peut-être telle circonstance, tel jour où il me serait permis de devancer les hommes de ce temps-ci et d'oser ce qu'ils n'oseraient pas.

« Ce qui surabonde en vous, monsieur, me manque : je n'ai point d'entreprise. C'est en grande partie la faute du temps où je suis né et que j'ai traversé.

« Je retourne à mes vieilles études philosophiques et littéraires. Il s'en faut bien que, dans le cours de ma longue vie, j'aie épuisé les classiques anciens et modernes ; plus avant on pénètre dans cette mine et plus on y découvre. Loin donc que mon loisir me pèse, il ne me suffit pas... »

Tocqueville échoue cette première fois. Il fait part à M. Royer-Collard de toutes les vicissitudes de cette campagne électorale : il n'a pas besoin de consolations dans son échec. Aussi M. Royer-Collard ne lui en donne-t-il point ; il serait plutôt disposé à le féliciter :

« (21 novembre 1837.)... Je ne tiens pas absolument à ce que vous ayez échoué ; cependant je le préfère. Vous me demandez pourquoi, et quand donc il sera temps. Il me semble que nous nous sommes déjà expliqués là-dessus. Vous êtes jeune et destiné à traverser bien des événements : il n'est pas avantageux de s'être engagé de si bonne heure, au risque d'être jeté violemment hors de sa route, et si violemment qu'on n'y peut plus rentrer. Votre caractère est complet, et votre esprit très-près de ce qu'il sera jamais ; mais votre autorité n'est pas ce qu'elle sera plus tard; et il vous importe, il nous importe encore plus qu'à vous, qu'elle soit établie et autant inattaquable qu'il est possible, quand elle se produira dans les affaires publiques. Ne vous ai-je pas dit que vous apparteniez à la Providence? laissez-la vous appeler quand votre moment sera venu. Il viendra, et peut-être encore trop tôt. Mais à quels signes pourrez-vous reconnaître qu'il est venu? Je vous demande pardon d'oser vous répondre et suivre avec vous une telle controverse; mais, puisque vous le voulez, je vous dirai que le moment sera venu quand vous aurez terminé votre grande entreprise, et mis par là le sceau à votre réputation; car vous serez plus fort, plus puissant, plus imposant, et cette considération a d'autant plus de poids que vous ne terminerez peut-être pas, si vous êtes jeté dès à présent dans le mouvement des affaires. La vie du député, aujourd'hui, est une vie vulgaire, si même elle n'est pas abrutissante pour le grand nombre. Ce n'est pas là qu'il faut chercher la gloire, il faut l'y apporter Achevez donc d'abord votre livre, ce sera là un signe providentiel... »

En s'exprimant de la sorte, M. Royer-Collard obéissait à sa propre loi, à la forme élevée et dominante de son jugement qui agrandissait tout ce qu'il ne déprimait pas. Tocqueville appartenait sans doute à la Providence, mais il y appartenait dans le même sens que tout le monde y appartient, et, quelque exception que méritât son talent, ces signes *providentiels* auxquels on en appelait sont une exagération qui saute d'elle-même aux yeux. M. Royer-Collard, baissant un peu le ton dans l'une des lettres suivantes, était plus dans le vrai lorsqu'il insistait sur l'action utile et prolongée de l'écrivain, sur cette vocation qui n'avait pas été la sienne, à lui, et qui était de nature moins viagère; on ne saurait définir d'une manière plus noble toute l'ambition permise à une littérature élevée, toute sa portée dans l'avenir, en même temps que ses difficultés, ses arrêts et ses limites :

« …Vous, monsieur, il vous est donné de marquer autrement votre passage sur la terre et d'y tracer votre sillon; vous l'avez commencé; vous le suivrez sans l'achever jamais; car aucun homme n'a jamais rien fini. Les pensées que vous aurez produites à la sueur de votre front ne seront bien comprises qu'après vous, et elles ne porteront point tout leur fruit. Cependant vous seriez infidèle à la Providence si vous vous arrêtiez; le prix n'en sera pas dans le retentissement de votre nom (*vanitas vanitatum*), il sera tout entier dans l'action que vous exercerez sur de nobles esprits… »

Un jour, M. Royer-Collard fatigué, et sentant sa robuste constitution fléchir, se décide enfin à quitter la scène publique; il renonce à faire partie de la Chambre et à continuer de siéger au sein de ces débats journaliers auxquels il n'assistait plus guère depuis longtemps que par son dédain et son silence. Cette fois, c'est le tour de Tocqueville de le féliciter, et, en motivant ses raisons, il trace du même coup un portrait vivant, et déjà historique, du personnage :

« (Octobre 1842.)… Nous sommes malheureusement et nous devenons tous les jours si différents de vous, que votre place, au milieu de cette Assemblée, était de plus en plus difficile à remplir. Vous représentez, monsieur, un autre temps que le nôtre, des sentiments plus hauts, des idées, une société plus grandes. Vos paroles n'eussent plus été bien comprises, et la prolongation indéfinie du silence avait des inconvénients graves à mes yeux. Il ne m'appartenait pas assurément de vous donner un conseil; mais, la chose étant faite, vous me permettrez de m'en réjouir. Réjouir n'est pas le mot, puisque votre résolution diminue les occasions que j'avais de vous voir : le mot dont il faudrait se servir est celui qui peindrait cette sorte de satisfaction grave qui accompagne un acte pénible, mais utile et honorable. Je sais qu'il y a de vos amis qui craignaient pour vous l'ennui et l'espèce de vide qu'éprouvent ceux qui quittent la vie active : quant à moi, je n'ai jamais conçu ces inquiétudes; j'ai eu plus de confiance dans la force si entière de votre esprit. Et d'ailleurs, je vous l'ai entendu dire à vous-même, depuis longtemps vous viviez déjà à part, vous étiez plus spectateur qu'acteur. A mon avis, votre carrière active a fini en 1830. A partir de cette époque, vous avez eu de grands jours; mais l'action continue a cessé . c'est par l'époque de la Restauration que vous marquerez dans notre histoire. L'idée simple (et les idées qui demeurent dans l'esprit des peuples sont toujours simples), qui restera de vous, est celle de l'homme qui a le plus sincèrement et le plus énergiquement voulu *rapprocher l'un de l'autre et retenir ensemble le principe de la liberté moderne et celui de l'hérédité antique.* La Restauration n'est autre chose que l'histoire de cette entreprise. Quand toutes les idées secondaires auront disparu, celle-là seule restera, et vous en serez le représentant.

« Vous êtes bien heureux d'avoir vécu dans un temps où il fût possible de se proposer un but, et surtout un but haut placé. Rien de pareil ne saurait se présenter de notre temps; la vie publique manque d'objet... »

M. Royer-Collard fut flatté du portrait; il ne le désavoua point; il daigna y sourire :

« Vous n'avez pas seulement bien de l'esprit, monsieur, mais votre esprit est aimable : il pare tout ce qu'il vous plaît de dire. Vous me parez moi-même, mais avec tant de bonne grâce que, sans accepter toutes vos paroles, je n'ai cependant point à baisser les yeux (1). »

Le regret de Tocqueville, de ne pouvoir trouver dans les circonstances de son temps un objet digne de lui et, en quelque sorte, le *joint* d'une grande cause, comme l'avait rencontré M. Royer-Collard, vient de nous être bien nettement accusé : ce fut là l'embarras et comme l'empêchement de sa vie publique. Il n'avait cessé de songer à cette idée principale et maîtresse dont il pourrait se faire le chef auprès des générations nouvelles, et qu'il pourrait inscrire sur son drapeau : « Mon plus beau rêve en entrant dans la vie politique, écrivait-il à son frère, homme monarchique et catholique, était de contribuer à la réconciliation de l'esprit de liberté et de l'esprit de religion, de la société nouvelle et du clergé. » Mais cette réconciliation s'en alla en fumée avant qu'il eût pu en rallier les éléments et en formuler la doctrine. Il avait de même rêvé de personnifier l'alliance de l'ancien régime avec la démocratie ; mais il n'y réussit pas davantage. Son rôle ne put jamais se dessiner assez au large, pour ainsi dire ;

(1) J'aime à rassembler les témoignages, et je ne crains pas de donner les variantes d'une même pensée. Quelqu'un que j'ai près de moi me dit très-bien : « M. Royer-Collard eut toujours un grand goût pour Tocqueville. Il aurait pu lui dire, en effet, comme Voltaire le dit un jour à François de Neufchâteau : *Et j'aime en vous mon héritier.* — Le mot qui était échappé un jour à M. Royer-Collard : « La démocratie coule à pleins bords, » fut, en quelque sorte, le texte de méditation que se proposa toute sa vie Tocqueville. Ce fut l'idée mère autour de laquelle il ne cessa de graviter. » (Voir à la fin du volume la partie de l'errata se rapportant à cette note.)

l'homme manqua toujours d'espace autour de lui et d'essor. On conçoit de grands aristocrates passant à la démocratie et devenus populaires, puis, à un certain moment, se retournant vers le peuple pour essayer de le modérer : c'est le cas des Mirabeau et des La Fayette; il y eut deux temps dans leur carrière. Chez Tocqueville, il n'y eut jamais de dégagement assez sensible et assez manifeste. M. Guizot lui disait un jour à la Chambre en causant : « Vous êtes pour moi un aristocrate vaincu qui accepte sa défaite. » On aurait pu dire aussi et en toute équité : « Vous êtes un aristocrate converti qui plaide la cause du vainqueur, mais qui la plaide sans joie. » Tocqueville ne se donna jamais pleine carrière, en effet ; il ne sut jamais prendre à temps son élan; il se méfiait des autres et de lui; raisonnable, consciencieux et prudent, dès le point de départ il enraya sa roue et prit garde de ne point se briser à la borne : il ne courait qu'en signalant le danger. Ami sincère d'une certaine démocratie, il ne lui apparut jamais que le front chargé de soucis et de nuages. De là un rôle très-honorable; mais restreint et comme étouffé au point de vue de l'action. Sa pleine valeur est dans ses écrits.

Lundi 25 décembre 1865.

NOUVELLE CORRESPONDANCE

INÉDITE

DE M. DE TOCQUEVILLE

―――

(SUITE ET FIN.)

―――

I.

La Révolution de 1848 n'étonna point absolument Tocqueville : il n'avait pas une très-haute idée du régime établi en 1830. Voyageant en Amérique, il prévoyait dès 1831 de nouvelles révolutions. En 1831, il lui semblait que le Gouvernement avait gagné et que la station serait assez longue ; il l'écrivait à un de ses amis d'Angleterre, M. Senior, en des termes qui méritent qu'on s'y arrête :

« Chez nous, pour le moment du moins, disait-il (27 janvier 1836), tout semble rentré dans l'ordre habituel des choses. Excepté l'agriculture qui souffre un peu, tout le reste prospère d'une manière surprenante; l'idée de la stabilité pénètre pour la première fois depuis cinq ans dans les esprits, et avec elle le goût des entreprises. L'activité presque fébrile, qui nous caractérisa en tout temps, quitte la politique pour se porter vers le bien-être matériel : ou je me trompe fort, ou nous allons voir d'ici à peu d'années d'immenses progrès dans ce sens. Cependant le Gouvernement aurait bien tort de s'exagérer les conséquences de cet état de choses : la nation a été horriblement tourmentée; elle jouit avec délices du repos qui lui est enfin donné; mais l'expérience de tous les temps nous fait connaître que ce repos même peut devenir funeste à ceux qui la gouvernent. A mesure que la fatigue des dernières années cessera de se faire sentir, on verra les passions politiques renaître; et si, pendant le temps où il est fort, le Gouvernement n'a pas redoublé de prudence et ménagé avec grand soin toutes les susceptibilités de la nation, on sera tout surpris de voir quel orage se soulèvera tout à coup contre lui. Mais comprendra-t-il cela? J'en doute. »

La remarque est fine : elle se retrouve encore plus loin (page 318) sous la plume de Tocqueville. Il avait raison, et je traduirai, si l'on veut bien, la même observation à mon tour et à ma manière. Les Français sont sujets à ces intermittences de fatigue et d'excitation et, pour parler net, à des fièvres périodiques de turbulence. Quand on a épuisé une période, la période algide, on entre dans l'autre, la période brûlante. Quand on ne craint plus, c'est alors que tout redevient à craindre. Les gouvernements n'ont jamais plus à veiller que du moment où, l'impression d'une précédente révolution s'affaiblissant, la moyenne de la nation n'en redoute plus le retour. Les honnêtes gens, en effet, retombent régulièrement, sans s'en apercevoir, dans la même illusion : ils blâment leurs pères ou, qui plus est, ils se blâment eux-mêmes dans le passé; et, quinze ou vingt ans après, ils ne se doutent pas qu'ils reprennent exactement le même train de conduite sous une autre forme et avec de légères variantes. Quand un certain vent se remet à souffler, il suffit des moindres occasions ou des moindres prétextes pour jeter les plus honnêtes esprits, et les plus bourgeois, dans des irritations déraisonnables et disproportionnées dont profite aussitôt l'esprit de parti. C'est l'histoire du Français.

Tocqueville lui-même qui ne voulait pas de révolution, fut amené, vers la fin, à être assez vif contre le *système*. Sa prudence toutefois le fit toujours balancer. Il se disait *non* et *oui* à la fois; il avait présentes à l'esprit toutes les idées et les raisons *pour* et *contre* : ce qui fait la force du penseur, mais qui est souvent l'embarras de l'homme d'État. Ainsi, dans l'affaire d'Orient, en 1840, il croyait qu'on devait appuyer le ministère du 1ᵉʳ mars; et il l'écrivait à son ami M. de Beaumont (9 août 1840) :

« Mais je n'approuve point, ajoutait-il, le langage de la presse officielle; ces airs de matamores ne signifient rien. Ne saurait-on être fermes, forts et préparés à tout, sans jactance et sans menace ? Il faut faire assurément la guerre dans telle conjoncture, aisée à prévoir; mais une pareille guerre ne doit pas être désirée ni provoquée, car nous ne saurions en commencer une avec plus de chances contre nous. Dans l'état actuel de la civilisation, la nation européenne qui a contre soi toutes les autres, quelle qu'elle soit, doit à la longue succomber; c'est là ce qu'on ne doit jamais dire à la nation, mais ne jamais oublier. Voilà de sages réflexions qui ne m'empêchent pas, au fond de moi-même, de voir avec une certaine satisfaction toute cette crise. Vous savez quel goût j'ai pour les grands événements, et combien je suis las de notre petit pot-au-feu démocratique et bourgeois. »

Lorsque ensuite, après s'être avancé, on recule, et que la nation se croit, à tort ou à raison, profondément humiliée et déchue du rang qu'elle tenait en Europe; lorsqu'elle commence à en vouloir au Gouvernement de son choix et au prince qu'elle accuse personnellement de lui avoir créé cette situation indigne d'elle, Tocqueville est des premiers à sentir que le péril de l'avenir est là, non ailleurs, et tout le talent de parole dont fait œuvre le ministère de M. Guizot ne lui impose pas :

« Jamais, écrivait-il le 7 novembre 1840, jamais, depuis 1830, ce danger, suivant moi, n'a été plus grand. Ce ne sont pas les seules passions anarchiques qui renversent les trônes : cela ne s'est jamais vu; ce sont ces mauvais sentiments s'appuyant sur de bons instincts. Jamais le parti révolutionnaire n'eût renversé la branche aînée, si celle-ci n'eût fini par armer contre elle le parti libéral. Ce même danger reparaît aujourd'hui sous une autre forme. Le radicalisme s'appuie momentanément sur l'orgueil national blessé : cela lui donne une force qu'il n'avait point eue. »

Il se range, dès ce moment, dans l'Opposition, dans une Opposition « non démagogique, mais cependant très-ferme; » et la raison qu'il en donne, c'est que « l'on n'a quelque chance de maîtriser les mauvaises passions du peuple qu'en partageant celles qui sont bonnes. » Cette chance, il l'aura très-peu pour son compte et n'acquerra jamais aucun ascendant à distance. Son rôle (je crois l'avoir dit déjà) est celui que, dans la haute comédie, on appelle le rôle raisonneur, celui des Ariste, des Cléante, un rôle qui honore et ennoblit la pièce, mais qui n'intéresse pas l'action. Au sein d'une Chambre divisée en partis violents, Tocqueville juge admirablement l'ensemble d'une situation; sortant des questions trop particulières, il généralise ses vues, remonte aux causes du mal et disserte sur les mœurs publiques; il considère à bout portant la crise qu'il a sous les yeux, non au point de vue pratique, mais au point de vue historique déjà. C'est surtout en écrivant à ses amis d'Angleterre qu'il développe plus complaisamment ses idées et qu'il s'élève, dans des lettres familières, à la hauteur du livre. Il ne se peut de plus belles pages, en fait de considérations contemporaines, que ce qu'on va lire et qu'il écrivait à M. John Stuart Mill (28 mars 1841) :

« Tout ce qui s'est passé dans notre politique extérieure depuis six mois m'a donné, je vous le confesse, mon cher Mill, beaucoup de trouble d'esprit et d'embarras. Les dangers étaient grands de tous les côtés. Les circonstances récentes ont fait apparaître dans notre Parlement, en matière d'affaires étrangères, deux partis extrêmes, également dangereux : l'un qui rêve de conquêtes et aime la guerre, soit pour elle-même, soit pour les révolutions, qu'elle peut faire naître; l'autre qui a pour la paix un amour que je ne craindrai pas d'appeler déshonnête, car il a pour unique principe non l'intérêt public, mais le goût du bien-être matériel et la mollesse du cœur. Ce parti-là sacrifierait tout à la paix. Le gros de la nation est entre ces deux extrêmes ; mais il a peu de représentants éminents dans le Parlement. Placés entre ces deux partis exclusifs, la position des hommes comme moi a été très-difficile et très-perplexe. Je ne pouvais approuver le langage révolutionnaire et propagandiste de la plupart des partisans de la guerre ; mais abonder dans le sens de ceux qui demandaient à grands cris et à tout prix la paix, était plus périlleux encore. Ce n'est pas à vous, mon cher Mill, que j'ai besoin de dire que la plus grande maladie qui menace un peuple organisé comme le nôtre, c'est l'anéantissement graduel des mœurs, l'abaissement de l'esprit, la médiocrité des goûts : c'est de ce côté que sont les grands dangers de l'avenir. Ce n'est pas à une nation démocratiquement constituée comme la nôtre, et chez laquelle les vices naturels de la race ont une malheureuse coïncidence avec les vices naturels de l'état social, ce n'est pas à cette nation qu'on peut laisser prendre aisément l'habitude de sacrifier ce qu'elle croit sa grandeur à son repos, les grandes affaires aux petites ; ce n'est pas à une pareille nation qu'il est sain de laisser croire que sa place dans le monde est plus petite, qu'elle est déchue du rang où l'avaient mise ses pères, mais qu'il faut s'en consoler en faisant des chemins de fer et en faisant prospérer au sein de la paix, à quelque condition que cette paix soit obtenue, le bien-être de chaque particulier. Il faut que ceux qui marchent à la tête d'une pareille nation y gardent toujours une attitude fière, s'ils ne veulent laisser tomber très-bas le niveau des mœurs nationales. La nation s'était crue humiliée ; elle l'était en effet, sinon par les actes, au moins par le langage de nos ministres. Son Gouvernement le lui avait dit : il avait fait en son nom des menaces ; et dès que ces menaces imprudentes et folles avaient amené le danger, ce même Gouvernement, ce même prince, qui s'étaient montrés si susceptibles et si fiers, déclaraient qu'il fallait reculer. A ce signal, une grande partie de la classe moyenne donnait l'exemple de la faiblesse ; elle demandait à grands cris qu'on pliât, qu'on évitât la guerre à tout prix : le sauve qui peut était général, parce que l'exemple était parti de la tête. Croyez-vous que de pareilles circonstances puissent se renouveler sans user un peuple? Est-ce là l'hygiène qui nous convient? et n'était-il pas nécessaire que des voix fermes et indépendantes s'élevassent pour protester au nom de la masse de la nation contre cette faiblesse; que des hommes qu'aucun lien de parti n'enchaîne encore, qui bien évidemment n'ont ni tendances napoléoniennes ni goûts révolutionnaires, que de pareils hommes vinssent tenir un langage qui relevât et soutînt le cœur de la nation et cherchassent à la retenir dans cette pente énervante (1) qui l'entraîne chaque jour davantage vers les jouissances matérielles et les petits

(1) Une *pente* n'est pas *énervante* : on se le figure difficilement. Je ne relève cette impropriété chez Tocqueville, que parce qu'il est lui-même d'une sévérité excessive et d'un purisme outré à l'égard des modernes. A chaque instant chez lui, lorsqu'il emploie les expressions les plus simples et les plus indiquées, il lui arrive d'ajouter avec dédain : *pour employer le jargon moderne*. Ainsi, veut-il dire que son livre de la *Démocratie* est moins écrit en vue de l'Amérique ou de l'Angleterre que de la France, il dira dans une lettre à M. Henry Reeve : « Cet ouvrage est, en définitive, écrit principalement pour la France ou, *si vous aimez mieux, en jargon moderne, au point de vue français...* » Je vous demande un peu où est, en cela, le jargon. Ailleurs, ayant à parler de Fontanes, il dira : « M. de Fontanes, qui restait fort amoureux du passé et était ce qu'on eût appelé dans le jargon moderne un grand réactionnaire... » J'avoue que ce dédain de la langue courante m'impatiente un peu chez Tocqueville : car enfin le mot de *réaction* ne pouvait exister sous Louis XIV, puisqu'il n'y avait pas lieu au mouvement des partis, qui a motivé l'introduction du mot; il fallait la Terreur et Thermidor, le Directoire et Fructidor, 1815 et les Cent-Jours, pour qu'il naquît et s'autorisât : à choses nouvelles il faut des mots nouveaux; et quand l'emploi en est modéré, comme dans les exemples que je cite, quand l'usage les accepte et les consacre, c'est le fait d'un dégoût ou d'une timidité extrêmes de s'en priver ou de ne s'en servir qu'en s'en excusant de cette façon... *Tangens male singula dente superbo.*

plaisirs? Si nous cessions d'avoir l'orgueil de nous-mêmes, mon cher Mill, nous aurions fait une perte irréparable. »

On sent parfaitement les diverses idées qui se combattent en lui : il n'est pas d'humeur militaire, et il n'est pas non plus absolument de doctrine industrielle et économiste : il voudrait assister à de grandes choses, et il doute que la nation en soit capable : faut-il conseiller la grandeur à qui n'est pas de force à la soutenir? Tocqueville, dans la perplexité, se rejetait, même quand il abordait la tribune (ce qu'il ne faisait qu'assez rarement), à dénoncer le relâchement et la corruption, à sermonner la nation et ses représentants sur les mœurs politiques. « Vous sentez qu'avec un pareil texte, on est menacé d'un *fiasco,* » écrit-il à Ampère (janvier 1842). Mais encore, s'il prévoit un tel résultat, pourquoi choisir ce thème? Le premier devoir d'un orateur est de mordre sur son auditoire, de l'intéresser, sinon de le passionner. Les discours remarquables qu'il prononce de temps en temps à la Chambre laissent toujours un doute dans l'esprit : que veut-il en définitive? à quoi conclut-il? Il se plaint de la platitude générale « qui augmente sensiblement, » et il craindrait d'appeler au secours et de déchaîner la tempête. Il voit juste toutefois dans ses réflexions contradictoires, mais un certain aiguillon manque toujours, un à-propos immédiat. Ainsi, à la date du 25 août 1847, il écrit à l'un de ses amis d'Angleterre, qui projette un prochain voyage :

« Vous trouverez la France tranquille et assez prospère,

mais cependant inquiète. Les esprits y éprouvent depuis quelque temps un malaise singulier; et, au milieu d'un calme plus grand que celui dont nous avons joui depuis longtemps, l'idée de l'instabilité de l'état de choses actuel se présente à beaucoup d'esprits. Quant à moi, quoique je voie ces symptômes avec quelque crainte, je ne m'en exagère pas la portée; je crois notre société solidement assise, par la raison, surtout, qu'on ne saurait, le voulût-on, la placer sur une autre base. Cependant cet aspect de l'état des esprits doit faire sérieusement réfléchir. Le système d'administration pratiqué depuis dix-sept ans a tellement perverti la classe moyenne, en faisant un constant appel aux cupidités individuelles de ses membres, que cette classe devient peu à peu, pour le reste de la nation, une petite aristocratie corrompue et vulgaire, par laquelle il paraît honteux de se laisser conduire. Si ce sentiment-là s'accroissait dans la masse, il pourrait amener plus tard de grands malheurs. Mais comment empêcher le Gouvernement de corrompre, lorsque le régime électif lui donne naturellement tant de besoin de le faire, et la centralisation tant de moyens? Le fait est que nous tentons une expérience dont nous n'avons pas encore vu le dernier résultat; nous essayons aussi de faire marcher ensemble deux choses qui n'ont jamais, à ma connaissance, été unies : une assemblée élective et un pouvoir exécutif très-centralisé. C'est là le plus grand problème du temps; il est posé, mais non résolu. »

Il a l'art d'élever les questions, mais aussi de les éloigner en les généralisant. On n'en est pas plus avancé pour la conduite après qu'auparavant. Il ne parvint pas dans la presse plus qu'à la tribune à trouver une base, une représentation un peu large et distincte aux opinions particulières qu'il apportait dans l'Opposition. Le journal *le Commerce* qu'il essaya de patronner un moment, en 1844, n'a laissé aucune trace ni aucun souvenir. En 1847, aux approches de la révolution, Tocqueville avait conçu des craintes sérieuses en voyant la hardiesse et l'espèce de concert des différents systèmes socialistes; nous l'apprenons par un fragment intitulé : *De la classe moyenne et du peuple,* qui devait servir de manifeste au Petit groupe d'opposants dont il était le chef. Il est fâcheux que ce manifeste dont nous n'avons qu'une ébauche et qui posait la question nouvelle dans ses vrais termes n'ait point paru. Il en est passé quelque chose dans un discours qu'il prononça à la Chambre le 27 janvier 1848. Mais alors comment expliquer que dans une lettre à M. Odilon Barrot, écrite en octobre 1853, Tocqueville paraisse étonné que ces mêmes systèmes aient osé se produire ?

« Quand je songe, écrivait-il à son ancien collègue, aux épreuves qu'une poignée d'aventuriers politiques ont fait subir à ce malheureux pays; lorsque je pense qu'au sein de cette société riche et industrieuse on est parvenu à mettre, avec quelque apparence de probabilité, en doute l'existence même du droit de propriété; quand je me rappelle ces choses, et que je me figure, comme cela est la vérité, l'espèce humaine composée en majorité d'âmes faibles, honnêtes et communes, je suis tenté d'excuser cette prodigieuse énervation morale dont nous sommes témoins, et de réserver toute mon irritation et tout mon mépris pour les intrigants et les fous qui ont jeté dans de telles extrémités notre pauvre pays. »

C'était peut-être, il est vrai, pour consoler le chef de l'ancienne Opposition de gauche et le promoteur des fameux banquets qu'il écrivait de la sorte : quoi qu'il en soit, le philosophe est ici en défaut, et il paraît trop vite oublier ce qu'il a reconnu ailleurs, que ce ne sont pas les partis extrêmes qui ont renversé Louis-Philippe, mais que c'est la classe moyenne le jour où elle fit cause commune avec eux.

Après février 1848, Tocqueville attristé, mais non découragé, accepta franchement l'état de choses nouveau et essaya d'en tirer le meilleur parti possible : il était pour la république modérée. Nul ne fut assurément plus sincère ni plus dégagé d'arrière-pensée parmi les républicains que j'appellerai improvisés et provisoires. Cependant il ne faisait guère cas des sentiments et des mobiles qui animaient les masses, et il écrivait le 1er mai 1848 à l'un de ses honnêtes amis de Versailles, M. Bouchitté, qui n'était pas exempt, il est vrai, de quelque prud'homie :

« Vous avez raison de dire que vous craignez les intérêts matérialistes de la révolution qui vient de s'opérer. La Révolution de 1789 est sortie du cerveau et du cœur de la nation ; mais celle-ci a pris en partie naissance dans son estomac, et le goût des jouissances matérielles y a joué un rôle immense. »

Ici nous arrêtons l'homme excellent, délicat, généreux, et nous lui disons : Il n'y a rien de plus respectable que l'estomac, et il n'y a pas de cri qui parle plus haut que celui de la misère. Ce n'est pas tant encore pour jouir que pour vivre et subsister que s'agite la majorité de l'espèce, et c'est là le problème présent qui, pour être moins noble en apparence et moins digne de figurer sur les bannières, n'en est pas moins capital et sacré. Nous avons eu l'occasion dans ces temps derniers d'étudier un homme, une organisation éminente aussi à sa manière, un pur prolétaire, lui (Proudhon), et qui n'avait pas eu dans son enfance de précepteur à domicile, puis plus tard l'éducation des voyages, puis une vie publique tout ouverte et toute tracée; qui n'habitait pas parmi des laboureurs, mais parmi des ouvriers; qui n'avait pas, à ses heures d'angoisses, les vieux murs d'un château pour refuge, mais un atelier obéré, hypothéqué : combien aussitôt le point de vue change! comme tout diffère! et les hommes les plus intelligents, les cœurs les plus nobles ne parviendront-ils donc jamais à rompre les cloisons qui les séparent, à respecter les causes également légitimes et sincères dont ils ont en eux le principe et le sentiment!

A M. de Montalembert, après la lecture de son livre, *des Intérêts catholiques au* XIX*e siècle* (1852), Tocqueville écrivait également :

« Je n'ai jamais été plus convaincu qu'aujourd'hui qu'il n'y a que la liberté (j'entends la modérée et la régulière) et la religion, qui, par un effort combiné, puissent soulever les hommes au-dessus du bourbier où l'égalité démocratique les plonge naturellement, dès que l'un de ces deux appuis leur manque. »

Il n'épousait la démocratie que sous toutes réserves. C'était pour lui un mariage de raison et de nécessité, nullement d'inclination. Et quant à la religion, se rendait-il bien compte, au moment où il l'invoquait pour auxiliaire des conditions de l'alliance catholique et des conséquences qu'elle recélait? De ce côté aussi, il était homme à n'y pouvoir aller que d'un pied.

L'échec du général Cavaignac au 10 décembre 1848 l'avait affligé sans l'étonner (disposition qui lui était devenue comme habituelle); cet échec, qui ne s'adressait, selon lui, qu'aux républicains de la veille, et qui prouvait seulement la répulsion du pays pour la république, n'avait à ses yeux qu'une signification négative. Membre de la première Assemblée, ministre du prince-président pendant cinq mois (2 juin—31 octobre 1849), Tocqueville ne prit que peu de part aux discussions de la seconde Assemblée, à laquelle il appartenait aussi : sa santé altérée par l'intensité des émotions et par la fatigue des affaires l'obligea à chercher un climat plus doux, le ciel de Sorrente. C'est là, dans cette vallée qu'ont chantée les poëtes, au milieu de la société d'amis de son choix, qu'il se recueillit de nouveau, fit son examen de conscience et se dit sans doute qu'il avait assez et trop dépensé de sa vie à des efforts infructueux, à des collaborations politiques sans résultat et sans issue : il résolut de redevenir une dernière fois ce que la nature l'avait surtout prédestiné à être, un observateur historique et un écrivain.

II.

La lettre écrite de Sorrente, dans laquelle il expose à son meilleur et son plus ancien ami, au confident de ses jeunes années, M. Louis de Kergorlay, sa disposition intérieure, son hésitation entre plusieurs projets et le plan final auquel il s'arrête, est, pour moi, des plus essentielles : elle dispenserait, au besoin, de tout autre document sur Tocqueville; elle est le portrait le plus parfait, le miroir fidèle de son esprit :

« ...Au milieu de toutes ces belles choses, lui dit-il (15 décembre 1850), je ne tarderais cependant pas à m'ennuyer si je ne parvenais à me créer une forte occupation d'esprit. J'ai apporté ici des livres. J'ai l'intention de continuer ce que j'avais déjà commencé à Tocqueville cet été, avec beaucoup d'entrain et de plaisir, qui était un récit de ce que j'avais vu dans la révolution de 1848 et depuis, choses et hommes. Je n'ai pu encore me remettre dans le courant d'idées et de souvenirs qui peuvent me donner du goût dans ce travail ; et, en attendant que l'inspiration revienne, je me suis borné à rêvasser à ce qui pourrait être pour moi le sujet d'un nouveau livre, car je n'ai pas besoin de te dire que les Souvenirs de 1848 ne peuvent point paraître devant le public. Les libres jugements que j'y porte et sur mes contemporains et sur moi-même rendraient cette publication impraticable, quand même il serait dans mon goût de produire ma personne sur un théâtre littéraire quelconque, ce qui assurément n'est pas. »

Ainsi il y a de lui un livre commencé sur la Révolution de 1848 ; les Œuvres dites *complètes* aujourd'hui ne le sont que provisoirement : il restera encore beaucoup à y ajouter, et pour la Correspondance et pour les fragments d'histoire. Nous allons maintenant passer par toutes les phases, pour ainsi dire, de la délibération de Tocqueville ; car nul esprit ne se faisait autant d'objections au préalable et ne *pourpensait* en lui-même davantage avant d'entreprendre : tous les *mais,* les *si* et les *car,* qui peuvent entrer dans une tête réfléchie, il les agitait auparavant et les pesait avec soin dans sa balance :

« Il y a longtemps déjà, continuait-il, que je suis occupé, je pourrais dire troublé, par l'idée de tenter de nouveau un grand ouvrage. Il me semble que ma vraie valeur est surtout dans ces travaux de l'esprit; que je vaux mieux dans la pensée que dans l'action ; et que, s'il reste jamais quelque chose de moi dans ce monde, ce sera bien plus la trace de ce que j'ai écrit que le souvenir de ce que j'aurai fait. Les dix dernières années, qui ont été assez stériles pour moi sous beaucoup de rapports, m'ont cependant donné des lumières plus vraies sur les choses humaines et un sens plus pratique des détails, sans me faire perdre l'habitude qu'avait prise mon intelligence de regarder les affaires des hommes par masses. Je me crois donc plus en état que je ne l'étais, quand j'ai écrit la *Démocratie,* de bien traiter un grand sujet de littérature politique. Mais quel sujet prendre? Plus de la moitié des chances de succès sont là, non-seulement parce qu'il faut trouver un sujet qui intéresse le public, mais surtout parce qu'il en faut découvrir un qui m'anime moi-même et fasse sortir de moi tout ce que je puis donner. Je suis l'homme du monde le moins propre à remonter avec quelque avantage contre le courant de mon esprit et de mon goût; et je tombe bien au-dessous du médiocre, du moment où je ne trouve pas un plaisir passionné à ce que je fais. J'ai donc souvent cherché depuis quelques années (toutes les fois du moins qu'un peu de tranquillité me permettait de regarder autour de moi et de voir autre chose et plus loin que la petite mêlée dans laquelle j'étais engagé), j'ai cherché, dis-je, quel sujet je pourrais prendre; et jamais je n'ai rien aperçu qui me plût complétement ou plutôt qui me saisît. Cependant, voilà la jeunesse passée, et le temps qui marche ou, pour mieux dire, qui court sur la pente de l'âge mûr :

les bornes de la vie se découvrent plus clairement et de plus près, et le champ de l'action se resserre. Toutes ces réflexions, je pourrais dire toutes ces agitations d'esprit, m'ont naturellement porté, dans la solitude où j'habite, à rechercher plus sérieusement et plus profondément l'idée-mère d'un livre, et j'ai senti le goût de te communiquer ce qui m'est venu dans l'imagination et de te demander ton avis. Je ne puis songer qu'à un sujet contemporain. Il n'y a, au fond, que les choses de notre temps qui intéressent le public et qui m'intéressent moi-même. La grandeur et la singularité du spectacle que présente le monde de nos jours absorbe trop l'attention pour qu'on puisse attacher beaucoup de prix à ces curiosités historiques qui suffisent aux sociétés oisives et érudites. Mais quel sujet contemporain choisir?... »

Et il va énumérer les sujets qui ont successivement passé devant ses yeux. — Un sujet contemporain direct? C'est trop simple, à son gré, trop épars et trop diffus. — Ou bien revenir un peu en arrière, à la période de l'Empire, reprendre et refaire en sous-œuvre le livre de M. Thiers? C'est un peu présomptueux, c'est un contre-pied un peu choquant. — Il en vient ainsi par degrés, et d'élimination en élimination, à définir son mode de composition préféré, la manière combinée et construite qui est la sienne, et qui serait peut-être à rapprocher, pour le moment, de celle d'Edgar Quinet, à mettre en contraste et en parallèle avec ce procédé également réfléchi, diversement lumineux. Dans cette lettre caractéristique, nous faisons avec Tocqueville tout un voyage autour de ma chambre, une reconnaissance complète de son esprit :

« Ce qui aurait le plus d'originalité et ce qui conviendrait le mieux à la nature et aux habitudes de mon intelligence, serait un ensemble de réflexions et d'aperçus sur le temps actuel, un libre jugement sur nos sociétés modernes et la prévision de leur avenir probable. Mais quand je viens à chercher le *nœud* d'un pareil sujet, le point où toutes les idées qu'il fait naître se rencontrent et se lient, je ne le trouve pas. Je vois des parties d'un tel ouvrage, je n'aperçois pas d'ensemble; j'ai bien les fils, mais la trame me manque pour faire la toile : il me faut trouver quelque part, pour mes idées, la base solide et continue des faits. Je ne puis rencontrer cela qu'en écrivant l'histoire, en m'attachant à une époque dont le récit me serve d'occasion pour peindre les hommes et les choses de notre siècle, et me permette de faire de toutes ces peintures détachées un tableau. Il n'y a que le long drame de la Révolution française qui puisse fournir cette époque. J'ai depuis longtemps la pensée, que je t'ai exprimée, je crois, de choisir dans cette grande étendue de temps qui va de 1789 jusqu'à nos jours, et que je continue à appeler la Révolution française, les dix ans de l'Empire, la naissance, le développement, la décadence et la chute de cette prodigieuse entreprise. Plus j'y réfléchis, et plus je crois que l'époque à peindre serait bien choisie : en elle-même, elle est non-seulement grande, mais singulière, unique même; et cependant, jusqu'à présent, du moins à mon avis, elle a été reproduite avec de fausses ou de vulgaires couleurs. Elle jette, de plus, une vive lumière sur l'époque qui l'a précédée et sur celle qui la suit; c'est certainement un des actes de la Révolution française qui fait le mieux juger toute la pièce, et permet le plus de dire sur l'ensemble de celle-ci tout ce qu'on peut avoir à en dire. Mon doute porte bien moins sur le choix du sujet que sur la façon de le traiter. Ma première pensée avait été de refaire à ma manière le livre de M. Thiers; d'écrire l'action même de l'Empire, en évitant seulement de m'étendre sur la partie militaire que M. Thiers a reproduite, au contraire, avec tant de complaisance et de talent. Mais en y réfléchissant, il me vient de grandes hésitations à traiter le sujet de cette manière : ainsi envisagé, l'ouvrage serait une entreprise de très-longue haleine ; de plus, le mérite principal de l'historien est de savoir bien faire le tissu des faits, et j'ignore si cet art est à ma portée : ce à quoi j'ai le mieux réussi jusqu'à présent, c'est à juger les faits plutôt qu'à les raconter ; et dans une histoire proprement dite, cette faculté que je me connais n'aurait à s'exercer que de loin en loin et d'une façon secondaire, à moins de sortir du genre et d'alourdir le récit. Enfin, il y a une certaine affectation à reprendre le chemin que vient de suivre M. Thiers ; le public vous sait rarement gré de ces tentatives ; et, quand deux écrivains prennent le même sujet, il est naturellement porté à croire que le dernier n'a plus rien à lui apprendre. Voilà mes doutes ; je te les expose pour avoir ton avis... »

Mais quel acheminement laborieux ne trouvez-vous pas ? que de tourments et de scrupules ! Est-il donc vrai que le génie procède ainsi, et n'est-ce qu'à ce prix que s'enfantent les chefs-d'œuvre ? Remarquez-vous comme la joie est naturellement absente dans cette conception ; comme aucune Muse, — même de ces Muses sévères qu'invoquait Montesquieu, — ne vient assister et sourire à la naissance de la pensée ? Nous ne sommes d'ailleurs pas au bout de cette sorte de confession intellectuelle, la plus curieuse et la plus détaillée que je connaisse :

« A cette première manière d'envisager le sujet, poursuit l'auteur, en a succédé dans mon esprit une autre que voici : il ne s'agirait plus d'un long ouvrage, mais d'un livre assez court, un volume peut-être ; je ne ferais plus, à proprement parler, l'histoire de l'Empire, mais un ensemble de réflexions et de jugements sur cette histoire ; j'indiquerais les faits sans doute et j'en suivrais le fil, mais ma principale affaire ne serait pas de les raconter; j'aurais, surtout, à faire comprendre les principaux, à faire voir les causes diverses qui en sont sorties ; comment l'Empire est venu, comment il a pu s'établir au milieu de la société créée par la Révolution ; quels ont été les moyens dont il s'est servi; quelle était la nature *vraie* de l'homme qui l'a fondé ; ce qui a fait son succès, ce qui a fait ses revers; l'influence passagère et l'influence durable qu'il a exercée sur les destinées du monde, et en particulier sur celles de la France. Il me semble qu'il se trouve là la matière d'un très-grand livre ; mais les difficultés sont immenses. L'une de celles qui me troublent le plus l'esprit vient du mélange d'histoire proprement dite avec la philosophie historique ; je n'aperçois pas encore comment mêler ces deux choses (et il faut pourtant qu'elles le soient, car on pourrait dire que la première est la toile, et la seconde la couleur, et qu'il est nécessaire d'avoir à la fois les deux pour faire le tableau); je crains que l'une ne nuise à l'autre, et que je ne manque de l'art infini qui serait nécessaire pour bien choisir les faits qui doivent, pour ainsi dire, soutenir les idées ; en raconter assez pour que le lecteur soit conduit naturellement d'une réflexion à une autre par l'intérêt du récit, et n'en pas trop dire, afin que le caractère de l'ouvrage demeure visible. Le modèle inimitable de ce genre est dans le livre de Montesquieu sur la *Grandeur* et la *Décadence des Romains* : on y passe, pour ainsi dire, à travers l'histoire romaine sans s'arrêter; et cependant on aperçoit assez de cette histoire pour désirer les explications de l'auteur et pour les comprendre. Mais indépendamment de ce que de si grands modèles sont toujours fort au-dessus de toutes les copies, Montesquieu a trouvé dans son livre des facilités qu'il n'aurait pas eues dans celui dont je parle. S'occupant d'une époque très-vaste et très-éloignée, il pouvait ne choisir que de loin en loin les plus grands faits et ne dire, à propos de ces faits, que des choses très-générales : s'il avait dû se renfermer dans un espace de dix ans, et chercher son chemin à travers une multitude de faits détaillés et précis, la difficulté de l'œuvre eût été beaucoup plus grande assurément.

« J'ai cherché dans tout ce qui précède à te faire bien comprendre l'état de mon esprit. Toutes les idées que je viens de t'exprimer l'ont mis fort en travail; mais il s'agite encore au milieu des ténèbres, ou du moins il n'aperçoit que des demi-clartés qui lui permettent seulement d'apercevoir la grandeur du sujet, sans le mettre en état de reconnaître ce qui se trouve dans ce vaste espace. Je voudrais bien que tu m'aidasses à y voir plus clair... »

Les sceptiques pourraient bien avoir raison : cette philosophie des faits, tirée à distance, avec tant d'effort, et qui varie au gré de chaque cerveau, ne prouve guère, après tout, que la force de tête et la puissance de réflexion de celui qui la trouve. On a ce sentiment quand on vient d'assister à toute cette préparation pénible et vraiment anxieuse, à toute cette enquête. Quoi qu'il en soit, on n'a jamais scruté sa pensée avec plus de conscience que Tocqueville; on ne l'a jamais exposée avec plus de sincérité. Montaigne qui a passé sa vie à faire son portrait ne s'est pas montré à nous plus à nu, et ne s'est pas livré surtout avec une plus entière bonne foi : il n'y a pas ici ombre de coquetterie comme chez Montaigne. A titre de pièce d'anatomie psychologique, je ne connais de comparable à cette lettre que celle que M. Joubert a écrite à M. Molé sur le caractère de Chateaubriand, cette dissection impartiale et irrécusable qui a tant irrité ceux que la vérité trop vraie offense. Ici il n'y a pas de quoi s'offenser : c'est l'auteur même qui parle, qui se démontre, et la dissection ne porte que sur les procédés de l'intelligence; ce que

l'auteur ajoute sur sa disposition morale est digne de
ce qui précède, et résume nettement sa profession de
foi politique :

« J'ai l'orgueil de croire que je suis plus propre que personne à apporter dans un pareil sujet une grande liberté d'esprit, et à y parler sans passion et sans réticence des hommes et des choses : car, quant aux hommes, quoiqu'ils aient vécu de notre temps, je suis sûr de n'avoir à leur égard ni amour ni haine; et quant aux formes des choses qu'on nomme des constitutions, des lois, des dynasties, des classes, elles n'ont point, pour ainsi dire, je ne dirai pas de valeur, mais d'existence à mes yeux, indépendamment des effets qu'elles produisent. Je n'ai pas de traditions, je n'ai pas de parti, je n'ai point de *cause,* si ce n'est celle de la liberté et de la dignité humaine : de cela, je suis sûr; et pour un travail de cette sorte, une disposition et un naturel de cette espèce sont aussi utiles qu'ils sont souvent nuisibles quand il s'agit, non plus de parler sur les affaires humaines, mais de s'y mêler. »

J'en demande pardon à Tocqueville : au moment où il dit qu'il n'a point de cause, il déclare assez qu'il en a une, et cette cause, telle qu'il vient de la définir, était pour lui une religion. Je m'en suis bien aperçu, il y a quelque trente ans déjà, un jour que, sans y trop songer et peut-être un peu légèrement, j'avais hasardé devant lui je ne sais quoi sur les principes de 89 qui, malgré tout, sont bien les miens : je vis qu'il n'entendait pas raillerie, ni peut-être même discussion sur cet article, et je me le tins pour dit désormais. De moi à lui, à partir de ce jour, tout laisser-aller, toute familiarité cessa : je ne dispute pas avec les croyants. Aujourd'hui même j'ignore si cette religion de liberté qui redevient en vogue, et que je vois professée partout, admet, un instant, la liberté non pas de la contredire, mais de proposer quelque amendement, quelques observations. N'y a-t-il donc pas, dans la vie des nations, des moments et des heures où il est bon et utile d'être conduit? Pour le peuple en particulier, pour le très-grand nombre, n'y a-t-il pas des moments où il est salutaire et légitime que l'on soit guidé et dirigé, et où c'est même le seul moyen que le progrès démocratique fasse un pas de plus, un pas décisif en avant? Si, par hasard, dirai-je en idée à M. de Tocqueville, la philosophie que vous avez puisée dès l'enfance auprès du bon abbé Lesueur n'était pas absolument la vraie; si l'homme venait de moins haut; s'il n'avait pas moins pour cela le besoin et l'aspiration de monter, il n'y aurait pas lieu à être tant humilié de se sentir quelquefois conduit, aidé dans le sens du bien, fût-ce même du bien-être. Montesquieu, qui savait l'histoire et qui a si fortement parlé de la République romaine, n'avait pas cette horreur des Trajan; il a sur eux, à la rencontre, d'humaines et de magnifiques paroles, et il s'est montré en cela un parfait philosophe. Ne faisons pas fi des périodes trajanes : elles sont rares, elles finissent toujours assez tôt, et on les regrette quand on ne les a plus. Vous qui avez souci du peuple, rappelez-vous des temps même très-récents, auxquels vous avez assisté et pris part. Sous cette république passagère qui fut forcée de tirer en juin sur le plus gros de ses bataillons et qui répudia bientôt ses chefs modérés dans la personne de Cavaignac, qu'arriva-t-il durant ces longs et interminables mois de réaction? Les monarchiens de tout genre et de tout bord qui remplissaient les Assemblées, surtout la dernière, ne faisaient autre chose que d'éliminer un à un tous les éléments démocratiques, tous les hommes de valeur et d'ardeur qui les représentaient. S'il est resté quelque chose à la démocratie en France, dans nos institutions, c'est au gouvernement d'un seul qu'on le doit. Les intérêts de ce grand nombre, les questions vitales qui les touchent, l'organisation peut-être qui en doit sortir, n'ont pas de protecteur plus vigilant, plus éclairé que ce chef unique qui n'appartient à aucune classe et qui n'en a pas les méfiances. Ne pourrait-on pas demander à l'auteur de la *Démocratie* (et c'est la seule critique que je hasarde) un peu moins d'amour-propre pour l'homme, un peu plus d'amour pour la démocratie elle-même, pour l'humanité en masse?

Je n'ai parlé que de la Correspondance. Le tome VIII des Œuvres, qui contient des fragments historiques, des notes de voyages, des extraits de conversations, des impressions de lectures, est très-agréable à parcourir. Ces croquis rapides, ces pensées et ces notes primesautières ont une vie qui n'est pas toujours dans les grands ouvrages de Tocqueville, et y font une heureuse diversion. On est tenté de se dire en les feuilletant : Que de choses aimables il aurait pu faire s'il n'avait pas si constamment tendu son esprit, s'il ne s'était pas laissé atteler à des corvées honorables, à des sujets officiels ennuyeux; si, né hors de sa classe, la nécessité l'avait obligé de bonne heure à se rompre, à se hâter et à se prodiguer!

———

P. S. Tocqueville est un auteur si distingué et dont la réputation gagnera tellement dans l'avenir, qu'on ne doit pas craindre d'insister et d'appuyer à son sujet. On pourra trouver que, plus indulgent en apparence pour beaucoup d'autres écrivains d'un mérite moindre, j'ai bien tenu ici à marquer mes réserves, quand il s'agissait d'apprécier un esprit d'un ordre aussi élevé. Voici quelques extraits de ma correspondance avec M. Gustave de Beaumont, qui me serviront peut-être d'excuse, et qui montreront que les meilleurs amis de Tocqueville ont bien voulu, en définitive, n'être point tout à fait mécontents de ce qu'eux-mêmes ils avaient désiré et presque exigé de moi. Le 24 novembre 1865, M. de Beaumont m'écrivait :

« Vous vous rappelez peut-être qu'il y a cinq ans environ il a paru deux volumes de Tocqueville, intitulés : *Correspondances et OEuvres diverses inédites.* Plusieurs revues et journaux de toutes nuances ont fait de cet ouvrage de grands éloges, en même temps que le *Moniteur officiel* publiait des articles qui tendaient à en faire la critique. Ceux-ci étaient signés de vous (1). Or savez-vous l'impression que me firent ces articles? C'est que, tout en distribuant çà et là le blâme à un livre, où d'autres ne voyaient guère qu'à admirer, vou étiez le seul qui eussiez réellement compris Tocqueville comme écrivain et jugé son style.

« Michel Lévy vient de publier un autre volume de Tocqueville, intitulé : *Nouvelle Correspondance,* dont il a dû vous envoyer un exemplaire. Ce volume contient, je le reconnais tout de suite, quelques lettres où se montre, de la part de Tocqueville, une grande vivacité (que j'approuve du reste) contre la révolution de 1852. Eh bien! malgré les dissentiments qu'il doit faire naître en vous

(1) Ils sont au tome xv des *Causeries du Lundi.*

dans cette partie, à la vérité minime, de sa Correspondance, tout ce que je souhaiterais serait que vous pussiez parler encore de ce nouveau livre à vos lecteurs. Je le désire vivement, dussiez-vous dans votre appréciation faire une large part aux réserves et même aux critiques jugées nécessaires. En somme, la presque totalité de ces lettres sont étrangères à la politique, et la plupart sont, si je ne me trompe, extrêmement remarquables, abstraction faite même des idées et à ne considérer que leur mérite littéraire. Ampère me disait souvent qu'il croyait la Correspondance de Tocqueville supérieure par le style à tout ce qu'il avait écrit pour le publier. J'incline à partager son avis. C'est cependant ce que n'admettrait pas et ne discuterait seulement pas non-seulement la masse des lecteurs, mais encore l'élite des aristarques qui décernent aux écrivains l'approbation ou le blâme... N'est-ce pas cependant un côté par lequel il y aurait à examiner les Œuvres de Tocqueville, qui jusqu'à présent a été plutôt étudié pour le fond de ses idées que pour la forme même qu'il leur a donnée? — Il y a, il est vrai, dans ce volume une partie (celle qui contient les lettres d'Amérique) dans laquelle doivent se trouver des incorrections : cependant je ne sais pas si cette Correspondance elle-même, adressée à ses plus proches et écrite dans l'abandon de la plus grande intimité, ne rachète pas ces négligences de style par la naïveté incomparable de ces premières et vives impressions... »

Je répondis à M. Gustave de Beaumont :

« Ce 26 novembre 1865... Je vous remercie de votre lettre cordiale. Malgré ce qui nous sépare, je me flatte qu'il y a bien des points où nous nous rapprochons, car vous êtes un des caractères que j'honore le plus. J'ai toujours été dans une grande difficulté, vous vous en serez aperçu, à parler de Tocqueville, non que je ne le place très à part et très-haut, mais parce qu'il n'a pas, selon moi, rempli complètement toute l'idée que ses amis ont droit d'avoir et de donner de lui. Et puis, il y avait de lui à moi, de tout temps et bien avant les événements de dernière date, un certain nœud de séparation : il était de nature croyante, c'est-à-dire que, même dans l'ordre des idées, il portait une certaine religion, une certaine foi. Je l'ai vu un jour, à un dîner chez M°° Récamier, ne pas entendre raillerie sur je ne sais quoi de 89 : je me tins pour averti. Cette forme d'esprit m'imposait, je l'avoue, plus qu'elle ne m'attirait, et, malgré d'aimables avances (1), j'étais toujours resté avec lui sur un pied de respect plus que d'amitié. Après la rupture que causèrent entre tant de relations les événements que vous savez, je n'avais pas changé, mais je me tenais plus qu'auparavant sur la réserve ; il venait peu à notre Académie ; deux ou trois fois nous causâmes fort amicalement. Ampère, absent et pour lors à Rome, faisait le sujet naturel de la conversation. Ce n'est donc qu'à mon corps défendant, pour ainsi dire, que j'ai été amené à m'exprimer publiquement sur une intelligence si considérable, en partie adversaire, et que je ne me sentais pas très-apte peut-être à juger. Puisque vous voulez bien me mettre à l'aise et puisque ce que j'ai écrit déjà et qui marque le point le plus extrême de ma critique ne vous a point choqué, je vais y revenir et m'étendre un peu sur cette Correspondance aussi nourrie qu'agréable. Il s'y définit et s'y peint lui-même admirablement dans une lettre à M. de Kergorlay : le portrait de son esprit y est fait par lui-même. — Je suis un curieux; pourriez-vous me dire (s'il n'y a pas d'indiscrétion trop grande)

(1) En parlant des *avances* de Tocqueville, je ne dis pas trop. Lorsque son livre de la *Démocratie* parut, j'en écrivis quelques mots d'éloge que je fis insérer dans le journal *le Temps*, dirigé alors par M. Coste (1835). Tocqueville m'adressa à ce sujet la lettre suivante, qu'un hasard me fait retrouver :

« Je viens de lire, Monsieur, dans le journal *le Temps* d'hier, un article de vous dont il me tarde de vous remercier. Les choses flatteuses que vous avez bien voulu dire sur mon ouvrage m'auraient causé beaucoup d'orgueil et de joie, de quelque part qu'elles vinssent ; mais le nom de l'auteur de l'article ajoute encore à mes yeux un nouveau prix à ce que contient d'aimable l'article même. Vous êtes du nombre de ceux que le public aime à voir devant lui, pour lui tracer la route d'opinion qu'il doit suivre.

« Permettez-moi, Monsieur, d'attacher à quelque chose plus d'importance encore qu'au jugement que vous portez sur la *Démocratie américaine*, c'est à voir continuer et devenir plus fréquents les rapports qui se sont établis entre nous. Je ne puis m'empêcher de croire qu'il existe pour nous beaucoup de points de contact et qu'une sorte d'intimité intellectuelle et morale ne tarderait pas à régner entre vous et moi, si nous avions l'occasion de nous mieux connaître.

« Agréez, je vous prie, Monsieur, avec l'expression de ma reconnaissance, celle de ma considération la plus distinguée.

« Paris, ce mercredi matin. » ALEXIS DE TOCQUEVILLE. »

quel est ce monsieur sans façon, un impérialiste évidemment, qui débarque un matin au château de Tocqueville comme si de rien n'était, avec qui l'on se garde si fort de parler politique, et qui, huit heures durant, se jette à corps perdu dans la littérature, au point de citer quasi des vers de *la Pucelle* devant Mme de Tocqueville? S'il y a l'ombre d'un inconvénient, ne me le dites pas. »

Mes articles faits et publiés (ceux qu'on vient de lire), le digne ami de Tocqueville et qui était bien près alors d'aller le rejoindre lui-même, aussitôt sa tâche pieuse accomplie, M. de Beaumont m'écrivait de Tours, à la date du 6 janvier 1866 :

« On dit que les auteurs ne sont jamais complétement satisfaits de ce qu'on publie même de plus louangeur sur leurs œuvres. Mais n'est-on pas encore plus ombrageux et plus exigeant quand on est simplement éditeur et qu'on publie les ouvrages d'un ami? Quand il ne s'agit que de soi, on sait peut-être mieux ce dont on a le droit d'être content. Pour moi, il me semble que, s'il se fût agi d'un mien ouvrage, j'aurais été ravi de vos articles. Et d'abord ces articles en eux-mêmes et comme œuvre littéraire sont, etc., etc. Si vous ne critiquez que ce qui mérite de l'être, pourrai-je me plaindre de ce que vous ne loueriez pas toujours et pas assez tout ce qui, dans Tocqueville, me paraît digne de louange? Mais ici même je ne sais si je serais juste. Ne dois-je pas admirer qu'étant, en somme, peu sympathique à l'homme, vous ayez su être si équitable envers ses œuvres? J'ai lu des articles sur Tocqueville qui étaient plus bienveillants, je n'en ai pas lu un seul qui sût, aussi bien que les vôtres, mettre en relief ce qui dans ses écrits est vraiment beau, ce qui plaît en eux, ce qui charme : sympathie intellectuelle, confraternité d'artiste, quelque nom qu'on donne au sentiment qui vous fait agir, c'est encore de la bienveillance, et la plus sûre, car elle vient de l'instinct plus que de la volonté. Quelle qu'elle soit enfin, elle aboutit à des appréciations dont seraient incapables d'excellents amis, qui ne sauraient décrire les beautés qu'ils ne voient pas. Ai-je donc eu tort de tant désirer de voir Tocqueville soumis à l'épreuve toujours solennelle de votre critique, et dois-je le regretter? Non vraiment... »

Mais je le reconnais volontiers aujourd'hui en me relisant:

19.

avec Tocqueville je suis plutôt resté en deçà que je ne suis allé jusqu'à la limite de la juste louange qui lui est due et que l'avenir lui réserve.

— Et quant au singulier personnage (si l'on s'en souvient) dont je demandais le nom à M. de Beaumont, celui-là même dont Tocqueville avait décrit la visite et la conversation en des termes faits pour piquer la curiosité (t. VII, p. 289), ce n'est pas un autre que M. Vieillard, l'ancien précepteur du fils aîné de la reine Hortense, l'ami particulier et le correspondant, en tout temps, du prince Louis-Napoléon, l'homme dévoué à l'Empereur bien avant l'Empire, le libre et original penseur dont la fin, tout sénateur qu'il était, ne démentit point les convictions. En effet, le jour de son enterrement (mai 1857), son cercueil, déjà porté en pompe et déposé à l'église Saint-Louis-d'Antin, dut en être subitement retiré, par ordre de son exécuteur testamentaire, M. de Chabrier, informé un peu tard de la volonté expresse du mort. Un tel contre-temps funèbre, survenant en pleines obsèques, scandalisa et déconcerta nombre de hauts personnages officiels présents : on crut devoir télégraphier à Fontainebleau pour savoir si les voitures de la Cour devaient continuer de suivre. Dans l'intervalle des demandes et des réponses, tout le convoi resta immobile et comme suspendu sans deviner pourquoi. Cet incident bizarre, malgré la gravité du moment, prêta au ridicule. Il faudrait quelques notes pareilles à celle-ci pour éclairer çà et là la Correspondance de Tocqueville. Quelqu'un les fera un jour. (Mais je m'aperçois que Tocqueville, dans une lettre à Ampère, du 25 mai 1857, a lui-même raconté la scène avec quelques additions et quelques variantes.)

Lundi 5 mars 1866.

MARIE-THÉRÈSE ET MARIE-ANTOINETTE

LEUR CORRESPONDANCE

PUBLIÉE

PAR LE CHEVALIER D'ARNETH

Deuxième édition (1)

La question des lettres de Marie-Antoinette est à l'ordre du jour. On peut même dire que pour un grand nombre d'esprits, et de bons esprits, la question d'authenticité ou de non-authenticité qui a été soulevée pour une partie de ces lettres n'est plus douteuse et qu'elle a été tranchée par les derniers travaux venus d'Allemagne, ainsi que par les critiques français qui s'en sont faits chez nous les introducteurs et dont quelques-uns y ont ajouté. Il est à regretter que, s'il doit y avoir une réponse à leurs objections qui, à certains égards, sem-

(1) Un vol. in-8°; Jung-Treuttel, rue de Lille, 19.

blent péremptoires, cette réponse se fasse tant attendre et semble hésiter. Il est des occasions où la riposte doit suivre l'attaque comme le canon répond au canon. Autrement on semble pris au dépourvu, et la place est enlevée avant qu'on ait paru en mesure de la défendre. Cette lenteur et cette temporisation à s'expliquer est d'autant plus fâcheuse que la principale des collections battues en brèche par la critique (1) n'est entamée qu'en partie et reste solide et précieuse à beaucoup d'égards. Que si l'on a été induit en erreur pour une vingtaine ou une trentaine de lettres, eh bien! qu'on le dise, qu'on le reconnaisse franchement; le gros de l'ouvrage n'en est pas atteint. Faites la part au feu et retranchez-vous dans l'inattaquable. Mais, je le dis à regret, on est dans une mauvaise voie, et l'on paraît vouloir s'y obstiner. Aujourd'hui, M. d'Arneth, directeur des Archives de Vienne et qui, à ce titre, tient le bon bout, en publiant une deuxième édition, augmentée, des Lettres de l'impératrice Marie-Thérèse et de Marie-Antoinette, vient ajouter de nouveaux éléments et fournir de nouvelles armes dans le débat. Lui-même, il le considère comme vidé. Il publie, à la fin de son volume, des fac-simile de Lettres de Marie-Antoinette (année par année) depuis 1770 jusqu'en 1780. On y voit la véritable et authentique écriture de la dauphine et de la reine, qui forme sa main peu à peu et très-lentement. La différence de ces autographes viennois avec les fac-simile français qui ont été donnés saute aux yeux.

---

(1) Celle de M. Feuillet de Conches.

Parmi les lettres ajoutées à cette deuxième édition par M. d'Arneth, on trouve en tête une Instruction de l'impératrice à sa fille, datée du jour même du départ (21 avril 1770), un règlement de conduite à lire tous les mois et dont la première partie se rapporte toute à la religion, à la dévotion et aux prières. Dans une seconde partie, l'impératrice arrive à des recommandations qui touchent à la politique : ces conseils sont fort prudents et fort sages, marqués au sceau de ce caractère maternel et royal qui est imprimé dans toute la correspondance.

« Ne vous chargez d'aucune recommandation ; n'écoutez personne, si vous voulez être tranquille. N'ayez pas de curiosité : c'est un point *dont* je crains beaucoup à votre égard. Évitez toute sorte de familiarité avec de petites gens. Demandez à M. et à Mme de Noailles, en l'exigeant même, sur tous les cas, ce que, comme étrangère et voulant absolument plaire à la nation, vous devrez faire, et qu'ils vous disent sincèrement s'il y a quelque chose à corriger dans votre maintien, dans vos discours, ou autres points. Répondez agréablement à tout le monde, avec grâce et dignité ; vous le pouvez, si vous voulez. Il faut aussi savoir refuser. Dans mes États et dans l'Empire vous ne sauriez vous refuser à accepter des placets, mais vous les donnerez tous à Starhemberg... Depuis Strasbourg vous n'accepterez plus rien sans en demander l'avis de M. ou de Mme de Noailles, et vous renverrez à eux tous ceux qui vous parleront de vos affaires, en leur disant honnêtement qu'étant vous-même étrangère, vous ne sauriez vous charger de recommander quelqu'un au roi. Si vous voulez, vous pouvez ajouter, pour rendre la chose plus énergique : « L'impératrice, ma mère, m'a expressément défendu de me charger d'aucune recommandation. » N'ayez point de honte de demander conseil à tout le monde et ne faites rien de votre propre tête... »

En ce qui est des correspondances que peut entretenir la dauphine et des précautions à y apporter, les conseils ne sont pas moins sages, pleins de réserve et de restrictions. Marie-Antoinette n'en aurait tenu aucun compte si elle avait réellement écrit quelques-unes des lettres qu'on a produites, comme adressées par elle à l'une de ses sœurs. En général, la Marie-Antoinette qui ressort de la correspondance de Vienne est beaucoup moins en état d'écrire et de correspondre agréablement qu'il ne semblerait d'après les lettres, aujourd'hui plus que suspectes, qui étaient d'accord avec une flatteuse légende et dont les couleurs répondaient au besoin des imaginations. Il y a cependant un trait d'esprit, et assez joli, dans une lettre écrite par la jeune reine au comte Frantz de Rosenberg et qui est imprimée ici pour la première fois. Voici le début de cette lettre du 17 avril 1775 :

« Le plaisir que j'ai eu à causer avec vous, monsieur, doit bien vous répondre de celui que m'a fait votre lettre. Je ne serai jamais inquiète des contes qui iront à Vienne tant qu'on vous en parlera ; vous connaissez Paris et Versailles, vous avez vu et jugé. Si j'avais besoin d'apologie, je me confierais bien à vous ; de bonne foi j'en avouerai plus que vous n'en dites ; par exemple, mes goûts ne sont pas les mêmes que ceux du roi, qui n'a que ceux de la chasse et des ouvrages mécaniques. Vous conviendrez que j'aurais assez mauvaise grâce auprès d'une forge ; je n'y serais pas Vulcain, et le rôle de Vénus pourrait lui déplaire beaucoup plus que mes goûts, qu'il ne désapprouve pas. »

C'est spirituel et finement tourné; nous voudrions beaucoup de lettres authentiques comme celle-là.

La grande nouveauté de cette deuxième édition, ce sont les lettres confidentielles de l'abbé de Vermond au comte de Mercy. Cet abbé, qui avait été précepteur de la jeune archiduchesse à Vienne avant son mariage et qui resta ensuite presque constamment auprès de la dauphine et de la reine à Versailles, est un des hommes dont on a dit le plus de mal. On l'a représenté généralement comme un intrigant dont l'influence était funeste (1). Les lettres qu'on publie sont faites pour rétablir un peu sa réputation. Il est vrai que lorsqu'on écrit des lettres, rarement on se donne un mauvais

(1) On a vécu jusqu'ici, en ce qui le concerne, sur le portrait, vraiment odieux, que Mme Campan avait tracé de lui : « Cet abbé « de Vermond, dit-elle, dont les historiens parleront peu parce « que son pouvoir était resté dans l'ombre, déterminait presque « toutes les actions de la reine. Il avait établi son influence sur « elle dans l'âge où les impressions sont le plus durables, et il « était aisé de voir qu'il n'avait cherché qu'à se faire aimer de son « élève et s'était très-peu occupé du soin de l'instruire. On pour- « rait l'accuser même d'avoir, par un calcul adroit, mais coupable, « laissé son élève dans l'ignorance. Marie-Antoinette parlait la « langue française avec beaucoup d'agrément, mais l'écrivait moins « bien. L'abbé de Vermond revoyait toutes les lettres qu'elle en- « voyait à Vienne. La fatuité insoutenable avec laquelle il s'en « vantait dévoilait le caractère d'un homme plus flatté d'être initié « dans les secrets intimes, que jaloux d'avoir rempli dignement « les importantes fonctions d'instituteur. Son orgueil avait pris « naissance à Vienne, où Marie-Thérèse, autant pour lui donner du « crédit sur l'esprit de l'archiduchesse que pour s'emparer du « sien, lui avait permis de se rendre tous les soirs au cercle intime « de sa famille... » A Versailles on haïssait surtout en l'abbé de Vermond l'homme de Vienne; il est aisé, de plus, de deviner dans l'animosité que lui a vouée Mme Campan quelque blessure d'amour-

rôle, et l'on évite de fournir des armes contre soi. Cependant il paraît bien ressortir de la correspondance de l'abbé de Vermond qu'il était fort sincèrement attaché à son élève et qu'il fut loin d'avoir, tout d'abord, auprès d'elle le crédit et l'empire qu'on lui a prêté. On a dit qu'il était le premier à se vanter tout haut de ce crédit : ce n'est pas du moins dans ses lettres qu'il s'en vante. On est allé jusqu'à dire qu'il avait mal élevé exprès la dauphine, pour mieux la tenir dans la sujétion ; c'est une invention de la méchanceté et de l'envie. Les détails circonstanciés qu'il donne pendant son séjour à Vienne ou à Schœnbrunn sur l'éducation et les progrès de la jeune archiduchesse

propre ; la première femme de chambre de la reine, et un bel esprit prétentieux comme elle était, avait dû avoir, un jour ou l'autre, à se plaindre de lui ; elle le lui rend : « Il est très-probable, » dit-elle, « par les relations constantes et connues de cet homme « avec le comte de Mercy, ambassadeur de l'Empire pendant toute « la durée du règne de Louis XVI, qu'il était utile à la Cour de « Vienne, et qu'il a souvent déterminé la reine à des démarches « dont elle n'appréciait pas les conséquences. Né dans une classe « obscure de la bourgeoisie, imbu de tous les principes de la phi-« losophie moderne, et cependant tenant plus qu'aucun ecclésias-« tique à la hiérarchie du clergé, vain, bavard, fin et brusque à la « fois, fort laid et affectant l'homme singulier, traitant les gens les « plus élevés comme ses égaux, quelquefois même comme ses infé-« rieurs, l'abbé de Vermond recevait des ministres et des évêques « dans son bain, mais disait en même temps que le cardinal Dubois « avait été un sot ; qu'il fallait qu'un homme de sa sorte, parvenu « au crédit, fît des cardinaux et refusât de l'être. » Si l'abbé de Vermond disait de ces choses à tous venants et sans discerner son monde, il avait grand tort ; mais il faut convenir que ce qu'on a présentement sous les yeux ne répond pas tout à fait à ce signalement, tracé par une griffe ennemie.

destinée à être Dauphine, sont une preuve suffisante de son zèle et ne manquent pas d'intérêt en eux-mêmes :

« J'espère que Votre Excellence, écrit l'abbé au comte de Mercy, sera à bien des égards enchantée de Mme l'archiduchesse. Les étrangers et ceux qui ne l'ont pas vue depuis six mois sont frappés de sa physionomie, qui acquiert tous les jours de nouveaux agréments. On peut trouver des figures plus régulièrement belles : je ne crois pas qu'on en puisse trouver de plus agréables.

« Quelque idée qu'en aient pu donner en France ceux qui l'ont vue ici, on sera surpris du ton de bonté, d'affabilité, de gaîté qui est peint sur cette charmante figure. Mme l'archiduchesse dira les choses les plus obligeantes à tout le monde. Je voudrais qu'elle *s'accoutume* à différencier les égards ; j'y travaille autant qu'il m'est possible, sans trop m'inquiéter des petites plaisanteries que font quelquefois sur son éducation française des personnes qui sont fâchées de ne plus trouver des manières qui tiennent plus de familiarité que de bonté. Il en reste encore plus que je n'en voudrais ; mais l'âge et le changement d'état la mettront au point convenable. Le sentiment qui l'anime est bon et précieux ; je serais bien fâché de l'altérer.

« Je compte que Votre Excellence trouvera chez Mme l'archiduchesse la plupart des connaissances qu'on peut désirer à son âge. Elle a plus d'esprit qu'on ne lui en a cru pendant longtemps. Malheureusement cet esprit n'a été accoutumé à aucune contention jusqu'à l'âge de douze ans. Un peu de paresse et beaucoup de légèreté m'ont rendu son instruction plus difficile. J'ai commencé pendant six semaines par des principes de belles-lettres : elle m'entendait bien, lorsque je lui présentais des idées *toutes* éclaircies ; son jugement était presque toujours juste, mais je ne pouvais l'accoutumer à approfondir un objet, quoique je sentisse qu'elle en était très-capable. J'ai cru voir qu'on ne pouvait appliquer son esprit qu'en l'amusant. J'ai commencé l'histoire de France, mais je ne m'en suis servi que comme d'un canevas sur lequel je pouvais broder tous les objets dont la connaissance est nécessaire dans le cours ordinaire de la vie. Excepté l'histoire des derniers temps, je ne lui ai présenté que les faits importants, surtout ceux qui font époque dans l'histoire de nos mœurs et de notre Gouvernement. J'ai profité de toutes les occasions pour lui donner une idée des arts, des lois et des coutumes; je l'ai un peu tourmentée par mes questions depuis le règne de Henri IV. Lorsqu'il se présentait une position embarrassante pour un prince ou une princesse, je m'arrêtais toujours après l'exposé des circonstances et l'obligeais à dire ce qu'elle aurait fait à leur place. Elle avait besoin d'être pressée, et j'avais le plaisir de voir qu'elle prenait souvent le bon parti... »

Voilà la véritable Marie-Antoinette, celle, à l'origine, dont la personne avait du charme, mais dont l'esprit n'avait certes rien du prodige. Le temps, les années, les circonstances, en la pressant, la forcèrent peu à peu à avoir tout son jugement et à développer son caractère; mais elle s'attarda aussi longtemps qu'elle put aux accessoires divertissants et aux agréables frivolités. Comme la question de l'écriture est devenue assez importante à cause des correspondances précoces qu'on a supposées de sa part, voici ce que l'abbé de Vermond disait dans la même lettre, quelques mois avant le départ de la jeune dauphine pour la France :

« Mme l'archiduchesse parle aisément et assez passablement français. Elle s'est déshabituée d'un nombre de mauvaises expressions; il lui reste quelques mauvais tours de phrases dont elle se corrigera promptement lorsqu'elle n'entendra plus l'allemand et le mauvais français des personnes qui la servent. Elle ne ferait presque aucune faute d'orthographe, si elle pouvait se livrer à une attention suivie. Lorsque j'examine ses écritures, je n'ai besoin que de montrer les mots avec le bout de mon crayon ; elle reconnaît tout de suite ses méprises. Son caractère d'écriture n'est pas fort bon ; le plus fâcheux est qu'un peu par paresse et distraction, un peu aussi, à ce qu'on croit, par la faute de ses maîtres d'écriture, elle a contracté l'habitude d'écrire on ne peut pas plus lentement. Comme rien de ce qui peut être utile à Son Altesse Royale ne me paraît étranger à mes devoirs, j'assiste souvent à ses écritures, mais j'avoue que c'est l'article sur lequel j'ai le moins gagné. »

Une fois à Versailles, les quarts d'heure que la dauphine accorde à son ancien précepteur sont rares et coupés par bien des distractions. Les lectures qu'il essaye de commencer avec elle sont le plus souvent abrégées par des visites ou des promenades ; on les remet de saison en saison. La bibliothèque n'a guère de place. Quant à ce qui est d'écrire des lettres, on ne voit pas que l'abbé de Vermond ait pu être, à ce sujet, d'une aussi grande utilité auprès de la Dauphine qu'on l'a bien voulu dire. Dans une lettre qui a pour objet les *lectures de M*^{me} *la Dauphine,* et où il montre la difficulté de lui en faire de suivies, il entre dans un détail minutieux qui révèle les assujettissements de cet intérieur et l'espionnage des mille argus :

« Il est bien certain qu'indépendamment de la satisfaction que Mme la Dauphine désirerait donner à l'impératrice sur cet objet (les lectures), elle y gagnerait beaucoup pour elle-même. Son âge et son caractère ont besoin d'un peu de gêne pour toute application suivie; l'engagement d'écrire sur ces lectures la rendrait plus exacte et plus attentive; mais comment écrira-t-elle? Je ne puis lui être d'aucun secours à cet égard; je ne suis presque jamais chez Mme la Dauphine lorsqu'elle écrit. Elle me fait quelquefois appeler lorsqu'elle finit ses lettres, mais elle observe de me garder fort peu de temps l'écritoire ouverte. Elle me dit quelquefois : « On ne manquerait pas de publier que vous me dictez mes lettres. » Cette crainte n'est pas sans fondement; je ne pourrais pas hasarder d'écrire en présence et sous la dictée de Mme la Dauphine, ni même de lui dire ce que j'aurais écrit chez moi. M. le Dauphin me trouve quelquefois dans le cabinet de Mme la Dauphine; il entre toujours sans être annoncé. D'autres fois une femme de chambre, un garçon de chambre, entrent pour une commission de Mesdames; Votre Excellence connaît notre Cour : quel conte ne ferait-on pas si on m'avait trouvé lisant des papiers! »

L'abbé de Vermond, dans ces premiers temps, joue le rôle d'un *moniteur* assez importun, comme lui-même il se qualifie. Il n'est là que pour rappeler les recommandations de l'impératrice et les bons conseils de Vienne : il réussit peu. Il est pourtant témoin des bons effets que produisent quelques-unes des lettres maternelles, toujours reçues avec respect, crainte et quelquefois attendrissement. Après deux années de ce rôle assez ingrat et infructueux, il écrivait (mai 1772) :

« Le mauvais ton des alentours, l'habitude de ne recevoir ni correction ni même avis du roi et de M. le Dauphin, les seules autorités légales et convenables pour Mme la Dauphine, enfin l'éloignement de 300 lieues, voilà à mon avis les causes du peu d'effet des lettres de réprimande. Jamais mère n'eut tant de droit de parler avec autorité que l'impératrice;

je l'ai représenté plusieurs fois dans les moments où les lettres chagrinaient : on convenait du principe, mais on s'est toujours figuré qu'on était peu aimée et qu'on serait traitée comme un enfant jusqu'à trente ans. Les dernières lettres commencent à détruire ces préjugés; l'impératrice peut sentir par les réponses une partie du bon effet qu'elles produisent. Je suis persuadé que, si elle veut compatir à la faiblesse de l'âge et aux circonstances, accoutumer sa fille à la regarder comme son amie, elle en aura toute satisfaction et la conduira par lettres sur bien des choses. Malgré le découragement où me jette parfois le peu de succès que j'ai en sacrifiant depuis deux ans toutes mes pensées et actions à Mme la Dauphine, je vois bien de la ressource dans son esprit et son caractère. »

Nous sommes ici dans la vraie mesure : ni engouement ni dénigrement. Les grandeurs véritables de Marie-Antoinette ne lui viendront que plus tard sous le coup de l'adversité. Mais l'imagination, une fois émue, a besoin d'antidater ses admirations. Elle projette ses lueurs et ses couleurs sur tout le passé; elle crée, après coup, des enchantements et des merveilles là où il n'y a eu que de l'agrément racheté par bien des futilités. La correspondance de l'abbé de Vermond n'a rien qui prête à ces illusions rétrospectives, elle rabat du rêve, elle remet les choses au vrai point. A un moment, l'abbé demande à M. de Mercy d'être relevé de sa résidence habituelle à la suite de la Cour; il allègue ses ennuis, ses dégoûts, et paraît résolu à se retirer (14 août 1773) :

« Je suis devenu inutile à Mme la Dauphine. Mes fonctions se bornent à quelques lectures; il est plus naturel qu'elles soient faites par une femme de chambre comme chez la reine ou par une lectrice comme chez Mesdames. Votre Excellence pensera peut-être que je puis être utile à titre de confiance. Les caractères francs et ouverts, comme celui de Mme la Dauphine, ne sont guère susceptibles d'une confiance particulière, et en ont rarement besoin. Il est bien vrai que Mme la Dauphine m'a toujours parlé de ce qui l'intéressait le plus, comme à un serviteur fidèle et uniquement dévoué à sa personne; mais je dois convenir qu'elle a bien peu d'attention pour ce que j'ai l'honneur de lui représenter : quelquefois elle ne m'écoute pas, souvent ne me répond pas et rarement a égard à ce que j'ai l'honneur de lui dire. J'avouerai encore à Votre Excellence que, si j'étais resté auprès de Mme la Dauphine, j'aurais eu peine à soutenir le peu d'égards qu'elle a eu constamment pour les affaires dont j'ai cru pouvoir lui parler. »

Tout cela créait une situation peu enviable. Il fait allusion à la jalousie et aux tracasseries dont il est l'objet et dont on peut prendre idée par les accusations grossies de Mme Campan : « Je ne parlerai pas à Votre
« Excellence, dit-il, de mille petites peines que j'ai
« souffertes presque continuellement : ce ne sont que
« des piqûres d'épingle, mais leur nombre creuse des
« plaies et rend la vie amère. » Le Dauphin, le futur Louis XVI, n'aimait pas l'abbé et le lui marquait rudement. Marie-Antoinette appuyait peu ce mentor en sous-ordre : elle supportait l'abbé, voilà tout. Elle sentait en lui le surveillant. Les jugements successifs que l'ancien précepteur transmettait sur le compte de la princesse sont, nous devons le dire, fort judicieux dans leur modération, et nous semblent même d'une expression assez heureuse :

« M⁰ᵉ la Dauphine (1773) a beaucoup changé à son avantage depuis deux ans ; elle changera encore sur des articles importants : elle a l'esprit naturellement juste ; il serait à désirer qu'elle en fût plus persuadée. Sans la flatter, on peut lui garantir qu'elle gagnerait souvent à suivre son propre jugement ; la méfiance de soi-même, vertu si rare à son âge, est portée chez elle à l'excès ; combien de fois j'en ai gémi !

« M⁰ᵉ la Dauphine aura quelque jour le goût de la lecture et de l'application ; je l'espère avec la plus ferme confiance. Elle pourra aussi se trouver dans des circonstances à désirer un serviteur fidèle et uniquement dévoué à sa personne. Si pour lors le temps et l'absence avaient éteint chez M. le Dauphin une prévention aussi affligeante que peu méritée, si M⁰ᵉ la Dauphine se rappelait le plus ancien et le plus dévoué de ses serviteurs, elle me rendrait le plus heureux des hommes. Personne ne peut connaître et apprécier comme moi l'honnêteté de son âme, le charme et la vérité unique de son caractère. »

Si l'on n'avait pour tout document que cette correspondance, on croirait sérieusement à une retraite prochaine de l'abbé. Il en parle souvent comme d'une chose résolue et presque faite : était-ce de sa part une feinte, comme autrefois les faux semblants de retraite du vieux précepteur Fleury auprès de Louis XV ? Si c'était le cas de plaisanter, on dirait vraiment, à lire ces quelques extraits, que l'abbé affecte de quitter la reine par degrés, par accès et intermittence, et comme s'en va peu à peu une petite fièvre dont on ne désire pas le retour. Ainsi, en juin 1777 :

« Hier, au moment où j'ai quitté la reine, elle m'a demandé quand je reviendrais ; j'ai répondu : « Environ dans un mois, selon mes affaires et ma santé. » Sa Majesté ne m'a rien dit de plus ; elle n'en désire peut-être pas davantage ; elle trouvera une importunité de moins pendant mon absence, et quand elle aimerait mieux ma présence, elle sent bien qu'elle ne peut plus m'en parler sans répondre aux motifs clairs et décisifs que je lui ai présentés l'année dernière. Toute raison m'éloigne d'ici ; mon cœur m'y ramènera quelquefois, tant que je n'en serai pas exclu. Le baron de Breteuil avait raison de dire qu'on ne se soutenait pas à Versailles sans liaisons et alliés ; cela est peut-être encore plus vrai auprès de la reine ; mais l'alliance n'est pas de mon goût, et on n'en fait point sans but et sans intrigue dans la position où j'ai vécu jusqu'ici.

Puis, deux ans après, en mai 1779 :

« La reine m'a rendu ma liberté, monsieur l'ambassadeur ; et quoique Sa Majesté y ait mis la condition de me mander dans certains cas, j'ai néanmoins lieu de compter que ma retraite sera entière et irrévocable. J'aurais pu le mander dès mardi à Votre Excellence, mais je n'ai pas voulu retarder le courrier, et mon âme était trop émue. Ce n'est pas que la reine m'eût montré ni humeur, ni vivacité ; elle avait pu se préparer d'après la lettre que je lui avais écrite le lundi soir ; je l'ai rarement trouvée aussi tranquille et aussi maîtresse de ses mouvements. Je n'ai pu me défendre d'un peu d'émotion en parlant à la reine ; cette émotion n'était point de vivacité, mais d'attendrissement et, si j'ose dire, de compassion sur l'état et les dispositions de la reine. Je vais retourner à la campagne ; j'ai grand besoin de secousse pour n'être pas étouffé par les idées et les mouvements qui m'agitent. Je ne me délivrerai jamais d'inquiétude pour ce que je quitte et qui me sera toujours si cher malgré le traitement que j'ai éprouvé, même dans certains moments de cette dernière audience, dans laquelle j'ai fait revenir presque tous les points essentiels. J'ai eu occasion de dire à la reine qu'elle ne trouverait jamais de serviteur plus fidèle et plus dévoué que moi. Elle m'a bien répondu, et du ton de la persuasion, qu'elle en était bien sûre ; mais en même temps elle m'a montré évidemment que ses amis et sociétés lui tenaient lieu de tout. »

Quoi qu'on puisse dire, de tels sentiments ainsi exprimés sont respectables, et on sera en droit désormais de conclure que l'abbé de Vermond, quels que fussent ses défauts personnels, valait mieux que la réputation qu'on lui a faite. Dans quelques-unes des dernières lettres de l'impératrice à sa fille, on retrouve son nom mentionné fort honorablement. Cet abbé si maltraité par Mme Campan eut l'estime de Marie-Thérèse. C'est un contre-poids dans l'avenir.

Nous devons rappeler toutefois qu'à cette date de 1779 l'abbé de Vermond ne fit qu'une fausse sortie : il y eut un prompt retour ; la reine répara envers lui le passé et se fit un honneur de le mieux traiter au vu de tous (1) ; on le retrouve à la Cour de Versailles sur un pied de crédit et même de faveur dans les années

(1) Mme Campan parle d'une lettre qu'écrivit alors l'abbé à la reine et qui se rapporte à son rappel. Dépositaire de papiers que lui avait confiés sa royale maîtresse, elle crut devoir les brûler, dit-elle, après la journée du 10 août ; mais elle ne les détruisit pas sans les avoir décachetés et lus auparavant. Elle y trouva une lettre de l'abbé de Vermond à la reine, qui devait être d'une date peu postérieure à son départ de mai 1779 : « Cette lettre ne contenait que des conditions pour son retour ; c'était le plus bizarre des traités : je regrettai beaucoup, je l'avoue, d'être obligée de détruire cet écrit. Il reprochait à la reine son engouement pour la comtesse Jules, sa famille et sa société, lui disait des choses vraies sur les suites fâcheuses que pourrait avoir cette amitié... Il se plaignait de voir ses avis négligés ; puis il en venait aux conditions pour son

suivantes, très-mêlé sous main, dit-on, à l'action et aux influences des Brienne et des Breteuil. Le contrôle ici nous échappe, et nous ne garantissons pas les conseils qu'il a pu donner après la mort de Marie-Thérèse. Ce qu'il y a de certain, c'est que les mémoires du temps continuent d'en faire un bouc émissaire. Il dut quitter Versailles après le 14 juillet, et son impopularité n'eut de refuge assuré qu'à Vienne, où était née sa fortune avec le vice originel qui y était attaché.

Le volume de M. d'Arneth se termine par un *Portrait* de la reine, qui s'est trouvé à Vienne, copié de la main du secrétaire intime Pichler, dans un des cahiers des papiers de famille. C'est évidemment une de ces communications comme l'impératrice en provoquait, comme elle en recevait de temps à autre de Paris, et qui occasionnaient les conseils et les avertissements qu'elle donnait ensuite à sa fille. Le portrait est juste; il n'a rien de satirique; il est impartial; deux ou trois petits mots semblent y déceler une plume étrangère,

---

retour...»—D'un autre côté on trouve dans les lettres de Marie-Thérèse à Marie-Antoinette du commencement de l'année 1780 des indications qui concordent avec ce changement de situation : « (1ᵉʳ janvier 1780.) Je suis charmée que Vermond se trouve avec vous, écrit l'impératrice, j'y ai toute ma confiance, connaissant son attachement. Il le faut tel qu'il l'a pour rester sans ambition à une grande et tumultueuse Cour; vos bontés seules l'attachent. » — Et le 31 août suivant, en post-scriptum : « Ce que vous avez fait pour l'abbé de Vermond me fait un plaisir infini et vous fait honneur. » A quoi Marie-Antoinette répond le 19 septembre : « L'abbé est bien sensible à la bonté de ma chère maman. J'ai été enchantée de pouvoir faire quelque chose pour lui; mais jamais je ne pourrai récompenser entièrement tout son zèle et attachement pour moi. »

quoique tout y soit, d'ailleurs, d'une observation bien française. Il se rapporte à l'année 1776 : nous en donnerons les parties principales ; de telles esquisses d'après nature dispensent de bien des imaginations et des songes plus conformes à la poésie qu'à la réalité, et elles viennent à propos pour rompre de temps en temps la légende toujours prête à empiéter sur l'histoire :

« La reine est très-bien de figure, et quoiqu'elle ait pris assez d'embonpoint, il n'y a néanmoins pas encore d'excès. Son maintien est parfait ; quand elle le veut, elle est en général fort affable et populaire, et met beaucoup de grâce et d'agrément dans tout ce qu'elle fait et ce qu'elle dit. Elle néglige pourtant souvent les distinctions à l'égard de ceux qui sont le plus dans le cas d'en attendre, tels que les grands, les ministres, les ambassadeurs et ministres des Cours étrangères, et les étrangers particuliers, auxquels elle ne dit presque jamais rien. Tout cela a pourtant quelquefois ses exceptions, dont la plupart du temps on serait fort embarrassé à deviner les raisons. Elle paraît s'occuper assez soigneusement de sa parure et est toujours très-bien mise et de bon goût. Son maintien avec le roi est souvent un peu trop aisé et négligé et paraît annoncer qu'elle ne le regarde que comme un *bonhomme* (expression qui doit lui être échappée quelquefois) avec lequel elle croit pouvoir se dispenser de faire beaucoup de façons et d'user de ménagements particuliers. Il me semble que ce prince est en grande partie cause lui-même de cette négligence : il n'est pas prévenant ; sa contenance est très-mauvaise ; il parle peu et mal, et reconnaît la supériorité de la reine et le lui laisse trop apercevoir.

« Elle n'a certainement pas d'amour pour lui, et il serait difficile qu'elle en eût ; mais, malgré cela, elle paraît sensible à sa complaisance et déférence pour elle, et ils sont, malgré la différence de leurs agréments personnels, de leurs caractères et de leurs goûts, aussi bien ensemble qu'on puisse le souhaiter. Il est à désirer seulement que cela se soutienne ainsi et que quelque esprit remuant ne réussisse pas à amener peu à peu le roi au point de secouer le joug et de surmonter la crainte qu'il a de son auguste épouse. Jusqu'à présent, on n'y voit encore aucune apparence, et cela est d'autant moins probable que le jeune monarque, étant très-borné, est aussi très-méfiant et ne mettra pas facilement quelqu'un dans le cas de lui donner de pareils conseils. Au reste, la chose est possible et ce serait le plus grand de tous les maux à craindre pour la reine. Elle est assez bien et convenablement avec toute la famille royale, excepté qu'elle marque beaucoup trop de prédilection pour le comte d'Artois, quoiqu'au fond elle ne l'aime ni ne l'estime, mais uniquement parce qu'il l'amuse et lui procure des amusements. En même temps elle se néglige quelquefois un peu vis-à-vis du comte et de la comtesse de Provence ; mais elle répare cela avec beaucoup de grâce dans d'autres moments... »

L'observateur montre la reine encore étrangère à la politique, s'abstenant d'y intervenir sérieusement, et, jusqu'alors, en fait de ministres, n'en aimant aucun :

« Elle les juge comme tout le public, qui est toujours mécontent d'eux ; et comme les entours de cette princesse sont la plupart intéressés à décréditer le ministère quelconque et accoutumés à tout critiquer et à faire des plaisanteries sur tout, il arrive de là qu'elle ne connaît jamais aucun homme en place du bon côté, et ne voit que ses défauts ou ceux qu'on lui impute, et que souvent il n'a pas. »

Le côté agréable est mis en relief sans être exagéré ; justice est rendue à toutes les qualités séduisantes déployées dans l'intimité. L'observateur anonyme parle comme s'il y avait été admis ; rien de sa part ne sent le subalterne :

« La reine est très-gaie et aimable dans les sociétés ; on y parle fort librement d'affaires d'État, de littérature, de nouvelles, de spectacles, d'intérêts particuliers de chacun et de beaucoup de frivolités. La reine est toujours de la conversation, et malgré sa gaîté et l'aisance française, on n'y oublie jamais le respect qui lui est dû, et on se garde bien de tenir aucun propos qui pourrait la choquer ou seulement lui déplaire. Il est au fond assez naturel que cette princesse qui, étant arrivée si jeune en France, a pris tout à fait le ton et les goûts de la nation, cherche et trouve du plaisir à la fréquentation de ce qu'on appelle dans ce *pays-là* bonne compagnie (1). Elle est maîtresse de ses volontés ; elle n'aime pas l'application, elle ne veut pas de gêne ; elle ne trouve pas beaucoup de ressources dans la famille royale, et elle craint surtout l'ennui. Il est arrivé de là qu'elle s'est laissée aller à passer une couple d'heures chez Mme de Guémené, où on ne parle que d'objets à sa portée, où il y a peu de personnes qui soient ou qui fassent paraître qu'elles sont plus instruites qu'elle, où on est fort occupé de la flatter et de l'amuser, et où elle *croit* se dédommager de l'ennui qu'elle *croit* avoir pris pendant tout le reste de la journée. »

Si ce n'est pas pure négligence, c'est assez finement dit. L'observateur, qui paraît être un politique, se préoccupe de l'avenir et essaye de le prévoir :

« Malgré l'extrême légèreté de la reine, son goût pour l'amusement et son très-grand éloignement pour toute application, il viendra néanmoins un temps où elle s'ennuiera de

---

(1) *Ce pays-là* : c'est donc un étranger qui écrit.

sa dissipation actuelle, et vraisemblablement l'ambition s'éveillera en même temps. Le sentiment qui perce déjà le plus en elle est son désir ou plutôt sa volonté décidée d'être absolument indépendante. Elle a assez fait connaître dans toutes les occasions qu'elle ne veut être ni gouvernée ni dirigée, ni même guidée par qui que ce soit : c'est le point sur lequel toutes ses réflexions paraissent jusqu'à présent s'être concentrées. Hors de là, elle ne réfléchit encore guère, et l'usage qu'elle a fait jusqu'ici de son indépendance le prouve assez, puisqu'il n'a porté absolument que sur des objets d'amusement et de frivolité ; mais le temps de la réflexion ne tardera vraisemblablement plus longtemps à venir... »

J'ai indiqué, dans cette seconde édition de M. d'Arneth, tout ce qui est fait pour intéresser ceux qui avaient déjà été si frappés de l'importance historique de sa publication première.

Mais que la vérité est donc chose délicate à connaître, et comme il nuit ensuite de la trop bien savoir à qui voudrait créer et imaginer ! Voilà une figure touchante entre toutes, une figure épique et tragique s'il en fut, image et victime de la plus grande calamité qui ait passionné le monde. Dans l'Antiquité la poésie s'en fût saisie aussitôt ; elle l'eût chantée, idéalisée à l'envi et fixée sous des traits déterminés, dans un type immuable. La catastrophe étant donnée, il y aurait eu bien vite un parti pris absolu, une unité souveraine de couleur et de ton sur les précédents de cette destinée : c'eût été la satire ou l'apothéose qui eût prévalu ; on eût eu une première Antoinette, toute divine et adorable ou tout odieuse et détestable, tout une ou tout autre, selon le courant d'opinion qui eût soufflé et régné : il n'y aurait pas eu de milieu. De documents, on s'en fût passé; l'imagination eût suppléé à tout. Après la poésie, la rhétorique, à son tour, serait venue s'en mêler; après l'âge du chant, si l'on avait voulu absolument des écrits, on n'eût certes pas été embarrassé d'en fournir ; un rhéteur habile aurait fait des lettres de la reine comme il y en a de tant d'autres personnages illustres. On n'aurait vu là qu'une preuve de talent, un exercice d'esprit, pas même une peccadille historique. La plupart même y auraient cru sans soupçon, sans examen. Les La Beaumelle avaient beau jeu dans l'Antiquité. Au lieu de cela, aujourd'hui, tout est grave; on est ramené au fait de tous les côtés; l'archiviste, ce monsieur en lunettes, est, en définitive, le juge de camp, l'arbitre en dernier ressort. Plus de don Carlos romanesque et sentimental : M. Gachard ne le veut pas. Plus de Marie-Antoinette Dauphine, toute ravissante, toute sentimentale aussi et pastorale, une merveille accomplie, réunissant tous les dons, traînant après soi tous les cœurs : M. d'Arneth, ses lettres en main, s'y oppose. Il n'y a plus moyen d'ajouter un trait, de pousser à la perfection, à l'art, de composer sa *Princesse de Clèves* à souhait. La chevalerie et le roman sont contrariés; qu'y faire? les pièces originales sont là, telles quelles; elles parlent, ou elles se taisent; elles font foi. Les conditions modernes de l'histoire sont à ce prix.

Lundi 16 août 1856.

LES CINQ DERNIERS MOIS

DE

LA VIE DE RACINE [1]

Il me semble que quand on sait quelque chose de particulier et d'un peu nouveau sur Racine, on n'est pas libre de le garder pour soi et qu'on le doit à tous. Je suis dans ce cas depuis quelque temps. Grâce à de respectables amis que j'ai en Hollande et qui sont en partie les héritiers (et de bien dignes héritiers) des derniers papiers manuscrits, des dernières reliques de Port-Royal, j'ai pu lire une Correspondance tout intime d'un des plus fidèles amis du poëte, de l'un de ceux qui l'assistèrent dans sa dernière maladie et jusque dans ses derniers instants. Par lui, par M. Vuillart (c'est le

[1] Cet article et le suivant ont été reproduits dans l'*Appendice* du tome VI de mon *Port-Royal* (dernière édition); mais, composés primitivement et détachés pour l'usage de tous mes lecteurs du lundi, je crois devoir les insérer ici comme à leur place naturelle.

nom de cet humble ami), nous avons quelques détails de plus, parfaitement authentiques, sur les derniers mois de la vie de Racine, sur les circonstances de sa mort et sur ce qui suivit. Une de ces lettres est écrite du cabinet même de Racine, le jour du décès, et tandis que les restes mortels sont encore là, avant les funérailles. Je ne m'exagère point l'importance de ces détails dont la plupart ont passé dans la Vie de Racine écrite par son fils; mais, si l'on n'y doit rien trouver de tout à fait neuf, on sentira du moins une pure et douce saveur originale, je ne sais quel charme d'honnêteté parfaite et d'innocence. Au lieu donc de réserver ce surplus de renseignements confidentiels pour une édition dernière de mon livre sur *Port-Royal* que je prépare, je m'empresse ici, dès à présent, d'en faire part à tous nos lecteurs.

Mais auparavant, puisqu'il est question de Racine, je ne puis manquer de recommander la nouvelle édition de ses Œuvres qui se publie dans la collection des *Grands Écrivains de la France*, chez MM. Hachette. M. Paul Mesnard, qui s'en est chargé, et qui s'en acquitte en toute conscience, a mis en tête une Notice biographique puisée aux sources, la plus complète qu'on ait et, je dirai même, la seule vraiment critique jusqu'ici. Racine fils, en effet, si utile et si abondant, n'a pas apporté en bien des points l'entière exactitude qu'on recherche et qu'on aime aujourd'hui. M. Mesnard a fait tout ce qui est possible pour éclaircir les points de généalogie, d'alliance, de parenté. Après être remonté jusqu'à l'aïeul et bisaïeul du côté de père et de mère, il a suivi Racine pas à pas dès sa naissance, dès son enfance, l'a accompagné dans le cours de ses études, l'a épié et surpris dans ses premiers divertissements, a insisté (et même avec surcroît) sur ses moindres relations de cousinage, les premières occasions prochaines de sa dissipation, et n'a rien laissé passer de vague ni d'indécis, pas plus dans sa vie de famille que dans sa carrière poétique : il a tiré à clair les amours de théâtre et les querelles littéraires. Parmi les choses controversées, il a discuté la tradition si courante de la disgrâce de Racine, qui l'aurait frappé à mort. Sans la repousser ni sans l'adopter absolument, M. Mesnard la réduit à ce qu'elle dut être en effet, à un simple mécontentement du roi, à une éclipse passagère. Il n'en fallut pourtant pas davantage, sans doute, avec la sensibilité qu'avait Racine, pour lui donner cette maladie de foie qui, un peu plus d'une année après, causa sa mort. Au nombre des textes nouveaux et des témoignages peu connus que produit M. Mesnard concernant le caractère de Racine et sa position à la Cour, je citerai le passage suivant des *Mémoires* de Spanheim, lequel était en ce temps-là l'envoyé de l'électeur de Brandebourg et son chargé d'affaires à Paris. Ce passage, qui avait été publié pour la première fois par un curieux bibliophile suisse, M. Gaullieur, nous montrera comment un étranger, homme d'esprit, jugeait Racine, après en avoir causé sans doute avec quelque courtisan railleur et caustique. Les lettres que nous avons à citer nous-même auront toute leur valeur et tout leur prix, quand on les mettra en opposition avec ce jugement dont elles sont la meilleure réfutation et dont elles montrent l'injustice.

« M. *de* Racine, disait Spanheim, a passé du théâtre à la Cour, où il est devenu habile courtisan, dévot même. Le mérite de ses pièces dramatiques n'égale pas celui qu'il a eu de se former en ce pays-là, où il fait toutes sortes de personnages, où il complimente avec la foule, où il blâme et crie dans le tête-à-tête, où il s'accommode à toutes les intrigues dont on veut le mettre; mais celle de la dévotion domine chez lui : il tâche toujours de tenir ceux qui en sont le chef. Le Jansénisme en France n'est plus à la mode; mais, pour paraître plus honnête homme et pour passer pour spirituel, il n'est pas fâché qu'on le croie janséniste. On s'en est aperçu et cela lui a fait tort. Il débite la science avec beaucoup de gravité; il donne ses décisions avec une modestie suffisante, qui impose. Il est bon grec, bon latin; son français est le plus pur, quelquefois élevé, quelquefois médiocre, et presque toujours rempli de nouveauté. Je ne sais si M. *de* Racine s'acquerra autant de réputation dans l'histoire que dans la poésie, mais je doute qu'il soit fidèle historien. Il voudrait bien qu'on le crût propre à rendre service, mais il n'a ni la volonté ni le pouvoir de le faire; c'est encore beaucoup pour lui que de se soutenir. Pour un homme venu de rien, il a pris aisément les manières de la Cour. Les comédiens lui en avaient donné un faux air, il l'a rectifié, et il est de mise partout, jusqu'au chevet du lit du roi, où il a l'honneur de lire quelquefois : ce qu'il fait mieux qu'un autre. S'il était prédicateur ou comédien, il surpasserait tout en l'un et l'autre genre. C'est le savant de la Cour. La duchesse de Bourgogne est ravie de l'avoir à sa table ou après son repas, pour l'interroger sur plusieurs choses qu'elle ignore : c'est là qu'il triomphe (1). »

(1) Que Racine fût courtisan, qu'il le fût dans les moindres choses, je ne prétends pas le nier; je ne vise en tout ceci qu'à le

Et voilà pourtant comme se trompent ceux qui se croient fins et qui s'en tiennent au dehors. Tout certainement n'est pas faux dans ce portrait à demi satirique, et il y a des traits qui doivent avoir été observés

faire de mieux en mieux connaître. Or voici un de ces petits faits, — bien petits, — dans lesquels on voit Racine s'appliquer à faire sa cour et s'ingénier à ne rien laisser passer qui pût déplaire. Mme Des Houlières avait fait une Épître en vers sur la *Conquête de Mons*, qu'elle avait dédiée à M. le duc de Bourgogne. Dans cette Épître, il y avait un couplet ou une tirade entière à la louange de M. de Louvois, « mais d'une louange si bien tournée, dit un contemporain, qu'elle était encore plus à la gloire du Roi qu'à celle de son ministre. » Voici cette strophe, toute prosaïque d'ailleurs ; je la donne pour ce qu'elle vaut :

> Avec tant de secret, d'activité, d'adresse,
> Un si grand dessein s'est conduit,
> Que la Nymphe qui vole et qui parle sans cesse
> N'en a pu répandre le bruit :
> Utile et glorieux ouvrage
> De ce ministre habile, infatigable et sage,
> Que le plus grand des rois de sa main a formé,
> Que ni difficulté ni travail ne rebute,
> Et qui, soit qu'il conseille ou soit qu'il exécute,
> De l'esprit de Louis est toujours animé.

Il fallait être bien avisé pour voir là dedans rien qui pût effaroucher Louis XIV. Cependant Racine, qui avait toutes les appréhensions pour l'amour-propre royal et qui supposait le monarque aussi chatouilleux qu'un prince des poëtes, craignait que cette seule apparence d'une gloire partagée ou préparée ne déplût au vainqueur de Mons : sur son conseil, le marquis de Dangeau, qui s'était chargé de lire au roi l'Épître, eut soin, en la lisant, de passer par-dessus la tirade jugée périlleuse. En l'écoutant, le maréchal de La Feuillade, qui connaissait déjà la pièce, demanda raison à Dangeau de son omission, et Dangeau répondit que c'était par le conseil de Racine qu'il avait supprimé ces louanges de M. de Louvois. Pour réparer cette petite lâcheté, Dangeau, qui était de l'Académie, crut devoir, à quelques jours de là, y faire lire l'Épître entière, en séance au naturel : le contre-sens est dans l'intention générale et dans l'ensemble. Il n'y est tenu aucun compte de l'élément intérieur, du ressort principal qui explique les actions et toute la conduite de Racine dans ses der-

publique, le jour de la réception de Fontenelle (5 mai 1691) : ce fut l'abbé de La Vau qui se chargea de cette lecture. Mais un autre abbé, l'abbé Testu, directeur de l'Académie, trouva à redire après coup à ce procédé et convoqua extraordinairement les Quarante pour se plaindre qu'on eût manqué à l'ordre établi en pareil cas, à savoir que, dans les solennités académiques, on ne lirait aucun ouvrage s'il n'était de quelqu'un de la Compagnie. Le public, informé de ces misères, se prit à en rire. On fit des couplets sur l'abbé Testu, cet abbé blondin, à qui il était arrivé certaine mésaventure galante. Voici deux de ces couplets, les seuls qu'on puisse citer, et les seuls aussi qui nous intéressent :

> De par l'abbé Testu, qu'en mitre
> Ne verront jamais ses amis,
> On a convoqué le Chapitre
> De nos seigneurs les beaux esprits,
> Qu'il a repris,
> Qu'il a repris,
> Moins pour avoir lu cette Épître
> Que pour n'en avoir rien omis.

> Ce jour-là, d'humeur si mutine,
> Se trouva le docte troupeau,
> Qu'à sa fatuité blondine
> On cria de chaque bureau :
> Dans le panneau,
> Dans le panneau
> Qu'a tendu le dévot Racine,
> Il a donné comme Dangeau.

On se perd dans ces infiniment petits de la flatterie courtisanesque, et c'est bien le cas de dire avec un annotateur du temps, dont j'ai le manuscrit sous les yeux : « Fadeur et impertinence de tout côté ! » On est fâché d'y voir mêlé le nom de Racine. — (Tiré d'un Recueil manuscrit des plus anciens vaudevilles, provenant de la vente de M. Monmerqué et que possède M. Camille Rousset; 3ᵉ portefeuille ou tome, p. 150).

nières années, de son inspiration religieuse véritable, de son âme en un mot : et c'est elle qu'un ami du dedans va nous découvrir dans toute sa sincérité.

Mais, avant tout, qu'était-ce que ce M. Vuillart que j'ai seulement nommé, — ce « cher monsieur Vuillart, » comme l'appelait Racine lui-même? M. Germain Vuillart était un homme lettré, des plus lettrés, et un saint homme. Il avait servi de secrétaire, pendant vingt-quatre ans et plus, à M. Le Roi, abbé de Haute-Fontaine, personnage estimable, généreux de nature et d'humeur libérale, de plus d'ambition peut-être que de talent, d'un mérite réel toutefois, et qui est fort connu dans l'histoire ecclésiastique du xviie siècle. Cet abbé de Haute-Fontaine, qui avait de grandes liaisons, les avait en quelque sorte transmises et léguées à son ancien secrétaire. Celui-ci était, à six mois de distance, du même âge que Racine, et il avait tout près de soixante ans quand le grand poëte mourait à plus de cinquante-neuf. Il vivait habituellement dans le quartier Saint-Jacques, près le collége de Saint-Jean-de-Beauvais, tout à la prière, à l'étude et aux services à rendre aux amis. Il relisait avec M. de Tillemont les volumes manuscrits de son Histoire ecclésiastique ; il surveillait la réimpression des *Réflexions morales* du père Quesnel; il collationnait avec de nouveaux traducteurs de saint Augustin, et l'original à la main, le texte de leur traduction. Il correspondait fidèlement avec les absents et les informait des nouvelles qui pouvaient les intéresser et les édifier. « Je vous régalerai, écrivait-il à l'un d'eux (et il l'aurait pu dire également à chacun en particulier), de tout ce que la main de la Providence mettra entre les miennes et que je croirai pouvoir servir de nourriture agréable et utile à l'amour que Dieu vous a donné pour *toute vérité*. » Les lettres que nous avons sous les yeux sont une de ces correspondances qui, le croirait-on ? devinrent par la suite un crime d'État. Elles sont adressées à M. de Préfontaine, frère de l'abbé Le Roi, et qui avait été secrétaire des commandements de Mademoiselle de Montpensier : alors retiré du monde, il habitait dans sa terre de Fresne, près Montoire, dans le Vendômois. Quand on a lu cette correspondance et qu'on a vu de quoi s'entretenaient en secret ces hommes respectables ; quand on sait de plus que, peu d'années après, M. Vuillart fut arrêté un matin (2 octobre 1703) comme coupable de correspondre avec le père Quesnel et comme agent d'intrigues ; qu'il fut mis à la Bastille, où il ne demeura pas moins de *douze ans* et d'où il ne sortit qu'en 1715, après la mort de Louis XIV, pour mourir lui-même presque aussitôt, à l'âge de soixante-seize ans passés, on ressent une indignation profonde de ces iniquités qui flétrirent la fin d'un grand règne, et l'on conçoit une horreur nouvelle pour les hypocrites ou les fanatiques qui les conseillèrent. Je ne crains pas de dire que l'embastillement de M. Vuillart est un des crimes moraux qui signalèrent l'influence triomphante des Tartufes sur la conscience de Louis XIV. Mais il nous faut chasser ces images et, pour aujourd'hui, nous tenir avec l'humble et pieux M. Vuillart dans la chambre de Racine malade où il nous introduit. Il va rendre compte, dans ses lettres à M. de Préfontaine, du mal et du mieux, de la guérison que d'abord on croyait complète et des rechutes, de tout ce dont il est le témoin. Il y a un bon intervalle que remplit une fête de famille. Chaque parole, chaque action respire la piété et la simplicité. Nous le laisserons dorénavant parler sans presque l'interrompre.

C'est dans une lettre datée du 5 novembre 1698 qu'on a la première nouvelle d'une maladie sérieuse dont Racine relevait à peine. S'excusant de n'avoir pu écrire de lettres pendant le mois précédent, M. Vuillart donne pour raison divers soins qui l'ont partagé, des épreuves à corriger pour les éditions d'ouvrages du père Quesnel et d'autres amis, et il ajoute :

« Mon ami M. Racine a été longtemps malade. Il me coûtait, de deux jours l'un et quelquefois tous les jours presque, une matinée ou une après-dînée ; car il le souhaitait, et son épouse, comme lui, m'assurait que cela lui faisait plaisir. Il est guéri, et il est à Melun pour la profession de sa seconde fille... »

Ce voyage de Melun et les émotions qu'il y éprouva causèrent bien de la fatigue à Racine. L'apparence de sa guérison ne laissait pas de tromper les amis ; ils espéraient ce qu'ils désiraient :

« Sa convalescence, après une assez longue maladie qui nous a fort alarmés, se confirme de jour en jour (18 décembre), et elle doit augmenter notablement par la grande joie que lui donne l'heureux retour de son fils avec M. de Bonrepaux, qui l'avait mené à La Haye et qui l'a ramené, pour le remener en Hollande après un peu de séjour qu'il est venu faire à la Cour par ordre ou du moins avec l'agrément du roi. »

Cependant, dans une lettre que l'on connaît d'ailleurs et que Racine écrivait à son fils, alors à Versailles, il lui parlait de la tumeur qu'il avait toujours au côté :

« Je n'en ressens presque aucune incommodité, lui disait-il. J'ai même été promener cette après dînée aux Tuileries avec votre mère, croyant que l'air me fortifierait· mais à peine j'y ai été une demi-heure qu'il m'a pris dans le dos un point insupportable qui m'a obligé de revenir au logis. Je vois bien qu'il faut prendre patience sur cela, en attendant le beau temps. »

Racine parlait ainsi, le 30 janvier 1699, à la veille d'une rechute. Il s'était passé dans l'intervalle un grand événement domestique que l'état de sa santé l'avait averti sans doute de conclure sans trop de retard. Sa fille aînée semblait d'abord aussi peu disposée au mariage que la cadette, et si Port-Royal à cette date avait pu recevoir des novices, il est fort possible et même probable que sa vocation eût été de ce côté. Mais l'obstacle qu'elle trouvait à ce bonheur parfait dans le sacrifice la détermina autrement et lui permit d'entrer dans les vues de son père. Au lieu d'une seconde prise de voile, nous allons donc assister à un mariage chrétien, à la dernière joie de cœur de Racine. M. Vuillart est d'autant plus à écouter en cette occasion, que ce fut lui qui ménagea le parti le plus sortable à la fille de son illustre ami :

« Mais voici, dit-il (31 décembre 1698), une nouvelle particulière qui va vous faire un vrai plaisir : c'est le mariage de Mlle Racine avec le fils du bonhomme (1) M. de Moramber. Voici ce qui donna lieu à l'idée qui m'en vint. On me dit que M. Racine pensait à marier sa fille. Moi qui savais qu'elle avait passé six mois nouvellement auprès de sa grande tante l'abbesse de Port-Royal, je doutai d'abord. Pour m'assurer du fait, je dis à M. Racine ce que j'apprenais et le priai de former lui-même le langage que je tiendrais aux personnes qui m'en parleraient comme me croyant son ami. Alors il m'ouvrit son cœur et m'expliqua confidemment ses idées sur le mariage et la qualité de l'alliance qu'il cherchait pour sa fille, ajoutant que s'il trouvait de quoi remplir solidement ces idées, comme serait un jeune avocat de bon esprit, bien élevé, formé de bonne main, qui eût eu déjà quelque succès dans des coups d'essais et premiers plaidoyers, avec un bien raisonnable et légitimement acquis, il le préférerait sans hésiter à un plus grand établissement, quoi que lui fissent entrevoir et espérer des gens fort qualifiés et fort accrédités qui voulaient marier sa fille. Il m'invita bonnement à y penser. M. de Moramber le fils, qu'on nomme Riberpré, du nom d'un fief qu'a le père à Éclaron, me vint voir quelques jours après, à son retour de la campagne. Il y avait passé deux mois à un autre lieu près de Beaumont-sur-Oise, où ils ont aussi du bien, et me dit que durant ces deux mois il avait étudié sept heures par jour avec son père. Outre que je lui savais tout ce que M. Racine désirait, je le trouvai de plus si formé et plein de tant de raison, de bons sentiments et de bon goût, qu'après avoir pris langue du père et de la mère qui m'applaudirent, je fis la proposition à M. Racine. Il l'agréa fort. On a fait ensuite toutes les démarches qu'il convient pour parvenir à ces bons comptes qui font les bons amis. Tout a cadré à souhait. On est très-content de part et d'autre et des personnes et des biens. M. Racine ne donne que vingt mille écus, mais en très-bon bien. M. de Moramber ne veut pas qu'on le sache, en donnant plus de quinze mille

---

(1) *Bonhomme*, c'est-à-dire du bon vieux.

à son fils qui a de grandes espérances encore de père, de mère, et de sa sœur aînée qui ne se veut point marier... La demoiselle a dix-huit à dix-neuf ans, et le cavalier vingt-cinq à vingt-six ans. Chacun les trouve assortis à souhait. M. Racine me nomme le Raphaël de cette alliance, et dit le dernier jour au pasteur et bon ami de Saint-Séverin (1) qu'il n'oublierait jamais l'obligation qu'il a à l'entremetteur. Comme je suis témoin et charmé de la bonne éducation qu'ils ont eue tous deux, je n'ai qu'à souhaiter que le Raphaël valût prix pour prix la jeune Sara et le jeune Tobie. Ils seront mariés le 7 de janvier. Les articles furent signés le 23 de ce mois. On publie les bans à trois fois selon l'ordre et selon l'inclination de si bons paroissiens de part et d'autre. L'alliance est tout à fait bonne du côté de Mme de Moramber : sa mère était cousine germaine du président de Périgny, père de Mmes Daguesseau et de La Houssaye, et alliée des Montholon, Séguier, Le Picard, Le Coigneux, Angran, etc. Il n'y aura que neuf ou dix conviés de part et d'autre, et M. Despréaux avec le Raphaël, les deux amis des époux et des deux familles. Cet article est un peu long; mais vous estimez M. Racine et vous aimez M. de Moramber, et vous daignez avoir mille bontés pour moi. Je recommande cette alliance à vos prières, monsieur. »

Puis vient le récit de la noce, des cérémonies et de l'allégresse toute modeste qui anime cette alliance entre deux familles chrétiennes. C'est un tableau de mœurs bourgeoises, encore à demi patriarcales.

« (10 janvier 1699)... Le mariage fut célébré le 7. M. de Saint-Séverin en fit la cérémonie à Saint-Sulpice avec l'agrément du curé, car c'est depuis quelques années la paroisse de M. Racine, auparavant de celle de Saint-Séverin

---

Le curé de Saint-Séverin, M. Lizot.

sur laquelle est M. de Moramber. M. Racine donna le dîner des noces. M. le Prince (1) lui avait envoyé pour cela, deux ou trois jours auparavant, un mulet chargé de gibier et de venaison ; il y avait un jeune sanglier tout entier. Le soir il n'y eut point de souper chez le père de l'époux, avec lequel on était convenu qu'il donnerait plutôt un dîner le lendemain, afin qu'il n'y eût point deux grands repas en un jour. Tout finit donc le soir des noces par une courte et pathétique exhortation de M. de Saint-Séverin sur la bénédiction du lit nuptial qu'il fit. M. et Mme Racine se retirèrent à huit (heures) et demie. Les jeunes gens firent la lecture de piété ordinaire à la prière du soir avec la famille. Le père, comme pasteur domestique, répéta la substance de l'instruction de M. le curé et tout était en repos comme de coutume avant onze heures. Il n'y eut point d'autres garçons de la noce, ou plutôt amis des époux, que M. Despréaux et moi. Ainsi l'on y vit l'effet des prières de la bonne mère abbesse de Port-Royal, grande tante de l'épouse, et de l'excellent ami que vous allez reconnaître, monsieur, à son style ordinaire auquel vous êtes fait (2). Comme il est ami de M. Racine qu'il avait su mon voisin, à la rue des Maçons (3), il lui en donne toujours le nom. J'avais recommandé cette alliance à ses prières. Voici donc sa réponse : « Je félicite l'illustre *voisin* de l'heureuse
« alliance dont vous êtes l'entremetteur ou plutôt le média-
« teur, médiateur entre Dieu et vos amis, car un bon mariage
« ne peut venir que de Dieu : *Domus et divitiæ dantur*
« *a parentibus : a Domino autem* proprie *uxor prudens.*
« Le Seigneur vous a donc choisi pour ménager, de sa part
« et en son nom, un mariage qui, selon votre rapport, a tant de
« marques de la destination et du choix de Dieu. Je m'ac-
« quitterai du devoir de l'offrir à Dieu et en même temps

(1) Le prince de Condé, fils du grand Condé.
(2) Il s'agit du père Quesnel, alors retiré à Bruxelles.
(3) Racine, qui avait demeuré rue des Maçons-Sorbonne, habitait en dernier lieu rue des Marais.

« tous ceux qui y ont part, afin qu'il daigne se trouver à
« ces noces chrétiennes et y apporter de ce bon vin que lui
« seul peut donner, qui met la vraie joie dans le cœur, et
« qui donne aux vierges une sainte fécondité en plus d'une
« manière : *Vinum germinans virgines,* comme parle un
« prophète. »

« Vous éprouvez, sans doute, monsieur, qu'il n'est besoin
de vous nommer l'auteur, ni de vous le désigner plus clairement. »

Ainsi échangeaient de loin leurs bénédictions, ainsi s'exprimaient entre eux avec une prudence mystérieuse ces hommes de piété et de ferveur dont le commerce semblait un crime, et en qui l'esprit de parti prétendait découvrir de dangereux conspirateurs. Ils ne conspiraient que pour le salut, en vue de l'éternité.

Mais voici encore autre chose. Le respectable ami auquel écrivait M. Vuillart, M. de Préfontaine, en lui répondant, avait semblé regretter de sa part une omission : c'est que celui qui avait fait le personnage d'ange Raphaël dans ce mariage de Tobie et de Sara n'eût point ajouté aussi le conseil que l'ange avait autrefois donné au jeune homme, de s'abstenir durant les trois premières nuits, de les passer à deux, à genoux, mains jointes, en continence et en prière. N'oublions pas que nous sommes avec des chrétiens redevenus primitifs et qui remontent aux moindres paroles de l'Écriture comme à une source sacrée. M. Vuillart, entrant dans la pensée de son ami, pensée qui eût fait sourire un profane, mais où lui ne voyait qu'un sujet d'édification de plus, répondait assez agréablement :

« Il eût été à désirer, monsieur, que l'on eût fait cadrer en tout la comparaison de Tobie le jeune et de la jeune Sara avec nos jeunes et nouveaux conjoints. Mais comme le *his tribus noctibus Deo jungimur* (Ces trois premières nuits n'appartiennent qu'à Dieu)... dépend de la seule inspiration de l'Esprit du Seigneur et d'une grâce aussi rare que précieuse, même pour un temps, et que l'exhortation à une pratique si respectable convenait au premier conjoignant, et n'était nullement du ressort ni de l'entremise du médiateur de l'alliance, ç'a été lettres closes pour lui. Mais la réflexion que vous faites, monsieur, sur cette belle circonstance de l'histoire de ces anciens *enfants des Saints,* convient tout à fait à la haute idée qu'une religion aussi éclairée que la vôtre donne de l'image de Dieu qui est dans l'homme, et de l'alliance que Jésus-Christ a élevée à la dignité du sacrement... »

Et il prenait de là occasion pour citer, à son tour, plus d'une parole de l'Écriture se rapportant à l'union mystique du Verbe avec la nature humaine et du Sauveur avec son Église, toutes choses divines dont le mariage humain, en tant que sacrement, n'est que l'ombre et la figure. Puis il terminait en disant (car il avait eu depuis peu des soupçons sur la fidélité de la poste, et il avait craint que quelque curieux ou malveillant ne s'immisçât pour intercepter la correspondance) :

« Après de telles réflexions que vous faites, monsieur, et que vous me mettez en voie de faire aussi, voyez si je n'ai pas grand sujet de désirer que vos lettres me viennent en leur entier et que Dieu continue de me faire par vous, jusqu'à la fin de votre vie ou de la mienne, le bien qu'il a daigné me faire durant près de trente ans par le feu monsieur votre frère, mon très-honoré père en Jésus-Christ et mon très-libéral bienfaiteur (1)..... »

J'abrége un peu, car il le faut, mais j'ai toujours quelque regret, je l'avoue, à ne pas laisser les phrases de ces dignes gens dans toute leur longueur, afin de mieux respecter aussi l'intégrité de leurs sentiments. Et combien ces sentiments sont profonds, gravés à jamais, ineffaçables ! La foi communique à tout ce qu'ils sentent et ce qu'ils pensent un caractère d'éternité. — La joie de la famille Racine dura peu :

« Nous passâmes avant-hier l'après-dînée chez votre sœur. Elle est toujours fort gaie et fort contente, et vous garde de très-bon chocolat dont elle me fit goûter. »

C'est ce que nous lisons dans une lettre de Racine à son fils aîné, alors à Versailles (30 janvier 1699). — Cette *sœur* chez qui on va passer une après-dînée n'est pas du tout, comme l'a cru un ancien annotateur, la religieuse de Melun ; ce ne pouvait être que la nouvelle mariée, Mme de Riberpré. Mais déjà vers cette date, et un mois à peine écoulé depuis la cérémonie nuptiale, le mal, qui n'avait jamais entièrement cessé, se faisait de nouveau sentir. Il reprenait plus fort que jamais quelques semaines après, et il y avait crise. M. Vuillart écrivait le 19 mars :

« M. Racine a été malade à mourir ; il revient des portes de la mort. C'était une rechute. Son mal était si pressant que

---

(1) M. Le Roi, abbé de Haute-Fontaine.

lui et sa famille me souhaitant auprès de lui par amitié, je fus privé jeudi passé de la consolation de vous écrire. A jeudi prochain le reste. »

Dès le mardi suivant, 24 mars, M. Vuillart reprend la plume, et après avoir rapporté une nouvelle intéressante (l'arrivée de la Bulle condamnant le livre des *Maximes* de Fénelon) qu'il avait apprise de l'abbé Renaudot dans la chambre même de Racine, il continue ainsi :

« Il (l'abbé Renaudot) me laissa chez le malade parce que je voulus voir lever le premier appareil d'une incision qu'on lui avait faite la veille au côté droit, un peu au-dessous de la mamelle. C'est une incision cruciale. Il en sortit une demi-poilette (palette) de pus bien cuit. Il n'en est point sorti depuis, mais il lui faut quelques jours pour se former. On ne sait s'il n'y a point d'abcès au poumon ou au foie. La patience et la douceur du malade, naturellement prompt et impatient, est un vrai ouvrage de la miséricorde du Seigneur. Il est en danger, mais si bien disposé qu'il témoigne plus craindre le retour de la santé que la fin de sa vie. — «Je n'ai jamais eu la force de faire pénitence, disait-il confidemment le dernier jour à une personne. Quel avantage pour moi que Dieu m'ait fait la miséricorde de me donner celle-ci ! » Il est tout plein de semblables sentiments. Il lui en échappe quelques-uns quand il sent près de lui quelqu'un de confiance. Je le recommande, monsieur, très-instamment à vos prières. Tout Paris prend grande part à son danger comme toute la Cour ; et tout le monde souhaite passionnément sa conservation (1). Il est dans une réputation de candeur, de droiture, de

---

(1) On a un fragment de lettre de l'abbé de Vaubrun, sans date, mais qui paraît bien se rapporter à ce moment : « Je suis persuadé que vous serez tout à fait fâché d'apprendre l'extrémité de la maladie du pauvre Racine : il a une grande fièvre continue avec des redou-

probité, qui le rend plus précieux à ses amis et aux honnêtes gens que son bel esprit. Son gendre et sa sœur, Mlle de Moramber, sont sans cesse à le servir avec son fils et son épouse, et tous se surpassent, chacun en sa manière. »

Et dans la même lettre, reprenant la plume le lendemain (car le jour du courrier n'était que le jeudi) :

« Ce 25 mars, vers le soir. — Je sors de chez le pauvre M. Racine. On le trouve toujours en danger, quoique les accidents diminuent : je crains beaucoup la fin. Elle peut n'être pas si proche ; mais, selon les apparences, elle sera triste pour nous. Il est entre les mains de Celui *qui deducit ad inferos et reducit, qui eripit de portis mortis, qui dixit populo suo : Ego sum Dominus, sanator tuus*, et de qui saint Augustin dit : *Omnipotenti Medico nihil est insanabile*. Il est le Seigneur tout-puissant et le Médecin tout-puissant aussi. Rien donc n'est hors de son pouvoir. Nulle maladie n'est incurable pour lui. Il n'y a qu'à l'adorer et à le laisser faire. »

Telle était l'atmosphère de religion, d'absolue croyance, au sein de laquelle habitait Racine converti et où vivait comme lui tout ce qui l'approchait et l'entourait. On peut méditer sur la différence des temps.

blements, causée vraisemblement par un abcès dans le foie ; il est sans espérance et quasi sans connaissance. Vous jugez aisément à quel point M. de Cavoye en est touché, car vous connaissez mieux qu'un autre son cœur pour ses amis. Le roi et Mme de Maintenon ont paru prendre un fort grand intérêt à sa maladie... »

Lundi 23 avril 1866.

LES CINQ DERNIERS MOIS

DE

LA VIE DE RACINE

(SUITE ET FIN.)

Il y a croyance et croyance. Celle de Racine, je l'ai dit, et de tout ce qui l'environnait était entière et absolue : c'est la vraie. Il avait la foi dans toute la force du mot, la foi des petits et des simples. Il croyait que rien n'est impossible à Dieu, non-seulement pour les siècles passés, mais sur l'heure et présentement. Il croyait non-seulement aux anciens miracles, mais aux nouveaux : sa raison n'élevait aucune objection contre. part la résurrection d'un mort, d'un Lazare, miracle réservé au seul Jésus en personne, je ne crois pas qu'il y eût une seule guérison surnaturelle et miraculeuse qu'il repoussât, si elle était faite au nom du Christ et par l'intercession d'un saint, ce saint fût-il un des nommes du jour. Il a montré dans son *Histoire de Port-Royal,* par l'exposé circonstancié qu'il a donné du miracle de la Sainte-Épine dont le toucher aurait guéri la nièce de Pascal, à quel point il en était convaincu et profondément pénétré. Bien des années après ce coup du Ciel et dans le temps même dont nous parlons (1698-1699), il se passait, disait-on, des choses miraculeuses au tombeau de M. Vialart, l'ancien évêque de Châlons, et qui y avait été le prédécesseur de M. de Noailles, actuellement archevêque de Paris. On rapportait des guérisons de plus d'une sorte, faites par son intercession; on en tirait des inductions favorables et triomphantes pour la cause augustinienne dont M. Vialart ne s'était pourtant pas montré toujours un inflexible défenseur. Dans une lettre de M. Vuillart du 13 décembre 1698, je lis :

« M. Racine me dit le dernier jour qu'il avait appris à l'archevêché où il avait dîné qu'il y avait un nouveau miracle de M. Vialart, évêque de Châlons, savoir la guérison d'un hydropique. Le Molinisme sera désolé et inconsolable, si un Saint janséniste se met ainsi à faire des miracles. En voilà bien déjà : aveugle, lépreux, bras retiré, etc. On dresse des procès-verbaux de tout, et grande exactitude pour l'authenticité y est observée. »

Racine acceptait et rapportait ces faits favorables aux amis, sans concevoir ni admettre l'ombre d'un doute ; il ne manquait pas de se redire tout bas à lui-même :

Et quel temps fut jamais si fertile en miracles

Rien de plus simple donc que, dans son propre danger

et à chaque moment de la maladie qui le mettait en face de la mort, lui, sa famille, ses entours, se soient abandonnés sans réserve, en toute confiance, aux mains de Celui qui peut tout et pour qui la nature n'a pas d'obstacles. Son ami Rollin sentait de même; M. Vuillart également. Le mot *impossible* n'est pas d'un chrétien; un malade n'est jamais *condamné* tant que Dieu lui reste. La religion ainsi aidant aux illusions de l'amitié, on surprend de ces retours d'espérance dans les bulletins de santé qui se succèdent. Le dernier finissait par un mot presque rassurant :

« Ce mercredi 8 avril 1699. — M. Racine a toujours de la fièvre ; elle est petite à la vérité, mais il y a plus d'un mois qu'elle dure. On ne peut découvrir quelle est la source d'un abcès qu'il a dans le corps, si elle est au concave ou au convexe du foie, ou dans sa région ; il se vide bien, et ce qui en sort est bien conditionné. On craint que le cours des humeurs ne se prenne par là : si la nature s'y accoutumait, on serait réduit à la canule, peut-être pour toujours. Vif naturellement en tout ce qu'il se peut, il est devenu patient et tranquille au-delà de ce qui peut se dire. — Comme j'en suis à cet endroit, on m'apprend qu'il est de mieux en mieux ; car je viens d'envoyer chez M. de Riberpré, son gendre, mon voisin. »

De mieux en mieux! mais on sait ce que cela veut dire dans de semblables maladies. On s'acheminait ainsi vers l'heure suprême. Elle a sonné ; nous en sommes informés le jour même par le fidèle M. Vuillart :

« Ce mardi, 21 avril. — C'est du cabinet de M. Racine

que j'ai l'honneur d'accuser la réception de votre lettre du 14 avril et que j'ai, monsieur, la douleur de vous écrire qu'au bout de quarante-cinq jours d'une patience très-exemplaire, Dieu nous l'a ôté ce matin entre 3 et 4. Nous l'allons porter à Saint-Sulpice : il y sera en dépôt cette nuit. Demain il sera transporté à Port-Royal des Champs, où il a prié la maison de lui accorder la sépulture aux pieds de M. Hamon dans le cimetière, quoiqu'il se soit rendu indigne, dit-il dans un acte olographe fait exprès pour cet article, qu'on lui accordât cette grâce après sa vie scandaleuse et le peu de profit qu'il avait fait de l'excellente éducation qu'il avait reçue dans la maison de Port-Royal. Le roi a eu la bonté de donner son agrément sur ce point. Je laisserai ce mot pour vous être envoyé jeudi; car je ne serai revenu que le soir de Port-Royal, où la famille a souhaité que j'accompagnasse le fils aîné de mon cher ami. Il ne faut pas omettre qu'il laisse 800 livres à Port-Royal. A mon retour j'aurai l'honneur de vous entretenir plus amplement. Divers petits offices à rendre à la famille affligée, comme lettres à écrire, soins à prendre, etc., m'obligent d'être court. »

Les lettres suivantes complètent le récit :

« Ce dimanche de Quasimodo, 26 avril. — Enfin voilà mon cher ami M. Racine au lieu du repos qu'il a choisi. Je crois avoir eu l'honneur de vous mander qu'il n'avait point fait d'autre testament que pour demander sa sépulture dans le cimetière (des domestiques) de Port-Royal des Champs au pied de la fosse de M. Hamon. Ce sont ses termes. A quoi il ajoute qu'il supplie très-humblement la Mère Abbesse et les Religieuses de vouloir bien lui accorder cet honneur, quoiqu'il s'en reconnaisse, dit-il, très-indigne et par les scandales de sa vie passée et par le peu d'usage qu'il a fait de l'excellente éducation qu'il a reçue autrefois dans cette maison, et des grands exemples de piété et de pénitence qu'il y a vus, et dont il avoue n'avoir été qu'un *stérile admirateur;* mais que plus il a offensé Dieu, plus il a besoin des prières d'une si sainte Communauté, qu'il supplie aussi de vouloir bien accepter une somme de 800 livres qu'il a ordonne (par le même acte olographe du 10 octobre 1698) qu'on lui donnât après sa mort. Elle est ici, monsieur, d'une très-bonne odeur comme les vingt dernières années de sa vie : car c'est depuis tout ce temps-là qu'il avait renoncé si absolument à ce qu'il avait fait pour le théâtre dans sa jeunesse, que nulle puissance de la terre n'avait été capable de l'y faire retourner, quelques pressantes sollicitations qu'on lui en ait faites. On les avait même renouvelées à l'occasion de son *Esther* et de son *Athalie*, afin qu'il en traitât du moins avec les Comédiens qui lui en offraient une somme très-considérable, et il était demeuré ferme, et le roi avait toujours eu la bonté de ne point vouloir qu'ils les représentassent sans l'agrément de l'auteur, qu'il a toujours très-constamment refusé.

« La *Gazette* parle de lui en termes magnifiques : je les transcrirais ici comme dignes d'être retenus et comme si bien mérités par cet homme vraiment illustre, sans que (*si ce n'est que*) vous la voyez ordinairement. M. Renaudot y a bien mis au vrai le caractère de son ami : il s'est mépris seulement à la qualité de gentilhomme ordinaire, car le défunt ne l'était pas de la maison, charge d'environ quinze mille livres, mais de la Chambre, ce qui vaut cinquante mille livres. Le fils, qui court sa vingt-unième année, en avait la survivance et y était reçu. Il est à la Cour pour obtenir une pension du roi pour lui et pour aider à élever les enfants qui sont encore en bas âge, et à mieux pourvoir ceux qui en sont en état. On ne saurait au reste voir un homme plus universellement regretté que ne l'est M. Racine. Les Grands qui étaient tous les jours chez lui durant sa maladie montraient bien par leurs soins combien ils le chérissaient et combien ils craignaient sa mort, et la comtesse de Grammont qui y était presque tous les jours, me dit le soir de la grande fête les larmes aux yeux : « Hélas ! quelle perte pour nous, gens de cour, que celle d'un tel ami ! car tout ce que nous y étions de gens qui pensions un peu sérieusement à notre salut, l'avions pour conseil comme pour exemple. Il nous encourageait, nous éclairait, nous fortifiait. »

Et dans un *post-scriptum*, M. Vuillart, revenant sur les paroles de Racine qu'il a rapportées, en assure l'exactitude :

« Je vous rapporte, monsieur, mot pour mot, les termes du petit testament de mort (1), sans y ajouter ni diminuer le moins du monde : ils ont fait une telle impression sur ma mémoire que je crois qu'ils n'en sortiront jamais. »

Le testament publié par Racine fils confirme la fidélité de cette relation de M. Vuillart. — Dans une lettre du jeudi 30 avril, parlant de la Mère Agnès de Sainte-Thècle Racine, qui était alors prieure à Port-Royal, après avoir été neuf ans de suite abbesse, il répète un mot de l'illustre neveu, et un mot que nous ne connaissions pas :

« Son illustre neveu conservait une si vive reconnaissance de l'éducation qu'elle lui avait procurée dans la maison, d'abord sous M. Nicole, pour les belles-lettres, et ensuite auprès du grand M. Le Maître (2) pour d'autres études,

---

(1) Un testament *de mort,* c'est-à-dire un testament écrit ou dicté quand on se croit à l'article de la mort.

(2) Le *grand M. Le Maître,* c'est ainsi que les amis de Port-Royal parlaient volontiers de ce chef des pénitents. M. Le Maître, en effet, dont la conversion était contemporaine des créations de Corneille, avait en lui de la grandeur : c'est son caractère dominant et qui frappe de près ou à distance. Ce terme de *grand* revient naturellement sous la plume des auteurs originaux de Port-Royal quand ils parlent de lui.

qu'il disait un jour confidemment à un ami de qui je le tiens : « Je ne me soucierais pas d'être disgracié et de *faire* « *la culbute* (ce fut son terme), pourvu que Port-Royal fût « remis sur pied et fleurît de nouveau. » La bonne tante l'aimait aussi bien tendrement. Elle l'avait comme engendré en Jésus-Christ. »

A la fin d'une lettre datée du mercredi soir, 6 mai, M. Vuillart donne à sa manière le récit de faits assez connus d'ailleurs, mais il y met une précision qui ne laisse rien à désirer :

« Et disons, pour finir cet ordinaire (car j'ai affaire à sortir demain dès le matin), que M. Racine le fils a été trèsbien reçu du roi, mais que M. Despréaux l'a été encore beaucoup mieux : car il m'a raconté (ceci est pure anecdote) (1) que le roi avait eu la bonté de lui dire : « *Nous* « *avons bien perdu tous deux en perdant le pauvre Ra-* « *cine.* » — « C'était un vrai honnête homme, répliqua M. Despréaux : il l'a remarqué plus que jamais durant sa dernière maladie, et il a affronté la mort avec une audace toute chrétienne, quoiqu'il eût été toujours fort timide sur ce qui regardait la santé et qu'une égratignure lui fît peur. » — « Oui, reprit le roi, et je me souviens que pendant une des campagnes où vous étiez ensemble, c'était vous qui étiez le brave. » Il y avait plusieurs années que M. Despréaux n'avait paru à la Cour à cause de sa surdité, et c'était M. Racine qui le déchargeait et se chargeait de tout pour lui. « Ce n'est plus cela, ajouta le roi : il faut que vous soyez seul chargé

(1) « Ceci est *pure anecdote,* » c'est-à-dire tout à fait inédit et purement confidentiel, en prenant le mot *anecdote* dans son sens propre. M. Vuillart, qui paraîtra peut-être assez peu élégant à quelques-uns de nos lecteurs modernes, est pourtant un écrivain très-pur et qui n'emploie les termes que dans leur parfaite propriété. A cet égard aussi, il est un digne ami de Racine.

de tout désormais. Je ne veux que votre style. » M. Despréaux demanda du secours pour tirer les mémoires qu'il lui faudrait de chez les secrétaires d'État et d'ailleurs, et nomma M. de Valincour au roi, qui le lui accorda : sur quoi un homme d'esprit a dit que ce M. de Valincour serait le Résident de M. Despréaux auprès de Sa Majesté très-chrétienne. L'entretien dura plus d'une heure, et il finit par la déclaration que fit le roi à son historien qu'il voulait avoir assez souvent avec lui des conversations de deux heures dans son cabinet. M. Despréaux a tous les papiers. »

En accordant M. de Valincour comme historiographe adjoint, le roi eut donc bien soin de marquer à Despréaux qu'il entendait que lui seul eût « la plume et le style. » La fonction du nouveau collègue devait se borner à ramasser des mémoires; on ne voit pas qu'il y ait été bien diligent, à moins que les papiers n'aient été détruits dans l'incendie qui dévora sa bibliothèque. Toujours est-il qu'il eut, sans plus tarder, le fauteuil de Racine à l'Académie française, et sa réception donna lieu à un incident dont nous parlerons tout à l'heure.

Dans une lettre du jeudi 14 mai, M. Vuillart revient sur le sujet qui lui est cher et qui nous intéresse ; il ajoute de dernières particularités :

« J'ai de petits paralipomènes à vous faire, monsieur, sur le sujet de M. Racine : je les tire d'une lettre que m'a écrite une personne qui se trouva au petit discours que fit l'ecclésiastique de Saint-Sulpice qui avait accompagné le corps et qui le présenta, et à la réponse que fit le confesseur de la maison, nommé M. Eustace. Le discours ne fut guère qu'un lieu commun, un peu approprié au sujet; mais la réponse y fut toute propre et mérite d'être retenue. M. Eustace dit donc au sulpicien qu'il avait ouï avec édification ce qu'il venait de dire de l'illustre défunt avec justice ; que c'était avec quelque justice aussi qu'il avait souhaité d'être enterré dans la maison où il avait reçu les premières semences de la Religion et de la Vérité qu'il avait aimées. Il y ajouta quelques mots sur la tempête qui s'était élevée contre la maison et qui avait obligé des personnes qui s'y étaient retirées à s'en séparer ; que, pour le défunt, les ronces et les épines avaient étouffé pendant un temps ces précieuses semences que son cœur y avait reçues ; mais que, comme on avait lieu d'avoir une humble créance qu'il était une de ces heureuses plantes que le Père céleste a plantées lui-même pour ne souffrir jamais qu'elles fussent entièrement *déracinées* (1), elle avait repris vigueur et avait porté son fruit en son temps. Il fit valoir sa piété, sa patience dans sa longue maladie, son amitié pour la maison, la reconnaissance de la maison pour lui. Il lui avait, en effet, rendu des services très-essentiels. Je n'étais arrivé là qu'environ une heure après le corps, avec le fils qui avait eu à s'arrêter à Versailles. »

Dans cette même lettre, les bontés de Louis XIV pour la famille Racine nous sont confirmées par le menu :

« Depuis quelques jours le roi a accordé au fils une pension de mille francs (*sic*) et autant à la veuve pour elle et ses enfants encore en bas âge. Il y en a sept en tout. L'aîné avait la survivance de gentilhomme ordinaire ; il est dans sa vingt-unième année. Mme de Riberpré (Moramber) en a dix-huit à dix-neuf. L'ursuline de Melun, qui est la troisième, en a dix-huit. Il y a une postulante de dix-sept ans à Variville, où sa mere a une sœur prieure : c'est un couvent de l'Ordre de Fontevrault près Clermont en Beauvaisis. Il y en a une à Port-Royal parmi les voiles blancs pour se préparer à

(1) J'ai bien peur, pour le goût de M. Eustace, qu'il n'y ait là une légère pointe, une allusion au nom de *Racine*.

sa première communion, et une d'onze ans près de la mère, avec le cadet de la famille, qui approche de sept ans. Pardonnez tout ce détail, monsieur, à un ami qui s'étend volontiers sur tout ce qui regarde un tel ami, dont ces restes vivants lui sont précieux. »

Tel est notre tribut particulier d'informations, notre complément scrupuleux, minutieux, mais qui n'est certes pas sans prix, sur les cinq derniers mois de la vie de Racine. Il ressort surabondamment de tous ces témoignages qu'il n'y avait plus rien du poëte, presque plus rien de l'homme de lettres dans Racine mourant : le chrétien seul, et le chrétien selon Port-Royal, survivait et chassait toute autre pensée.

Il n'en était pas ainsi de Boileau, et puisqu'on ne sépare guère les deux amis, et que, lorsqu'on a à parler de l'un, on est conduit inévitablement à s'occuper de l'autre, je mettrai ici tout ce que la même Correspondance de M. Vuillart nous apprend. Le contraste des deux caractères, sous des sentiments religieux communs, va se prononcer bien nettement.

M. de Valincour, en entrant à l'Académie, avait justifié ce choix par un fort bon discours, — un éloge de Racine fort délicat et fort poli. Il avait été reçu par M. de La Chapelle, directeur, qui ne parla pas mal non plus et qui dit même des choses assez neuves et très à propos à cette date de 1699, fin d'un siècle, sur les heures de perfection et de décadence littéraire pour les nations : il développa une pensée de l'historien Velleius Paterculus, et parla de cette sorte de fatalité qui fixe dans tous les arts, chez tous les peuples du monde, un *point d'excellence* qui ne s'avance ni ne s'étend jamais : « Ce même ordre immuable, disait-il, détermine un nombre certain d'hommes illustres, qui naissent, fleurissent, se trouvent ensemble dans un court espace de temps, où ils sont séparés du reste des hommes communs que les autres temps produisent, et comme enfermés dans un cercle, hors duquel il n'y a rien qui ne tienne ou de l'imperfection de ce qui commence ou de la corruption de ce qui vieillit. » C'était bien pensé et bien dit. Mais ce même directeur commit, et sans doute à dessein, une faute par omission; il manqua sciemment à une convenance. Il affecta, dans un discours tout rempli de Racine et des mérites du nouvel académicien, de ne souffler mot de Despréaux, le premier auteur pourtant du choix de M. de Valincour, et qui l'avait demandé au roi. Laissons parler notre fidèle chroniqueur, M. Vuillart :

« (9 juillet 1699.) Le discours que M. de Valincour a fait le jour de sa réception à l'Académie française en la place de M. Racine est très-beau... La réponse du directeur de l'Académie au compliment de M. de Valincour est belle aussi. On a joint l'une à l'autre. M. de La Chapelle, receveur général des finances de La Rochelle, est ce directeur. Il parle dignement et de M. Racine et de M. de Valincour, son successeur non-seulement pour l'Académie, mais aussi pour l'Histoire du roi; mais il a gardé un tel silence au sujet de M. Despréaux, qui a demandé lui-même à Sa Majesté le premier ce nouveau collègue, que ce silence paraît très-affecté : car l'inadvertance en tel cas ne peut aller naturellement si loin. Voilà de quoi produire une nouvelle querelle sur le Parnasse. Despréaux, le cher Despréaux, qui est fort naturel et fort sincère, me disait dimanche dernier à une thèse de son petit-neveu, fils du président Gilbert, que La Chapelle, ayant affecté de ne point parler de Despréaux, avait mis Despréaux en droit de parler de La Chapelle. Comme il est sourdaud et qu'il ne pouvait prendre plaisir, avec toute la nombreuse et belle assemblée, à écouter le répondant qui se fit admirer, il se dédommageait en parlant d'une chose qui lui tient fort au cœur : car ce silence lui paraît très-malhonnête et très-offensant, et s'il n'était aussi occupé qu'il l'est d'un déménagement (car il quitte le logis du cloître Notre-Dame où il était près le Puits, pour un autre qui a vue sur le jardin du Terrain), il aurait déjà produit quelque chose de vif : car il n'est pas aussi mort à lui-même sur pareil cas qu'on a sujet de croire que l'aurait été M. Racine. M. Despréaux est droit d'esprit et de cœur, plein d'équité, généreux ami; mais la nécessité de pardonner une injure, où est un chrétien qui veut être digne de son nom, ne semble pas avoir encore fait assez d'impression sur son esprit ni sur son cœur. Peut-être que le temps et la distraction que lui cause son changement de demeure auront calmé l'émotion où je le vis, et peut-être plus encore les prières de son incomparable ami M. Racine; car, comme il avait le cœur fort pénitent depuis longtemps, il y a sujet de le croire, par la miséricorde du Seigneur, en possession de ce bienheureux repos où l'on prie efficacement pour ceux qui sont dans le trouble des passions de la vie. »

Touchante et sainte confiance! On ose à peine se permettre un sourire. L'intercession de Racine, apparemment, servit de peu. Ce qu'il y a de bien certain, c'est que si chez celui-ci, vers la fin, le poëte était tout à fait fondu dans le chrétien, il se retrouvait tout entier, toujours armé et sur le qui-vive, toujours irritable en Despréaux. L'effet, de sa part, suivit presque incontinent la menace : une épigramme sortit et courut aussitôt. Le bon M. Vuillart, qui envoyait volontiers à son ami les nouveautés littéraires, fut lent pour celle-ci :

« (23 juillet.) Despréaux ne s'en est pu tenir : il a fait une épigramme contre La Chapelle. Comme c'est un fruit honteux de sa faiblesse, je ne l'ai ni désiré ni recherché. Je ne fus pas si lent touchant le beau fruit de sa force, son admirable Épître sur l'*Amour de Dieu*. Le docteur, frère du poëte (1), l'aurait souhaité plus patient, et le plaint de son impatience. Il est en effet bien à plaindre : il a de la candeur, et il viendra un bon moment où il s'en humiliera devant Dieu et réparera la mauvaise édification que son impatience peut donner. Ce qui l'a ému était beau à pardonner, et est laid à relever. »

Nous ferons comme M. Vuillart, mais par une autre raison. Nous ne mettrons pas ici l'épigramme, qui est d'ailleurs dans les Œuvres de Boileau, parce qu'elle est faible et assez peu piquante : Racine, en sa saison profane, l'eût faite plus méchante. L'Épigramme proprement dite n'est pas le fait de Boileau, supérieur dans la Satire et dans l'Épître. Il y eut une réponse assez flasque de La Chapelle ou de quelqu'un de ses amis. Ainsi finit cette petite guerre, peu digne des funérailles littéraires de Racine.

Quant à ce qui est de cette différence d'humeur et de procédé des deux illustres poëtes, également religieux, diversement pénitents, un moraliste comme Saint-Évremond ou La Rochefoucauld n'en serait certainement pas étonné et n'aurait pas grand'peine à

---

(1) M. Boileau, chanoine de la Sainte-Chapelle.

l'expliquer. Il se plairait à reconnaître encore la nature et à la suivre jusqu'à travers les formes opposées sous lesquelles elle se déguise ou elle se trahit. Il était assez naturel, en effet, que Racine sensible, tendre, ouvert aux passions, timide en même temps et peu courageux, s'effrayât en vieillissant des touchantes faiblesses auxquelles il s'était livré, qu'il revînt en idée à l'innocence de ses premiers jours, qu'il se replongeât tant qu'il le pouvait en arrière, se reprochât ses fautes passées en se les exagérant, et noyât tout son amour-propre dans ses larmes. La réaction dut être extrême dans cette excessive sensibilité. Chez Boileau il n'y avait pas lieu à un si complet retour : le vieil homme, de tout temps moins tendre, n'avait pas à revenir de si loin ni à s'anéantir absolument dans le chrétien; le poëte ne croyait pas avoir à se repentir ni à se dédire ; il gardait le plus qu'il pouvait de sa verdeur, et se passait encore bien des boutades mordantes que sa probité et sa raison ne lui reprochaient pas.

Une dernière mention que fait du « cher Despréaux » le bon M. Vuillart nous montre ce petit péché d'épigramme entièrement oublié et le Boileau des dernières années dans la stabilité complète de sa religion et de sa droiture. M. Vuillart raconte très-naïvement comme quoi, un matin, en allant voir Despréaux, il eut l'idée d'entrer dans l'église Saint-Denis-du-Pas (1), et com-

(1) Saint-Denis-*du-Pas*, c'est-à-dire *de passu*, ou *passione*, parce que la tradition était que le saint y avait reçu quelque souffrance. — Je donne cette étymologie d'après M. Vuillart qui, en tant qu'ami intime de M. de Tillemont, devait savoir là-dessus le dernier mot de l'érudition chrétienne.

ment le mouvement lui vint d'adresser à Dieu, sous l'invocation de ce saint apôtre des Parisiens, une prière à l'intention de l'archevêque son successeur, le cardinal de Noailles, afin que le prélat se montrât ferme et vaillant à son exemple, et qu'au lieu de mollir il fût comme un mur d'airain pour le soutien de la bonne cause et de la vérité (9 octobre 1700) :

« J'allais, dit-il, chez le cher Despréaux, et c'était ma route, car cette petite église est derrière le chœur de la cathédrale, et Despréaux est logé près du Terrain. Je ne sais, monsieur, si je vous ai mandé qu'il a été malade, et l'a été grièvement. En une nuit, on lui donna trois fois l'émétique, qui l'arracha des mains de la mort. Celui qui le lui avait donné s'est trouvé là ce matin avec moi, et m'a dit que le remède avait heureusement opéré... Il est en bonne convalescence et compte de s'aller rétablir à sa jolie maison d'Auteuil durant l'été Saint-Denis (1) et les autres petits étés qui pourront se multiplier cette année, comme on a quelque lieu de l'espérer. C'est un bon cœur d'homme, plein de candeur, de sincérité, d'amour du vrai, de haine du faux. Il est généreux et fidèle ami. Il aime fort l'Écriture, et surtout les Psaumes. »

Boileau resta donc davantage lui-même jusqu'à la fin; il était une nature plus fixe que Racine.

On ne saurait se le dissimuler, en effet, il y avait

(1) L'été de la Saint-Denis tombait en octobre, de même que l'été de la Saint-Martin tombe en novembre. On ne se souvient plus que de ce dernier. Du temps qu'on croyait dévotieusement aux saints, on n'oubliait rien, et M. Vuillart, qui adressait une prière à Dieu par les mérites de saint Denis, ne manqua pas sans doute de demander pour cette année-là un petit été de grâce en faveur de son ami Despréaux.

quelque faiblesse de caractère ou de tempérament dans Racine. Le chrétien étant donné, cette faiblesse de sa part consistait, sur la fin, à rester courtisan un peu malgré lui, à n'oser se séparer de la faveur, à vouloir mener de front deux choses inconciliables, la Cour et la dévotion, à vouloir pousser celle-ci jusqu'à la pénitence et à ne jamais passer outre. Boileau était un caractère plus simple, plus uni. Nullement insensible ni indifférent à ses succès d'esprit en haut lieu, dès qu'il s'était senti souffrant ou affaibli dans ses organes, il avait pris bravement son parti et avait quitté Versailles pour n'y plus remettre les pieds. Racine ne put jamais s'y décider ; il se donnait pour excuse de conscience qu'en restant sur ce terrain glissant il pouvait mieux servir à l'occasion les religieuses de Port-Royal ; mais au fond il ne pouvait se résoudre à se sevrer de ces douceurs enchanteresses : il était atteint de la même faiblesse que Bossuet qui, lui aussi, se montra aussi longtemps qu'il put à Versailles et qui, même à la fin, et à bout de force, s'y traînait ; il était affecté de la même faiblesse encore que M. de Pomponne, le plus aimable des Arnauld, mais un Arnauld amolli, qui, tout octogénaire et tout pieux qu'il était, ne pouvait se décider à résigner le ministère et qui, apprenant la retraite chrétienne de M. Le Peletier (1697), disait au roi qui lui en donnait la première nouvelle : « Cette retraite, Sire, rend M. Le Peletier aussi louable que je dois être honteux de n'avoir pas, à mon âge, le courage de l'imiter. » Racine était de cette famille d'esprits distingués et de cœurs tendres, que se disputaient, on l'a dit, l'amour du roi et l'amour de Dieu ; il se le reprochait lui-même. Boileau n'avait pas de ces doubles amours ; il allait tout droit. Il est vrai qu'ayant moins de cordes à l'âme, il avait à cela moins de peine et moins de mérite.

Et maintenant ai-je à m'excuser d'avoir si longuement reparlé de deux poëtes célèbres, chers à la France, mais sur lesquels il semble que tout, depuis longtemps, soit dit et qu'il n'y ait plus qu'à se répéter avec de bien légères variantes? Je me le demande en me relisant : N'ai-je pas commis une impertinence en plein journal? N'ai-je pas fait au moins un anachronisme? N'est-ce pas un hors-d'œuvre que je suis venu offrir devant des générations ailleurs occupées, et dont la faculté d'admiration est engagée dans des voies toutes différentes? Nos idées sur les poëtes ont, en effet, changé presque entièrement depuis quelques années. Ce n'est plus la question classique ou romantique, si vous le voulez; il s'agit de bien autre chose que d'une cocarde, que des coupes et des unités, — des formes et des couleurs : — il s'agit du fond même et de la substance de nos jugements, des dispositions et des principes habituels en vertu desquels on sent et l'on est affecté. Pourrai-je réussir à bien rendre cet état nouveau, cette direction devenue presque générale des esprits? Autrefois, durant la période littéraire régulière, dite classique, on estimait le meilleur poëte celui qui avait composé l'œuvre la plus parfaite, le plus beau poëme, le plus clair, le plus agréable à lire, le plus accompli de tout point, l'*Énéide*, la *Jérusalem*, une belle tragédie. Aujourd'hui on veut autre chose. Le plus grand poëte pour nous est celui qui, dans ses œuvres, a donné le plus à imaginer et à rêver à son lecteur, qui l'a le plus excité à poétiser lui-même. Le plus grand poëte n'est pas celui qui a le mieux fait : c'est celui qui suggère le plus, celui dont on ne sait pas bien d'abord tout ce qu'il a voulu dire et exprimer, et qui vous laisse beaucoup à désirer, à expliquer, à étudier, beaucoup à achever à votre tour. Il n'est rien de tel, pour exalter et nourrir l'admiration, que ces poëtes inachevés et inépuisables; car on veut dorénavant que la poésie soit dans le lecteur presque autant que dans l'auteur. Depuis que la critique est née et a grandi, qu'elle envahit tout, qu'elle renchérit sur tout, elle n'aime guère les œuvres de poésie entourées d'une parfaite lumière et définitives; elle n'en a que faire. Le vague, l'obscur, le difficile, s'ils se combinent avec quelque grandeur, sont plutôt son fait. Il lui faut matière à construction et à travail pour elle-même. Elle n'est pas du tout fâchée, pour son compte, d'avoir son écheveau à démêler, et qu'on lui donne de temps en temps, si je puis dire, un peu de *fil à retordre*. Il ne lui déplaît pas de sentir qu'elle entre pour sa part dans une création. Quand une fois je les ai vues et admirées dans leur pureté de dessin et dans leur contour, qu'ai-je tant à dire de Didon et d'Armide, de Bradamante ou de Clorinde, d'Angélique ou d'Herminie? Parlez-moi de Faust, de Béatrix, de Mignon, de Don Juan, d'Hamlet, de ces types à double et triple sens, sujets à discussion, mystérieux par un coin, indéfinis, indéterminés, extensibles en quelque sorte, perpétuellement changeants et muables; parlez-moi de ce qui donne motif et prétexte aux raisonnements à perte de vue et aux considérations sans fin. Quand on a lu le *Lutrin* ou *Athalie,* l'esprit s'est récréé ou s'est élevé, on a goûté un noble ou un fin plaisir; mais tout est dit, c'est parfait, c'est fini, c'est définitif; et après... Il n'y a pas là de canevas; cela paraît bien court. Il semble même que les habiles et parfaits auteurs de ces chefs-d'œuvre l'aient compris tout les premiers; car, leur œuvre achevée, ils détendaient leurs esprits, ils baissaient le ton, ils n'étaient plus les mêmes. Leur pensée n'était plus à la hauteur de leur talent. Leur conversation ne portait pas au delà d'un cercle borné. Leur tous-les-jours était assez ordinaire. — Non, il ne l'était pas autant qu'on le croirait, et cette simplicité, cette vertu, cette prud'homie touchante de Racine, couronnée d'une belle et douce mort, est-ce donc chose si ordinaire?

Lundi 14 mai 1866.

IDÉES ET SENSATIONS

PAR

MM. EDMOND ET JULES DE GONCOURT (1).

MM. de Goncourt sont deux auteurs qui n'en font qu'un et dont le nom a acquis toute sa signification depuis leurs deux ou trois derniers romans très-remarquables, mais surtout par ce drame d'*Henriette Maréchal* qui a fait éclat et qui les a bombardés tout d'un coup à la célébrité. J'ai le plaisir de les connaître particulièrement, et j'ai tant entendu déraisonner sur eux à propos de ce dernier drame spirituel et passionné, vif et hardi, incomplet et brusque, qui méritait la critique et l'attention, — j'ai tant entendu débiter, à ce sujet, de lieux communs et de fadaises (*Melpomène*, la *dignité* des genres, la *Maison de Molière,* etc.), que l'envie me prend d'esquisser le portrait littéraire de ces deux frères unis, ou plutôt de l'extraire du présent volume qu'ils

(1) Librairie internationale, 15, boulevard Montmartre.

viennent de publier, *Idées et sensations*, — un recueil de pensées, de fantaisies et de petits tableaux, qu'ils ont dédié à Gustave Flaubert.

MM. de Goncourt qui, à huit ans de distance l'un de l'autre, sont jumeaux; qui pensent et sentent à l'unisson; qui non-seulement écrivent, mais causent comme un seul homme, l'un seulement avec plus de réflexion et de suite, l'autre avec plus de petillement et de saillies, sont entrés dans la littérature par la peinture, par les arts : ne l'oublions pas, et eux-mêmes, dans ce qu'ils écrivent, ne permettent jamais de l'oublier. De plus, ils sont entrés dans la littérature et dans l'art par le XVIIIᵉ siècle d'abord, par le XVIIIᵉ siècle exclusivement : ç'a été là leur première et unique Antiquité, et de cette étude ils ont passé immédiatement à celle des mœurs et des personnages du jour, sur les traces et à l'exemple de Gavarni. C'est à l'œuvre et par la pratique qu'ils se sont formés. Ils ont commencé par l'excès, par l'abus; ils ont abondé dans leur sens, ils ont beaucoup hasardé : mais bientôt ils ont tant vu et compulsé de pièces de ce XVIIIᵉ siècle qu'ils chérissent et où ils ont placé leurs origines, ils ont tant recherché et comparé de tableaux, d'estampes et d'images, tant recueilli de détails, tant colligé d'anecdotes, tant dépouillé de journaux, de correspondances, en finissant par les gros livres et par les ouvrages de poids, qu'ils sont devenus à leur tour des habiles, des peintres et témoins fidèles, des experts de première qualité dans la connaissance de cet âge si voisin de nous et si compliqué, si raffiné. Chaque fait du XVIIIᵉ siècle est pour eux un fait contemporain qui vit, qui fourmille de mille incidents, qui chatoie de mille reflets, qui s'anime de mille circonstances; ils le voient comme s'ils y étaient; ils s'en souviennent comme d'un souvenir à eux; ils en veulent tout rendre à la fois. — Présentez-leur un tableau quelconque de cette époque, signé ou non signé, et ils vous diront aussi sûrement que personne de qui il ne peut pas être, de qui probablement il est. Ils savent les styles, ils ont le coup d'œil, le tact. « Apprendre à voir, ont-ils dit, est le plus long apprentissage de tous les arts. » Ils ont fait depuis longtemps cet apprentissage; ils sont passés maîtres en matière de xviiie siècle.

Mais ce n'est pas impunément qu'on place ses plus hauts horizons d'antiquité à un siècle si rapproché de nous : il en résulte un dégagement d'arriéré, une légèreté de mouvement et d'allure, une hardiesse et, par moments, une irrévérence de jugement qui tient au manque de religion littéraire première. Est-ce un bien? est-ce un mal? Je me bornerai, dans le cas présent, à bien constater le résultat singulier d'une telle éducation libre, personnelle, et sincèrement poussée jusqu'à ses extrêmes conséquences. Je ne conseillerais à personne un pareil régime. MM. de Goncourt ont commencé le dîner par le dessert : ce n'est pas précisément le meilleur moyen de se faire, en général, un tempérament solide; mais une fois n'est pas coutume, et eux, ils ont su se faire, à ce régime, un tempérament exquis. Or « il n'y a de bon, disent-ils, que les choses *exquises*. » Un *bon ordinaire* n'existe pas pour eux dans les choses de l'esprit : il leur faut le *rare*.

Il y a eu la querelle des anciens et des modernes; cette question est loin d'être épuisée, et elle recommence toujours. MM. de Goncourt sont des modernes déterminés, résolus, d'aventureux oseurs, de hardis négateurs. Jusqu'où ne vont-il pas! Ils sont allés jusqu'à dire : « L'Antiquité a peut-être été faite pour être le pain des professeurs. » Que vous en semble? Cela est encore plus fort en irrévérence que *la Belle Hélène*.
— Les genres dits nobles et élevés ne leur imposent pas le moins du monde. La religion de l'histoire, le *numen historiæ* de Pline le Jeune et de Tacite, ils n'en ont pas une bien haute idée, ils ne l'admettent pas : « L'histoire, disent-ils, est un roman qui a été; le roman est de l'histoire qui aurait pu être. » — La tragédie, ils n'en pensent pas mieux que de l'histoire, mais ils la redoutent davantage, et ils lui en veulent comme au fantôme ennemi qu'on évoque de temps en temps et qu'on fait semblant de ressusciter contre les genres vivants et modernes; ils disent :

« Il est permis en France de scandaliser en histoire : on peut écrire que Néron était un philanthrope, ou que Dubois était un saint homme ; mais en art et en littérature les opinions consacrées sont sacrées : et peut-être, au xix° siècle, est-il moins dangereux pour un homme de marcher sur un crucifix que sur les beautés de la tragédie. »

Artistes jusqu'à la moelle, ils voient le monde par ce côté unique de l'art; c'est par là qu'ils sont offensés; c'est par là qu'ils jouissent; c'est à être un artiste indépendant, sincère, absolu et sans concession, qu'ils mettent le courage civil

« Il faut plus que du goût, il faut un *caractère* pour apprécier une chose d'art. L'indépendance des idées est nécessaire à l'indépendance de l'admiration. »

Ils veulent du présent, du vif, du saignant dans les œuvres :

« En littérature, on ne fait bien que ce qu'on a vu ou souffert. »

L'antiquité leur paraît encore à juger; ils ne paraissent accepter rien de ce qu'on en dit; ils croient que tout est à revoir, et que le procès à instruire n'est pas même commencé; ce respect du passé en littérature, ce culte des anciens à tous les degrés, qu'il s'agisse des temps d'Homère ou du siècle de Louis XIV, est, selon eux, la dernière des religions qu'on se prendra à examiner et à percer à jour :

« Quand le passé religieux et politique sera entièrement détruit, peut-être commencera-t-on à juger le passé littéraire. »

Ils ne font grâce entre les anciens qu'à Lucien, peut-être à Apulée, à cause de l'étonnante *modernité* qu'ils y retrouvent : ce sont pour eux des contemporains de Henri Heine ou de l'abbé Galiani.

Après tout, en parlant ainsi, c'est pour leurs goûts et leurs préférences, c'est pour leur art favori, c'est pour leur maison qu'ils plaident :

« Lire les auteurs anciens, quelques centaines de volumes, en tirer des notes sur des cartes, faire un livre sur la façon dont les Romains se chaussaient, ou annoter une inscription, — cela s'appelle l'érudition ; on est un savant avec cela ; on est de l'Institut, on est sérieux, on a tout : mais prenez un siècle près du nôtre, un siècle immense ; brassez une mer de documents, trente mille brochures, deux mille journaux, tirez de tout cela non une monographie, mais le tableau d'une société, vous ne serez rien qu'un aimable fureteur, un joli curieux, un gentil indiscret. Il se passera encore du temps avant que le public français ait de la considération pour l'histoire qui intéresse. »

Le xviiie siècle revu et repeint par eux prend un aspect tout neuf et bien vivant ; ils en adorent surtout les peintres, Watteau, Chardin, Latour, jusqu'à Greuze et Fragonard ; ils ont fait sur ces grands ou charmants artistes, et sur d'autres bien moindres dits les *petits maîtres*, des Études curieuses, approfondies, fouillées, qui sont des merveilles en ce genre de monographie descriptive. Leur prose rivalise avec la palette pour refléter la physionomie des œuvres. Ils n'ont jamais assez de couleurs et de nuances pour nous les rendre ; il leur semble qu'ils n'en ont jamais assez dit, assez exprimé. « L'excès en tout est la vertu de la femme, ont-ils dit. — Trop suffit quelquefois à la femme. » Ils sont de ces critiques délicats et raffinés qui ont cette vertu féminine : ils veulent du trop ; ils s'en contentent quelquefois. Pour tout ce qui est art du xviiie siècle, je leur rends les armes : en ce qui est des auteurs, c'est différent, et j'aurais, sur plus d'un nom, maille à partir avec eux. Comme ils sont entrés dans cette époque par l'art et par les tableaux, les livres ne sont venus pour eux qu'en second, et quand ils ont abordé les livres, ils ont commencé par les plus minces, les plus légers, les plus piquants, les plus analogues aux peintures de genre. Mme d'Épinay et Galiani les ont plus attirés que l'*Esprit des Lois* et le *Dictionnaire philosophique* de Voltaire. De là des jugements qui, pour avoir leur part de justesse, ne laissent pourtant pas d'étonner et de déconcerter à première vue. Quand ils ont vu du grand dans le XVIIIe siècle (et il y en a eu), ils l'ont étrangement placé : « Il y a eu du grand dans le XVIIIe siècle, disent-ils, mais on ne veut pas le voir ; on masque avec Brimborion les écuries de Chantilly. » D'autres verraient le grand du siècle dans l'*Histoire naturelle,* dans l'idée de l'*Encyclopédie,* dans la monarchie universelle de Voltaire ; mais ce sont les abstraits qui jugeraient ainsi : MM. de Goncourt sont des plastiques. Ils ont raison d'admirer le grandiose de ces écuries de Chantilly ; mais leur point de vue en reste marqué.

Dans ce siècle qu'ils aiment de prédilection, ils traiteront incomparablement moins bien les gens de lettres que les peintres. Voici une page que je trouve d'une grande dureté et d'une véritable injustice pour les lettrés philosophes :

« Habiles gens, ces philosophes académiques du XVIIIe siècle, les Suard, les Morellet, plats, serviles, rentés par les seigneurs, à peu près entretenus de pensions par des grandes dames, avec, aux jambes, les culottes de Mme Geoffrin. Ces âmes d'hommes de lettres-là font tache dans ce libre XVIIIe siècle par la bassesse sourde du caractère sous la hauteur des mots et l'orgueil des idées. Le monde de l'art, au contraire, contient les nobles âmes, les âmes mélancoliques, les âmes désespérées, les âmes fières et gouailleuses, — comme Watteau, qui échappe aux amitiés des grands et parle de l'hôpital ainsi que d'un refuge ; comme Lemoyne, qui se suicide ; comme Gabriel de Saint-Aubin, qui boude l'officiel, les Académies, et suit son génie dans la rue... Aujourd'hui nous avons changé cela : ce sont les lettres qui ont pris cette libre misanthropie de l'art. »

Je le répète, cette page n'est pas juste. Ces Suard, ces Morellet, tout académiciens qu'ils sont devenus, n'étaient ni plats, ni serviles ; ils savaient au besoin se faire mettre, comme d'autres, à la Bastille ou dans un château fort. MM. de Goncourt, qui sont des hommes de nuances, ont manqué là une nuance qu'ils étaient dignes de saisir. Je n'exige pas qu'ils aiment Suard et Morellet, mais qu'ils les voient tels qu'ils étaient, ni plus ni moins, dans ce milieu social où tout se passait encore avec convenance, avec mesure. Pourquoi sabrer en gros les hommes de lettres, les déporter, pour ainsi dire, en masse, quand on fait si bien la part à chaque individualité, grande ou petite, parmi les peintres ?

Une autre de leurs pensées est celle-ci :

« *Malheur aux productions de l'art dont toute la beauté n'est que pour les artistes !...* » Voilà une des plus grandes sottises qu'on ait pu dire : elle est de d'Alembert. »

Oh ! ici il y aurait toute une bataille en règle à livrer. D'Alembert, en demandant à l'art de sortir du cercle des initiés et des intimes, a-t-il dit là, réellement, une si grande sottise ? Toute la question, la question principale du moins, que soulèvent plusieurs des dernières productions de MM. de Goncourt, pourrait se résumer en ce point délicat; leur théorie elle-même est en cause. Hommes d'observation, de sincérité et de hardiesse, ils se sont fait une doctrine à leur usage : ils se sont dit de ne pas répéter ce qui a été dit et fait par d'autres; ils vont au vif dans leurs tableaux, ils pénètrent jusqu'au fond et aux bas-fonds; ils veulent noter la réalité jusqu'à un degré où on ne l'avait pas fait encore; ils tiennent, par exemple, à copier et à reproduire la conversation du jour et du moment, les manières de dire et de parler si différentes de la façon d'écrire, et que les auteurs, d'ordinaire, ne traduisent jamais qu'incomplétement, artificiellement; ils ne reculent pas au besoin devant la bassesse des mots, fussent-ils dans une jolie bouche et du jargon tout pur, confinant à l'argot; ils imitent, sans rien effacer, sans faire grâce de rien; ils haïssent la convention avant tout; pas d'école : « Aussitôt qu'il y a l'école de quelque chose, ce quelque chose n'est plus vivant. » Ils haïssent la fausse image et le *ponsif* du beau : « Il y a un beau, disent-ils, un beau ennuyeux, qui ressemble à un *pensum* du beau. » Très-bien. Je les comprends, je les approuve, je les suis volontiers, ou à très-peu près, jusque-là. Ils ne craignent pas la crudité quand il le faut. Très-bien, passe encore ! Mais ne la recherchent-ils point parfois? N'isolent-ils point comme à plaisir ce qui est extrême et pénible dans l'impression causée, ce qui est exclusivement vrai d'une vérité triste, nue, affreuse? Ne forcent-ils pas le réel en le découpant de la sorte? Ne lui donnent-ils pas un relief sans accompagnement ni contre-partie? Ne s'abstiennent-ils pas, avec une rigueur qui est, certes, de la force, mais qui ressemble parfois à une gageure, de tout ce qui pourrait adoucir, compenser l'effet produit, non pas l'amortir, mais le racheter et consoler à côté le regard (témoin *Germinie Lacerteux*)? Eh bien ! l'art, parce qu'il doit surtout satisfaire les artistes, c'est-à-dire les connaisseurs, doit-il donc se condamner ainsi à ne plaire qu'à eux, à eux seuls, à déplaire nécessairement aux bourgeois (ce mot va loin), à la moyenne du public, à l'ensemble d'une société, à nos semblables? Je ne le pense pas, et d'Alembert, en exprimant la pensée que relèvent avec un tel dédain nos jeunes amis, n'a fait qu'exprimer quelque chose de sensé et d'humain, qui n'est sans doute pas l'essentiel et le propre de l'art, mais qui ne saurait non plus être incompatible avec lui. On a beau être artiste jusqu'au bout des ongles, on est d'un temps, d'une époque ; on exprime les choses avec art et talent, pour être, apparemment, en sympathie avec quelqu'un, avec le plus d'amateurs ou d'admirateurs possible. Pourquoi limiter à l'avance ce nombre? Pourquoi repousser, de propos délibéré, des natures, même incomplètes, qui ne demandent qu'à être attirées et à venir à vous par de certaines qualités qui sont en vous et qui ne sont pas absentes en elles? Pourquoi se retrancher, s'interdire à soi et aux autres, quand il y a lieu, l'agrément, l'émotion bienfaisante et salutaire? Quelle lâcheté ou quelle sottise y a-t-il à désirer que l'artiste, supérieur aux autres par ses moyens d'expression, reste d'ailleurs un homme autant qu'il se peut?

Mais que fais-je? Je me juge moi-même en parlant de la sorte : je me classe parmi les lettrés plus que parmi les artistes. Voilà que je suis un éclectique aussi (1).

C'est pour Diderot, presque seul entre les gens de lettres de son temps, que MM. de Goncourt sont justes et qu'ils se montrent pénétrés d'un enthousiasme auquel je m'unis de grand cœur et j'applaudis :

« Diderot, Beaumarchais, Bernardin de Saint-Pierre, c'est le grand legs du XVIIIe siècle au XIXe. » —

« Voltaire est immortel : Diderot n'est que célèbre. Pourquoi? Voltaire a enterré le poëme épique, le conte, le petit vers et la tragédie : Diderot a inauguré le roman moderne, le drame et la critique d'art. L'un est le dernier esprit de l'ancienne France : l'autre est le premier génie de la France nouvelle. »

Ce n'est pas moi qui retirerai jamais rien à Diderot; mais on conçoit que Voltaire soit immortel; il ne l'a certes pas volé! Il y a une chose qu'oublient trop MM. de Goncourt : ils ne voient dans Voltaire que l'auteur dramatique, le poëte; mais le philosophe, ils l'oublient. Or c'est le bon sens charmant, multiple, alerte, infatigable, vraiment diabolique en Voltaire, c'est ce bon sens, cet esprit philosophique s'appliquant à tout, qui a tant agi en son temps, mais qui a tant à faire encore du nôtre; il faudrait désespérer de la France

(1) Et puisque j'ai commencé de me découvrir, je ne m'arrêterai pas en si beau chemin et j'achèverai, s'il le faut, de me perdre dans l'esprit de beaucoup de mes contemporains et des plus chers : oui, en matière de goût, j'ai, je l'avoue, un grand faible, j'aime ce qui est agréable.

si l'œuvre de Voltaire était considérée comme épuisée. Diderot et lui, pourquoi donc les diviser et les opposer? M. Michelet, qu'admirent MM. de Goncourt, et qui le leur rend, a très-bien dit dans son œuvre récente (1) : « Cherchons le cœur du xviiie siècle, il est double : Voltaire, Diderot. » Pour moi, je ne considérerai la moyenne des esprits comme tout à fait émancipée en France et la raison comme bien assise, même à Paris, que lorsque Voltaire aura sa statue, non pas dans le vestibule ou dans le foyer d'un théâtre, mais en pleine place publique, au soleil. Il faudra encore du temps pour cela (2).

Je reviens au portrait de MM. de Goncourt par eux-mêmes. Non-seulement ils aiment le xviiie siècle par excellence, le nôtre, mais en général ils aiment tous les xviiies siècles et les préfèrent décidément à ce que j'appellerai les xviies siècles, c'est-à-dire aux âges d'un goût plus large et plus simple, d'une autorité plus légitime et plus établie. De notre xviie siècle à nous, l'auteur qu'ils estiment le plus, le seul peut-être qu'ils admirent entièrement, est La Bruyère, précisément celui qui, par quelques-uns de ses procédés, inaugure le xviiie siècle déjà, qui en a les inquiétudes, les recherches et bien des replis. Tous leurs jugements se tiennent et sont d'accord ; ils sont conséquents avec eux-mêmes. Comme la peinture est proprement leur

(1) Dans son volume de *Louis XV*, un de ses moins bons d'ailleurs, un de ceux où l'auteur abuse le plus de ce que j'appellerai *l'illuminisme de l'histoire*.

(2) Qu'on veuille regarder la date où j'écrivais cela dans le *Constitutionnel*, et l'on verra que sur cette question, tant agitée, de la statue de Voltaire, j'avais pris les devants, du moins en théorie.

sphère et leur centre, ils s'attaquent au plus grand des classiques en peinture ; ils louent Raphaël (si c'est là le louer) dans des termes qui le rabaissent singulièrement :

« Raphaël a créé, disent-ils, le type classique de la Vierge par la perfection de la beauté vulgaire, par le contraire absolu de la beauté que le Vinci chercha dans l'exquisité du type et la rareté de l'expression. Il lui a attribué un caractère de sérénité tout humaine, une espèce de beauté ronde, une santé presque junonienne. Ses vierges sont des mères mûres et bien portantes, des épouses de saint Joseph. Ce qu'elles réalisent, c'est le programme que le gros public des fidèles se fait de la Mère de Dieu. Par là elles resteront éternellement populaires, elles demeureront, de la Vierge catholique, la représentation la plus claire, la plus générale, la plus accessible, la plus bourgeoisement hiératique, la mieux appropriée au goût d'art de la piété. La *Vierge à la chaise* sera toujours l'*académie* de la divinité de la femme. »

Je me sens peu juge en matière d'art, n'ayant pas eu dans ma vie assez d'occasions de regarder et de comparer ; mais, à première vue, je n'aurais pas cru que Raphaël fût si *gros* ni si opposé au Vinci, dont je l'aurais plutôt considéré comme la fleur dernière et l'épanouissement. Quoi qu'il en soit, on voit ici l'hérésie hardiment exprimée et professée. Le siècle de Léon X ne trouve pas grâce, auprès de ces dégoûtés, dans sa manifestation la plus idéale et la plus divine. On s'ennuie du beau reconnu de tous ; on veut du fin, de l'exquis, du neuf, quelque chose d'en deçà ou d'au delà. Ce goût déclaré qu'ils ont pour les civilisations arrivées à leur terme le plus raffiné fait aimer à MM. de

Goncourt la Chine, le Japon, dont ils connaissent l'art travaillé, recherché et bizarre, avec ses merveilles d'imitation ou ses chimères, autant qu'on peut le connaître et l'apprécier de si loin. Venise également, la Venise de la fin plus que tout, celle des Tiepolo et des Longhi, les attire et les fascine; l'une de leurs compositions les plus originales, dans le présent volume, est cet enterrement fantastique de Watteau imaginé par eux et placé en plein carnaval de Venise : c'est le triomphe de tous leurs goûts et de tous leurs caprices qu'il ont mené avec une pompe folâtre dans cette suite de pages qu'il appartient au seul Théophile Gautier de bien analyser (1), et qui à nous, simples littérateurs, nous donnent un peu le vertige. Il faut savoir valser sans s'éblouir pour suivre jusqu'au bout un tel cortége affolé et tournoyant.

La partie pittoresque domine chez MM. de Goncourt; ils ont eu toute raison de mettre le mot *Sensations* au titre de leur livre : ce sont de vrais tableaux à la plume qu'ils font. Il y aurait bien à dire sur cet empiétement formidable d'un art sur l'autre, sur cette invasion à outrance de la peinture pure dans la prose. On hésite, quand on lit ceux qui sont maîtres en ce genre excessif, à venir protester contre de si savants et parfois de si séduisants abus. Il le faudrait faire pourtant une bonne fois, ne fût-ce que pour écarter et décourager les imitateurs et les disciples. La peinture est tellement l'art par excellence pour MM. de Goncourt, que dans la

---

(1) Voir le feuilleton du *Moniteur* du lundi 7 mai 1866.

musique elle-même, ils le confessent, — dans un concert, — ce qu'ils en aiment surtout, ce n'est pas ce qui s'y entend, c'est ce qu'ils y voient; c'est de regarder à la ronde les femmes qui écoutent, chacune à sa manière, d'un air différent : et ils nous font de toutes ces attitudes de femmes rayonnantes, languissantes, les lèvres entr'ouvertes, le col penché, le plus délicieux crayon. Ne pouvant tout citer, j'y renonce.

J'accepte les individualités telles qu'elles sont et qu'elles se marquent, surtout lorsqu'elles sont le produit extrême d'une éducation longue, délicate, appropriée. MM. de Goncourt sont des spécialistes trop distingués pour qu'on essaye (ce qui serait d'ailleurs bien superflu) de les détourner un seul instant de leur ligne et de leur voie ; elle est la leur, ils se la sont faite, et ils ont certes droit de la tenir et de la garder : je ne voudrais, si j'avais à leur donner conseil, que les conseiller dans leur sens même et avec l'intelligence de leur direction. Eh bien! le genre admis, il y a excès. J'en veux citer un exemple. A un endroit ils nous montrent une entrée de bal, un défilé de femmes au moment où elles arrivent dans le salon : il y en a *six*, six profils de suite décrits par eux avec un art, un soin, une ciselure, une miniature des plus achevées; mais les peintres écrivains ont beau faire, ils ont beau dire, ils ont beau multiplier et différencier les comparaisons de médaillons et de camées, je ne me fais pas une idée distincte de ces six têtes, je les confonds malgré moi : six, c'est trop pour mon imagination un peu faible; la prose n'y suffit pas : j'aurais besoin d'avoir les objets mêmes sous les yeux. Ici la confusion des moyens d'expression entre un art et l'autre est sensible.

Et cependant, c'est grâce à cette méthode, à ce genre de procédé, il faut bien le reconnaître, que j'obtiens en littérature des tableaux et des paysages comme on n'en avait pas auparavant : ainsi, sans sortir de ce volume, cette exacte, rebutante et saisissante description des Petits-Ménages, rue de Sèvres ; — ainsi la vue, l'impression, l'odeur même d'une salle d'hôpital, dans *Sœur Philomène* ; — ainsi, dans *Renée Mauperin*, le frais rivage de la Seine à l'île Saint-Ouen, et, dans *Germinie Lacerteux*, le coucher du soleil à la chaussée de Clignancourt : ce sont des Études sur place, d'après nature d'un *rendu* qui défie la réalité. Il faut donc se bien garder d'abjurer le talent qu'on a acquis, le sens particulier qu'on a aiguisé, l'instrument subtil et sûr dont la main sait tous les secrets, mais aviser seulement à l'appliquer là où il porte à propos et où il atteint son effet. Voici une page que je trouve parfaite en son genre : lisez haut, lisez bien, accentuez et scandez chaque mot, chaque membre de phrase, comme Jean-Jacques le voulait pour son monologue de *Pygmalion*, et vous sentirez quelle est, en ce genre de pittoresque écrit, l'habileté de MM. de Goncourt :

« Sept heures du soir. Le ciel est bleu pâle, d'un bleu presque vert, comme si une émeraude y était fondue ; là-dessus marchent doucement, d'une marche harmonieuse et lente, des masses de petits nuages balayés, ouateux et déchirés, d'un violet aussi tendre que des fumées dans un soleil qui se couche ; quelques-unes de leurs cimes sont roses, comme des hauts de glacier, d'un rose de lumière. Devant moi, sur la rive en face, des lignes d'arbres, à la verdure jaune et chaude encore de soleil, trempent et baignent dans la chaleur et la poussière des tons du soir, dans ces glacis d'or qui enveloppent la terre avant le crépuscule. Dans l'eau, ridée par une botte de paille qu'un homme trempe au lavoir pour lier l'avoine, les joncs, les arbres, le ciel, se reflètent avec des solidités denses, et sous la dernière arche du vieux pont, près de moi, de l'arc de son ombre se détache la moitié d'une vache rousse, lente à boire, et qui, quand elle a bu, relevant son mufle blanc bavant de fils d'eau, regarde. »

Une telle page, assurément, est ce qu'on attend le moins d'un littérateur : elle semble détachée de l'album d'un peintre, d'un Troyon consciencieux, sincère, qui ne marcherait point sans son carnet. Elle ne s'adresse, dans sa perfection de détails, qu'aux gens du métier. Pour les autres, pour le grand nombre de lecteurs, instruits même et cultivés, et plus ou moins gens de goût, cette vache toute seule, cette *moitié* de vache ne dit pas assez. On préférera toujours un sentiment mêlé à la pure peinture, quelque chose comme ce qu'ont fait Virgile et Lucrèce parlant de ces mêmes animaux. La page de MM. de Goncourt vient précisément de me faire relire le tableau de Lucrèce, nous montrant la génisse à qui l'on a enlevé son jeune veau pour l'immoler aux autels : elle cherche partout et regarde également le ciel, l'horizon, l'immensité, d'un œil vague, mais dans un sentiment désolé indéfinissable, *Omnia convisens oculis loca...* Oh ! qu'il est bon de relire quelquefois les anciens dans leurs grandes sources! on y voit le sentiment humain mêlé aux paysages, même à ceux où l'homme semble absent. On voit en quoi le poëte peut rivaliser véritablement avec le peintre et prendre à son tour ses avantages sur lui. Autrement, en faisant le peintre pur, en essayant de jouter à armes inégales, c'est-à-dire la plume à la main, on peut se signaler, briller, faire des prouesses et des tours de force, mais en définitive on est toujours battu.

On ne peut pourtant pas s'inquiéter à tout jamais des anciens, je le sais, et les avoir sans cesse interposés entre son objet et soi. Aussi voudrais-je que l'artiste ne s'en souvînt que de loin, pour lui-même et pour sa gouverne, sans le laisser paraître. Et, par exemple, pour ne pas sortir du détail du style, MM. de Goncourt ont dit : « L'épithète *rare*, voilà la marque de l'écrivain. » Ils ont raison, à la condition que l'épithète rare ne soit pas toujours le ton pris sur la palette. Il est des épithètes rares de plus d'une espèce. On ne se figure pas l'effet heureux que produit dans une description toute physique, au milieu des couleurs qui viennent du dehors, quelques-uns de ces reflets sentis qui partent du dedans. L'épithète morale et métaphysique a souvent sa magie que des milliers d'adjectifs chatoyants ne produiraient pas. Bernardin de Saint-Pierre, admiré par MM. de Goncourt, le savait bien; Sénancour-Oberman le savait aussi; Maurice de Guérin, qu'ils critiquent en passant et qu'ils ne prennent que par un de ses défauts, ne l'ignorait pas.

Et puis l'épithète *rare* n'est pas tout. Si j'osais, si

j'en avais le temps, si c'était le lieu, j'aimerais à faire une petite dissertation là-dessus, qui tiendrait quelque peu de l'Addison et du Quintilien, qui ne serait qu'à demi pédante, qui ne sentirait pas trop l'école. L'épithète, toujours l'épithète! Pourquoi pas le nom aussi? Pourquoi pas le verbe quelquefois (1)? Pourquoi pas le tour et l'harmonie? Il ne saurait y avoir rien d'exclusif chez ceux qui n'ont pour peindre que des mots et des syllabes. Tout est bon au peintre écrivain pour arriver, non au *fac-simile* direct des choses (toujours impossible par un coin et toujours infidèle), mais à l'impression pleine et juste qu'il veut en laisser.

Assez de critiques et de chicanes comme cela! Nous devons à MM. de Goncourt et à leur procédé, j'ai hâte enfin de le dire, bien des croquis, bien des esquisses franches, de petites *eaux-fortes* qu'eux seuls ont faites et que d'autres plus circonspects, plus soucieux du passé, n'auraient osé faire. Ils sont loin d'ailleurs d'être toujours des réalistes purs; ils ont de la fantaisie, et

(1) Ainsi, dans Virgile, dans la IX⁰ Églogue, quand les deux bergers chantent en marchant, l'un d'eux propose à l'autre de s'arrêter à mi-chemin en vue du tombeau de Bianor, ou bien, s'ils craignent que la pluie n'arrive au tomber de la nuit, de poursuivre leur route vers la ville en chantant toujours:

Aut, si nox pluviam ne *colligat* ante, veremur...

« Si nous craignons que la nuit ne *rassemble* la pluie... » Quel mot plus juste! qui n'a observé que la pluie, qui est comme tenue n suspension dans l'air tant que le soleil est sur l'horizon, se met souvent à tomber vers six heures du soir! Virgile a résumé tout cela d'un mot et dans une image : *Nox pluviam ne* COLLIGAT *ante...* Voilà le verbe *rare* qui marque le talent tout autant que ferait une épithète.

ils savent y mêler du sentiment. La fantaisie revient même si souvent dans ce recueil que ce mot (*Fantaisies*) devrait avoir place dans le titre entre *Idées* et *Sensations*. Voici un petit rêve d'élégie bien française, bien moderne, qui vaut certes toutes les réminiscences des Ovides et des Tibulles : c'est léger, délicat, d'une tendresse de *dilettante,* d'un regret de xviiiᵉ siècle dans le xixᵉ ; un idéal rapide de bonheur d'après Fragonard et Denon :

« J'ai toujours rêvé ceci, — et ceci ne m'arrivera jamais : Je voudrais, la nuit, entrer par une petite porte que je vois, à serrure rouillée, collée, cachée dans un mur; je voudrais entrer dans un parc que je ne connaîtrais pas, petit, étroit, mystérieux ; peu ou point de lune ; un petit pavillon ; dedans, une femme que je n'aurais jamais vue et qui ressemblerait à un portrait que j'aurais vu ; un souper froid, point d'embarras, une causerie où l'on ne parlerait d'aucune des choses du moment, ni de l'année présente, un sourire de Belle au bois dormant, point de domestique... Et s'en aller, sans rien savoir, comme d'un bonheur où l'on a été mené les yeux bandés, et ne pas même chercher la femme, la maison, la porte, parce qu'il faut être discret avec un rêve... Mais jamais, jamais cela ne m'arrivera ! Et cette idée me rend triste. »

Si j'avais à tracer une histoire de l'élégie et de l'amour, je ne voudrais pas d'exemple plus piquant pour montrer où en vient l'imagination qui caresse en tout son rêve d'art; que le cadre domine, et que la manière enchante. Que de raffinements pour être heureux ! Adam et Ève, à l'origine, le berger Anchise et Vénus sur l'Ida, y allaient plus simplement. Ce qui n'empêche pas le charmant *motif* dont on vient de voir l'esquisse d'être une parfaite vérité pour les cœurs atteints et mordus de la chimère. Cette porte secrète, ce kiosque, ce mystère, ç'a été le roman de plus d'un rêveur et rôdeur mélancolique dans nos générations de 1830 et environ.

Mais je préfère à toute autre page du recueil le morceau final où MM. de Goncourt se montrent bien tels qu'ils sont dans l'habitude, plus amis de l'intimité que du grand monde, et plus amis surtout de la société que de la nature. Ils sont bien des hommes de la fin du xviiie siècle en cela; mais ils sont tout à fait des artistes du xixe par les touches successives du tableau et les nuances à l'infini :

« Se trouver, en hiver, dans un endroit ami, entre de murs familiers, au milieu de choses habituées au toucher distrait de vos doigts, sur un fauteuil fait à votre corps, dans la lumière voilée de la lampe, près de la chaleur apaisée d'une cheminée qui a brûlé tout le jour, et causer là à l'heure où l'esprit échappe au travail et se sauve de la journée; causer avec des personnes sympathiques, avec des hommes, des femmes souriant à ce que vous dites; se livrer et se détendre; écouter et répondre; donner son attention aux autres ou la leur prendre; les confesser ou se raconter; toucher à tout ce qu'atteint la parole; s'amuser du jour, juger le journal, remuer le passé comme si l'on tisonnait l'histoire; faire jaillir, au frottement de la contradiction adoucie d'un : *Mon cher,* l'étincelle, la flamme, ou le rire des mots; laisser gaminer un paradoxe, jouer sa raison, courir sa cervelle; regarder se mêler ou se séparer, sous la discussion, le courant des natures et des tempéraments; voir ses paroles passer sur l'expression des visages, et surprendre le nez en l'air d'une faiseuse de tapisserie; sentir son pouls s'élever comme sous une petite fièvre et l'animation légère d'un bien-être capiteux; s'échapper de soi, s'abandonner, se répandre dans ce qu'on a de spirituel, de convaincu, de tendre, de caressant ou d'indigné; jouir de cette communication électrique qui fait passer votre idée dans les idées qui vous écoutent; jouir des sympathies qui paraissent s'enlacer à vos paroles et pressent vos pensées comme avec la chaleur d'une poignée de main; s'épanouir dans cette expansion de tous et devant cette ouverture du fond de chacun; goûter ce plaisir enivrant de la fusion et de la mêlée des âmes, dans la communion des esprits : la conversation, — c'est un des meilleurs bonheurs de la vie, le seul peut-être qui la fasse tout à fait oublier, qui suspende le temps et les heures de la nuit avec son charme pur et passionnant. Et quelle joie de nature égale cette joie de société que l'homme se fait? »

Qui n'aimerait des amis qui savent payer par une telle page une quinzaine d'hospitalité dans un château de Normandie en hiver?

Le mot *Idées,* qui est en tête du recueil, n'est pas ce qui y domine; il y a moins de pensées et de réflexions proprement dites que de croquis, de coins de tableaux pris sur le fait, de *sensations* ou de boutades. L'idée pourtant n'est point absente. Ils ont une philosophie, une vue de la vie et de la mort, une idée de Dieu. Sur tous ces points importants, ils sont bien du xviiie siècle encore, ils me rappellent des noms de gens d'esprit de ce temps-là par leur manière de juger. Il y avait un certain chevalier de Revel qui aurait signé leur pensée sur Dieu (1). Senac de Meilhan n'eût pas désavoué leur

(1) « Il semble que, dans la création du monde et des choses, le

triste et amère pensée sur la vie : « Qu'est-ce que la vie ? L'usufruit d'une agrégation de molécules. » Ils s'arrêtent d'ailleurs, à temps comme Rivarol, dans l'expression de la non-croyance ; en ce genre ils n'affichent rien : « Lorsque l'incrédulité devient une foi, pensent-ils, elle est moins raisonnable qu'une religion. » Leur incrédulité reste celle de gens comme il faut(1). — Moralistes, ils ont des sorties misanthropiques à la Chamfort :

« On est dégoûté des choses par ceux qui les obtiennent, des femmes par ceux qu'elles ont aimés, des maisons où on est reçu par ceux qu'on y reçoit. »

Je crois avoir assez marqué la variété de ce Recueil, qui gagnerait à ce qu'on en retranchât, à la réimpression, une vingtaine de pensées par trop recherchées et aussi énigmatiques par le fond que par la forme. Je n'ai point flatté les auteurs, des amis pourtant dont les qualités me sont précieuses et chères ; je me suis pris chez eux à l'essentiel, à ce qui est caractéristique et qui constitue leur nature ou la vocation qu'ils se sont donnée : mais je me serais bien mal fait comprendre, si l'on ne concluait avec moi que MM. de Goncourt sont des artistes aussi distingués que convaincus et sincères, un talent rare en deux personnes,

Créateur n'ait été ni libre ni tout-puissant. On dirait qu'il a été lié par un *Cahier des charges* : il faut qu'il fasse l'hiver pour faire l'été. » — Bayle aussi, expliquant une pensée de Malebranche, a dit quelque chose d'approchant.

(1) On sait le mot d'Horace Walpole : « La philosophie qu'on affiche cesse d'être la philosophie. »

de parfaits gentilshommes de lettres. Ce sont des modernes et de purs modernes; ils marchent hors rang, courageux et unis, à leurs risques et périls, se tenant par goût aux avant-postes de l'art; ils tentent constamment, ils cherchent sans cesse. Je les définirais encore deux hérétiques en littérature, des plus consciencieux et des plus aimables. Et qui est-ce qui n'est pas plus ou moins hérétique aujourd'hui?

Lundi 27 août 1866.

LA COMÉDIE
DE J. DE LA BRUYÈRE

PAR M. ÉDOUARD FOURNIER (1).

Rien n'est fait de nos jours, tout recommence sans cesse. Cela est surtout vrai en littérature. Le terrain qui semblait solide se déplace; les textes qu'on croyait sûrs se dérobent; les biographies qu'on croyait le mieux établies craquent et s'écroulent un matin. Le besoin qu'on a en toute chose de vérifier, de remonter aux sources, d'épuiser les documents, de fixer les particularités, conduit à des résultats qui démentent le plus souvent la tradition, qui la déjouent, qui quelquefois n'en laissent rien subsister. Il y a de l'abus sans nul doute; mais n'y en avait-il pas aussi dans cette éternelle répétition des mêmes choses convenues, banales et usées?

(1) Un volume in-18, en deux parties; chez Dentu, Palais-Royal.

Le mieux serait assurément de tout concilier, de garder du passé les vues justes, les pensées ingénieuses et sensées, nées d'un premier et d'un second coup d'œil, impressions de goût qu'on ne remplacera pas, et d'y joindre les aperçus que suggèrent les faits nouveaux, d'accroître ainsi le trésor des jugements, sans en détruire une partie à mesure qu'on en construit une autre ; mais cette sagesse est rare ; la mesure n'est la qualité et le don que de quelques-uns. Les gens d'esprit qui trouvent ont besoin de marquer leur place et de forcer un peu leur manière de voir, afin qu'on la distingue plus aisément.

C'est le cas du très-chercheur et très-piquant écrivain, M. Édouard Fournier. Malgré toutes les critiques que je me permettrai de lui adresser, il mérite pourtant notre reconnaissance ; je le dis en commençant comme je le répéterai en finissant. Depuis des années qu'il creuse et qu'il fouille, il a trouvé, — pas autant qu'il le voudrait et qu'il le croit, — il a trouvé pourtant assez pour modifier un peu les idées sur ce grand écrivain et peintre, La Bruyère ; il a permis de fixer des points qui, vagues ou incertains jusqu'ici, sont acquis désormais et ne varieront plus. Il intitule le joli volume de commentaires qu'il publie : La *Comédie* de La Bruyère. J'aimerais mieux : La *Galerie* de La Bruyère. Nous avons affaire à un peintre en effet, non à un homme d'action, d'intrigue et de mouvement. Mais va pour *Comédie*, puisque M. Fournier y tient et qu'un très-spirituel critique (M. Prevost-Paradol) lui a fourni l'épigraphe dont il s'autorise !

M. Éd. Fournier nous donne tout d'abord la date exacte de la naissance de La Bruyère. C'est ou c'était une grosse affaire que cette date; il faut savoir qu'on l'avait ignorée jusqu'en ces derniers temps, c'est-à-dire jusqu'en 1861 ; mais, à propos d'une édition des *Caractères,* entreprise par M. Georges Mancel, M. Eugène Chatel, ancien élève de l'École des Chartes et archiviste du Calvados, s'étant mis à rechercher dans les Archives départementales ce qui pouvait se rapporter à la carrière financière de La Bruyère, qui avait titre en son temps « trésorier de France, général des finances en la généralité de Caen, » en vint, de proche en proche, à s'inquiéter et à s'enquérir de la date de sa naissance. Or, M. Jal, vers le même temps, retrouvait l'extrait de baptême de La Bruyère, et il voulut bien le communiquer à MM. Chatel et Mancel; c'était un procédé gracieux : MM. Mancel et Chatel l'en ont remercié; M. Éd. Fournier renouvelle ces remerciements avec effusion :

« Paris, dit-il, retrouve en La Bruyère un illustre enfant de plus.

« A qui doit-on de le savoir? Je viens de le dire et je suis heureux de le répéter, c'est au très-savant M. A. Jal, qui, du reste, est coutumier de ces bonheurs. Quand nous les fera-t-il partager tous? Quand nous dira-t-il tout ce qu'il a trouvé (1) ?

(1) Le *Dictionnaire critique de Biographie et d'Histoire* de M. Jal n'avait pas encore paru et ne fut publié que l'année suivante (1867). Il n'a justifié qu'en partie tous ces éloges anticipés. L'auteur, en effet, si estimable par ses patientes recherches, manque trop souvent de critique dans l'emploi qu'il en fait. En même temps qu'il redresse quantité d'erreurs en circulation, lui-même il en commet bon nombre à côté.

« Cette fois, du moins, remercions-le ; il n'a pas été avare, il a bien voulu détacher le fait curieux du monceau de curiosités qu'il thésaurise.

« On lui est venu dire que M. G. Mancel, bibliothécaire de la ville de Caen, — à laquelle La Bruyère pourrait bien appartenir un peu, si la charge qu'il y avait, comme trésorier de France, n'eût pas été pour lui la moins exigeante des sinécures, — préparait une nouvelle édition de ce livre des *Caractères*, dont l'auteur dépensa à Paris, comme observateur et moraliste, le temps qu'il devait peut-être strictement, mais moins utilement, à la basse Normandie, et, bon homme, M. Jal s'est laissé toucher.

« On le flattait, on le caressait à l'endroit du renseignement qu'on savait bien qu'il possédait seul : il l'a donné. Ce fut une obligeance et aussi une malice... »

Je ne puis comprendre, malgré toutes les explications de M. Éd. Fournier, quelle malice a pu vouloir faire M. Jal en communiquant bonnement ce qu'il savait. Tout cela est trop tiré, trop prolongé : depuis cinq ans on a eu le temps de se calmer et de cuver sa joie. Remercions l'aimable historiographe de la marine qui est savant sans nul doute, — pas si savant peut-être qu'on le voudrait faire, — et passons outre. Oui, il est bien constant désormais que Jean de La Bruyère a été baptisé le 17 août 1645 dans l'église de Saint-Christophe en la Cité ; il était né probablement la veille. Mais il n'y a pas là, après tout, de quoi sonner toutes les cloches de Paris, comme si l'on avait retrouvé l'extrait de naissance d'Homère.

Prenez-y garde ! c'est, en général, un mauvais signe pour une époque littéraire que de prodiguer ainsi l'enthousiasme et de déplacer l'admiration. Dans les bons siècles on proportionne l'estime et la louange : l'abbé Goujet reste à sa place, et Voltaire à la sienne.

M. Éd. Fournier insiste. Il se prend à raisonner beaucoup trop sur ce fait de naissance. On avait cru d'abord, d'après une note qui se lit sur le Catalogue de la Bibliothèque du Roi, que La Bruyère était né « dans un village proche de Dourdan. » On l'a dit et répété faute de mieux. Le grand malheur ! M. Éd. Fournier trouve aujourd'hui que c'était invraisemblable : peu s'en faut qu'il ne trouve la chose impossible ; il n'a pas assez de railleries pour les pauvres auteurs de notices qui ont mentionné ce village voisin de Dourdan :

« Peu importait, dit-il, qu'en maint endroit de son livre l'auteur des *Caractères* se révélât Parisien de la tête aux pieds ; Parisien de naissance et d'habitude, Parisien de cœur et d'esprit ! Peu importait encore ce que l'on savait de sa famille, vieille souche de ligueurs, qui depuis Henri IV ne semblait pas avoir dû se déraciner du sol de la Cité qui l'avait vue grandir ; et ce que l'on avait aussi découvert touchant un petit bien que les La Bruyère avaient possédé à Sceaux, propriété vraisemblable pour une famille parisienne, mais assez invraisemblable pour des gens de Dourdan ! La routine, qui ne s'inquiète guère de la logique, restait la plus forte... »

Il n'y avait, sur ce point, ni logique ni routine ; on ne pouvait deviner un fait dont on n'avait pas la moindre preuve. La Bruyère, né proche de Dourdan, n'en était pas moins très-propre à devenir un parfait Parisien ; il suffisait qu'il fût venu à Paris de bonne heure et qu'il y eût été élevé. Racine, pour être né à la

Ferté-Milon, n'est pas moins Parisien d'esprit pour cela. Cette manière de commenter, familière à M. Éd. Fournier, devient un abus : c'est tondre sur un œuf. Il n'y a pas tant à raisonner. On ne savait pas la naissance précise de La Bruyère, on la sait maintenant ; et puis, tout est dit.

Mais on savait déjà que La Bruyère descendait d'une ancienne famille de ligueurs. M. Éd. Fournier y insiste et en tire des conséquences ingénieuses, peut-être un peu forcées :

« Son origine même, dit-il, se révèle dans son livre. On sent dans maint endroit le vieux sang ligueur qui, toujours chaud, continue à fermenter. Quand, du haut de sa studieuse pauvreté, il parle si fièrement des gens qui n'ont pas le moyen d'être nobles; quand, drapé dans son indépendance routière, il s'amuse avec une si fière ironie des Geoffroy de La Bruyère que tout autre que lui tâcherait de se donner pour ancêtres, ne trouve-t-on pas sous ce qu'il dit quelque chose de cette démocratie ligueuse, qui éclatait si effrontément bruyante dans les sermons des curés Lincestre et Boucher ? Il tient dans son livre les propos dont on s'exaltait dans la Cité, quand son bisaïeul et son aïeul, l'apothicaire et le lieutenant particulier, faisaient rage d'éloquence populaire autour de Saint-Barthélemy et de Saint-Christophe. S'il plaint quelqu'un, c'est le peuple, qui est tout, disait-il comme Sieyès, et que cependant on ne compte pour rien... »

Je me fais une tout autre idée du ligueur, malgré certaines théories modernes, et j'ai peine à me figurer le rapport qu'il peut y avoir entre ces curés fanatiques de la Cité ou des Halles et l'abbé Sieyès. En tout cas, il n'y avait rien du ligueur chez La Bruyère, et s'il lui arrivait de penser quelquefois à ses origines politiques, c'était bien certainement pour sourire du contraste qu'elles faisaient avec sa destinée présente. — Le nouveau commentateur s'empare ainsi de toutes les circonstances connues de la vie de La Bruyère; il les rapproche de son livre : on trouvera de l'esprit dans ces rapprochements, mais c'est serré de trop près; c'est excessif. Évidemment, et à simple vue de bon sens, il fait rendre aux choses plus qu'elles ne contiennent et qu'elles ne signifient.

La Bruyère a été, il paraît bien, un élève de l'Oratoire; il a dû même entrer, à un moment, dans la Congrégation. M. Éd. Fournier cherche à ce fait des raisons et des enchaînements qui bien probablement ne s'y trouvaient pas :

« En mettant son fils à l'Oratoire, le père de La Bruyère n'aurait fait que suivre l'exemple du fameux Senault, collègue de son père dans le gouvernement de la Ligue, dont le fils était supérieur de la Congrégation, à l'époque même où La Bruyère s'y serait trouvé comme novice. C'était le refuge des débris de la Ligue... »

Je ne savais pas que l'Oratoire, fondé par Bérulle, fût à son origine telle chose qu'un refuge pour les débris des Seize. C'est assurément là un point de vue tout à fait nouveau dans l'histoire ecclésiastique du xviie siècle. Pourquoi venir compromettre d'agréables recherches de biographie littéraire par des assertions générales si gratuites et si hasardées?

La Bruyère avait titre d'avocat au Parlement, et il fut aussi homme de finances : « Il acheta, nous dit

M. Eug. Chatel, le 23 novembre 1673 (à l'âge de 28 ans), l'office de trésorier de France au bureau des finances de Caen, et en jouit à partir du 1ᵉʳ janvier 1674. » Ce fut très peu après cette espèce d'engagement qu'il fut placé, à la recommandation de Bossuet, auprès de M. le Duc pour lui enseigner l'histoire ; il ne garda pas moins son office de finance douze années durant, et il ne s'en démit qu'en janvier 1687. Mais rien n'indique sa présence à Caen pendant cet intervalle et depuis sa réception ; au contraire, les registres compulsés attestent par leur silence absolu la régularité de son absence. Une fois son serment prêté, en septembre 1674, La Bruyère fut le moins résidant des trésoriers de France : le précepteur de M. le Duc avait des priviléges. Cette place, qui rapportait par an 2,348 livres 10 sols, fut pour lui une sinécure qu'il cumulait avec son emploi ou sa pension chez les Condés.

M. Eug. Chatel, à qui l'on doit ces renseignements, a mis pour épigraphe à son travail une parole de Ménandre, qui revient à dire : « Faute d'observer les petites choses, on se fourvoie dans les grandes ; » et un autre mot de Quintilien, qui en est comme la traduction : « Ce sont de petites choses, à la vérité, mais sans lesquelles les grandes ne peuvent trouver de point d'appui (1). » Dans cette mesure, c'est parfait, et il n'y a rien de minutieux dans les curiosités biographiques ainsi entendues.

(1) *Parva quidem, sed sine quibus magna non possunt consistere.* Et voici le vers de Ménandre :

Ἢν μὴ φυλάσσῃς μίκρ', ἀπολεῖς τὰ μείζονα

Mais je ne saurais être de l'avis de M. Chatel lorsqu'il dit :

« Le séjour de La Bruyère en Normandie dut être de bien courte durée, et pourtant il lui parut assez long pour exciter sa mauvaise humeur, au point de le faire manquer à la politesse et au bon goût, lui qui avait, avec un vif sentiment des convenances, le secret de ces deux qualités essentielles à l'homme de lettres : « La ville dégoûte de la *province*, » écrit-il... « Les *provinciaux* et les *sots* sont toujours prêts « à se fâcher. »

La Bruyère était dans son droit quand il faisait ses observations de moraliste, et c'est vraiment trop de susceptibilité que de venir défendre la province, uniquement parce que soi-même on l'habite. M. Fournier en ceci a remarqué avec plus de justesse que La Bruyère attendit, pour mal parler des gens de finance et d'argent, jusqu'au moment où, ayant vendu sa charge, il était redevenu libre. Le Privilége de la première édition des *Caractères* est d'octobre 1687, et depuis le commencement de l'année La Bruyère n'appartenait plus à la finance.

M. Fournier, qui connaît les rues de Paris au temps de Louis XIV mieux que nous ne connaissons celles d'aujourd'hui ; qui sait le nom de chaque hôtel un peu considérable ; qui distingue les boutiques mêmes et leurs enseignes, cherche partout des noms propres, des adresses précises aux Portraits de La Bruyère. Nul doute qu'il n'en retrouve quelques-unes. Il en approche du moins et nous prouve à quel point il possède son personnel d'autrefois. Dans ce déchiffrement des masques, il tient constamment la curiosité en éveil, s'il ne la satisfait pas toujours.

J'en viens aux points les plus intéressants qu'on peut extraire de ce commentaire très-subtil de M. Éd. Fournier; ils me paraissent se rapporter tous à un coin du caractère et du génie de La Bruyère, pour le faire mieux saillir. La Bruyère, dans le monde et à la Cour des Condés, n'était point sans avoir, avec tout son esprit, des défauts qui sautaient aux yeux. Il paraissait un peu brusque, inégal, forcé de ton ; il était certainement laid, bien que couru des dames depuis sa célébrité. Il n'avait pas toujours réussi dans cette petite Cour dont il est aujourd'hui la plus belle gloire. M. le Prince (le fils du grand Condé), quand il ne s'agissait que de se divertir, préférait Santeul et lui donnait place dans son carrosse plutôt qu'à La Bruyère. Celui-ci marquait parfois l'envie d'être gai plus qu'il ne semblait l'être naturellement. On sait ce passage d'une lettre de Boileau à Racine, du 19 mai 1687 :

« *Maximilien* (1) m'est venu voir à Auteuil et m'a lu quelque chose de son *Théophraste*. C'est un fort honnête homme, et à qui il ne manquerait rien si la nature l'avait fait aussi agréable qu'il a envie de l'être. Du reste, il a de l'esprit, du savoir et du mérite... »

(1) On se demande pourquoi ce sobriquet de *Maximilien* pour signifier La Bruyère. M. Fournier a cru en trouver une raison fine : ce serait le prénom d'un mari dont la veuve était fort amie de La Bruyère, et l'on pouvait supposer qu'il remplaçait le défunt. C'est d'une jolie malice. Un commentateur en *us* n'aurait pas trouvé cela. Je persiste pourtant à ne pas savoir et à douter.

Je ne sais pourquoi M. Éd. Fournier conteste ce jugement de Boileau et en prend occasion de dire au poëte-critique beaucoup de choses désagréables qu'il ne mérite pas : pédant, homme de collége, doctoral, bouffon, il lui inflige tour à tour tous ces noms et ces qualifications peu congrues : « Il se pourrait, dit-il, que La Bruyère ayant été trop agréable dans cette conversation, Boileau, qui avait la vanité volontiers envieuse des causeurs à succès, ne lui eût point pardonné ce petit triomphe remporté sur lui. » Une telle interprétation est souverainement injuste et me paraît insoutenable. On se méprend du tout au tout sur Boileau lorsqu'on voit en lui un pédant. L'homme de goût est tout le contraire, et s'il paraît décisif, c'est que le goût aussi, dans ses décisions, n'hésite pas. En général, il convient d'entendre les jugements de Boileau comme ils ont été dits, avec esprit et avec sel.

Ce que Boileau disait en confidence ce jour-là à Racine, M. de Valincour, l'ami particulier de tous deux, va nous le répéter ; c'est là l'endroit piquant, neuf, et la trouvaille de M. Fournier, cette fois. Le président Bouhier, qui, dans sa jeunesse, avait vu La Bruyère, mais qui ne se fiait pas à ses impressions anciennes, crut devoir interroger M. de Valincour en 1725 sur le célèbre auteur des *Caractères* ; M. de Valincour lui répondit :

« La Bruyère pensait profondément et plaisamment ; deux choses qui se trouvent rarement ensemble. Il avait non-seulement l'air de Vulteius, mais celui de Vespasien (*faciem nitentis*), et toutes les fois qu'on le voyait, on était tenté de lui dire : *Utere lactucis et mollibus*...

« C'était un bonhomme dans le fond, mais que la crainte de paraître pédant avait jeté dans un autre ridicule opposé, qu'on ne saurait définir ; en sorte que pendant tout le temps qu'il a passé chez M. le Duc, où il est mort, on s'y est toujours moqué de lui. »

Pour bien entendre ce jugement de Valincour, il faut d'abord relire l'Épître d'Horace (la septième du livre I) où il est question de ce Vulteius, lequel, ayant changé d'état, change aussi d'humeur, devient inquiet, rêveur et a l'air dépaysé. Quant à l'allusion à Vespasien, je n'ai pas à la traduire. Il en résulte qu'aux yeux de Valincour comme de Despréaux, La Bruyère était un homme qui, avec beaucoup de mérite, tâchait un peu trop et s'évertuait en société ; il s'y donnait un peu trop de mouvement pour plaire, pour être agréable. Qui le croirait, si cela ne ressortait de ces témoignages si concordants ? La Bruyère, en causant, sans jamais pouvoir être ennuyeux, pouvait parfois paraître un peu fatigant ; il avait la figure et tout le corps comme en travail. Je retourne la pensée dans tous les sens, mais je n'y mets rien de plus. Et n'allons pas, je vous prie, subtiliser à l'excès dans le commentaire. Je ne sais pourquoi M. Éd. Fournier part de là pour faire le procès à Valincour et pour dire :

« Il faut se souvenir que l'académicien qui va parler était d'un genre d'esprit assez semblable à celui de Boileau, son ami, et, par conséquent, très-différent de celui de La Bruyère ; haut guindé sur le savoir-vivre, volontiers pédant, grand liseur des auteurs anciens, se plaisant à le faire voir...; grand citateur, ainsi que sa lettre va du reste nous le prouver... »

Raisonner ainsi, c'est tordre beaucoup trop un témoignage curieux et qu'il suffit de prendre pour ce qu'il est. Valincour, homme du monde, écrivain amateur, esprit délicat, ne mérite en rien ces sévérités de M. Éd. Fournier (1), et je ne sais pourquoi il s'applique ainsi à infirmer à l'avance le passage cité, qui est le joyau de son livre. Valincour lisait les anciens : le grand mal à cela? il faisait comme La Bruyère, comme Racine,

(1) Voici le portrait que trace de M. de Valincour Saint-Simon qui, d'ordinaire, ne flatte guère son monde : « C'était un homme d'infiniment d'esprit, et qui savait extraordinairement; d'ailleurs, un répertoire d'anecdotes de Cour où il avait passé sa vie dans l'intrinsèque, et parmi la compagnie la plus illustre et la plus choisie; solidement vertueux et modeste, toujours dans sa place, et jamais gâté par les confiances les plus importantes et les plus flatteuses: d'ailleurs très-difficile à se montrer, hors avec ses amis particuliers, et peu à peu, très-longtemps, devenu grand homme de bien. C'était un homme doux, gai, salé, sans vouloir l'être, et qui répandait naturellement les grâces dans la conversation; très-sûr et extrêmement aimable... » Quand on a le bonheur d'avoir quelques lignes tout à fait particulières de la main d'un tel homme, et qui nous rendent le fond de son jugement, comment se plaire à le déprimer? Un des torts de M. Fournier, à mon sens, est de ne pas peser ses autorités dans une juste balance. En même temps qu'il traite lestement et de haut en bas un Despréaux et un Valincour, il va déterrer les plus petits auteurs oubliés, de purs grimauds à leur date, pour leur accorder de l'importance et de la valeur. Rien n'est à négliger sans doute en fait de renseignements, et les livres les plus chétifs peuvent apprendre quelque chose : mais encore faut-il savoir mesurer sa confiance, et quand on a sous la main les meilleurs témoins d'une époque et les plus considérables, ne pas aller chercher de préférence ses autorités dans la poussière.

comme chacun devrait faire ou avoir fait. Ce n'est pas lui qui aurait pris *Théognis* pour un nom d'idylle. En écrivant au docte Bouhier, il a soin de choisir ses exemples dans Horace et chez les Anciens : il n'y a rien là, ce semble, que de naturel et d'un heureux à-propos (1). Son mot, d'ailleurs, sur La Bruyère est excellent : « La Bruyère pensait profondément et plaisamment. » Que voulez-vous de mieux ? Un pareil petit mot vaut des pages de commentaires.

Mais ce qu'il faut dire et faire observer, c'est que La Bruyère était d'une génération plus jeune que celle des purs écrivains du XVIIe siècle ; venu le dernier, il avait à renchérir un peu à sa manière, à s'efforcer. Il le faisait en écrivant ; il le montrait aussi dans sa personne ; il avait des saillies, des fougues et comme des poussées d'agrément qui passaient la limite (2). Ces gens de goût de la génération précédente le remarquaient et se le disaient entre eux. Tout est dans l'ordre. Règle générale : nous remarquons de prime

---

(1) Et M. de Valincour n'était pas du tout un savant en *us* borné aux Anciens : il goûtait les littératures modernes, Milton comme Racine : une lettre de lui nous apprend qu'il estimait les adieux d'Ève à ses fleurs (*Paradis perdu*, liv. XI), aussi beaux que n'importe quel passage dans Homère ou dans Virgile.

(2) On lit dans le Journal de Galand, l'auteur des *Mille et une Nuits*, un curieux passage que M. Fournier a été le premier à faire remarquer : « Mercredi 12 septembre 1714. — M. Fougères, officier de la maison de Condé depuis plus de trente ans, disait que M. de La Bruyère n'était pas un homme de conversation, et qu'il lui prenait des saillies de danser et de chanter, mais fort désagréablement. » On a beau vouloir en rabattre, il en reste quelque chose qui semblait alors un défaut, un inconvénient.

abord les défauts de ceux qui entrent dans la vie et dans la carrière après nous; les qualités, quand nous les reconnaissons, ne viennent qu'en second lieu.

Au sortir de cette lecture du commentaire de M. Éd. Fournier, qui lui-même tâche beaucoup et renchérit sur chaque détail, et qui ne laisse rien passer sans en exprimer avec effort un sens caché, je faisais cette réflexion : Des esprits élégants, sans beaucoup de précision, régnaient autrefois dans la littérature ; d'autres leur ont succédé, qui ont essayé d'atteindre à l'exactitude et à la précision, même au prix de quelque élégance ; mais les derniers venus portent ce zèle, cette démangeaison continuelle de la précision ou de ce qu'ils considèrent comme tel à un point de subtilité et de minutie qui, s'il était poussé à un degré de plus, irait jusqu'à déformer les plus beaux sujets littéraires et à n'y rien laisser subsister de naturel.

M. Éd. Fournier est à la limite, quand il n'est pas au delà. Il aurait droit de nous dire que La Bruyère est un de ces écrivains chez qui il faut faire attention à tout, car lui-même il mettait à tout de l'intention. Cela est vrai. Aussi je le remercierai, encore une fois, pour ses recherches; mais tout en en profitant, et de plus en le trouvant par moments très-ingénieux, il m'est impossible de le suivre dans la multitude et la menue infinité de ses conjectures. Il a tellement pris soin, d'ailleurs, de les joindre et de les entrelacer à ses documents et à ses textes, et de morceler ces derniers, qu'il est difficile de démêler les uns d'avec les autres : c'est une vraie pelote d'aiguilles très-fines.

Je laisserai le soin de les détacher une à une et de les examiner de près à l'éditeur actuel des *Œuvres de La Bruyère* (1), M. G. Servois. Il aura à compléter ce qu'on sait du grand peintre moraliste par quelques lettres inédites nouvelles qu'il a en main et qui proviennent de l'héritage des Condés. Il devra surtout, dans la Notice qu'on attend de son savoir et de sa fermeté d'esprit, tenir compte de tous les travaux antérieurs, profiter des vues justes, faire justice des fausses, accueillir et rejeter avec choix dans ce qu'on propose, être un rapporteur enfin et même un juge en dernier ressort.

Heureux homme, après tout, que La Bruyère! Son talent regarde deux siècles; sa figure appartient à tous les deux; il termine l'un : on dirait qu'il commence et introduit l'autre. Bossuet l'a tout d'abord pris par la main et patronné; Despréaux l'a accepté, sauf une légère réserve; Racine l'a tout à fait accueilli : et en même temps, il précède Montesquieu; il l'annonce et le présage pour ses *Lettres persanes,* il reste son maître en ce genre. Tout ce qu'il y a d'esprits piquants dans le xviiie siècle semble tenir et relever de lui; tous ces hommes de lettres et à la fois gens du monde, qui régissent la société, qui dans le tous-les-jours ont le mot vif, mordant, ironique, le propos plaisant et amer, les Duclos, les Chamfort, les Rulhière, les Meilhan, les Rivarol, semblent avoir trempé la pointe de leurs traits

(1) Dans la *Collection des grands Écrivains de la France,* chez Hachette; le premier volume du *La Bruyère* a paru.

dans l'écritoire de La Bruyère. Et il a ce singulier bonheur encore que, quand le xviii® siècle est passé et qu'on en parle comme d'une ancienne mode, quand le xvii® siècle lui-même est exposé de toutes parts aux attaques, aux irrévérences et aux incrédulités des écoles nouvelles, lui, La Bruyère, comme par miracle, y est seul respecté; seul, tout entier debout, on l'épargne, que dis-je? on le lit, on l'étudie, on l'admire; on le loue précisément à cause de cette manière un peu marquée et appliquée, qui faisait question en son temps, qui semblait trop forte, qui n'est que suffisante aujourd'hui : il en demeure le premier modèle. Fénelon, — tout Fénelon — a pâli et s'est effacé : lui, il subsiste, il brille comme au premier jour. Le temps n'a rien ôté à sa solide et vigoureuse peinture. La curiosité, comme au lendemain de 1688, s'acharne à ses demi-obscurités et à ses mystères. L'artiste n'a pas cessé de le révérer. Il est le premier nom en tête de la liste des nouveaux venus, des plus modernes et des plus hardis, de ceux qui prétendent bouleverser les rangs et changer les choses. Il est le classique de tout le monde. Allons! cet effort de La Bruyère ne l'a pas si mal servi : il est trois fois couronné du succès.

P. S. Cet article, on peut le penser, ne satisfit point entièrement M. Éd. Fournier. Plusieurs lettres, tout amicales d'ailleurs, furent échangées entre nous. J'aurais désiré que M. Fournier me répondît publiquement, soit dans la *Patrie*, soit dans le *Constitutionnel* même; qu'il produisît ses raisons auxquelles j'aurais peut-être ensuite répondu à mon tour. Voici, faute de mieux, quelques passages de ses lettres, dans lesquelles il maintient vivement son système de conjectures et semble attribuer à l'histoire littéraire, moins grave, un droit de licence et d'induction que n'autoriserait point la grande histoire, plus sévère. Ce n'est point la première fois que M. Éd. Fournier en use littérairement de la sorte : il avait déjà fait preuve d'imagination et de fantaisie dans une publication précédente à propos de Corneille, et sur un point, si l'on s'en souvient, je m'étais appliqué à le réfuter (voir *Nouveaux Lundis,* t. VII, p. 208 et suiv.). Mais cette fois il semble avoir voulu élever l'abus à la hauteur d'une méthode. — M. Fournier m'écrivait donc, le 31 aout 1866 :

« Qu'ai-je voulu faire à propos de La Bruyère? Y mettre la lumière, si je pouvais, mais surtout l'attirer... J'ai jeté des hypothèses ; n'est-ce pas permis, d'autant qu'ayant pris exprès un titre de fantaisie, je ne me donne pas comme historien? J'ai posé des faits que j'ai crus probables, les preuves viendront peut-être; en tout cas, c'est le meilleur moyen de les faire venir. Pour l'histoire des œuvres de l'esprit, je crois qu'il ne faut pas abdiquer l'imagination ; c'est elle, à mon avis, qui en flaire et cueille le mieux la virginité. Intuition, induction, déduction, etc., sont permises en des choses plus graves, sinon plus sérieuses, par exemple en épigraphie — cet *âge de pierre* — de l'archéologie, — et Dieu sait si l'on y abuse de la faculté de voir, par la raison qu'on ne saurait voir mieux! Pourquoi en histoire littéraire, chose plus vivante, plus mobile, plus capricieuse, n'aurait-on pas le même droit de fantaisie? Je me le suis donné le moins possible : vous devez reconnaître que j'ai serré de mon mieux les faits; que, même lorsque je me risque, je m'appuie toujours sur quelque chose ; que, si la vérité absolue manque parfois, la vraisemblance est là. C'est à la vérité de revenir pour m'abattre ; mais quel triomphe si elle me donne raison! Pour un fait qu'elle confirmera, je serai absous de mille où elle ne sera pas autant de mon avis. Au reste, si je m'égare, j'égare bien peu les autres : je reste dans le temps que j'ai fort étudié ; chez l'homme même que j'ai travaillé profondément, et avec qui, par là, à force de familiarité, j'ai cru pouvoir me permettre. j'en conviens, certains abandons d'hypothèses, où malgré soi on se laisse entraîner par la suite des faits réagissant l'un sur l'autre, et pour ainsi dire par l'engrenage des déductions trop tendues. On a vu, on veut voir encore, toujours ; la nuit se fait, on continue à regarder, on croit voir, on rêve. C'est mon cas en bien des endroits ; mais que le jour vienne où était l'ombre, et peut-être nous fera-t-il voir les choses où je les ai mises. Il y a eu, pour moi, passion à faire ce petit livre, et, comme tout passionné, je suis allé trop loin. Oui, vous le dites très-bien, j'ai voulu tout épuiser ; j'avais soif de connaître, je suis allé au delà du connu... »

Et dans une autre lettre du même jour, écrite quelques heures après la première :

« Vous auriez pu, mon système vous déplaisant, être plus dur. Mon regret est qu'il vous ait tant déplu, et qu'il vous fâche à ce point de voir l'esprit essayer d'éclaircir une œuvre de l'esprit. Faute d'autre instrument, j'ai pris celui-là, sans savoir si je l'avais mauvais ou bon, et j'espérais qu'on me tiendrait compte de l'effort. Puisque s'ingénier est un crime, je m'en garderai, pour ne dire que ce qui crèvera les yeux, et *pèsera* comme preuve... Plus de conjectures, soit ! le fait cru et sec, voilà tout !... Vous m'objectez mes milliers d'hypothèses ; pourquoi n'en réfutez-vous pas une à fond ? J'aurais désiré notamment vous voir vous prendre à l'épisode d'*Arténice* dont j'ai cru que la révélation était une de mes trouvailles, lorsque votre article m'est venu prouver qu'en fait de trouvailles je n'en ai fait qu'une : la lettre de Valincour... Si je regrette que vos critiques ne se soient pas plus *affirmées* et ne m'aient pas confondu, accablé en détail, je regrette encore plus, vous le comprendrez, que vos éloges aient procédé de même. Vous me trouvez « des moments très-ingénieux. » J'aurais été très-heureux de vous voir signaler un ou deux de ces moments-là, afin de les conserver... Ma pelote, dites-vous, est toute couverte d'aiguilles, et vous ajoutez trop bienveillamment : *très-fines*. Lesquelles ?... Je ne vois pour le moment que celles qui me piquent... Mon système, c'est moi ; je ne puis faire autrement. J'espère d'ailleurs que le temps pourra quelquefois me justifier ; il apportera sur notre homme de grosses découvertes, mais on se souviendra des petites : la transcription, enfin raisonnable, de la lettre de La Bruyère à Santeul ; l'anecdote de la lettre de celui-ci remerciant La Bruyère de son portrait ; le certificat de licences prises par La Bruyère à Orléans ;

l'anecdote de La Bruyère et du prédicateur; celle de M. le Prince ne se frottant pas, pour s'en amuser, à son caustique gentilhomme; la mention du mariage du frère aîné avec la fille de M. de Novion, par laquelle se trouve expliqué tout le côté *parlementaire* du livre; l'histoire *très-complétée* de la petite Michallet, de son mariage, et du livre qui fut sa dot; l'histoire non moins *complétée* des candidatures de La Bruyère et de sa réception à l'Académie; le récit de sa mort soupçonnée de poison, etc., bien d'autres choses qu'on ne voit pas encore, parce que je n'ai rien fait pour les montrer; pauvres aiguilles, comme vous dites, que j'ai perdues négligemment dans une botte de foin… »

De mon côté, je ne restai pas sans réponse. Après avoir dit à M. Fournier que je ne désirais rien tant que de le voir me faire toutes ses objections et contradictions en public; après lui avoir rappelé qu'avec M. Gustave Flaubert, au sujet de *Salammbô*, nous nous étions ainsi querellés à cœur ouvert, que je l'avais critiqué, qu'il m'avait répondu, et que nous n'en étions pas moins bons amis, « ce qui est, disais-je, d'un bon exemple, j'ajoutais :

« Je serais tenté de vous obéir et d'aller sur le terrain à quelques-uns des endroits que vous me signalez.

« Et d'abord, pour commencer par la fin, je ne puis comprendre que La Bruyère étant mort bien *authentiquement* d'apoplexie, vous mentionniez ces sots bruits de poison autrement que pour les rejeter. Il y a même contradiction dans votre livre sur ce point, car je crois me souvenir qu'à un endroit vous nous le montrez comme déjà menacé de paralysie à un bras. Il s'était bien assez creusé la tête pour mourir un matin d'apoplexie : sans compter qu'à cinquante ans il n'avait peut-être pas encore enrayé sur le chapitre du cœur.

« Quant à l'affaire de l'Académie française, je ne saurais le moins du monde admettre avec vous que La Bruyère, dans sa lettre à Bussy, ait *manqué de tact* : il a été modeste, trois fois modeste comme tous les candidats. Il a attribué et *fait semblant* d'attribuer uniquement à Leurs Altesses les suffrages que Bussy, par un retour naturel de politesse, a mis uniquement sur le compte de son mérite. Tout cela est dans l'ordre, et je ne vois pas que personne ait manqué de tact ni ait eu besoin d'une leçon.

« A quoi sert, en définitive, tout le détail biographique? A faire mieux saisir la physionomie de l'homme. C'est aller contre le but que de fausser cette physionomie à force de traits contradictoires et entre-croisés. Quoi! La Bruyère aurait *manqué de tact* en écrivant? Il pouvait bien, dans sa personne et dans son geste, avoir des parties peu agréables : on ne se fait point soi-même ; mais, en écrivant, il était maître et exquis. Ce *manque de tact,* articulé par vous, et selon moi tout gratuit, m'a fait bondir.

« Quant à Mme de Boislandry (*Arténice*), tout l'essentiel est dans Walckenaer. Vous avez, il est vrai, une interprétation bien à vous, et qui me paraît des plus cherchées et des plus tirées : il y a longtemps que j'ai donné la mienne, toute différente et bien plate assurément. Il n'y a, selon moi, nulle ironie dans le portrait. La Bruyère a *célébré* une femme charmante, et il l'a fait avec d'autant plus de plaisir et de goût qu'elle était plus maltraitée par l'opinion. Moyennant ce tour indirect : *Il disait...,* il a l'air de donner l'opinion d'un plus autorisé que lui et plus connaisseur. Il s'efface et semble ne faire que répéter. C'est, selon moi, une délicatesse de plus.

« Mais je reconnais bien volontiers que vous avez trouvé quantité de remarques ou de petits faits justes, utiles. Mon regret est celui-ci : c'est que vous ne commenciez jamais par présenter tout nettement le fait ou le texte positif, bien dégagé ; mettant à part et ensuite les interprétations et inductions que vous en tirez. Le volume y gagnerait en clarté.

« Mais, encore un coup, je reconnais et j'honore l'esprit, la recherche, l'ingéniosité. Vous avez pour instrument particulier une pince très-fine qui va saisir son objet souvent très-loin et très-avant : pourquoi faut-il que la pince le tortille parfois en le retirant?

« Je vous dis là le canevas du second article que je pourrais faire, non sans avoir cité auparavant les spirituels et piquants passages de vos lettres, qui, elles-mêmes, vous définissent si bien. »

Aujourd'hui j'imprime tout cela, et le second article se trouve à peu près fait, avec la vivacité en sus.

Lundi 28 janvier 1867

HOMMES ET DIEUX

ÉTUDES D'HISTOIRE ET DE LITTÉRATURE

PAR

M. PAUL DE SAINT-VICTOR (1).

« On écrirait un livre rien que pour vous faire écrire une page. » C'est le remercîment qu'adressait Victor Hugo à M. de Saint-Victor après avoir lu son article sur les *Travailleurs de la mer,* un de ces beaux morceaux qui portent avec eux leur flamme. Et Eugène Delacroix, qui venait de lire un article de lui sur le *Cid,* lui écrivait : « Je penserai à cela pendant quinze jours, et j'en ferai de meilleure peinture. » Ce sont là des suffrages, des titres de noblesse, et ils sont justifiés par ce qu'on lit depuis près de quinze ans, chaque dimanche soir, sous cette fière et raisonnante signature: analyses d'ou-

(1) Michel Lévy; 1 vol. in-8°.

vrages d'art ou de pièces de théâtre, feuilletons ou salons, comptes rendus qui sortent du cadre et qui sont eux-mêmes de brillants portraits ou des tableaux.

Que de fois j'ai regretté que ces pages d'éclat, d'imagination et bien souvent de pensée, ainsi semées à tous les vents, ne fussent point recueillies en volumes pour qu'on pût les relire et pour que l'auteur, si distingué, si hors de ligne, pût définitivement prendre son rang et compter dans la sérieuse et noble élite à laquelle de droit il appartient!

Mais M. de Saint-Victor est un délicat et un difficile entre tous; il a le goût élevé et même superbe : il n'est pas homme à se contenter aisément. Recueillir la totalité des articles qu'il prodigue en toute occasion, au gré des exigences du journalisme et à chaque événement dramatique ou artistique qui se produit, n'est point son fait à lui : il a d'autres visées, un idéal supérieur. Je ne blâme point, croyez-le bien, ceux qui, ouvriers consciencieux et journaliers de la presse, ont pris le parti plus simple de mettre en volume le plus tôt possible ce qu'ils distribuent de jugements et d'analyses sur tout sujet, de ramasser et de lier après chaque moisson leurs gerbes : on laisse ensuite au lecteur le soin de choisir entre ces improvisations d'un mérite ou d'un agrément nécessairement inégal, et d'en prendre ou d'en laisser. Pour mon compte, je ne fais guère autrement, et c'est ce que font aussi nos spirituels ou éminents confrères, M. Scherer, M. Cuvillier-Fleury, M. de Pontmartin et d'autres encore. Le dirai-je même? il m'est arrivé souvent de désirer, en le lisant, que M. de

Saint-Victor suivît cet exemple et n'y mît pas plus de façons. J'ai là devant moi quantité de numéros de *la Presse*, renfermant des articles de lui, dont je voulais me souvenir, et sur l'un de ces numéros j'ai écrit :

« Voici de ces jolies choses, dites en courant, que je crains que Saint-Victor ne conserve pas et ne recueille pas dans les volumes d'articles revus qu'il prépare ; il s'agit de je ne sais quelle petite pièce à couplets :
« Ces chansons du vieux temps, Mlle Déjazet les dit de sa
« petite voix grêle et fine de cigale anacréontique ivre de
« rosée. — « Tu ne subis point la vieillesse, » — dit à la
« cigale le poëte de Téos, — « frêle enfant de la terre, toi
« qui aimes les chansons. »

Et dans un autre feuilleton encore :

« Les rides, si jamais elles viennent, iront à sa petite figure spirituelle et impertinente comme les craquelures à la porcelaine. »

Ces charmants hasards de plume valent pour moi de plus grands traits, et je ne veux pas que le feuilleton, sous prétexte qu'il devient livre et qu'il se fait plus grave, me les ôte et me les supprime.

En un mot, dans ces volumes de critique qu'on multiplie de nos jours, je goûte certes le talent et ce qui donne la mesure d'un esprit, mais j'aime surtout l'information, l'accident, le détail et la circonstance, ce qui en restera de piquant et d'imprévu pour ceux qui les liront plus tard. Nous autres, *greffiers des plaisirs publics,* disait Fiorentino... Or un greffier note tout, enregistre tout. Mais encore une fois, ce rôle de chro-

niqueur critique que remplit si bien M. de Saint-Victor
n'est pas celui qui lui agrée le plus : il l'accepte, il le
subit, mais il ne s'y plie qu'à son corps défendant; il
en sort tant qu'il peut, il y échappe par des éclats de
plume, par des assauts d'imagination qui marquent sa
manière et ne permettent de la confondre avec nulle
autre. Je ne sais qui a dit : « Saint-Victor a une coupe
d'or : tout ce qu'il y verse devient brillant. » Sa plume
encore est comme une épée qui n'est pas faite pour les
humbles besognes de chaque jour : il lui faut à tout
coup un exploit. Il excelle, à propos des nouveautés qui
passent, à se tailler un sujet à part dans une étoffe
souvent vulgaire qu'il rehausse aussitôt, à en détacher
et à y découper pour son compte un personnage historique, une grande figure, un type, et il s'y applique, il
s'y déploie avec sa vigueur d'expression, sa couleur
éblouissante, avec son instruction et sa vaste lecture
toujours neuve, originale, inventive et heureuse d'allusion et d'à-propos, qui n'a rien de banal ni d'usé dans
ses citations, et qui même, lorsqu'elle sort d'un coffre
antique, a la splendeur d'une étoffe d'Orient. « Quand
je lis Saint-Victor, je mets des lunettes bleues, » disait
Lamartine. C'est que ce style est rayonnant. On l'a
encore appelé « le Vénitien du feuilleton, » ou « le Don
Juan de la phrase. » Mais n'allez pas là-dessus vous
figurer que, parce qu'il a cette qualité dominante qui
frappe d'abord, il ne soit pas un critique, qu'il n'ait
pas un jugement, surtout un sentiment vif d'attrait ou
d'aversion, et qu'il sait très-bien rendre sans marchan-
der. En lisant dernièrement son feuilleton sur la *Mai-*

on neuve de Sardou, je remarquais que, bien qu'il soit ami du très-spirituel auteur, il lui faisait avec fermeté toutes les bonnes et justes observations. Je ne pense pas que Théophile Gautier, de qui on a souvent rapproché M. de Saint-Victor, et qui, en effet, a pu être son maître un moment, soit aussi neutre, aussi indulgent, aussi placide d'impression qu'on veut bien le dire : il est facile, quand on lit Gautier avec intelligence, de saisir sa vraie impression et de la discerner, comme un sable fin, au fond de ce beau lac d'indifférence où il se joue; mais enfin M. de Saint-Victor se distingue absolument de lui par la vivacité avec laquelle il articule et accuse en toute rencontre ses affections ou ses répugnances. Le jour où il a écrit sur la *Belle Hélène* (26 décembre 1864), il a véritablement fait un acte de foi ; il a lancé l'anathème contre le burlesque, le grotesque, s'attaquant aux chefs-d'œuvre antiques et les profanant : le carquois résonnait ce jour-là sur son épaule; on eût cru voir la colère d'Apollon.

L'éducation de M. de Saint-Victor serait à rechercher si l'on faisait sur lui (et il en est digne) une véritable étude. Son père, dans sa jeunesse, était un des plus agréables poëtes du premier Empire et des mieux promettants. Sa traduction en vers d'Anacréon est d'un lettré aussi instruit qu'élégant. Il appartenait, s'il eût continué dans cette voie, à l'Académie de ce temps-là. La politique et le souffle enflammé des passions régnantes l'enlevèrent trop tôt à ce culte exclusif des lettres; mais dans la dernière partie de sa vie il avait cherché une consolation dans l'amour des arts proprement dits, et il était devenu un connaisseur fin en peinture. Le jeune Saint-Victor, élevé pendant ses premières années hors de France, en Suisse, puis en Italie, à Rome et en d'autres lieux peuplés de vivants souvenirs, y put comparer de bonne heure les chefs-d'œuvre des Écoles rivales ; il grandit et se forma à l'idée du beau parmi les marbres et les tableaux des maîtres ; il lui fut donné, comme à Roméo, de voir à temps la beauté véritable, et depuis ce jour il ne put jamais s'en déprendre. Il a un premier fond de culture italienne qui domine en lui. Il semblait, en vérité, que ce jeune homme, lorsqu'il nous revint, avec son noble port, son profil pâle, son mouvement de lèvre un peu silencieux, un peu dédaigneux, fût un contemporain retrouvé des Capulets et des Montaigus. C'était un Vénitien détaché de son tableau. Ne cherchez rien de gaulois en lui : on parle souvent d'esprit gaulois, d'humeur gauloise, à tort et à travers, et on en prête à bien des gens qui n'en ont pas ; mais lui, soyez sûr qu'il n'en a pas un grain ; ces vieilles saveurs domestiques lui vont peu au fond ; il ne les prise pas très-haut : il a vu mieux que cela dans le monde des Médicis et dans la patrie du soleil. Son angle, son compas d'expert ou d'amateur est plus largement ouvert que celui de la plupart d'entre nous. Et c'est ainsi que la critique littéraire se rajeunit et se renouvelle par l'accession de ces esprits français qui se sont retrempés à d'autres sources et qui, au retour, naturalisent chez nous le goût des beautés neuves et des comparaisons éclairées.

Hommes et Dieux, c'est le titre du premier livre qu'il

publie, et ce titre est exact, non pas tant en effet parce
qu'il y a placé, en commençant, la description de
quelques grandes divinités antiques, la Vénus de Milo,
Diane, Cérès et aussi Hélène, la déesse de beauté, mais
parce que partout, dans les jugements de M. de Saint-
Victor, dans les rangs qu'il assigne, dans les étages et
comme les sphères d'admiration qu'il embrasse, respire et règne une véritable religion littéraire. Il n'est
pas de ceux qui estiment que le langage n'est destiné
qu'à relever la réalité telle qu'elle s'offre, avec ses iné-
galités, ses hasards, ses lacunes et parfois ses défaillances. Il veut qu'on choisisse, qu'on achève, qu'on distingue et qu'on sépare en élevant. S'il possédait un
château dans la campagne, il ordonnerait son parc avec
un grand goût, je n'en doute pas, mais il en limiterait
les contours ; il ne laisserait pas la verdure de ses ga-
zons se continuer insensiblement et se perdre dans les
prairies ou les cultures environnantes, de telle sorte que
tout le paysage ne fît qu'un et que ce qui est cultivé,
peigné, embelli, ne se distinguât que par une nuance
de ce qui est tout à fait champêtre et agreste : il trace-
rait autour du domaine, comme pour le pourtour des
temples antiques, un sillon sacré. Oui, M. de Saint-
Victor, classique en cela, classique dans la plus large
acception sans doute, classique toutefois, comme le
pourrait être un fils retrouvé de Chateaubriand, a au
plus haut degré et possède en toute sincérité la religion
de l'art, la religion littéraire ; à la manière dont je les
lui ai vu quelquefois défendre, dans la conversation
comme dans ses écrits, j'ai compris qu'il a bien réelle-

ment des dieux, et il a eu droit, par une sorte d'invocation, de les inscrire dès le début au frontispice de son livre. Sa voix (je l'ai entendu) prend des accents irrités, vibrants et comme métalliques quand il croit qu'on les outrage : son goût noble et élevé devient altier en ces moments-là. M. de Saint-Victor est un homme de foi et de conviction dans l'art et dans les lettres : il perpétue en lui une race d'esprits qui diminue de jour en jour.

Un tel homme doit faire grand cas de l'histoire et l'accepter, la rechercher surtout dans ses grandeurs, dans son éclat sombre, dans ce qu'elle a de majestueux, de sévère ou même de sinistre. M. Taine l'a comparé à Tarquin abattant et cueillant à dessein dans ce vaste champ les têtes de pavots les plus pourprés, les plus superbes. Les portraits historiques sont certainement ce qu'il y a de plus notable dans le volume que nous annonçons : Néron, Marc-Aurèle, sont d'admirables contrastes, et chacun fouillé dans son genre ; Louis XI, César Borgia, le bizarre et perfide Henri III, ce roi-femme, — l'Espagne, l'Espagne surtout sous Charles II, — composent une suite, une vraie galerie où les amateurs de tableaux trouveront à inscrire au bas de chaque page les noms parallèles des maîtres du pinceau qui y correspondent. M. de Saint-Victor fait en littérature de vrais pendants aux Francia, aux Velasquez... Je laisse les noms en blanc, ne haïssant rien tant que les à peu près et ne m'aventurant que le moins possible hors de mon domaine. Ce qui est certain, c'est qu'à tout instant son expression illumine et grave les caractères.

La littérature proprement dite est bien loin d'être absente dans ce Recueil ; mais elle n'y est représentée que par un petit nombre de figures familières et connues, qui s'y montrent avec une distinction rare. M. de Saint-Victor, en revoyant ses anciens articles, les a dégagés de tout ce qui était de circonstance, de l'attirail bibliographique, de la défroque de librairie que nous traînons plus ou moins après nous : il les purifie, les dépouille de leur première enveloppe, n'en laisse que l'âme comme pour une Françoise de Rimini et les élève au tableau. Il faut voir comme avec lui ces formes pures et légères, Manon Lescaut, Mlle Aïssé s'allègent, se dessinent, tournent au groupe, à la statue, à l'Ariane antique. Pas une bavure ; rien ne dépasse. Il n'y a plus rien à rogner ; c'est à encadrer net comme une épreuve de choix.

Les préférences de l'auteur se prononcent d'une manière très-ferme. Il tient en tout à observer les degrés ; il ordonne volontiers la littérature et l'art comme Raphaël ordonne l'École d'Athènes, et comme Ingres son plafond ; chaque génie, chaque talent y est à son plan et selon sa mesure ; *Gil Blas* n'y est pas mis de niveau avec le *Don Quichotte :* rien de plus vrai ni de mieux senti ; mais il n'y a pas seulement des degrés, il y a des exclusions, il y a des anathèmes : c'était à peu près inévitable. J'ai dit que M. de Saint-Victor avait ses dieux : il est difficile, quand on a ses dieux, de ne pas avoir ses démons aussi et ses diables, c'est-à-dire, en regard de ceux qu'on adore, de ne pas dénoncer et repousser d'un geste ceux qu'on réprouve et qu'on range parmi les maudits. Le docteur Swift est un des maudits de M. de Saint-Victor. Le critique s'est montré tout à fait absolutiste dans son jugement sur lui : envers cet homme d'une forte et amère ironie, la plus amère peut-être dont un esprit humain se soit montré capable, il a tenu à être violent aussi et sans rien qui adoucisse ou qui tempère. Swift est devenu comme le bouc émissaire de ce volume qu'il termine et qui est, à tous les autres endroits, si plein de rayons. Ici il n'y a qu'ombre et noirceur. Le critique s'est livré à toute son antipathie; il avait besoin d'un monstre, d'un grotesque dans un coin de son tableau comme le Véronèse avait besoin d'un nègre dans ses *Noces,* et Swift lui en a servi. Qu'il me laisse lui dire que ce n'est pas juste. Le critique, cette fois trop artiste et de parti pris, n'a pas daigné entrer pas à pas dans l'œuvre et dans l'existence de ce grand et triste esprit, l'un des plus pénétrants qui aient jamais été. Otez de la vie l'amour et tout ce que l'amour y répand d'illusions, que reste-t-il quand on a l'esprit tourné comme l'avait Swift? Il y reste ce que Swift y a vu. Or Swift avait été privé par la nature du principe de l'amour. Il avait vu de trop près la politique; il l'avait touchée et maniée dans ses secrets ressorts, il en savait les vanités, les corruptions et les turpitudes; désappointé et désabusé, il passa les dernières années de sa vie dans une sorte d'exil, sevré du commerce des amis qui lui étaient chers. Peut-on s'étonner que sa bile ardente ait débordé? Pour moi, je l'avoue, j'en veux moins aux grands esprits tels que le sien, même quand je ne les épouse pas; je m'y attache, bon gré, mal gré, en les étudiant, en les suivant, ne fût-ce que dans leur correspondance ; et celle de Swift avec les illustres amis dont il vivait séparé n'est pas sans charme. Lisez ses lettres à Pope, à Bolingbroke, et celles qu'il recevait d'eux : ce sont des trésors, à mon sens, d'expérience, d'agrément rassis et de sagesse. Je suis tenté à un moment de m'écrier avec Bolingbroke lui-même, qui n'espérait plus de le revoir : « Adieu, cher Swift, je t'aime avec tous tes défauts ; fais un effort, et aime-moi avec tous les miens. » Mais si je n'y prends garde, je m'aperçois que je prêche pour mon saint, — la souplesse et une sympathie conciliante.

M. de Saint-Victor, je le répète, a la conviction, la fermeté, l'éclat, la virilité du ton et de l'accent. Il me représente le talent en personne, le talent armé comme pour un combat ou pour une fête. Salut et honneur! Le volume qu'il vient de publier est comme une magnifique ouverture ; il y a mis d'avance un échantillon et un bouquet des belles choses qui se trouveront développées dans la suite ; qu'il poursuive donc, qu'il nous donne résolûment le recueil de ses meilleurs articles dans les diverses branches de critique où son beau talent se signale depuis tant d'années. Nous avons un gage, mais un gage seulement ; nous ne le tenons pas quitte du reste.

APPENDICE.

M. Cousin étant mort à Cannes le 14 janvier 1867, *le Constitutionnel* désira de moi un article nécrologique qui parut le vendredi 18 janvier :

M. VICTOR COUSIN.

« M. Cousin, en disparaissant subitement, ne laisse pas un vide ordinaire : ce n'est pas seulement un individu éminent qui nous quitte, c'est une force, une puissance, une grande influence intellectuelle qui s'évanouit.

« Le caractère marquant de M. Cousin, à tous les moments de sa carrière, a été l'impulsion, l'initiative, le besoin et le secret de la prédominance. Dès les premiers instants de sa jeunesse, parmi ses camarades, il était incontestablement le chef et le premier. Tel il fut au lycée, dans les concours; tel, à l'École normale dans cette première génération qui datait de la fondation même : partout le plus en vue, le plus désigné, l'âme et la vie, le prince de la jeunesse pensante, le grand promoteur et agitateur dans l'ordre des idées. Son infatigable activité d'esprit ne se confinait pas à une sphère; il entrait dans toutes : histoire, critique, érudition, politique, et la philosophie enfin, qui fut longtemps sa place forte et son quartier général avec drapeau. Comme philosophe, son mérite est bien moins dans la nature et la démonstration des doctrines que dans le renouvellement qu'il fit subir à ce genre d'étude. La philosophie du xviiie siècle, quoi qu'on puisse dire, était à bout de voie et tout à fait stérilisée, lorsque M. Cousin débuta dans la carrière. Il y fit tout d'abord révolution, et lors même qu'on ne se tiendrait pas aux résultats auxquels il s'est arrêté, il faudrait lui savoir gré d'avoir si puissamment remué le champ des esprits.

« M. Cousin, d'ailleurs, s'accoutuma de bonne heure à ne jamais séparer de la philosophie l'histoire, et par ce côté, du moins, on a un pied solide et l'on se sauve toujours.

« Ses premières leçons dans la chaire de M. Royer-Collard, dès 1815 et 1816, c'est-à-dire il n'y a pas moins de cinquante ans, avaient laissé dans la mémoire des auditeurs d'élite un souvenir presque légendaire. Ce jeune homme à l'œil ardent, à la parole inspirée, au geste quasi prophétique, qui parlait de la spiritualité de l'âme avec enthousiasme et qui semblait recéler prématurément en lui un germe mortel, frappait les imaginations et reportait la pensée aux leçons de l'école de Platon dans l'Antiquité.

« Lorsque après une interruption commandée par le triste régime universitaire d'alors et par le triomphe de la Congrégation, M. Cousin reparut dans sa chaire en 1828, on eut affaire à un autre homme, à un autre professeur et orateur. Il existe aujourd'hui bien peu de témoins entre ceux qui purent comparer les deux manières : je n'ai pu applaudir qu'à la seconde. Trois hommes éminents exercèrent alors par leur enseignement public la plus décisive influence sur la marche et la direction des esprits : MM. Guizot, Cousin et Villemain. Il m'est arrivé souvent de qualifier ce trio célèbre du titre de *régents* intellectuels de notre âge. « M. Guizot avait plutôt l'autorité sobre et sévère; M. Cousin éblouissait et enlevait; M. Villemain savait la séduction insinuante et déployait les grâces. » Deux seuls alors étaient véritablement éloquents : le troisième, qui devait les surpasser un jour et arriver à l'excellence souveraine dans l'art de la parole, M. Guizot n'en était encore qu'à avoir l'élocution ferme et précise. Dans les leçons de ces années, il arriva à M. Cousin de hasarder bien des vues historiques contestables qu'il avait l'art de coordonner avec son système philosophique. C'est à ce point de son enseignement qu'on a pu s'attaquer depuis pour lui reprocher d'avoir emprunté aux Allemands et à Hégel; mais ces emprunts n'avaient rien de profond et n'étaient en quelque sorte que de rencontre, Hégel lui-même l'a reconnu lorsqu'il disait : « Cousin a pêché chez moi quelques poissons, mais il les a noyés dans sa sauce. » L'assaisonnement de M. Cousin, en effet, était tout à la française, et le fond de sa philosophie, tel qu'il était dès lors et qu'il se dégagea de plus en plus avec les années, consistait dans des doctrines de déisme, de spiritualité de l'âme, de liberté morale, etc., qui se tiennent à plus grande distance encore du panthéisme proprement dit que du christianisme.

« La révolution de 1830, en retirant M. Cousin de sa chaire, le plaça à la tête d'une branche de l'Université à laquelle il présida pendant dix-huit ans et lui conféra la haute main sur l'École normale. Il avait goût pour ce genre de pédagogie; il n'aimait rien tant qu'avoir des disciples : il en eut. Le parfait normalien de ce temps-là fut formé à son image et selon cette doctrine philosophique, rationnelle, noble, élevée, modérée, admettant sa part de croyance. M. Cousin eut ce bonheur et cet honneur dans sa vie, d'avoir dès le principe de grands disciples et presque illustres, comme Jouffroy, et tout à la fin d'en avoir encore de fidèles, d'ingénieux et infiniment distingués, comme MM. Janet et Lévêque.

« Mais dans l'intervalle, que de défections! que de révoltes! que d'esprits émancipés qui allaient au delà du maître, qui le compromettaient aux yeux du Clergé et des puissances, qui formaient ce que j'appelle l'aile gauche de sa doctrine et qui la débordaient de toutes parts : Jules Simon, Vacherot, vous en savez quelque chose!

« Ici la carrière de M. Cousin se coupe en deux. Tout en continuant de s'occuper de philosophie, d'entretenir ses disciples, de surveiller son école et de publier avec soin ses anciens écrits, ses anciens cours; il tourna presque brusquement à la littérature. C'était, je l'ai dit, un esprit ardent, une imagination vive, inquiète même (je l'ai défini un jour « un lièvre avec les yeux d'aigle »); une fois sur une piste, il s'y lançait et ne la quittait plus qu'il ne l'eût épuisée. Une circonstance particulière l'ayant amené à examiner le texte des *Pensées* de Pascal, il s'aperçut qu'il y avait de notables différences entre l'imprimé et le manuscrit original. Il en fit le sujet d'un mémoire, d'une véritable dénonciation (1843) adressée à l'Académie française; il mit le feu à la matière par le zèle et le souffle qu'il y déploya. C'était le propre en tout de cette nature active et rapide : rien ne se passait avec elle tranquillement, posément, dans les termes d'une modération appropriée et proportionnée au sujet; il ne faisait rien comme un autre; il avait du vainqueur en lui; il y mettait du faste et de l'éclat. « Il est vrai, j'aime à faire du bruit, » disait-il un jour. Il en fit donc beaucoup à propos de Pascal, et ce genre d'examen l'ayant initié à des manuscrits du XVII° siècle, il en vint un jour à prendre flamme sur Mme de Longueville et sur toutes ces autres dames de la société polie de ce temps-là, dont il nous a rendu des portraits flattés, de brillantes et un peu solennelles histoires.

« Il m'est arrivé autrefois de sourire de cet excès de passion rétrospective et de le railler; mais qu'on sache bien que lorsque la critique s'applique à des talents aussi éminents, à des œuvres aussi distinguées, cette critique présuppose toujours une grande louange et une haute estime. Ce n'est que dans ces limites qu'elle s'exerce, ce n'est qu'avec ce sous-entendu qu'il convient de l'interpréter. Aussi faut-il, somme toute, remercier M. Cousin d'avoir remis en honneur, même au prix de quelque exagération, certaines figures trop oubliées du XVII° siècle, d'avoir produit quantité de pièces inédites et d'avoir prêché hautement pour la révision et la collation des textes déjà altérés de nos grands auteurs.

« Dans les derniers temps, ayant usé cette passion qu'il avait eue pour les grandes dames et les héroïnes de la Fronde,

APPENDICE.

M Cousin en était venu à s'occuper d'histoire au sens le plus sévère du mot; il s'était attaché à Mazarin; il tenait à éclaircir et à expliquer jusqu'à la dernière précision, jusqu'à la minutie même, certaines circonstances de la vie du grand négociateur.

— « Un monument et beaucoup d'épisodes, c'était sa devise et son vœu. Il aura laisssé certainement nombre d'épisodes; il comptait que son monument était sa traduction de Platon. A-t-il su réellement le faire aussi entier, aussi parfait que possible? Il n'a jamais donné la seconde édition, qui eût été le dernier mot.

« M. Cousin était bibliophile; c'est M. de Sacy, je le crois bien, qui lui avait inoculé ce goût. Il y avait fait vite de grands progrès et avait même dépassé le maître. De tout temps il avait eu une bibliothèque philosophique des plus complètes, — la plus complète, je crois bien, qui existe. Il y a joint depuis la plus belle collection littéraire d'éditions originales françaises qui se puissent voir, et des autographes aussi, et des portraits gravés, des épreuves de choix, tout ce qu'une curiosité éclairée peut rassembler de trésors utiles; car en ce genre il accordait peu à la fantaisie, mais aussi il ne refusait rien à la passion : c'était sa seule et unique munificence. Cette bibliothèque, composée avec tant de goût et tant d'amour, ne sera point dispersée : il l'a léguée à la Sorbonne. C'est en cette vieille maison de Sorbonne qu'il habitait depuis plus de trente ans, c'est là, dans ces vastes chambres à l'aspect sévère, toutes remplies d'admirables livres, qu'il était intéressant de l'aller voir, de l'écouter le matin, se promenant de long en large et parlant avec abondance et vivacité sur tout sujet, y mêlant une mimique et des formes dramatiques naturelles qui n'étaient qu'à lui. Un étranger, arrivant à Paris, muni d'une lettre pour M. Cousin, l'allant voir un matin et l'écoutant incontinent durant des heures, devait sortir d'un tel entretien tout enivré. Que manquait-il donc à ce brillant esprit, à cet esprit de haut vol, si plein de vues et même d'éclairs de bon sens sur toutes choses, pour être un vrai génie et pour mériter d'être salué de ce nom ?

« Jamais, dans nos réunions intérieures de l'Académie, à propos de n'importe quelle question soulevée à l'improviste, je n'ai entendu mieux causer littérature que par M. Cousin, mais durant la première demi-heure ; en se prolongeant, le monologue se gâtait un peu. Il y avait du trop, de l'intempérance. Cette parole entraînée ne pouvait s'empêcher d'outrepasser, d'exagérer en un sens ou en un autre : « C'est l'esprit qui a le plus besoin de garde-fou, » disait M. Guizot. Mais quand il consentait à supporter des digues, le fleuve roulait admirablement.

« C'était un grand voyageur intellectuel que M. Cousin ; il n'était jamais au repos. Napoléon I*er* a dit, parlant d'un de ses serviteurs, qui n'était autre que le comte Rœderer : « Je lui crois trop d'activité dans l'esprit pour être un grand administrateur, et peut-être même pour être constant dans ses affections. » Je ne me permettrai pas d'appliquer le mot tout entier à M. Cousin. En dehors de son court passage au ministère, il eut peu d'occasions d'être administrateur, et il ne fut guère que le grand directeur et manipulateur de la philosophie universitaire de son temps. Mais il est certain qu'ayant, au degré où il l'avait, un continuel et irrésistible mouvement d'idées, il lui était difficile de demeurer au même point et de ne pas varier, même dans ses liaisons politiques. Le chef et, comme il disait, le général auquel il s'était de bonne heure donné fut longtemps M. Thiers ; mais dans les dernières années M. Cousin semblait s'être séparé des principaux amis de son ancien groupe. Le séjour de Cannes, où il allait chaque hiver, le voisinage de M. Mérimée, la vue plus réfléchie des choses envisagées à distance, un principe de patriotisme et de générosité aussi, qu'il ne faudrait point méconnaître et qui avait trouvé jusqu'à un certain point sa satisfaction dans les événements d'Italie, l'avaient amené à des sentiments favorables à la politique de l'Empire et de son chef illustre. M. Cousin n'était plus des opposants : il était même, m'assure-t-on, des admirateurs. Ce n'est pas nous qui l'en blâmerons.

« Avec lui s'éteint, je le répète, une des plus belles et des plus vives intelligences qui aient brillé en notre xixe siècle, un des plus étonnants météores qui aient sillonné pendant cinquante ans notre ciel et notre horizon. »

De plus, on lit dans *le Constitutionnel* du 24 janvier :

M. B. Jouvin, dans un article du *Figaro*, consacré à M. Victor Cousin, avait parlé des appréciations que M. Sainte-Beuve avait faites, en divers temps, de ce célèbre écrivain ; il a reçu, à cette occasion, de M. Sainte-Beuve la lettre suivante que nous trouvons publiée dans le numéro du *Figaro* d'hier, et que pour cette raison nous croyons pouvoir reproduire, quoiqu'elle n'ait été nullement destinée à la publicité :

« Paris, 20 janvier 1867.

« Cher Monsieur,

« Je lis votre article sur Cousin, d'un sentiment si digne et si élevé. Vous m'y avez rencontré et traité fort amicalement pour mes propres variations sur ce grand thème, variations qui ont été d'humeur plus encore que de jugement. Je vous en remercie. Mais quelle singulière organisation c'était que cette personnalité qu'on appelait Cousin, et quel original unique! L'avez-vous vu et entendu quelquefois? Il est resté pour moi, et je crois bien pour nombre de ceux qui l'ont le plus connu, un problème et une énigme. — Mais, me direz-vous, quel homme n'est pas une énigme? — Lui, c'était avec éclat que tout se produisait, avec une sincérité du moment qui ressemblait à de l'enthousiasme, et qui, une fois qu'on était converti et aguerri, admettait une part de comique, mais du comique du plus haut caractère.

« Dans sa jeunesse, il a fait longtemps une illusion complète à ses premiers amis et disciples; il régnait sur eux, il les poussait aux grandes choses, aux grands travaux, aux nobles pensées, voire même aux conspirations généreuses. Quand je suis entré dans le monde littéraire (1824), j'avais pour maîtres quelques-uns de ces premiers amis de Cousin; c'est par eux que j'ai d'abord appris à le juger, et je dois dire qu'ils étaient déjà à demi détrompés, mais seulement à demi; et quels beaux restes d'admiration et de respect ils lui vouaient encore !

« En philosophie, comme vous l'avez indiqué, il oscillait un peu en ces temps-là; il embrassait plus de nuages qu'il n'en a gardé dans la suite; il ne semblait pas clair à tout le monde et ne tenait pas absolument à le paraître. Le grand lettré se voilait volontiers et se dérobait sous l'hiérophante. Il serait curieux de le voir alors jugé par ses pairs. Il l'avait été dans l'intimité par ce Maine de Biran dont vous parlez. Son *Journal* contenait primitivement nombre de jugements de lui sur Cousin, qui faisait partie de la petite réunion dont étaient Ampère, Royer-Collard, etc. Mais ces passages ont été prudemment retranchés à l'impression par l'éditeur (M. Naville), qui crut que ce serait de sa part un mauvais procédé de les publier. Nous n'avons donc vu (si j'excepte quatre ou cinq survivants) que le philosophe Cousin de la seconde époque, le Cousin plus orateur que philosophe, et finalement écrivain accompli. Sous ces dernières formes il était bien assez fécond et inépuisable.

« Nous avions été tellement liés, dans un temps déjà bien ancien, que malgré la rupture à la suite de procédés qu'il est mieux d'ensevelir, nous nous remettions irrésistiblement à chaque rencontre, — et l'Académie les faisait fréquentes, — à causer presque comme auparavant, à discuter, à nous prendre à témoin sur des points communs. Il savait mon fonds d'admiration pour sa nature de talent, et qu'avec lui, dans les occasions, tout en me permettant parfois de le contredire, j'observais les rangs. Enfin, cher monsieur, vous lui avez rendu un juste hommage, et c'est ainsi qu'il n'y a plus qu'une presse et un genre de critique, la bonne en regard de la mauvaise, la vraie vis-à-vis de celle qui ne l'est pas.

« Croyez-moi tout à vous, mon cher confrère.

« SAINTE-BEUVE. »

Puisque j'en suis à recueillir des articles nécrologiques, j'ajouterai encore celui-ci qui a été inséré dans *le Constitutionnel* du vendredi 18 mai 1866 :

« Mme la comtesse de Boigne, née d'Osmond, est morte le 10 mai, à l'âge de quatre-vingt-six ans. C'était une personne des plus distinguées et des plus rares de l'ancienne société, et qui n'avait cessé de rester en relation et en communication d'esprit avec la société nouvelle. Ses souvenirs remontaient bien haut et jusqu'au règne de Louis XVI. Elle avait été comme élevée sur les genoux de Mesdames, filles de Louis XV, auxquelles sa mère était attachée moins encore par une charge de Cour que par des liens d'affection. Elle émigra, en Italie d'abord, avec sa famille; elle connut à Naples la jeune princesse qui fut depuis la duchesse d'Orléans, la reine Marie-Amélie, et y noua avec elle une véritable amitié de première jeunesse. De Naples elle alla avec ses parents en Angleterre. On l'y maria de très-bonne heure au général de Boigne, célèbre par ses aventures dans l'Inde. Un nuage a toujours dérobé les causes qui amenèrent presque aussitôt la séparation des époux; mais la convenance fut de tout temps observée entre eux, et il n'y eut pas d'éclat. Jeune, jolie, irréprochable, la comtesse de Boigne, rentrée en France, tenait avec distinction le salon de son père, et les étrangers qui visitaient Paris vers 1809 parlaient déjà d'elle comme d'une des personnes les plus sérieuses jusque dans son amabilité. Au commencement de la Restauration, elle accompagna son père, ambassadeur à Turin et à Londres; elle présidait avec goût au cercle diplomatique et politique qui se formait naturellement chez l'ambassadeur de France; elle ne permettait même pas qu'on s'aperçût, vers la fin, de la fatigue de l'âge chez le marquis d'Osmond, tant elle s'entendait avec discrétion aux grandes affaires. Revenue en France, son salon fut des plus brillants, des mieux informés toujours. Elle eut de nobles amitiés auxquelles elle resta fidèle, et elle offrait ce caractère singulier que la raison se mêlait chez elle au cœur sans l'étouffer, sans pourtant lui laisser prendre jamais le dessus. Pozzo di Borgo, Marmont, tenaient alors le premier rang dans ses amitiés ; elle apportait son jugement propre dans les impressions mêmes qu'elle recevait d'eux et dans les confidences curieuses qu'elle recueillait de leur bouche. Après la révolution de juillet 1830, elle fut la première personne des anciens salons aristocratiques qui passa à la branche nouvelle. Son amitié de vieille date pour la reine Marie-Amélie y aidait sans doute, mais son bon sens, son patriotisme, son libéralisme éclairé, l'y poussaient encore davantage. Elle se plaisait à réunir les hommes d'État les plus distingués qui s'étaient d'abord tous ralliés pour le maintien et l'honneur du nouveau régime ; elle s'affligea quand elle les vit se diviser et se déchirer. Sa grande amitié pour M. Pasquier commençait alors ; le salon de Mme de Boigne devint véritablement le salon du chancelier : il y était lui tout entier, et avec un degré d'intérêt de plus qu'au Petit-Luxembourg. On ne saurait dire qu'elle lui empruntait de sa modération et de sa sagesse ; elle eût été femme à lui en prêter. Si elle avait été homme, la comtesse de Boigne eût certainement marqué parmi les politiques les plus éminents et les plus utiles du régime d'alors : ce régime aurait compté un ministre de plus. Les grâces de la femme chez elle ne souffraient pas des qualités sérieuses qu'elle possédait ; elle était la convenance même. Son suffrage était d'un grand prix, parce qu'elle ne le prodiguait pas. Un mot d'approbation d'elle était une récompense. Elle disait toujours bien parfaitement, en termes élégants et justes : il n'y avait pas d'à peu près avec elle : je me figure que la maréchale de Luxembourg, tant vantée, devait s'exprimer ainsi. Les dernières années si remplies pour elle de vicissitudes, les dernières révolutions auxquelles elle assista, la laissèrent calme, tranquille, non étonnée, raisonnable toujours. Malgré sa santé très-affaiblie, elle avait conservé son goût de la société, sa curiosité du spectacle politique, son entière rectitude et fermeté d'esprit. Elle eut la sagesse de comprendre qu'il fallait concéder quelque chose au temps ; elle garda tous ses anciens amis, ses préférences intimes, mais elle renouvela peu à peu son salon. De nouveaux arrivants s'y plurent et apprirent à la connaître. Sa maison de Trouville, où elle allait passer chaque été, était agréable encore pour d'autres que pour elle, lorsque sa santé lui permettait de recevoir. Elle est morte pleine de jours, avec son entière liberté d'esprit, universellement vénérée et regrettée. Pour tous ceux qui l'ont connue, on peut dire que c'est une personne unique qui meurt, quelqu'un à qui nulle autre ne ressemblera plus. Elle représentait une longue série et un choix parfait de souvenirs. Elle en avait retracé quelques-uns dans un écrit assez court, qu'un très-petit nombre seulement de ses amis particuliers ont pu lire et qui, nous l'espérons, ne sera point perdu pour l'histoire contemporaine. Elle savait d'original bien des choses, et son esprit exact et vrai n'altérait rien. »

Depuis que ceci est écrit, on a publié de Mme de Boigne deux romans posthumes, d'après sa permission ou sa volonté dernière. Cette publication a été, selon moi, une faute, car elle n'est propre qu'à donner une idée très-peu juste de la femme si distinguée dont l'excellence n'était pas en ce genre de littérature. J'avais lu autrefois un de ces romans manuscrits, et, tout en y appréciant quelques parties d'une observation délicate et vraie, je m'étais bien gardé de laisser croire qu'il pût être livré à l'impression. C'était, d'ailleurs, prêter flanc aux méchancetés légitimistes qui devaient saisir avec délices cette occasion de se venger d'une défection ancienne et toujours sensible. Mme de Boigne a été, en cette circonstance, l'objet de deux Études, par Mme Charles Lenormant et par M. Guizot. Ce dernier n'était peut-être pas la plume la plus désignée pour un portrait d'elle : elle le goûtait médiocrement, elle l'aimait peu, tant pour certains de ses procédés politiques que pour les formes personnelles de son *moi;* et le grand ami de Mme de Boigne, M. Pasquier, n'avait jamais pardonné à M. Guizot le portrait que cet âpre champion des doctrinaires avait tracé de lui dans sa brochure de 1821 : « M. Guizot a été indigne pour moi, » répétait-il jusque dans les derniers temps. Il y aurait trop à dire sur ces dissidences poussées jusqu'à l'aversion et que ne dissimulaient qu'à peine les rapprochements de société ; je pourrai, un jour, en conter plus long à ce sujet. — Lorsque M. Pasquier mourut, je me considérais comme obligé par reconnaissance de payer un hommage à sa mémoire ; j'attendis quelque temps jusqu'à ce qu'une occasion favorable se présentât. La publication d'un volume de l'*Histoire de la Restauration* par M. de Viel-Castel me l'offrit naturellement (voir tome IV des *Nouveaux Lundis,* page 280). Je tiens aujourd'hui à honneur de donner la lettre où Mme de Boigne m'écrivit le jour même où l'article parut, et aussi la réponse que je m'empressai de lui faire :

« Il me faut absolument, monsieur, vous dire *merci.* Je ne sais pas comment vous l'accueillerez, mais ce mot est trop gravé au fond de mon cœur pour que je résiste au besoin de vous l'adresser. — J'attendais *vos* paroles avec confiance, mais non pas sans impatience. — Je remercie Dieu et vous d'avoir encore eu la fortune de les pouvoir entendre avant ma dernière heure. — L'excellent ami dont la perte me laisse si *bereaved* en toutes choses était une des personnes qui vous jugeaient le mieux et vous portaient le plus d'intérêt : il méritait d'être aussi bien apprécié par vous.

« Ne refusez pas l'expression de ma reconnaissance ; elle est très-sincère et très-profonde.

« OSMOND DE BOIGNE,

février 1863. »

Voici ma réponse :

« Ce 17 février 1863.

« Non, Madame, l'avez-vous pu penser? un mot d'approbation de vous, et surtout un mot tel que celui que je reçois, n'est autre chose que ce que j'ambitionnais le plus. Croyez bien, — ou plutôt laissez-moi être persuadé que vous le saviez déjà, — que votre pensée n'a cessé un moment de m'être présente pendant que je m'occupais de l'illustre ami que nous avons tous perdu. Dans la vie si au hasard que je mène depuis des années et où j'obéis aux nécessités de chaque jour j'ai gardé du moins et réservé un coin de ma vie antérieure : c'est une appréciation profonde et encore plus juste que reconnaissante des personnes si distinguées, si à part, que j'ai eu le bonheur de connaître et qui m'ont honoré de leur bonté en même temps qu'élevé par leur commerce. Vous savez bien, Madame, la place que je vous dois à tous ces égards. Elle est marquée à tout jamais dans mon respect, dans mon esprit et, permettez-moi d'ajouter, dans mon cœur.

« SAINTE-BEUVE. »

FIN DU TOME DIXIÈME.

En attendant que ces volumes se réimpriment, j'y relève les inexactitudes au fur et à mesure qu'elles me sont signalées ou que moi-même je m'en aperçois. Ainsi, dans la note qui est à la page 123 du tome VIII, et dans laquelle je remarquais que depuis quelque temps on en est venu en littérature à faire de l'exagération une vertu et à instituer une théorie en l'honneur des *génies outrés,* une des phrases a dû être rectifiée comme il suit dans la nouvelle édition :

« C'était aussi la théorie déclarée de Balzac, qui n'admettait pas que Pascal pût demander à l'âme des grands hommes l'équilibre et l'*entredeux* entre deux vertus ou qualités extrêmes et contraires. Hier un violent disciple de Balzac souffletait Vauvenargues (et s'en prenant à Vauvenargues il se trompait, il faut lire La Rochefoucauld), pour avoir dit que ce n'est pas assez d'avoir de grandes facultés, qu'il faut en avoir encore l'*économie,* etc. »

Au tome IX, page 155, à la note, le mot de M. de Barante sur Benjamin Constant doit être rétabli ainsi : « C'est une *fille* qui a été jolie, et qui mourra à l'hôpital. »

Dans ce tome X, une correction était à faire, page 305, à la note. J'y disais, dans l'édition précédente : « M. Royer-Collard eut toujours un grand goût pour Tocqueville. Il aurait pu lui dire, en effet, comme Voltaire le dit un jour au chevalier de Boufflers : *Et j'aime en vous mon héritier.* » Le baron Gaston de Flotte, un vrai lettré, un esprit cultivé et bienveillant, et de plus un esprit juste, qui souffre à la vue de la moindre erreur comme souffre un musicien à l'audition d'une note fausse, m'avertit que ce n'est pas à Boufflers, mais que c'est à François de Neufchâteau que Voltaire a dit cela :

    Si vous brillez à votre aurore,
    Quand je m'éteins à mon couchant...
    . . . .
    Il faut bien que l'on me succède,
    Et j'aime en vous mon héritier.

TABLE DES MATIÈRES.

Pages.

Histoire des Cabinets de l'Europe, par M. *Armand Lefebvre*.	I.	1
	II	23
Histoire de la Grèce, par M. *Grote*		46
Poésies, Romans et Critique, par *Charles Monselet*		70
Les Fondateurs de l'astronomie, par M. *Joseph Bertrand*. — La Pluralité des mondes, par M. *C. Flammarion*		90
Poésie en 1865.	I.	113
	II	129
	III	149
	IV	168
espondance de Louis XV et du maréchal de Noailles, publiée par M. *C. Rousset*.		189
Deux Conférences par M. *Ch. Duveyrier*		237
Saint-Simon considéré comme historien, par M. *Chéruel*		256
Nouvelle Correspondance de M. de Tocqueville.	I.	280
	II.	307
Marie-Thérèse et Marie-Antoinette, Correspondance publiée par M. *d'Arneth*		335
Les cinq derniers mois de la vie de Racine.	I.	356
	II	374
Idées et Sensations, par MM. *de Goncourt*		393
La Comédie de La Bruyère, par M. *Édouard Fournier*		417
Hommes et Dieux, par M. *Paul de Saint-Victor*		438
Appendice.	Victor Cousin	449
	La Comtesse de Boigne	457

www.ingramcontent.com/pod-product-compliance
Lightning Source LLC
Chambersburg PA
CBHW070210240426
43671CB00007B/609